Publications de la Société pour l'Étude de la Participation

RECONNUE D'UTILITÉ PUBLIQUE

# GUIDE PRATIQUE

## POUR L'APPLICATION

DE

# LA PARTICIPATION

## AUX BÉNÉFICES

PAR

## ALBERT TROMBERT

SOUS-CHEF DE LA LIBRAIRIE CHAIX
SECRÉTAIRE DE LA SOCIÉTÉ POUR L'ÉTUDE DE LA PARTICIPATION AUX BÉNÉFICES

### INTRODUCTION

DE

## M. CHARLES ROBERT

ANCIEN CONSEILLER D'ÉTAT
PRÉSIDENT DE LA SOCIÉTÉ POUR L'ÉTUDE DE LA PARTICIPATION AUX BÉNÉFICES

PARIS

LIBRAIRIE CHAIX    |    LIBRAIRIE GUILLAUMIN
RUE BERGÈRE, 20    |    RUE DE RICHELIEU, 14

1892

# GUIDE PRATIQUE

## POUR L'APPLICATION

# DE LA PARTICIPATION

## AUX BÉNÉFICES

Publications de la Société pour l'Étude de la Participation
RECONNUE D'UTILITÉ PUBLIQUE

# GUIDE PRATIQUE

## POUR L'APPLICATION

### DE

# LA PARTICIPATION

## AUX BÉNÉFICES

PAR

### ALBERT TROMBERT

SOUS-CHEF DE LA LIBRAIRIE CHAIX
SECRÉTAIRE DE LA SOCIÉTÉ POUR L'ÉTUDE DE LA PARTICIPATION AUX BÉNÉFICES

INTRODUCTION

DE

### M. CHARLES ROBERT

ANCIEN CONSEILLER D'ÉTAT
PRÉSIDENT DE LA SOCIÉTÉ POUR L'ÉTUDE DE LA PARTICIPATION AUX BÉNÉFICES

PARIS

| LIBRAIRIE CHAIX | LIBRAIRIE GUILLAUMIN |
| --- | --- |
| RUE BERGÈRE, 20 | RUE DE RICHELIEU, 14 |

1892

# A MONSIEUR FRÉDÉRIC DUBOIS

DOCTEUR EN DROIT

SOUS-DIRECTEUR DE L'IMPRIMERIE CHAIX

*Dont les conseils pour l'élaboration du présent ouvrage*
*m'ont été d'un grand secours.*

*Affectueux hommage.*

ALBERT TROMBERT

# INTRODUCTION

## I. — But et plan de l'ouvrage.

De toutes parts maintenant se fait sentir, dans l'industrie, le commerce et l'agriculture, le besoin d'avoir sous les yeux des documents et des modèles pour organiser, sous les formes si variées qu'elles comportent, la participation aux bénéfices et l'association coopérative de production. La

1

Société de participation reçoit sans cesse dans ce but, de la France et de l'étranger, des demandes de renseignements.

Elle y a répondu, jusqu'ici, soit en saisissant son Conseil d'administration des lettres qui comportent une délibération spéciale, soit en renvoyant ses correspondants à l'ouvrage du professeur Victor Böhmert, traduit et complété par M. Albert Trombert (¹), soit, s'il s'agit d'une industrie similaire, par l'envoi de quelques règlements tirés à part et mis à la disposition de notre Société par les maisons où ils sont appliqués, soit enfin, depuis le mois de mars 1892, par l'installation, 3, rue de Lutèce, dans l'hôtel des Chambres syndicales patronales du bâtiment, d'un *Musée bibliothèque* ouvert au public où les dossiers contenant les règlements, statuts, rapports et comptes rendus que nous possédons peuvent être communiqués aux intéressés par le bibliothécaire.

Si utiles qu'ils soient, ces divers moyens d'information sont encore insuffisants. Les chefs d'industrie, obligés ainsi de compulser un gros volume ou de chercher çà et là, dans de nombreux règlements, souvent très compliqués, les dispositions spéciales qui peuvent leur servir d'exemples, nous reprochent parfois de ne pas leur rendre leur tâche plus facile.

Il nous a paru qu'on ne peut atteindre ce but que par la publication d'un *Manuel* ou *Guide pratique de la participation aux bénéfices*.

C'est ce document que notre Société offre aujourd'hui aux patrons disposés à étudier d'une manière pratique les questions relatives à cette rémunération éventuelle du travail qui vient s'ajouter au salaire à la journée ou à la tâche.

Notre Société n'a pas pensé un seul instant à présenter au public un modèle de statuts simple et uniforme comme

(1) Un volume cartonné in 8° de 752 pages. Librairie Chaix. Prix : 12 francs.

a pu le faire depuis longtemps le Ministère de l'Intérieur à l'égard des Sociétés de secours mutuels approuvées.

La participation se meut dans une sphère trop large et trop libre pour qu'on puisse songer à présenter un moule unique à tous les projets, à toutes les conceptions qui cherchent à prendre forme.

L'idéal serait que chaque maison pût trouver, dans notre *Guide pratique*, les éléments tout préparés d'un type de règlement approprié à la profession exercée, à l'ancienneté de la fondation et aux circonstances locales et spéciales dans lesquelles ont eu lieu sa création et son développement.

M. Albert Trombert, secrétaire de la Société pour l'étude de la participation, à laquelle il donne depuis sa fondation le concours le plus dévoué et le plus précieux, est l'auteur de cet ouvrage. Pour accomplir son œuvre, il a étudié attentivement les principales méthodes adoptées; il les a subdivisées et en a groupé les éléments dans un ordre déterminé. Le lecteur trouve ainsi, à leurs places respectives, les solutions qui peuvent être données aux différentes questions que soulève la mise en pratique du système.

L'ouvrage comprend sept chapitres et des annexes.

Le chapitre premier s'occupe des bases de la participation : taux ou quantum de l'attribution, conditions d'admission, premières dotations.

Dans le chapitre II sont exposées les variétés assez nombreuses que présente la répartition des fonds entre les intéressés : distribution au prorata des salaires, sur les bases combinées du salaire et de l'ancienneté, etc.

Le chapitre III traite de l'affectation des fonds. On est en présence de deux systèmes principaux : la formation de parts individuelles payées en espèces ou conservées pour l'avenir; la constitution d'un fonds collectif de secours, de prévoyance et de retraite. L'auteur s'est attaché à faire ressortir les points caractéristiques de ces systèmes et de leurs subdivisions.

La gestion des fonds forme le sujet du chapitre IV. Trois modes principaux y sont exposés : conservation des fonds en compte courant dans la maison; leur emploi en titres de tout repos; leur versement à la caisse des retraites ou à des Compagnies financières. Une section de ce chapitre présente quelques exemples d'un fonds de réserve constitué, avec une fraction de l'allocation annuelle, en vue d'atténuer les effets des années peu prospères. Une autre section donne l'historique des efforts faits en vue d'obtenir la création d'une institution destinée à mettre les épargnes de la participation et des institutions de prévoyance à l'abri des risques industriels.

Le chapitre V étudie spécialement les conditions en vigueur pour la liquidation des comptes individuels. Il discute la question des échéances.

Le chapitre VI s'occupe du rôle et des services des Comités consultatifs.

Le chapitre VII est consacré à la question du contrôle des comptes.

Enfin, le chapitre VIII contient la bibliographie de la participation aux bénéfices. On y trouve des renseignements sommaires sur les ouvrages parus et la liste des principaux documents à consulter.

Les Annexes comprennent la liste générale des maisons qui pratiquent la participation aux bénéfices, avec des indications sur les méthodes adoptées, et la reproduction *in extenso* d'un certain nombre de règlements.

Ces sources d'informations données par M. Albert Trombert sont aussi abondantes et aussi sûres qu'on peut le souhaiter.

Il convient néanmoins de placer en tête des textes réglementaires et statutaires qu'on va lire l'exposé de quelques principes et la réponse que comportent diverses objections.

## II. — La participation ne doit pas être confondue avec les sursalaires et les primes.

Il importe avant tout de bien séparer, au moyen d'une distinction claire et précise, d'une part, les rémunérations accessoires qui s'ajoutent au salaire pur et simple avec les mêmes caractères essentiels que ce salaire lui-même et, d'un autre côté, la participation dans les bénéfices.

Les sursalaires proportionnels ou progressifs, les primes relatives à la bonne qualité du produit, à sa quantité, à l'économie du combustible et des matières premières, les primes à l'ancienneté ou à l'assiduité, les allocations immédiates usitées dans beaucoup d'usines, sont attribués à l'ouvrier à raison du travail individuel fait par lui, sans avoir égard au résultat général de l'exercice ni à l'ensemble du travail de l'usine. Que l'objet fabriqué par l'ouvrier soit vendu à perte, qu'il reste même pour compte, que l'année soit mauvaise pour le patron, peu importe à cet ouvrier! les sursalaires, comme le salaire, lui sont acquis. C'est un avantage escompté d'avance.

La participation, au contraire, calculée à un taux quelconque ou prélevée discrétionnairement sur le bénéfice net, a sa base dans une idée d'association aux résultats heureux de l'inventaire et dans un principe de solidarité générale tendant à unir, dans un même effort et dans un même espoir de profit, tous les ouvriers avec le patron, et tous les ouvriers entre eux.

Quand il y a, dans un atelier ou dans un magasin quelconque, des rétributions proportionnelles à la fabrication ou à la vente faite par chaque ouvrier ou employé pris séparément, et sans attendre l'inventaire, c'est un sursalaire, une prime, une guelte, une manière d'exciter au travail et de stimuler le zèle, en un mot, une rémunération à la tâche accordée à forfait. S'il s'agit, au contraire, d'un quantum pour cent, calculé sur l'ensemble des bénéfices de l'usine ou même seulement de l'atelier, on voit apparaître immédiatement la création d'une solidarité réelle entre les membres du personnel et, en même temps, la pensée, pour ne pas surcharger le prix de revient, de subordonner cette allocation aux résultats qui seront obtenus en fin d'année.

La même différence existe en effet, à ce dernier point de vue, entre le sursalaire accordé immédiatement à forfait, à une équipe d'ouvriers, sans s'inquiéter de savoir s'il y aura perte finale ou mévente, et l'attribution à l'atelier d'une part des bénéfices annuels.

Loin de combattre le système des sursalaires et des primes, j'en fais le plus grand cas. C'est le salaire gradué, perfectionné, aussi proportionnel que possible à l'activité du producteur ; on peut le comparer à un vêtement fait sur mesure, tandis que le système brutal et injuste de l'égalité des salaires ressemble à une fourniture d'habits de même grandeur distribués à des hommes de tailles diverses. Encore une fois, il est bon de rémunérer, à titre de salaire, d'une manière aussi exacte que possible, le travail personnel et le zèle de chacun.

Ce principe s'étend même à la participation ; on peut, dans la même usine, décentraliser, en quelque sorte, la participation, pour rapprocher le bénéfice du groupe de collaborateurs qui l'a produit. M. Laroche-Joubert procède ainsi à la papeterie coopérative d'Angoulême. Le travailleur, artisan ou paysan, qui produit seul, loin de toute usine, a, au plus haut degré, le zèle provoqué par l'attrait du bénéfice. On trouve le même élan dans un groupe de coopérateurs vraiment solidaires. Mais le travailleur participant qui produit avec mille camarades, et qui reçoit une part infime du bénéfice général proportionnelle à son salaire est parfois trop peu stimulé. Il faut donc s'ingénier pour rapprocher le bénéfice partageable de ceux qui ont produit la somme à répartir et qui peuvent agir utilement les uns sur

les autres, s'entraîner réciproquement. Les inventaires par-
tiels et locaux de la papeterie d'Angoulême, dressés par
fabrique et par atelier, répondent à cette idée, ce qui n'empêche pas l'inventaire général de faire très sagement une
part à tous les collaborateurs sur l'ensemble des opérations.

Il convient, en effet, pour que la solidarité soit réelle
et complète entre la direction, le capital et les travailleurs
manuels, de donner à tous une part sur les bénéfices
généraux.

Les personnes qui recommandent le sursalaire en repous-
sant la participation disent qu'autant il paraît nécessaire
et absolument juste d'intéresser l'ouvrier au salaire proprement dit et de régler ce salaire de telle façon qu'il
puisse être contrôlé chaque jour par le travailleur lui-
même, autant il leur est difficile de comprendre l'intérêt
que cet ouvrier peut trouver à toute combinaison qui lie
son salaire à un ensemble de bénéfices procurés par des
éléments de succès auxquels les travailleurs manuels sont
absolument étrangers.

A cette idée, si souvent préconisée, de se borner à donner
strictement à chaque homme considéré isolément, jour par
jour, la stricte rémunération de son travail individuel,
l'expérience pratique de beaucoup de maisons oppose un
autre système, celui de l'étroite solidarité des efforts com-
muns. Sous ce régime, les heureuses conceptions du chef
profiteront sans doute à ses ouvriers; par contre, ceux-ci
rendront par leur zèle, leur loyauté, leur fidélité, leur
force de résistance aux séductions d'un concurrent, des
services qui ne peuvent être inscrits, heure par heure, sur
un carnet, mais qui n'en sont pas moins d'une si haute valeur
que parfois l'avenir de la maison en dépend.

La plus ingénieuse des conceptions du chef peut être
réduite à rien si elle n'est pas comprise et exécutée par un
personnel intelligent et dévoué. Tel directeur ou patron peu

capable, malade ou absent, sera utilement suppléé par d'excellents chefs de service et la maison marchera en quelque sorte toute seule. Ailleurs, le bon vouloir et l'influence d'un simple contremaître suffiront pour préserver l'usine d'une grève et pour assurer, au moment voulu, la livraison d'une commande importante.

Le résultat final de l'inventaire et, d'une manière générale, la prospérité d'une maison, l'attachement et la fidélité que lui témoignent sa clientèle sont, presque toujours, abstraction faite des cas de force majeure, l'œuvre commune de tous les concours.

La conviction qu'il en est ainsi existe dans la pensée des ouvriers et se manifeste souvent d'une manière saisissante. Une importante et ancienne filature de l'Ouest, installée à la campagne et qui emploie environ deux cents personnes, ayant été détruite par un incendie, le patron exprima l'intention de se retirer des affaires. Une députation d'ouvriers vint aussitôt, au nom de tous, le supplier de reconstruire l'usine et de ne pas laisser sans travail cette population ouvrière qui serait obligée, pour vivre, de quitter le pays : « Ne nous abandonnez pas, monsieur, lui dit très respectueusement celui qui portait la parole, car nous avons tous contribué, de pères en fils, depuis vingt ans, à faire votre fortune. » Le filateur fut profondément remué par cette simple observation ; la filature fut reconstruite, avec un nouvel outillage et prospéra plus que jamais.

En parlant de bénéfice général sur l'ensemble des affaires, je n'ai en vue, bien entendu, que les opérations relatives à l'entreprise elle-même, telle qu'elle fonctionne conformément aux usages ou d'après les termes de ses statuts. Le gain réalisé par une spéculation, par une opération de Bourse que le patron aurait faite avec les fonds de roulement dont il est propriétaire, ne rentrerait évidemment pas dans la catégorie des bénéfices à distribuer. Il y a des établissements où, d'après les règlements de la participation, le bénéfice in-

dustriel proprement dit a seul été l'objet d'une répartition, à
l'exclusion des bénéfices d'intérêts exclusivement réservés
aux actionnaires.

### III. — La participation peut-elle à un degré quelconque s'appuyer sur un principe de justice?

On demande quelquefois si la participation aux bénéfices
repose sur un principe quelconque, ou si elle n'est au contraire qu'un procédé plus ou moins ingénieux, plus ou moins
efficace, analogue aux primes et aux sursalaires, auquel un
patron peut avoir recours pour obtenir de l'ouvrier plus de
zèle et d'activité.

Il s'agit bien pour nous d'un principe, d'ailleurs très
ancien, qui sert de base à une forme particulière du contrat
de travail. Dans un écrit récent, un adversaire de la participation généralisée rappelle lui-même que le principe de la
participation aux bénéfices est de toute antiquité. Les
Romains l'ont introduit dans les Gaules en y instituant
le métayage qui est une application parfaite de l'idée.

M. Guizot, dans son ouvrage sur la civilisation en France
(tome IV, 6-7), cite un document de 819 qui mentionne la
culture à mi-fruits.

Le métayage, dit le commentateur du *Recueil général des
lois, décrets et arrêtés depuis le 4 septembre 1870* (¹), « est une
association du capital et du travail pour le mieux de l'intérêt de l'un et de l'autre. » M. Clément, rapporteur de
cette loi au Sénat, a fait remarquer que, dans les pays de
métayage, les propriétaires du sol avaient moins à redouter
les excitations de l'envie et qu'en Vendée, au moment de la
Révolution, la noblesse n'avait trouvé dans les populations
rurales aucun sentiment d'hostilité.

---

(1) Année 1889, p. 628.

On a pu dire avec raison, en se plaçant à un point de vue de justice abstraite, que la participation ajoutée au salaire répond à un droit naturel et qu'elle devrait être le droit commun des industries prospères.

Le principe de droit naturel, c'est que le profit espéré d'un travail fait en commun par plusieurs personnes doit, aussi exactement que possible, se répartir proportionnellement à la valeur des concours qui ont créé ce profit.

Mais, parmi les collaborateurs, il y en a qui, déjà possesseurs d'un capital quelconque, peuvent attendre le résultat final de l'opération pour toucher leur part de gain. Les autres, au contraire, ce sont les plus nombreux, ouvriers, employés, gérants même, ont besoin d'argent pour vivre. Ils demandent et obtiennent, non pas une simple avance remboursable par eux en cas de perte, mais un salaire à forfait. Ils peuvent, d'accord avec les co-intéressés, fixer cette allocation de deux manières :

Ou bien obtenir, toujours à forfait, un salaire majoré, escomptant le bénéfice futur, et renoncer ainsi, tacitement ou expressément, à tout partage ultérieur du profit espéré ;

Ou bien, tout en demandant un salaire fixe, ne pas exiger le maximum possible, préférant voir s'ajouter à ce salaire fixe une rémunération éventuelle, une certaine part du bénéfice, s'il y a bénéfice, à *Quantum* débattu, et nous voilà en présence de la participation contractuelle, ce qui soulève immédiatement la question des risques et des concours; car, pour savoir si la participation de l'ouvrier repose sur une idée de justice, il faut se demander si l'ouvrier court un risque appréciable et s'il donne un concours comparable, à un degré quelconque, à celui que fournissent à l'entreprise les capitaux des actionnaires et la capacité des grands chefs.

Parlons d'abord des risques.

A cette question : « Le patron doit-il à l'ouvrier une part de ses bénéfices ? », un honorable chef d'industrie a répondu, en principe, en droit naturel, résolument : « Non ». — « J'ai toujours vu dans ma carrière, dit-il, le bénéfice proportionné, non au travail accompli, mais au *risque couru*, et notez bien que *c'est le patron qui court le risque* ».

Le risque est couru par le patron en tant que capitaliste, au point de vue financier. Le capital, en outre de l'intérêt qu'il reçoit et qui est le salaire de son concours, en outre de l'amortissement normal destiné à sa conservation ou à sa reconstitution, a droit à une sorte de prime d'assurance (dividende de bénéfice ou majoration d'intérêt) pour le risque extraordinaire plus ou moins grand qu'il court, d'après la nature de l'entreprise. Le capital, engagé dans une bonne affaire de tout repos, doit évidemment se montrer moins exigeant que s'il servait à commencer l'exploitation d'une mine dans des conditions périlleuses ou à acheter des marchandises pour un comptoir nouveau de l'Afrique centrale.

Il convient de faire remarquer, à ce point de vue, que l'intérêt commercial à 6 % contient déjà en partie le prix du risque couru par le capital industriel, puisque l'intérêt proprement dit d'un capital placé en fonds d'État français ne s'élève pas aujourd'hui à plus de 3 %.

Peut-on prétendre que le patron seul court un risque ? N'est-il pas évident que l'ouvrier, admis à participer aux bénéfices de la fabrique sans participer à ses pertes financières, reste néanmoins, par sa seule présence dans l'usine, soumis à des chances redoutables de préjudice et de perte relatives à un capital qui lui appartient ?

L'ouvrier apporte et expose au risque industriel de blessure et de mort, à ce risque appelé « risque professionnel », le plus précieux de tous les outils, la machine vivante et intelligente, la force motrice et agissante qui entend, comprend et parle, c'est-à-dire lui-même, *capital humain*, appareil merveilleux, formé de muscles, d'os, de nerfs, de sang, d'esprit et de volonté, payé très cher parfois à l'état d'esclave sur les marchés du monde ancien ou moderne et dont la valeur intrinsèque, hors du commerce, à l'état libre, mais susceptible de fixation par voie judiciaire, en cas d'accident de chemin de fer, par exemple, a augmenté dans d'énormes proportions, la liberté étant seule capable de porter les facultés de l'homme, dans toutes les carrières, à leur plus haute puissance.

La simple présence du capital humain dans l'usine n'en fait pas, sans doute, un apport social dans le sens de nos lois. Ce capital vivant, ainsi jeté au milieu des engrenages, des courroies et des feux de l'usine, ne peut ni ne doit figurer dans le capital social de l'établissement ou de la mine, à côté des chevaux de l'écurie, mais il n'en est pas moins exposé, pendant toute la durée du travail, à des dangers permanents d'altération lente, de détérioration accidentelle et de destruction.

Le salaire pur et simple sert à maintenir la force et la vie du travailleur, mais contient-il, suivant les cas, à un degré quelconque ou à un degré suffisant, un élément appréciable d'amortissement de l'homme, outil vivant que la fatigue use et que l'accident peut tuer? C'est pour combler cette lacune, en se plaçant dans cet ordre d'idées, qu'on a présenté aux Chambres des projets de loi tendant à mettre obligatoirement à la charge du patron le risque professionnel et une partie des primes à verser pour établir un système de retraites ouvrières.

Nous ne voulons pas examiner ici ces projets; nous nous bornons à dire que l'ouvrier participant aux bénéfices de l'industrie sans être passible des pertes ou faillites du patron, est exposé, par suite de la marche de l'entreprise, à des dommages corporels qui constituent pour lui et les siens une perte pécuniaire de la plus haute gravité.

« Le travail et le capital, a dit un penseur, sont, sous beaucoup de rapports, deux entités analogues, presque identiques, deux frères soumis à toutes les règles, à toutes les exigences des choses créées : s'accroître, se développer, grandir à certains moments et dans certaines conditions ; en d'autres, diminuer et périr. « Ah ! vous risquez votre patrimoine, peut dire l'ouvrier au capitaliste, comptez-vous pour rien le risque de ma propre vie, les engrenages, les éboulements, le grisou, l'insalubrité ? »

Il s'agit ici de belle et bonne justice et non de simple philanthropie.

M. le comte de Chambrun m'a écrit un jour que lorsqu'il s'occupe d'économie sociale, au milieu de ses travaux et de ses lectures, une apparition le hante souvent. C'était à l'hôpital de Dôle, en 1852 ; il était alors préfet du Jura. Un jeune ouvrier, presque un enfant, mutilé dans les travaux du chemin de fer, étendu sur son lit, très pâle, doux, résigné, plutôt souriant, lui disait : « Je n'ai plus de jambes » (1).

Risque couru ; accident subi ; capital humain détruit sans amortissement ni compensation d'aucune sorte, sans aucune imputation sur le bénéfice de l'entrepreneur des travaux.

Voilà pour les risques. Quant aux concours de forces productives qui engendrent les richesses fabriquées, ils émanent de trois facteurs :

1° La direction, patronat ou gérance, qui reçoit ou devrait recevoir, en s'en créditant sur les livres, un chiffre déterminé d'appointements ;

2° Les travailleurs et collaborateurs de tout grade et de tout ordre, brillants états-majors de chefs de service et d'ingénieurs, ou bataillons épais d'ouvriers qui tous, grands et petits, reçoivent, eux aussi, des appointements et des salaires ;

3° Enfin, le capital, auquel est attribué, dans tous les cas,

---

(1) Le comte de Chambrun, *Aux montagnes d'Auvergne, mes conclusions sociologiques* « *Justitia et caritas osculatæ sunt* ». Paris, Calmann Lévy, 1892 (p. 53).

un intérêt qui peut représenter à la fois le salaire dû à son concours et la prime d'assurance du risque couru par lui.

A ces trois concours peut et doit être légitimement attribuée une part des bénéfices. Tout bénéfice dévolu à quelqu'un qui ne serait pas, à un titre quelconque, au nombre des facteurs réels de la production, ou dont le capital n'aurait pas donné le concours utile et couru le risque sérieux qui motivent le dividende, aurait le caractère d'une perception injustifiée. *Unearned increment.*

Le bénéfice tout entier doit revenir au capital, disent les uns.

Le travail seul, s'écrient les autres, a droit à l'intégrité du produit. On croirait entendre un père et une mère, privés de leur raison, soutenir en même temps que l'enfant qui vient de naître n'a été créé que par l'un d'eux.

La vérité est entre ces deux extrêmes.

Il est vraiment téméraire d'affirmer, en termes absolus, que les bénéfices industriels et commerciaux ne tiennent en rien au personnel ouvrier, mais uniquement à la conception et à la direction de l'entreprise. « C'est la tête du patron, dit-on, qui crée le bénéfice, ce n'est pas la main de l'ouvrier. »

Ceci revient à dire, comme l'a fait remarquer le journal *la Finance nouvelle*, du 7 janvier 1892, « que l'arrivée à destination d'une voiture chargée dépend non du cheval, mais du seul conducteur. Libre à eux de dédaigner, de rabaisser l'intervention du cheval, mais non de s'en passer. »

Il est aussi faux d'attribuer la réalisation des bénéfices exclusivement à la capacité dirigeante du patron et au risque financier couru par le capital que de l'attribuer uniquement au travail intellectuel ou matériel des employés et ouvriers et aux risques de mutilation et de mort courus par ces derniers.

D'où cette conclusion, suivant nous, que la participation accordée aux ouvriers a sa raison d'être.

Mais, objectera quelqu'un en invoquant la loi de l'offre et de la demande, la participation n'est pas un droit antérieur et supérieur aux conventions particulières ! Du moment que l'ouvrier accepte ou subit le salaire pur et simple, si réduit qu'il puisse être, personne n'a plus rien à dire; les affaires sont les affaires ; tant mieux pour le patron si l'offre des bras abonde à la porte de son usine ; le travail est une marchandise qui se paie comme le blé ou le charbon, d'après la mercuriale du jour ; si les ouvriers qui se disputent une place dans l'atelier, s'embauchent même au-dessous de ce prix courant, ne fût-ce que pour un morceau de pain, c'est un bénéfice acquis à l'entreprise et tous vos raisonnements théoriques sur la prétendue légitimité naturelle de la participation deviennent sans objet. On ne pourrait demander aux patrons de l'établir d'office qu'à titre d'acte charitable et par pure générosité.

L'observation ainsi faite soulève une question très grave qui, allant bien au delà de la participation, concerne, d'une manière générale, le taux de la rémunération du travail humain.

Si j'installe dans ma fabrique une machine représentant un certain nombre de chevaux-vapeur, je puis viser, d'une manière absolue, au minimum de charbon et de frais d'entretien ; si j'emploie un cheval vivant, je puis diminuer sa ration de fourrage, sans avoir à compter avec d'autres lois que celle dont le but est de protéger les animaux. En cas d'usure de ces deux forces productives, aucune considération morale ne m'empêche de jeter la machine à la vieille ferraille et de livrer le cheval à l'équarrisseur ; mais si j'emploie l'homme, la situation change. Ce travailleur, citoyen, maître de lui-même, voudrait, en louant ses bras, obtenir au moins de quoi nourrir lui et sa famille. Si, pouvant faire autrement, un entrepreneur quelconque, afin de

se procurer une grande marge de |bénéfice, profite de l'ex-
trême misère du vendeur de travail pour lui acheter sa
marchandise à trop vil prix, n'y a-t-il pas là, en dehors de
toute application des lois civiles et pénales, une sorte de
lésion du droit naturel ?

A ce point de vue, il est consolant d'avoir à constater que,
dans l'industrie française, la loi de l'offre et de la demande,
en ce qu'elle peut avoir de strict et d'implacable, est très
souvent laissée de côté.

Si, dans certains cas, la nécessité peut contraindre de
grandes Compagnies à ne donner à des milliers d'agents,
pères de famille, que 3 fr. 50 c. par jour, beaucoup de
patrons ne vont pas jusqu'au bout du droit rigoureux que
leur donnerait cette loi économique sous l'empire de
laquelle se déchaînent tous les conflits.

C'est ainsi que notre collègue M. J.-C. Van Marken, de
Delft, dans sa fabrique néerlandaise de levure et d'alcool et
dans une imprimerie coopérative qu'il vient de fonder, s'est
spontanément reconnu obligé moralement de donner à l'ouvrier adulte un minimum de salaire suffisant pour répondre
aux besoins normaux d'une famille ouvrière.

Dans un grand nombre d'usines, la prétendue loi d'airain,
qui impliquerait l'abaissement du salaire à outrance quand
il y a affluence d'ouvriers disponibles, n'existe réellement
pas. Ces maisons ont un tarif et s'y tiennent. Elles se sont
tracé à elles-mêmes un *minimum*, au-dessous duquel, à moins
de circonstances tout à fait extraordinaires, le salaire, chez
elles, ne doit pas descendre. Il est bien évident que le
salaire baisse, dans ces mêmes maisons, lorsqu'en face d'une
crise, pour ne pas fermer les ateliers, elles font travailler
leur personnel en s'imposant une perte. Mais, en temps
ordinaire, eussent-elles vingt demandes pour une seule place
vacante, ces maisons n'hésiteront pas à donner le plein
salaire à l'homme qu'elles choisiront. Elles n'ouvriront pas,
entre les travailleurs affamés qui se présentent à leur bureau,

une sorte d'adjudication au rabais, pour choisir celui
d'entre eux qui s'engagerait à travailler, jusqu'à extinction
de force et de vie, au plus bas prix possible pour le plus
grand nombre possible d'heures de jour ou de nuit, c'est-à-
dire à donner un *maximum* de travail pour un *minimum*
d'alimentation.

C'est cependant là, dans toute sa laideur, le droit strict
absolu. *Summum jus, summa injuria.*

Certes, devant l'exercice de ce droit du chef d'industrie, se
dresserait, bientôt, armé pour de cruelles représailles, le
droit strict des ouvriers avides de revanche, et prêts à ruiner
le patron à coups de coalitions et de grèves. A ces terribles
contrepoids, il faut en préférer d'autres, qui sont indiqués
par la conscience.

Écoutons, sur ce sujet, quelques-unes des déclarations
faites par le pape Léon XIII, dans sa lettre encyclique du
15 mai 1891, intitulée : « *De conditione opificum* » (De la condition des ouvriers. *Texte latin et traduction française officielle.*
Paris, Poussielgue, 1891). Les conseils, on pourrait dire les
ordres, que donne ainsi le chef suprême de la catholicité, ont
une importance capitale, eu égard à l'influence décisive que
peuvent exercer sur une partie du monde industriel les volontés
du pape. Voici quelques-unes de ses paroles, retentissantes
comme les trompettes du jugement dernier. Il ne faut pas
oublier qu'elles s'adressent aux patrons de l'univers entier
et que le niveau moral du patronat est plus ou moins élevé
suivant le degré de civilisation de chaque pays :

« De même que l'effet suit la cause, ainsi est-il juste que
le fruit du travail soit au travailleur (p. 11).

» Ce qui est honteux et inhumain, c'est d'user de l'homme
comme d'un vil instrument de lucre (p. 19).

» Parmi les devoirs principaux du patron, il faut mettre
au premier rang celui de donner à chacun le salaire qui
convient. Assurément, pour fixer la juste mesure du salaire,

2

il y a de nombreux points de vue à considérer; mais, d'une manière générale, que le riche et le patron se souviennent qu'exploiter la pauvreté et la misère et spéculer sur l'indigence sont choses que réprouvent également les lois divines et humaines. « *Voilà que le salaire que vous avez dérobé par fraude à vos ouvriers crie contre vous et que leur clameur est montée jusqu'aux oreilles du Dieu des armées.* » *Jacques, V, 4* (p. 21).

» Le travail est la source unique d'où procède la richesse des nations (p. 35).

« Que le patron et l'ouvrier fassent donc tant et de telles conventions qu'il leur plaira, qu'ils tombent d'accord, notamment, sur le chiffre du salaire; au-dessus de leur libre volonté, il est une loi de justice naturelle plus élevée et plus ancienne, à savoir que le salaire ne doit pas être insuffisant à faire subsister l'ouvrier sobre et honnête (p. 45).

« L'ouvrier qui percevra un salaire assez fort... fera en sorte de se ménager un petit superflu qui lui permette de parvenir un jour à l'acquisition d'un modeste patrimoine... Ce résultat serait la source des plus précieux avantages et d'abord d'une répartition du bien certainement plus équitable *(Ibid.).*

« Que l'on stimule l'industrieuse activité du peuple par la perspective d'une participation à la propriété; l'on verra se combler peu à peu l'abîme qui sépare l'opulence de la misère et s'opérer le rapprochement des deux classes... » (p. 46).

De ce texte, il convient de rapprocher quelques mots d'un discours prononcé par le pape Léon XIII, le 19 septembre 1891, lors de la réception d'un pèlerinage d'ouvriers français, en présence de Mgr Langénieux, cardinal-archevêque de Reims. Cet éminent prélat vient d'écrire à notre vice-président, M. Goffinon, au sujet de la participation, dont il fait l'éloge dans les termes les plus chaleureux, la remarquable lettre qu'on a pu lire dans le *Bulletin de la participation aux bénéfices* ([1]).

Le discours pontifical du 19 septembre est un véritable commentaire de certains passages de l'Encyclique.

« Il faut tenir pour certain, a dit Léon XIII, que la question ouvrière et sociale ne trouvera jamais sa solution vraie et pratique dans les lois civiles même les meilleures. Cette solution est, de sa nature, liée aux préceptes de la parfaite justice qui réclame que le salaire réponde adéquatement au travail. Elle est encore, par conséquent, du ressort de la conscience. Or, la législation humaine ne saurait s'étendre à la direction des consciences. De plus, cette question réclame le concours de la charité, qui va au delà de la justice... Or, la religion seule, avec ses dogmes révélés et ses préceptes divins, possède le droit d'imposer aux consciences la justice dans sa perfection et les lois de la charité avec tous ses dévouements, et l'Église est l'organe et l'interprète autorisé de ces préceptes et de ces dogmes » ([2]).

Ici, au nom des consciences laïques, je dois insister sur une distinction essentielle et faire une réserve nécessaire. Bien que l'œuvre de la justice, humaine ou divine, soit complétée par celle de la charité, religieuse ou laïque, il faut séparer ces deux domaines, qui, en principe, sont aussi

---

(1) « Rien ne pouvait m'être plus agréable et plus utile, écrit en juillet 1892 Mgr Langénieux, que de voir comment des patrons éclairés, des ouvriers honnêtes, unissant leurs bonnes volontés, ont su trouver et réaliser une solution pratique de cette question, si grave, si délicate, si compliquée qui s'agite aujourd'hui dans le monde du travail : la participation dans les bénéfices.

» Bien comprises, équitablement formulées, loyalement pratiquées, les combinaisons que vous avez inaugurées ouvrent les voies de la pacification sociale à laquelle doivent travailler à l'envi tous les bons Français, car, de cette union entre les membres de la famille ouvrière, dépendent, avec le bien-être des travailleurs, la prospérité, la grandeur, disons le mot, le salut de la patrie...

» Puisse le succès couronner complètement vos efforts, et votre dévouement, si louable, trouver des imitateurs et des émules. Ce vœu, je le confie à Dieu sous la forme d'une prière qui sera exaucée le jour où les hommes de bien, les vrais chrétiens, préoccupés de l'avenir de la France, voudront remplir loyalement tous les devoirs que nous imposent la justice et la charité. »

(*Bulletin de la participation aux bénéfices*, tome XIV, année 1892, page 229.)

(2) *Réforme sociale* du 16 octobre 1891, p. 611.

indépendants l'un de l'autre que, dans nos Codes, le sont le
chapitre du Louage d'ouvrage et d'industrie, échange d'un
service contre un juste prix, et le titre des Donations entre
vifs et des Testaments, exclusivement applicable aux pures
libéralités. Au point de vue de la justice, il faudrait plaindre
l'homme qui prétendrait s'en tenir à la lettre, au texte de la
loi civile ou pénale, mais il est permis d'affirmer qu'abstraction faite de tout dogme confessionnel, l'esprit de nos lois
françaises, qui sont essentiellement laïques, et la jurisprudence
des tribunaux qui appliquent ces lois, doivent tendre de plus
en plus à se rapprocher de la justice absolue, telle qu'elle se
révèle directement à la conscience humaine. Quant aux
belles œuvres de la charité, qu'elles aient leur source dans
les mystères de la vie religieuse ou dans la bonté naturelle
d'une âme aimante, elles doivent être admirées comme elles
le méritent. Elles tiennent une place immense dans la solution des questions dites sociales. La sollicitude, la cordialité,
les égards personnels, la bienveillance, les ingénieux procédés d'assistance privée imaginés par la femme d'un directeur d'usine pour soulager discrètement, au sein des familles ouvrières, des peines physiques ou morales; la
générosité, le courage, le dévouement déployés par les chefs
d'une population laborieuse en cas d'épidémie ou de mal-
heurs publics, ce sont là des actes qui s'élèvent au-dessus
de l'accomplissement pur et simple des obligations réciproques nées d'un contrat de travail.

Laissant aux religions et aux élans naturels du cœur
humain l'admirable tâche de susciter et de généraliser de
tels efforts, nous nous bornons à étudier en ce moment
l'influence qu'une conception plus nette, plus profonde,
plus raffinée, si l'on peut s'exprimer ainsi, de la justice
naturelle, pourrait exercer de nos jours sur les rapports du
travail et du capital.

L'idée qui se dégage de l'Encyclique et l'enseignement
pratique donné, bien avant cette lettre pontificale, par de

nombreux écrits laïques, notamment par le mémoire de Frédéric Engel-Dolfus dont nous parlerons ci-après, et surtout par la pratique journalière de beaucoup de maisons, c'est que la stricte application de la loi de l'offre et de la demande ne sert pas toujours de critérium absolu pour déterminer le prix juste et légitime du travail.

Il y a une valeur intrinsèque du travail, des concours qu'il fournit, des peines qu'il se donne, des risques auxquels il s'expose. C'est une valeur difficile sans doute à déterminer, mais de laquelle on peut se rapprocher par voie d'analogie et de comparaison et qui coïncide, tout au moins, sauf les cas de force majeure, avec le *minimum* nécessaire pour l'entretien normal de la vie du travailleur.

Quand il y a bénéfice, une juste participation à ce bénéfice peut et doit moralement s'ajouter au salaire.

Il faut, à notre avis, dégrever autant que possible le prix de revient.

« Avec des salaires portés au maximum, dit le dernier rapport de *The Carlton Iron Company* (Compagnie houillère anglaise), en date du 5 janvier 1892, et une réduction correspondante dans les heures de travail, il ne faut pas s'étonner de voir le bénéfice disparaître et même se changer en perte ! »

Cette marée montante des augmentations de salaires qui tend à surcharger les frais généraux de toute entreprise, il faut lui opposer une digue pour la jeter du côté de la participation aux bénéfices où elle pourra s'élever et s'étaler à son aise sans tuer l'industrie, sans ruiner la maison.

La participation, d'ailleurs, qui laisse au salaire plus d'élasticité pour se plier aux nécessités de la concurrence, en abaissant le prix de revient, est le véritable correctif de la loi d'airain, comme l'a très judicieusement fait remarquer M. le comte Auguste Ciezskowski ([1]). La loi d'airain fait

---

([1]) Lettre du 14 juillet 1889 à M. Emile Levasseur (Compte rendu *in extenso* du Congrès international de la participation, p. 213).

descendre le salaire au-dessous du chiffre normal. La participation peut ajouter au salaire, que nous supposons capable de couvrir les dépenses nécessaires à la vie, les ressources supplémentaires qui, dans le budget des ouvriers, doivent correspondre au service de la prévoyance, à la sécurité de l'avenir, à la création du patrimoine, au pain des vieux jours.

En résumé, la loi de l'offre et de la demande, nécessaire pour sauvegarder la liberté du travail et faire agir l'aiguillon de la concurrence, peut être corrigée, dans ses effets, cruels quelquefois, par un partage des fruits du travail conforme à la justice naturelle. Adoucie dans sa rigueur par l'adoption du principe fondamental de la répartition des bénéfices proportionnellement aux concours et aux risques, la loi de l'offre et de la demande n'empêchera pas la conscience publique et la volonté générale des patrons et des ouvriers d'admettre, comme bases de la rémunération du travail, d'une part, sous forme de salaire, un minimum convenable de subsistance pour les besoins de la vie présente, et, d'autre part, pour assurer l'avenir, un minimum de prévoyance à prélever sur les produits de la participation aux bénéfices.

Le désir ou le simple pressentiment d'un changement profond pouvant survenir dans la distribution des richesses futures, et qui résulterait d'une conception nouvelle, acceptée de part et d'autre, des avantages que peut stipuler et obtenir le travail, est tellement dans l'air qu'elle a inspiré à un publiciste, M. François Husson, rédacteur en chef de *L'Echo des Chambres Syndicales patronales*, la publication d'un livre intitulé : *La Seconde Révolution française* (¹). La pensée qui a inspiré ce livre est grande et hardie ; il contient le

---

(1) LA SECONDE RÉVOLUTION FRANÇAISE, *solution et dénouement pacifique de la question sociale ouvrière.* Ouvrage honoré des patronages et souscriptions du *Groupe des syndicats de l'industrie et du bâtiment* et de la *Société de la Participation aux bénéfices,* par François Husson. Préface de M. Frédéric Passy, membre de l'Institut. Un vol. in-12 de 207 pages, Paris, Guillaumin et Cⁱᵉ, 1892.

résumé de l'histoire du travail à travers les âges : après l'esclavage, le servage, puis le salariat au delà duquel l'auteur voit poindre l'aurore de la participation et de la coopération. Avec un élan qui m'a fait penser à la nuit du 4 août, le Conseil des Chambres syndicales de l'industrie et du bâtiment, rue de Lutèce, présidé par M. Frédéric Bertrand, a souscrit à un grand nombre d'exemplaires de ce livre et lui a accordé son patronage.

Au moment même où nous écrivons la présente introduction, M. Bernard Lavergne, sénateur du Tarn, publie un livre intitulé : *l'Évolution sociale* (Alençon, imprimerie Guy). Il appuie de toutes ses forces la participation aux bénéfices et l'association coopérative de production où il voit deux excellents moyens pacifiques d'émancipation des prolétaires. Il cherche à préparer ainsi l'Évolution par opposition à la Révolution sociale dont nous menacent les partisans du socialisme allemand.

### IV. — Opinion de Frédéric Engel-Dollfus sur les obligations morales imposées au patronat.

L'idée d'une charge additionnelle au salaire, non stipulée dans le contrat de travail, mais imposée moralement au patron par la nature des choses, en dehors de toute exigence de l'ouvrier, avait frappé le cœur et l'esprit d'un grand patron alsacien, M. Frédéric Engel-Dollfus, membre fondateur de la Société pour l'étude de la participation aux bénéfices. A plusieurs reprises, il a insisté, avec la plus grande énergie, sur le caractère et la portée des obligations morales imposées, par la justice naturelle, aux chefs d'industrie.

Voici le résumé de son opinion, que j'indique de manière à le faire parler lui-même, au moyen d'extraits pris dans un travail intitulé : *Étude sur l'épargne, les institutions de prévoyance et la participation aux bénéfices*, par Engel-Dollfus. (Extrait des Bulletins de la Société industrielle de Mulhouse. Mulhouse, imprimerie veuve Bader et Cie, 1876).

« Il m'est aussi difficile d'admettre l'existence d'un établissement manufacturier sans caisse de secours, sans caisse de retraites, sans de nombreuses annexes de toute sorte en faveur de la classe ouvrière, qu'il me serait possible, par exemple, de concevoir le grand commerce extérieur sans l'assurance maritime ou toute grande exploitation industrielle sans l'assurance contre le feu (¹).

» Le principe naturel de la participation n'est autre que l'équité dans l'exercice d'un devoir... Il faut à la participation ouvrière ou à ses équivalents, quelle que soit leur forme du moment, un mobile plus élevé que l'intérêt ou la peur; ce mobile c'est l'équité, qui a sa source dans des sentiments plus nobles, et qui demande instamment qu'après avoir établi expérimentalement la théorie des institutions de prévoyance et de secours, on en fasse désormais l'application la plus étendue (²).

» La formule sera toujours la même pour le manufacturier, et se résumera en ces quelques mots :

« Donner, non par charité fraternelle, mais par esprit
» d'équité;

« Donner beaucoup, c'est-à-dire le plus qu'on peut, selon
» ses moyens, et donner avec discernement, c'est-à-dire sous
» la forme et à l'époque les plus propices à la réalisation
» effective du but d'assistance immédiate ou différée qu'il
» s'agit d'atteindre.

» Il est certain qu'il n'y a pas, pour l'ouvrier, de *droit* à
» la participation; je dirai, par contre, tout aussi catégori-
» quement, qu'il y a pour les patrons des devoirs qui ne
» se discutent plus; de ce nombre est celui de fonder, d'une
» façon inébranlable et définitive, les institutions de pré-
» voyance ».

» La Société d'Encouragement à l'épargne de Mulhouse a

---

(1) Page 1.
(2) Pages 73 et suivantes.

distribué un million de francs, de 1851 à 1875, en pensions, aux vieux ouvriers des maisons sociétaires. Qu'est ce million, sinon un mode, une des variétés de la participation ouvrière aux bénéfices, avec les avantages de la régularité et de la consolidation résultant de l'engagement pris par les maisons sociétaires de persévérer dans leurs versements, qu'il y ait perte ou bénéfice (¹).

» Puiser à une source unique, celle des bénéfices, par exemple, déterminer la part à faire à la collaboration et en régler simplement la répartition en bloc, sans en assurer en même temps le *remploi*, ce serait faire fausse route et introduire dans le patronage industriel une espèce de « laisser faire, laisser passer », qui séduirait peut-être l'ouvrier par l'appât d'une jouissance libre et immédiate, mais qui ne saurait en aucune façon remplacer la prévoyance et assurer le sort des catégories intéressantes, mineures par l'âge ou par la faiblesse, qui ont si besoin d'aide et de protection » (²).

M. Engel-Dollfus estime que, pour les institutions en faveur de l'enfance, le logement, les secours aux malades et aux femmes en couches, les assurances en cas d'accident et les pensions de retraite, il faut en moyenne environ 10 % du montant des salaires, qui se répartiront, dans des proportions à chercher, entre les ouvriers, d'une part, et les patrons sur frais généraux, d'autre part.

Ces 10 % doivent, suivant lui, être prélevés et dépensés avant l'abandon à l'ouvrier de toute espèce de salaire supplémentaire ou de participation aux bénéfices en espèces.

Le système de Frédéric Engel-Dollfus tend à faire admettre que le *minimum* moralement obligatoire de la rémunération légitime du travail humain comprend nécessairement, à la fois, le pain quotidien, d'abord, puis la prime des assurances

---

(1) Pages 57 et suivantes.
(2) Page 63.

sociales (maladies, accidents, vieillesse). La jouissance régulière et normale des institutions dont il parle devient, pour quiconque entre dans la maison, une partie intégrante, un élément essentiel du contrat de travail.

J'adhère pour ma part, de tout cœur, au pressant appel que Frédéric Engel-Dollfus adresse à l'industrie, mais avec cette réserve toutefois qu'en principe, dans les maisons prospères, c'est à la participation aux bénéfices et non au chapitre des frais généraux qu'il faut demander de pourvoir aux institutions de prévoyance.

Si, un jour, la participation venait à manquer, et qu'il y eût des dépenses indispensables à faire pour le service d'institutions de prévoyance qui ne comportent aucune interruption, le patron pourra imputer exceptionnellement ces dépenses sur frais généraux. Beaucoup d'exemples de cette manière d'agir pourraient être cités.

Pour nous, la participation aux bénéfices est la ressource naturelle et normale des institutions de prévoyance.

Il faut alléger les frais généraux et abaisser le prix de revient. Le recours aux frais généraux doit être l'exception, non la règle.

### V. — Comment fixer le quantum de la participation?

En matière de salaire, on n'a trouvé jusqu'ici dans les fabriques, dans les bureaux, dans les administrations privées ou publiques de tout ordre et de toute nature, aucun instrument de précision capable de peser et de mesurer exactement ce qui est normalement dû aux ouvriers, employés et chefs de service de tout ordre. Tel chef ou employé demande une augmentation? Le patron est parfois tenté de jouer à pile ou face sa réponse affirmative ou négative. On procède par voie de tâtonnement, suivant les circonstances. On se rapproche plus ou moins de la justice. On fait des cotes mal taillées.

Il en est de même en matière de participation, et tout d'abord pour les directeurs et ingénieurs dont le concours est si précieux. Est-il possible de tracer pour eux une règle absolue quelconque? D'après leurs aptitudes, leurs services passés, l'état de l'entreprise, on leur donnera, avec un traitement de 10 à 20.000 francs, un intérêt pouvant aller de 1/2 $^0/_0$ des bénéfices nets à 3 $^0/_0$ et même davantage.

La participation intégrale, c'est-à-dire la part, exacte à un centime près, qui devrait revenir à chaque collaborateur, grand ou petit, dans le produit d'un travail collectif, ne peut être déterminée. C'est un problème pareil à celui de la quadrature du cercle. C'est une difficulté comparable à celle où s'est trouvé le juif Shylock quand l'autorisation lui a été donnée de couper exactement, sous peine de mort, une livre de chair dans le corps de son débiteur.

Le capital argent et le capital humain libre, qui sont inséparables, qui ne peuvent se passer l'un de l'autre, constituent cependant des éléments hétérogènes pour lesquels il n'existe mathématiquement aucune commune mesure permettant de les comparer exactement. Certes, l'utilité, la nécessité, l'efficacité de tous les concours sont évidentes dans toutes les créations humaines, mais comment songer à évaluer en chiffres infaillibles la part exacte de deux collaborateurs dans le succès d'une pièce de théâtre, celle du père et de la mère dans la naissance de l'enfant, et, enfin, celle du général, des officiers, des soldats et du hasard dans le gain d'une bataille?

Nous sommes ici dans le domaine des sciences morales où rien n'est absolu, où les circonstances et le milieu jouent parfois un rôle prépondérant et, bien observées, donnent, dans chaque cas particulier, le mot de l'énigme.

Avant d'aller plus loin, indiquons brutalement, d'une façon empirique, une condition matérielle à remplir pour que la participation accordée au personnel soit pour lui un avantage appréciable. Il est à désirer qu'elle ne descende pas au-dessous d'environ 10 % du salaire. Nous nous trouvons ici d'accord avec Frédéric Engel-Dollfus sur le chiffre du minimum de sacrifices indiqué par lui au patronat. Qu'importerait la beauté de l'étiquette collée sur une bouteille vide ?

Cela dit, peut-on se rapprocher plus ou moins de la justice par une solution à peu près normale, rattachée à un grand principe, tel que celui de la répartition proportionnelle aux concours ?

On trouvera, dans le présent ouvrage, l'énumération de nombreux exemples des proportions diverses de quantum pour cent accordées aux participants, mais voici quelques notes relatives à l'étude théorique de la question. La conclusion de ces notes est d'ailleurs confirmée par plusieurs applications pratiques, dont trois surtout, celles qui ont été faites à Paris, par Leclaire, à Angoulême, par Edmond Laroche-Joubert, et à Guise, par J.-B. Godin, sont d'une importance exceptionnelle.

RÉPARTITION DU BÉNÉFICE PROPORTIONNELLEMENT AUX CONCOURS
DONNÉS PAR LE TRAVAIL ET LE CAPITAL.
OPINIONS DIVERSES. PLAN INDIQUÉ DANS CE SENS PAR M. J.-C. GRAY.

M. A. Huet, ingénieur civil à Delft, a proposé, en 1869, la solution qui suit :

« Calculez les intérêts du *Capital des actionnaires* à un taux convenu d'avance (5 % par exemple) ; déduisez-les, à titre de salaire du capital, du bénéfice qu'aura donné l'entreprise, vous aurez ainsi le profit net.

» Capitalisez les salaires annuels du personnel à un taux convenu d'avance (10 % par exemple), et nommez *Capital du personnel* le chiffre ainsi obtenu ;

» Le profit net sera divisé entre les actionnaires et le personnel de l'entreprise en raison des deux capitaux indiqués ci-dessus ([1]) ».

_____

(1) *Bulletin de la participation aux bénéfices*, 1885, p. 196.

Pour rendre sensibles par un exemple les résultats de l'application de cette formule, supposons une entreprise dont le capital argent est de 100.000 francs, qui paie 50.000 francs de salaires, représentant, à 10 %, un capital travail de 500.000 francs, et qui a réalisé un bénéfice de 20.000 francs : il y aura lieu d'abord d'attribuer au capital 5.000 francs à titre d'intérêt à 5 % ; le surplus, 15.000 francs, sera réparti comme suit :

Au personnel (capital travail). . .Fr. 12.500
Aux actionnaires (capital argent) . . 2.500

TOTAL ÉGAL. . . .Fr. 15.000

M. J.-C. Gray, qui vient de succéder comme secrétaire général de l'Union Coopérative de la Grande-Bretagne et d'Irlande à Edw. Vansittart-Neale, a présenté, en 1886, au Congrès coopératif de Plymouth, sur la *Coopération de production*, un intéressant mémoire qui a pour devise : « *Ajustez vos balances* », et dans lequel il traite la question du partage des fruits du travail (1). Sous cette rubrique : « *Injustice dans la répartition des résultats* », il dit que la part attribuée aujourd'hui aux travailleurs, dans certaines Sociétés de production, n'est pas en proportion équitable avec la part beaucoup plus grande allouée au capital-actions et que l'équilibre à établir entre eux appelle un changement.

Cherchant à régler inversement l'ancien état de choses, en faisant du capital inanimé le serviteur du travailleur vivant, l'auteur du mémoire conseille aux coopérateurs de consommation qui possèdent, dans une large mesure, la richesse et le pouvoir des classes populaires, d'organiser chez eux, dans cet esprit, les rapports du travail et du capital.

« En préparant pour la coopération productive, dit M. J.-C.

---

(1) *Cooperative production*. A Paper read by Mr. J.-C. Gray, of Manchester, at the Congress held at Plymouth, Whitsuntide, 1886. Brochure de seize pages publiée par le « Central cooperative Board », Manchester.

Gray, un plan d'organisation destiné à détrôner le vieux système injuste, nous devons considérer l'importance et la valeur relative du travailleur et du capitaliste dans l'œuvre de la production; de ces deux facteurs, le travail, dans mon opinion, est celui auquel appartient la prééminence.

» Nous voulons élever la condition de l'ouvrier. Le but que nous poursuivons c'est que les travailleurs paient un salaire au capital au lieu d'être salariés par lui. Ceci déclaré, nous estimons que le capital devrait recevoir un juste gage que, par hypothèse, nous fixons à 5 %. Le paiement de ce salaire ou intérêt au capital serait d'abord prélevé sur les gains de la Société coopérative de production dont il s'agit ici de tracer le plan; pour mieux assurer dans l'avenir le paiement de cet intérêt, un fonds de réserve serait formé, des prélèvements seraient opérés pour d'autres charges, telles que l'amortissement; puis, ces déductions faites, le total de l'excédent net serait réparti entre les facteurs qui ont contribué à les produire, c'est-à-dire le travail, le capital et la clientèle *(trade)* ». — On sait qu'en Angleterre, il est d'usage d'attribuer une part de bénéfice aux consommateurs, à la clientèle. Ce n'est pas là une vraie participation. C'est tout simplement la ristourne, après heureux inventaire, d'une partie du prix fixé, par prudence, à un taux élevé. — Je continue ma citation :

« *Le quantum du bénéfice alloué à chacun de ces facteurs doit être déterminé par le concours que, dans les diverses fabriques ou entreprises étudiées individuellement, il a donné à l'œuvre commune.* Par exemple, supposons qu'une Société puisse faire beaucoup d'affaires avec un faible capital et un faible travail, la grosse part des bénéfices reviendra à la clientèle. Supposons qu'une autre Société, pour produire une quantité déterminée de marchandises, ait besoin de machines nombreuses et coûteuses et n'emploie que peu d'ouvriers : le capital et la clientèle absorberont la plus forte part des bénéfices et les travailleurs une part faible. Mais prenons maintenant pour objet de notre étude une Société qui se sert d'un outillage peu important et de matières premières à bas prix, de telle sorte que l'écart entre le prix de revient et le prix de vente résulte presque entièrement du travail manuel des ouvriers de la fabrique, alors, naturellement, la part des travailleurs dans les bénéfices sera la plus considérable.

» Il semble donc que le seul mode juste et équitable de répartition des bénéfices consiste dans une règle de proportion.

» Cette opinion sera rendue sensible par des chiffres.

» Une Société paie, à 5 %/_0 par an, 850 livres sterling d'intérêts à un capital de 17.000 livres; elle paie à ses ouvriers 6.000 livres sterling de salaires. Son chiffre d'affaires est de 20.000 livres sterling par an, et son bénéfice net, salaires et intérêts déduits, est de 750 livres sterling. Par notre règle de proportion, nous obtenons le tableau suivant :

» Concours du capital argent. . . Liv. st.   17.000
  —   du travail (6.000 livres sterling
     de salaires capitalisés à 5 0/0). 120.000
  —   de la clientèle . . . . . . .  20.000

» Ce qui donne un total de. . . .Liv. st.  157.000

» Ayant un bénéfice net à partager de 750 livres sterling, si nous le divisons en 157.000 parts, et si nous multiplions le quotient de cette division par le chiffre des trois concours ci-dessus, nous aurons le résultat suivant :

Au capital . . . . . . . . . . . . .Liv. st.  82
Au travail. . . . . . . . . . . . . . . . . 573
A la clientèle . . . . . . . . . . . . . . . 95

        TOTAL ÉGAL . . Liv. st.  750  »

Ce système rappelle celui de M. A. Huet dont nous venons de parler à la page 28.

M. J.-C. Gray indique, quant au mode d'emploi qu'il

recommande, cette règle très importante soulignée dans le texte anglais :

« *Le montant des bénéfices alloués aux ouvriers devra, dans tous les cas, être employé et capitalisé sous la forme d'actions de la Société jusqu'à ce que les trois quarts du capital social soient ainsi possédés par les travailleurs, après quoi tout bénéfice leur revenant leur sera payé en espèces.*

» Telle est, dit M. J.-C. Gray, l'esquisse d'un plan qui, s'il était mis en pratique, pourrait exercer une influence conciliatrice sur les conflits qui divisent les facteurs de la production, et réunir, par le lien de quelques règles générales communes, les systèmes variés qui existent dans le domaine de la coopération. Ce plan agirait, à mon avis, dans chaque catégorie d'industrie, comme une sorte d'échelle mobile *(sliding scale)*, qui donnerait aux divers ayants droit leur juste part de bénéfices, au lieu d'enrichir les uns aux dépens des autres. »

Voici la conclusion de M. J.-C. Gray :

« En résumé, les coopérateurs anglais doivent méditer sur cette question en se plaçant au point de vue de leur responsabilité morale. La question du travail, dans ce pays comme dans d'autres, s'approche évidemment d'une crise dont la gravité sera exceptionnelle. La misère qui sévit parmi les ouvriers et dans les couches inférieures de la population est effrayante et appelle la plus sérieuse attention de tous ceux qui ont à cœur la prospérité de leur patrie. Depuis longtemps nous sommes habitués à considérer comme déplorable la condition des classes agricoles; mais lorsque nous entendons parler du misérable salaire que reçoivent les ouvriers, dans certaines industries, nous sommes forcés de reconnaître qu'il y a là plus de misère encore. N'y a-t-il pas quelque chose de pourri dans un régime de production qui refuse souvent à la majorité des hommes employés par lui, la simple pitance nécessaire pour subsister, et les condamne à une vie de servitude en leur laissant à peine

entrevoir un rayon d'espérance vers leur future émancipation? Nous entendons parler de tous côtés de stagnation
des affaires et de réduction des salaires; nous voyons des
foules d'ouvriers affamés demander du travail, et, au milieu
de ce chaos, notre présent état social lui-même semble
paralysé. Où aboutira cette période de désespoir? La crise
est imminente; elle ne pourra se terminer que par une
*complète révolution* et un bouleversement général ou par la
*réorganisation des forces qui servent à la production.* Voir des
milliers et des milliers d'hommes mourir de faim, à côté
de richesses incalculables accumulées dans le pays, c'est
l'amère censure de notre civilisation si vantée. Pouvons-
nous, nous trouvant au nombre de 700.000 coopérateurs,
investis d'un immense pouvoir pour faire le bien si nous
en avons seulement la volonté, rester passifs en présence
de ces conflits sociaux? Au nom de ce qu'il y a en nous de
bon et de noble, sortons de notre léthargie, et, grands et
petits, jetons-nous dans la mêlée en déployant toute notre
force. Nous avons le pouvoir de réorganiser les rapports des
facteurs de la production, car, dans le sein de la coopération
anglaise, tous ces éléments sont réunis. Commençons donc
par mettre l'ordre dans notre propre maison, puis, serrons
nos rangs, et, unissant nos efforts, faisons face à l'œuvre
qu'il faut accomplir en dehors de nous. Le *Pouvoir* d'agir
nous en impose le *Devoir* ».

Les conseils ainsi donnés par M. J.-C. Gray à ses amis
de la coopération anglaise peuvent être entendus avec fruit
et réveiller, même parmi nous, de sympathiques échos.

Toutefois, la capitalisation des salaires à 5 % me paraît
exagérée. L'homme s'use et se détruit comme un outillage industriel, et les revenus d'une usine se capitalisent,
en général, à raison de 10 %. Je proposerais même,
comme on le verra plus loin, une capitalisation des salaires
au taux de 25 % ou de quatre fois les salaires.

Le principe ainsi exposé par M. J.-C. Gray est celui qui

3

a été adopté, en 1880, au Familistère de Guise, où la répartition a lieu entre le capital et le travail, au prorata des concours, représentés d'un côté par les salaires et appointements, et de l'autre, par les intérêts à 5 % du capital engagé (¹).

La papeterie coopérative d'Angoulême, après prélèvement de l'intérêt de 5 % du capital social, et de 5 % des immeubles et du matériel pour un fonds général d'amortissement donne, depuis de longues années, 25 % du bénéfice net comme dividende au Capital et 75 % au Travail et à l'Intelligence (²).

M. Albert Grey, fermier d'un domaine du Northumberland appelé *East Learmouth*, déclarait, en octobre 1891, à ses ouvriers agricoles, qu'à son avis, lorsque les travailleurs ont reçu le salaire normal au taux de la *Trade Union* et le capital l'intérêt auquel il a droit, l'excédent net doit être partagé proportionnellement à ces deux éléments, considérés comme représentant l'évaluation des services repectifs, rendus à l'œuvre commune. « C'est là, dit M. Albert Grey, une règle absolument juste et inattaquable » (³). Un tableau, joint à ce mémoire, donne le détail des comptes pour cinq ans, de mai 1886 à mai 1891; sur les bénéfices réalisés, réserve déduite, le travail a reçu 163 liv. st. et le capital 148.

Dans l'imprimerie qu'il vient de fonder, à Delft, sous la forme d'une Société anonyme, notre collègue, M. Van Marken, après avoir payé aux ouvriers et employés leur salaire, et au capital une rétribution de 6 %, comprenant à la fois l'intérêt à lui dû pour son concours et la prime du risque couru, répartit l'excédent ou bénéfice net de la manière suivante. Refusant tout dividende au capital, instru-

---

(1) Rapport du Jury international de 1889. Économie sociale, Section II, Notice II, page 57.
(2) *Ibid.*, Notice III, page 64.
(3) Address by Mr. Albert Grey, to the labourers on *East Learmouth* farm, 30th october 1891. Steam Printing Co. 21, Bondgate Within.

ment passif qu'ils jugent suffisamment rémunéré par
l'intérêt, les statuts attribuent la moitié du bénéfice net
aux travailleurs, un quart à la direction, le dernier quart
à diverses affectations, étant bien entendu, que le bénéfice
du travail, 50 %, sera employé, en totalité, à l'acquisition
de parts du capital ainsi remboursé aux fondateurs, de
telle sorte que la propriété de l'actif social passera, peu à peu,
tout entière aux mains du personnel. Voilà le capital devenu
la propriété du travailleur. C'est l'accomplissement d'une
grande évolution. Elle s'est faite au Familistère de Guise.
M. Van Marken, qui ne connaissait pas cette particularité de
l'œuvre de Godin, s'est rencontré avec lui ([1]).

M. Van Marken, en refusant comme Leclaire tout dividende
au capital sauf à donner à ce capital non pas 5 % seulement, mais jusqu'à 10 et 15 % d'intérêts prélevés sur frais
généraux, échappe à la difficulté où nous sommes de trouver
une règle pour la répartition du bénéfice net proportionnellement aux concours respectifs du capital et du travail.
Le système actuel est fort simple : tout le bénéfice au
capital et rien que le salaire au travail. Le système de
M. Van Marken est très simple aussi, mais en sens inverse :
tout le bénéfice au travail et rien que l'intérêt au capital,
devenu simple salarié sur frais généraux. Restera la difficulté
du partage entre l'Intelligence dirigeante et le Travail manuel,
mais les difficultés sont partout : il faut vivre avec elles,
dût-on ne les résoudre qu'à moitié.

Dans son ouvrage récent intitulé *L'Évolution sociale* ([2]),
M. Bernard Lavergne, sénateur du Tarn, après avoir constaté
que la fixation des taux de participation appliqués dans
diverses maisons résulte d'une appréciation assez arbitraire,
cherche, lui aussi, à poser un principe, à trouver une base
équitable et normale et il arrive, de lui-même, à ce partage au

---

(1) *Bulletin de la Participation*, tome XIV, 1892, page 202.
(2) Alençon, imprimerie Guy, 1892.

marc le franc du capital-argent et du capital-travail, si simple en apparence, si séduisant au premier abord, indiqué par M. Huet, de Delft, et par M. J.-C. Gray, de Manchester.

« Supposons, dit-il, une entreprise industrielle où le capital engagé est de 100.000 francs. . Fr.  100.000  »

» Où la somme des salaires est de . . .  10.000  »

» Où le directeur touche des émoluments de  5.000  »

» Voici sur quelles bases devrait s'opérer, ce nous semble, le partage des bénéfices :

» Je ramène ces trois éléments au même type : le capital. Je dis : les 10.000 francs de salaires représentent le revenu (à 5 %, je suppose) de 200.000 francs. Les 5.000 francs d'émolument correspondent à un capital de 100.000 francs ; j'aurai donc trois capitaux ayant concouru à la production et entre lesquels le bénéfice sera partagé au prorata.

» Capital du prêteur . . . . . . . Fr.  100.000  »
» Capital des ouvriers . . . . . . . .  200.000  »
» Capital du directeur. . . . . . . . .  100.000  »

ENSEMBLE. . . . . . Fr.  400.000  »

» Le bénéfice obtenu étant, je suppose, de 15.000 francs, je prélève, d'abord, les sommes nécessaires pour alimenter les diverses caisses fondées dans l'établissement : réserves, secours en cas de maladie, accidents, etc.

» Les divers prélèvements opérés, supposons qu'il reste 10.000 francs ; les parts seront ainsi faites :

» Le capitaliste représentant 100.000 francs, le quart du total, touchera le quart de 10.000 francs, soit . . . . . . . . . . . . . . . . . Fr.  2.500  »
» Les ouvriers, la moitié. . . . . . .  5.000  »
» Le directeur, le quart. . . . . . . .  2.500  »

TOTAL ÉGAL . . . . . Fr.  10.000  »

Il importe de remarquer, d'abord, en ce qui concerne spécialement la part de la direction, gérance ou patronat, que la simple répartition des bénéfices, au marc le franc, des appointements, des salaires et des intérêts donnerait des résultats insuffisants et injustes. A moins d'attribuer à la direction un traitement très élevé, très considérable, hors de proportion avec les habitudes de l'industrie et le chiffre normal des frais généraux, on arriverait à ne lui donner qu'une trop faible part des bénéfices. Calculée sur un traitement de douze, quinze ou même vingt mille francs, la participation du chef d'une grande entreprise ne répondrait ni à la prépondérance de sa fonction, ni à la responsabilité qui pèse sur lui, ni à l'importance de son concours.

Aussi, dans la plupart des systèmes que nous avons étudiés, et où domine l'idée d'une juste répartition proportionnée à la valeur des concours, voit-on que la participation de la direction est réglée à part; un tantième spécial lui est attribué. A la maison Leclaire, la direction a 25 $\%$ des bénéfices; à la papeterie coopérative d'Angoulême 17 $\%$; à l'imprimerie Van Marken 25 $\%$.

Le projet de loi sénatorial sur les Sociétés coopératives et le contrat de participation, qui a cherché à organiser d'une manière normale le partage des bénéfices dans les Sociétés de production, a eu égard à la nécessité de rémunérer la gérance d'une manière exceptionnelle. Par son article 41, ce projet oblige les Sociétés de production à réserver 50 $\%$ des bénéfices nets au travail, représenté à la fois par les ouvriers membres de la Société et par leurs auxiliaires non associés, mais l'article 27 du même projet permet d'attribuer un maximum de 15 $\%$ des bénéfices nets à la direction et au Conseil d'administration, c'est-à-dire au gouvernement supérieur de la Société.

Cette disposition du projet de loi mérite qu'on s'y arrête. Elle marque nettement l'intention de permettre aux Sociétés ouvrières d'organiser fortement leur gérance en ajoutant au traitement, peut-être modique, du directeur une participation d'un taux élevé.

Quant à la proportion de 50 %/₀ des bénéfices nets attribués au travail par l'article 41 du projet de loi coopérative et qu'on retrouve dans le projet de cahier des charges de la ville de Paris, elle est fixée tout à fait arbitrairement; c'est sans doute une réminiscence : elle doit avoir été empruntée à la vieille tradition du métayage et du colonage à mi-fruit, mais dans l'industrie, où, à chaque instant, apparaissent des différences et des contrastes, cette proportion uniforme et absolue produirait de très choquantes anomalies, n'ayant aucun égard à l'importance respective, si variable suivant les cas, du capital et de la main-d'œuvre. A ce quantum empirique il faudrait pouvoir substituer un mode de partage proportionnel aux concours et aux risques.

Voici le résultat de quelques recherches faites dans ce sens.

Les Sociétés coopératives de consommation et de production ont applaudi à l'introduction du principe de la participation dans cet article 41, mais la proportion de 50 %/₀, obligatoirement imposée, leur a fait concevoir de sérieuses inquiétudes. Ici, l'on voyait déjà quatre ou cinq ouvriers boulangers, salariés par une Société de consommation, se partager 5.000 francs; là, deux auxiliaires chargés de fabriquer le cidre, dans une autre Société du même genre, auraient reçu chacun 2.500 francs!

Dans ses séances des 11 octobre et 3 novembre 1892, la *Chambre consultative des Associations ouvrières de production* qui a son siège 80, rue de Bondy, a constaté, en ce qui concerne les Sociétés de production, des inconvénients analogues. Cette Chambre, où sont réunis les délégués de quarante Sociétés, a adopté, de la manière la plus complète, le principe même de la participation; dès l'année 1889, elle en avait demandé l'introduction dans la loi coopérative, mais, tout en appréciant l'idée théorique d'un partage proportionnel aux concours, elle n'a pu trouver encore une formule satisfaisante ; plusieurs de ses membres lui ont proposé, à titre d'expédient, de se borner à demander une réduction de la moitié à un cinquième, par un amendement portant que la participation prescrite par l'article 41 « devra consister dans une part de 20 % au moins des bénéfices nets annuels sans autre défalcation que celle de l'intérêt du capital et d'un dixième pour fonds de réserve. » 80 % resteraient ainsi disponibles, soit pour augmenter le fonds de réserve destiné à parer aux pertes, soit pour constituer un fonds collectif spécial de prévoyance affecté à des retraites et autres objets d'intérêt général, soit enfin pour distribuer des dividendes plus ou moins élevés. D'autres membres, préoccupés surtout de l'avenir des Sociétés de production, voudraient qu'on les laissât libres de mettre, par prudence, pendant un nombre d'années quelconque, tout le bénéfice net en réserve et de ne distribuer, dès lors, ni dividende aux actions, ni participation au travail. Quant au principe même de la participation inscrit dans le premier paragraphe de l'article 41 du projet, il a été adopté à l'unanimité par la Chambre consultative, en présence de MM. les députés Jules Siegfried et Doumer, président et rapporteur de la Commission, qui assistaient à la séance du 3 novembre.

Je poursuis, en ce qui me concerne, mes observations sur cet important sujet.

Faut-il établir la proportionnalité entre le capital engagé dans l'entreprise et les salaires d'une année ? J'en doute : les salaires ne sont que l'intérêt temporaire, pas même viager, du capital humain ; ils ne constituent pas un vrai capital et, pour la mesure des concours, il me paraît difficile de les mettre en balance avec le capital argent.

Le système en vigueur au Familistère de Guise consiste à mettre en présence, pour la répartition au marc le franc, les intérêts, salaires du capital, d'une part, et les salaires, intérêts du capital humain, d'autre part. On peut reprocher à ce système, comme je l'ai dit déjà en 1889 (¹), de ne pas tenir assez compte des engagements étroits du capital lié par un acte de Société et responsable des pertes, et de la pleine liberté de mouvements dont jouit un ouvrier salarié, non actionnaire, participant aux bénéfices et non aux pertes.

Abordons encore cette question délicate.

En nous plaçant au point de vue de la proportion des concours, comment évaluer le concours du capital humain comparé à celui du capital argent? Et, d'abord, comment déterminer, même approximativement, de nos jours, la valeur matérielle intrinsèque, la valeur marchande du capital humain, c'est-à-dire du travailleur libre?

Le problème, ainsi posé, est peut-être insoluble.

Efforçons-nous cependant de rassembler quelques éléments d'appréciation.

Si l'on essaie de s'approcher de la solution en capitalisant le salaire annuel, à quel taux sera fait cette capitalisation? A 5 %? Ce taux, je le répète, est excessif. Il donne un capital beaucoup trop fort comparativement au capital argent. C'est le taux légal d'un capital argent qui, sauf dépréciation lente, peut durer indéfiniment, tandis que la période active et productive de l'homme laborieux est brève et précaire. A 10 %? C'est le taux habituel de capitalisation du revenu d'un outillage industriel sujet à détérioration, à usure, à destruction plus ou moins rapide, mais cet outillage appartient en propre à l'entreprise. On pourrait comprendre dans ce matériel industriel et capitaliser avec lui, au taux de 10 %, un troupeau d'esclaves, mais comment leur assimiler, à ce point de vue, des travailleurs libres?

Ceux-ci, sans doute, s'ils sont unis à l'entreprise par des liens de solidarité et pleins de bon vouloir, pourront donner

---

(1) Conférence sur le contrat de participation aux bénéfices, son caractère et ses résultats. (*Bulletin de la Participation*, 1889, page 215.)

un travail bien supérieur en qualité et en quantité à celui de l'esclave. Sous ce rapport leur concours pourrait être coté à un coefficient supérieur, mais, par contre, la liberté dont ils jouissent leur permet de quitter l'entreprise quand bon leur semble.

A ce point de vue, l'évaluation de leur concours doit nécessairement subir une très forte dépréciation. Établir l'égalité absolue d'une manière générale, pour l'évaluation des concours et le partage des bénéfices, entre le capital industriel inanimé et le capital humain libre, constituerait souvent une réelle injustice.

En effet, le capital actions et les administrateurs, les simples gérants et, à plus forte raison, les associés en nom collectif sont engagés pour un nombre déterminé d'années, les uns envers les autres et à l'égard des tiers, jusques et y compris la faillite et même au delà. Le capital argent est, par le fait de l'acte social, rivé, scellé par des crampons de fer aux destinées de l'entreprise.

Rien de semblable pour le capital humain, pour les ouvriers. Le contrat de travail est de courte durée. L'article 15 de la loi des 22 germinal-2 floréal an XI porte que « l'engagement d'un ouvrier ne pourra excéder un an, à moins qu'il ne soit contremaître, conducteur des autres ouvriers ou qu'il n'ait un traitement ou des conditions stipulées par un acte exprès. » Libres comme l'air, les ouvriers peuvent se mettre en grève et quitter la maison isolément ou ensemble, au moment précis où leur présence serait indispensable pour la livraison d'une commande, pour l'exécution d'un marché. Ils peuvent aller servir une maison concurrente. La liberté du travail le veut ainsi.

C'est l'effet naturel de cette liberté inaliénable. Le concours d'un groupe de travailleurs libres est nécessairement, en droit, sinon en fait, instable et précaire. L'ouvrier salarié libre ne se donne pas. Il se prête jour après jour et peut se reprendre sans terme ni délai. La fixation d'une période de huit ou quinze jours pour donner congé ne changerait pas grand chose à cette situation, et pourtant, quand même et malgré tout, le travail est et restera le facteur essentiel de toute production !

Au point de vue du risque, le capital humain, représenté par l'ouvrier qui entre, ne fût-ce que quelques jours, dans un atelier dangereux, est exposé à des périls de mort, de mutilation, d'infirmités, de blessures et d'usure assez graves pour être mis en face des risques de perte financière qui menacent d'engloutir le capital. Ce risque personnel, couru par le travail, est l'une des causes qui justifient l'attribution d'une part de bénéfices, mais le concours de l'ouvrier, je le répète, si excellent et efficace qu'il soit, et malgré la supériorité évidente du travail actif de l'homme sur l'obéissance passive des machines et des outils, ne peut avoir le caractère de certitude et de durée qu'offre le concours d'un capital industriel engagé à fond dans une entreprise.

Cette idée sera rendue sensible par un exemple.

Supposons que la question qui nous occupe se soit posée au Brésil le lendemain du jour de l'émancipation des esclaves.

Dans un ouvrage intitulé *Sud-Amérique*, daté de 1880, (Paris, Plon), le comte Ch. d'Ursel dit qu'au Brésil le prix d'un noir varie de 3.000 à 6.000 francs et au delà. Il a vu dans le *Jornal do Comercio* qui paraît à Rio-de-Janeiro l'annonce suivante : « A vendre un excellent cuisinier de bonne figure, très doux et sans vices ni défauts. Le dernier prix à offrir est deux contos (5.000 francs). »

La veille de l'émancipation, le noir de 6.000 francs, travaillant dans une usine au même rang qu'un cheval et un bœuf, aurait rapporté à son maître un bénéfice industriel proportionnel à cette valeur, et, en cas de faillite de l'usine, il eût été vendu au marché. Si, devenu libre, propriétaire de lui-même, investi du droit d'aller et de venir, il est resté volontairement dans l'usine, comme ouvrier salarié, il ne pourra plus, à mon avis, figurer que pour la moitié ou le quart de 6.000 francs dans un état dressé pour l'évaluation des concours respectifs du capital industriel et du capital humain.

Certes, il a grandi! de vil bétail qu'il était, il s'est élevé à la dignité d'homme et de citoyen; il peut, sans doute, aspirer à obtenir une part des bénéfices produits par son travail, mais sa collaboration, pour l'année d'inventaire qui vient de s'écouler, ne peut plus être capitalisée au même taux qu'autrefois; car il s'agit maintenant d'un concours peut-être éphémère et passager.

De ce qui précède il résulte que, si nous parvenions à trouver une estimation rationnelle du capital humain libre, il faudrait, au point de vue de l'évaluation de son concours pour le partage des bénéfices sans participation aux pertes, faire des diminutions, des réductions pour lesquelles toute règle mathématique ou scientifique me semble difficile à découvrir.

Je m'étais demandé si l'on ne pourrait pas chercher à prendre pour base d'évaluation du capital humain l'indemnité à payer, soit à un ouvrier en cas d'accident fortuit ayant entraîné une incapacité de travail absolue et permanente, soit à la veuve de cet ouvrier en cas de mort, lorsqu'il aura été statué sur ce point par les lois qui tendent à mettre le risque professionnel à la charge de l'industrie. Cette indemnité, en effet, calculée d'après le taux du salaire, pourrait être considérée comme représentant la valeur même, au point de vue matériel, de l'homme qui, hier encore actif et vigoureux, ne peut plus rendre aucun service, ou a été tué en travaillant.

Le projet de loi, adopté par la Chambre des députés et ensuite par le Sénat avec modifications, le 13 février 1890, porte ce qui suit dans son article 2 : « Pour l'incapacité absolue et temporaire de travail, il est alloué à la victime une indemnité journalière égale à la moitié du salaire quotidien moyen. Si l'incapacité absolue de travail devient permanente, il est alloué à la victime une pension viagère dont le capital est calculé sur la même base. »

Soit un ouvrier de 37 ans ainsi frappé. Il gagnait 1.800 francs. Il aurait droit à une pension de 600 francs. D'après les tarifs des Compagnies d'assurances, le capital de cette rente serait de 10.000 francs.

Le même article dit qu'en cas de mort les personnes désignées (veuve, descendant, ascendants) *auront droit aux deux tiers des allocations qu'aurait reçues la victime*. Il s'agirait donc, dans le cas susmentionné, de 6.666 francs.

Mais, là aussi, règne l'arbitraire, car, à côté de l'évaluation du capital humain proprement dit, se trouve l'appréciation des besoins moyens de l'homme infirme ou de la famille de l'ouvrier décédé.

En poussant les recherches dans une autre voie, on peut déterminer théoriquement la valeur que représente, à chaque âge de sa vie, un ouvrier réalisant, par hypothèse, un gain annuel uniforme de 1.000 francs ou de 1.800 francs, étant admis qu'à partir de soixante ans le gain de cet ouvrier soit considéré comme nul, que sa mortalité soit sensiblement celle indiquée par la table de Duvillard, table à mortalité rapide, et que le calcul soit fait avec un taux convenu, celui de 4 % par exemple.

Les sommes indiquées dans le tableau suivant à la colonne intitulée : *Valeur actuelle du salaire*, représentent le capital que pourrait verser un patron à un ouvrier, si, contrairement au principe de droit public posé par l'article 1780 du Code civil, d'après lequel « on ne peut engager ses services qu'à temps », l'ouvrier pouvait promettre à ce patron de travailler pour lui jusqu'à la fin de sa carrière active, fixée, par hypothèse, à soixante ans (1).

_____

(1) Nous devons ce calcul à l'obligeance de M. Oltramare, actuaire de la Compagnie d'assurances *l'Union*.

| AGES de l'ouvrier. | Valeur actuelle du salaire au taux de 4 %| |
|---|---|---|
| | Salaire de 1.000 fr. | Salaire de 1.800 fr. |
| 20 ans . . . . . . | 15.600 francs. | 28.080 francs. |
| 25 — . . . . . . | 14.800 — | 26.640 — |
| 30 — . . . . . . | 13.800 — | 24.840 — |
| 35 — . . . . . . | 12.600 — | 22.680 — |
| 40 — . : . . . . | 11.100 — | 19.980 — |
| 45 — . . . . . . | 9.300 — | 16.740 — |
| 50 — . . . . . . | 7.000 — | 12.600 — |
| 55 — . . . . . . | 4.000 — | 7.200 — |

Il y aurait lieu, en tenant compte des maladies, des chances plus ou moins grandes d'accidents professionnels et des chômages, de réduire fortement ces évaluations qui, en sens inverse, seraient insuffisantes parce qu'elles n'ont point égard à l'élévation possible ou probable des salaires.

Mais ici, on ne peut plus procéder que par voie de tâtonnement et d'hypothèses arbitraires. Au sujet de la valeur marchande de l'homme, les engagements militaires avec prime contractés en Angleterre et en Hollande pourraient fournir quelques points de comparaison : on pourrait faire le total de la prime versée au moment de l'engagement, des frais d'entretien et de la paie du soldat pendant ses années de service et enfin du capital représenté par sa pension de retraite.

Quoi qu'il en soit, prenons, dans le tableau ci-dessus, à titre de moyenne entre vingt ans et cinquante ans, la valeur théorique actuelle de l'homme de trente-cinq ans qui gagne 1.800 francs, soit 22.680 francs. Si, à cause des maladies, des chômages, de la non-participation aux pertes, et surtout à cause de la liberté qui permet à l'ouvrier moderne d'être un collaborateur mobile et instable, nous réduisons ce chiffre des deux tiers, nous avons une valeur moyenne de 7.560 francs qui représente presque exactement quatre fois (par une capitalisation au taux de 25 %) le salaire de 1.800 francs (1.800 × 4 = 7.200) que nous avons pris comme exemple.

Essayons maintenant de résumer, dans un petit tableau synoptique, les résultats que donneraient : 1° le projet de

loi; 2° l'amendement proposé par quelques membres de la
Chambre consultative des associations ouvrières de production; 3° le système de la répartition proportionnelle, soit
aux intérêts et aux salaires, soit à des capitaux calculés de
part et d'autre à 5 °/₀ (système de MM. Huet, J.-C. Gray,
Bernard Lavergne et de la Société du Familistère de Guise);
et 4° enfin, la répartition proportionnelle au capital argent,
d'une part, et au capital travail, d'autre part, représenté
par une somme égale à quatre fois le salaire (capitalisation
au taux de 25 °/₀).

Il est évident que toutes les formes de répartition indiquées dans le tableau ci-après peuvent comporter des critiques.
Elles s'appuient sur un principe vrai, mais dont l'application parfaite est difficile. Aucune règle générale et absolue
ne pouvant être établie pour la fixation du quantum, le taux
de la participation, comme celui du salaire, constitue, par
la force des choses, un domaine largement ouvert aux libres
conventions offertes et acceptées dans l'esprit d'une rétribution proportionnelle, autant que possible, aux risques subis
et aux concours donnés. En ce qui touche l'organisation de
la coopération de production proprement dite, la meilleure
des solutions est celle de l'accession de l'ouvrier à la copropriété du fonds social, suivant la règle adoptée à Guise
de la transmission aux entrants de la part de propriété
dûment rachetée de ceux qui meurent ou qui cessent de
travailler. La participation fournit à ces nouveaux arrivants
le moyen de devenir copropriétaires à leur tour. Les appré-
ciations diverses que peut motiver tel ou tel quantum de
répartition attribué aux travailleurs ont alors moins d'importance, puisque le sociétaire peut retrouver comme
actionnaire ce qu'il n'obtient pas comme ouvrier, ou réciproquement. Le travailleur et l'actionnaire ne faisant plus
qu'une seule et même personne, tout devient relativement
facile.

**Résultats de divers « quantum » de participation aux bénéfices pour les travailleurs (actionnaires ou auxiliaires d'une Société coopérative de production) dans les conditions suivantes :**

Capital : 200.000 fr. Salaire moyen : 1.800 fr. Nombre d'ouvriers : 50, 25 ou 12, soit 90.000, — 45.000, — ou 21.600 fr. de salaires.

Bénéfice : 10.000 fr. dont 15 % à la Gérance et au Conseil d'administration, soit 8.500 fr. à distribuer.

| Art. 41 du projet de loi :  50 % aux travailleurs. | Amendement indiqué par quelques membres de la Chambre consultative des associations ouvrières de production :  20 % aux travailleurs. | RÉPARTITION PROPORTIONNELLE | |
|---|---|---|---|
| | | Aux intérêts et aux salaires ou au capital-actions de 200.000 fr. et au capital-travail représenté par 20 fois le salaire. (Capitalisation à 5 %). | Au capital-actions de 200.000 fr. et au capital-travail, représenté par quatre fois le salaire. (Capitalisation à 25 %). |
| **LES TRAVAILLEURS AURONT** | | **LES TRAVAILLEURS AURONT** | |
| **S'il y a cinquante ouvriers :** | | **S'il y a cinquante ouvriers :** | |
| La moitié du bénéfice, savoir : | 1/5 du bénéfice, savoir : | A raison d'un capital-travail de 1.800.000 fr. (90.000 × 20), | A raison d'un capital-travail de de 360 000 fr. (90.000 × 4), |
| 4.250 fr. ou 4,72 % du salaire. | 1.700 fr. ou 1,88 % du salaire. | 9/10 du bénéfice, savoir : 7.650 fr. ou 8,50 % du salaire. | 36/56 du bénéfice, savoir : 5.464 fr. ou 6,07 % du salaire. |
| **S'il y a vingt-cinq ouvriers :** | | **S'il y a vingt-cinq ouvriers :** | |
| La moitié du bénéfice, savoir : | 1/5 du bénéfice, savoir : | A raison d'un capital-travail de 900.000 fr. (45.000 × 20), | A raison d'un capital-travail de 180.000 fr. (45.000 × 4), |
| 4.250 fr. ou 9,44 % du salaire. | 1.700 fr. ou 3,77 % du salaire. | 9/11 du bénéfice, savoir : 6.954 fr. ou 15,45 % du salaire. | 18/38 du bénéfice, savoir : 4.036 fr. ou 8,94 % du salaire. |
| **S'il y a douze ouvriers :** | | **S'il y a douze ouvriers :** | |
| La moitié du bénéfice, savoir : | 1/5 du bénéfice, savoir : | A raison d'un capital-travail de 432.000 fr. (21.600 × 20) | A raison d'un capital-travail de 86.400 fr. (21.600 × 4) |
| 4.250 fr. ou 19,66 % du salaire. | 1.700 fr. ou 7,87 % du salaire. | 21/31 du bénéfice, savoir : 5.758 fr. ou 26,65 % du salaire. | 86/286 du bénéfice, savoir : 2.555 fr. ou 11,82 % du salaire |

### VI. — Dans quelle mesure le développement de la participation aux bénéfices peut-il être encouragé par l'État?

Le développement, la propagation de la participation aux bénéfices, son introduction progressive dans les coutumes de la vie industrielle doivent être, à notre avis, une œuvre de liberté, d'initiative privée, de consentement mutuel, en un mot, d'association volontaire entre le patron et les ouvriers.

L'État, sans recourir à aucune contrainte, peut néanmoins, dans une large mesure, favoriser ce mouvement, ne fût-ce que par des études et des enquêtes, comme celles des années 1883 et 1885, faites au ministère de l'Intérieur par les soins d'une commission extra-parlementaire, qui avait pour secrétaire M. Barberet, et dont la constitution est due à M. Waldeck-Rousseau. C'est ainsi qu'on vulgarise les idées nouvelles et qu'on fait connaître les exemples à suivre. Le même service est rendu par les expositions internationales. Elles jettent les faits, jusqu'ici peu aperçus, dans le grand courant de la publicité. C'est un précieux moyen d'émulation. De plus, par l'emploi judicieux des récompenses honorifiques, si recherchées, dont il dispose, le Gouvernement pourrait aisément pousser un grand nombre d'industriels dans la voie des sacrifices utiles et des réformes fécondes.

L'État peut aller encore plus loin.

Il appartient, en effet, au législateur de faire disparaître certaines entraves et d'accorder des facilités nouvelles. C'est ainsi que le titre VII du projet de loi sur les associations coopératives et le contrat de participation aux bénéfices supprime l'obstacle qui résulterait, pour l'établissement de la participation, de la crainte de procès relatifs au contrôle des inventaires par les intéressés. C'est ainsi également que M. Jules Godin, sénateur, a déposé, en mai 1891, sur le bureau du Sénat, une *Proposition de loi sur les Sociétés d'ouvriers et sur les Sociétés de patrons et d'ouvriers, en vue de la participation aux bénéfices* (¹) et que MM. Graux, Boudenoot, Méline et Jonnard, députés, ont présenté à la Chambre une proposition tendant à modifier plusieurs articles de la loi du 24 juillet 1867 sur les Sociétés, et à faciliter la participation dans le but d'arriver, au moyen de petites coupures, à rendre les ouvriers copropriétaires de l'actif social.

La loi, soit pour consacrer des usages anciens, soit pour créer, en quelque sorte, le droit commun des contrats nouveaux, peut même tracer, sauf stipulation contraire, le plan d'un ensemble de clauses qui constituent alors le type facultatif d'une libre convention destinée à régir de plein droit les intéressés, s'ils ne déclarent pas s'y opposer. C'est ce qui a été fait par la loi des 18-19 juillet 1889 sur le bail à colonat partiaire ou métayage et par le titre VII du projet de loi que nous venons de rappeler.

Une situation bien différente se produit lorsque l'État subordonne la concession de certains travaux publics ou la jouissance de faveurs fiscales et autres à l'acceptation, par les intéressés, d'un système spécial de rémunération du travail et de participation aux bénéfices. Nous citerons, comme exemples, l'article 41 du projet de loi sénatorial, la convention du 4 juillet 1892 passée entre la ville de Paris et la Société concessionnaire du tramway tubulaire Berlier, enfin la discussion au Conseil municipal, en novembre 1892, d'un projet de convention avec la Compagnie Parisienne du Gaz.

#### CONTRAT TYPE INDIQUÉ PAR LA LOI, SAUF STIPULATION CONTRAIRE.

On trouve un premier exemple de contrat type publié par la loi et déterminant, sauf stipulation contraire, les bases normales du contrat de participation, dans la loi des 18-19 juillet 1889 sur le Code rural (Titre IV. Bail à colo-

(1) Sénat, session de 1891, n° 93.

4

nat partiaire) dont les deux premiers articles sont ainsi conçus :

« ARTICLE PREMIER. — Le bail à colonat partiaire ou métayage est le contrat par lequel le possesseur d'un héritage rural le remet, pour un certain temps, à un preneur qui s'engage à le cultiver sous la condition d'en partager les produits avec le bailleur.

» ART. 2. — Les fruits et produits se partagent par moitié, s'il n'y a stipulation ou usage contraires. »

Les articles suivants tracent des règles et indiquent les conditions du contrat.

L'article 11, dont voici le texte, parle du contrôle réciproque des comptes :

« ART. 11. — Chacune des parties peut demander le règlement annuel du compte d'exploitation.

» Le juge de paix prononce sur les difficultés relatives aux articles du compte lorsque les obligations résultant du contrat ne sont pas contestées; sans appel lorsque l'objet de la contestation ne dépasse pas le taux de sa compétence générale en dernier ressort, et, à charge d'appel, à quelque somme qu'il puisse s'élever.

» Le juge statue sur le vu des registres; il peut même admettre la preuve testimoniale s'il le juge convenable. »

Cette loi sur le métayage, c'est la participation agricole réglementée sous l'importante réserve du libre consentement des parties.

Leurs conventions peuvent donc régler souverainement les conditions du partage : stipuler, par exemple, que tel produit du domaine soumis au métayage n'entrera pas en partage et sera attribué en entier au propriétaire ou au métayer ou que tel autre produit sera partagé dans toute autre proportion que la moitié.

En ce qui concerne la participation industrielle, le

titre VII du projet de loi sénatorial sur les associations coopératives et le contrat de participation aux bénéfices procède, mais d'une manière partielle, à l'établissement de certaines règles de droit commun. Il s'occupe seulement du contrôle des comptes, mais, à cet égard, il trace lui-même des clauses en indiquant qu'on pourra y déroger. C'est un acheminement vers la rédaction ultérieure d'un contrat type plus complet.

Nous reproduisons ici en entier ce titre VII.

*Titre VII. — De la participation aux bénéfices.*

« ART. 44. — Tout commerçant, industriel ou agriculteur, toute Société commerciale, industrielle ou agricole, peut admettre ses ouvriers ou employés à participer aux bénéfices de l'entreprise, sans que cet engagement entraîne, pour les participants, aucune responsabilité en cas de perte.

» ART. 45. — En acceptant la participation, les intéressés peuvent renoncer expressément à tout contrôle et à toute vérification.

» Dans le cas où il n'y a pas renonciation, ce contrôle et cette vérification peuvent être réglés par les dispositions particulières de la convention.

» Dans le cas où il n'y a ni renonciation ni réglementation du contrôle, la vérification annuelle des comptes est faite par un expert amiablement choisi ou, en cas de désaccord, désigné, selon le cas, soit par le président du Tribunal civil, soit par le président du Tribunal de commerce.

» ART. 46. — Au cas où, d'après les statuts, tout ou partie du bénéfice annuel distribué est conservé dans l'établissement et donne droit à une nouvelle part du bénéfice, les participants, à moins de stipulations contraires, n'auront d'autre droit de vérification que celui prévu à l'article 45, paragraphe 3.

» Ils pourront même renoncer à cette vérification, conformément au premier paragraphe du même article.

» Art. 47. — L'impôt sur le revenu n'est pas perçu sur la part de bénéfice distribuée aux ouvriers et employés d'une entreprise commerciale, industrielle ou agricole. »

Si nous mettons en présence la loi sur le métayage et le titre VII qu'on vient de lire, nous constatons de suite une grande différence à laquelle nous avons dejà fait allusion. Un ensemble complet de clauses pour le métayage et beaucoup de lacunes au sujet de la participation dans les maisons patronales. On ne parle dans ce titre VII ni du quantum à fixer, ni des conditions à remplir pour être participant.

Rien de plus naturel que cette circonspection du législateur.

En matière de métayage, la tâche était relativement facile. Il y a là des usages anciens relatifs à un contrat très connu. De plus, les comptes s'établissent aisément. L'excédent net dégagé, on en attribue la moitié à chacune des parties.

La participation industrielle, au contraire, se meut sur un terrain nouveau. La comptabilité des grands établissements est très compliquée. Les inventaires comportent des réserves, des amortissements, sur lesquels la loi ne peut guère tracer à coup sûr des règles générales.

Toutefois, un article additionnel au titre VII interviendra peut-être un jour pour dire, sauf stipulation contraire, qu'après certains prélèvements énumérés avec soin, le bénéfice net se partage entre la direction, le personnel et le capital dans la proportion des concours donnés à la production et des risques courus et pour indiquer une manière plus ou moins exacte de calculer la valeur approximative de ces risques et de ces concours.

Laissons au temps le soin de faire son œuvre. Il y a bien d'autres matières codifiables, non encore codifiées, qui réclament et attendent l'intervention prudente du législateur.

CONTRAT TYPE OBLIGATOIRE A TITRE DE CONDITION

L'article 41 du projet de loi sur les Associations coopératives et le contrat de participation aux bénéfices, offre un
très remarquable exemple de contrat type déclaré obligatoire à titre de condition. Il déclare, en effet, que les faveurs
fiscales et autres de la nouvelle législation ne seront accordées aux Sociétés coopératives de production que si elles
attribuent à leurs ouvriers, associés ou auxiliaires, une
participation aux bénéfices, organisée conformément à des
prescriptions formelles.

Cet article semble inspiré par la Constitution du 4 novembre 1848 qui, après avoir dit (article 13) qu'elle garantit
aux citoyens la liberté du travail, ajoutait que la Société
favorise et encourage l'égalité de rapports entre le patron
et l'ouvrier et les associations volontaires.

Le projet de loi accorde aux Sociétés coopératives de production, comme aux autres Sociétés coopératives, divers
avantages relatifs soit à leur mode de constitution, soit à
des dispenses d'impôts, tels que ceux du timbre, de l'enregistrement et l'impôt sur le revenu des valeurs mobilières.

L'article 41 du projet, compris dans le titre V relatif aux
Sociétés de production, est ainsi conçu :

« Les Sociétés qui utiliseront des ouvriers ou employés
recrutés en dehors de leurs membres, ne jouiront des immu-
nités fiscales concédées par la présente loi que s'ils font
participer ce personnel aux bénéfices de l'entreprise.

» Cette participation devra consister au moins dans la
répartition de 50 % des bénéfices annuels, défalcation faite
de l'intérêt du capital et des autres prélèvements prévus par
les statuts, distribués au prorata des traitements et salaires
des ouvriers et employés, associés ou non.

» Les ouvriers ou employés non associés ne seront admis
à la répartition que s'ils ont au moins un an de présence

dans la Société. Celui ou ceux qui entreront dans l'entreprise ou la quitteront au cours d'un exercice perdront tous droits aux bénéfices dudit exercice.

» Les statuts détermineront la faculté de contrôle reconnue aux participants, comme il est dit au titre VII ci-après. »

Cet article 41 du projet de loi a sa raison d'être, car il y a encore des Sociétés, soi-disant coopératives, où le lion populaire, représenté par un noyau d'ouvriers associés, ne donne pas la moindre parcelle de bénéfice à ses auxiliaires et fait penser au lion de la fable qui, ayant fait société, au temps jadis, avec la génisse, la chèvre et la brebis, fit quatre parts d'un cerf superbe, capture due à l'habileté de la chèvre. Après une brillante dissertation sur le sens et la portée des contrats léonins qui ont pour base le droit du plus fort, le lion s'attribua la première part à cause de son titre, la seconde et la troisième du chef de sa force et de sa vaillance, et la quatrième par l'interdiction, sous peine d'étranglement, à ses trois auxiliaires de faire seulement mine d'y toucher (1).

Le Sénat, à l'initiative duquel est dû cet article 41, a été bien inspiré en s'efforçant de faire prévaloir une doctrine plus humaine et en cherchant à empêcher la force de primer le droit coopératif.

M. Alfred Naquet, dans une proposition de loi déposée par lui à la Chambre des députés le 23 juin 1892, fait un pas de plus. Invoquant, d'ailleurs, le précédent créé par l'article 41 dont je viens de parler, il considère la personnalité civile des Sociétés anonymes, l'existence légale qu'elles tiennent de la loi seule, non comme l'exercice d'un droit, mais comme une véritable faveur ou concession bénévole qui permettrait de leur imposer, à elles aussi, des conditions impératives au sujet de la participation. M. Alfred Naquet demande en conséquence que la participation aux bénéfices soit

(1) *Fables* de La Fontaine, liv. I, fable vi.

déclarée obligatoire dans toutes les Sociétés industrielles et commerciales par actions, en se fondant sur ce que ces Sociétés tenant leur vie de la loi, cette même loi, qui leur prescrit de faire des réserves, peut leur ordonner toutes autres mesures jugées utiles au bien général du pays. Il propose, après prélèvement de 6 % des bénéfices au profit du capital, de partager l'excédent par moitié entre le capital et le travail.

Au système qui consiste à imposer la participation comme prix d'une faveur accordée, se rattache aussi la proposition de loi, en date du 22 mai 1891, signée par M. Guillemet, député, et un grand nombre de ses collègues et tendant : 1° à ce que tout concessionnaire de l'État, des départements ou des communes, pour des travaux ou exploitations d'une durée de plus de cinq années soit tenu d'accorder une participation dans ses bénéfices aux ouvriers et employés de sa concession, dans les conditions déterminées par un cahier des charges ; et 2° à ce que l'État organise lui-même la participation dans toutes les usines, manufactures et exploitations qu'il gère lui-même et dont il met en vente les produits.

La proposition Guillemet avait été précédée par plusieurs autres, conçues dans le même esprit et poursuivant le même but.

Nous devons citer notamment :

1° Celle de M. Edmond Laroche-Joubert, en date du 15 mars 1879, ayant pour objet de pousser au développement du système coopératif, c'est-à-dire à l'association de l'intelligence, du capital et du travail, par la participation imposée aux adjudicataires lors de la confection du cahier des charges des adjudications à faire pour le compte de l'État, des départements et des communes ;

2° Celle de MM. Ballu, Laisant et Jules Roche, présentée le 16 mars 1882 et portant que « toute concession faite par l'État en vue d'une exploitation productive devra impliquer la participation aux bénéfices de cette exploitation pour tous ceux qui y auront été employés;

3° Une nouvelle présentation par M. Edmond Laroche-Joubert, le 27 du même mois, de sa proposition du 15 mars 1879, jointe à la précédente et prise en considération avec elle.

On retrouve la même pensée, le même principe, dans le titre II d'un *Projet de règlement portant modification du Cahier des charges générales des travaux de la Ville de Paris, en date du 4 mai 1882.*

Ce projet, élaboré après enquête, par une commission administrative nommée par M. Floquet, alors préfet de la Seine, le 27 janvier 1882, et dont M. A. Desmoulins était le rapporteur, promettait à l'entrepreneur à la fin de l'entreprise une remise de rabais proportionnelle à la fraction de bénéfice dont il aurait consenti l'abandon. Le maximum de la remise devait être accordé aux entrepreneurs qui auraient attribué au personnel une participation de 50 % et au-dessus. La remise aurait au contraire été diminuée proportionnellement si la participation du personnel était inférieure à 50 % ([1]).

Ce projet n'a pas été mis à exécution. Le rapport qui le précède contient un résumé de l'enquête faite par les soins de M. Floquet.

Voici, par contre, dans le même sens, un fait accompli.

Le Conseil municipal de Paris, statuant le 4 juillet 1892 sur la convention à intervenir entre la Ville et la Société constituée pour l'établissement et l'exploitation du tramway tubulaire Berlier, a stipulé, sur la proposition de M. A. Thuillier, rapporteur de cette affaire, qu'une partici-

---

([1]) Préfecture de la Seine. Commission administrative chargée de l'étude des questions relatives à la participation des ouvriers dans les entreprises de travaux publics. Rapport présenté par M. A. Desmoulins et adopté par la Commission dans sa séance du 4 mai 1882. Paris, imprimerie municipale, 1882, pages 6 et suivantes et page 23.

pation, fixée à 33 % des bénéfices, sera attribuée au personnel. La Société Berlier a accepté cette obligation devenue ainsi partie intégrante de la convention conclue.

CLAUSES IMPÉRATIVES D'ORDRE PUBLIC

L'intervention impérative de l'État dans la question du travail peut se produire sous deux formes.

Elle nous apparaît comme une menace de perturbation profonde dans la forme socialiste collectiviste où l'État, attaquant à la fois la propriété individuelle et la liberté du travail, supprime cette liberté, devient le régisseur de tous les ateliers, fait disparaître le libre contrat de travail et confisque la propriété pour la rendre à jamais collective, indivise et impersonnelle. C'est la révolution rêvée par quelques-uns.

Une autre forme d'ingérence de l'État dans les choses du travail, est celle où sans menacer la propriété individuelle, sans vouloir la confisquer au profit de tous, l'État restreint la liberté des conventions entre patrons et ouvriers, et inscrit d'office, dans le contrat de travail, certaines clauses impératives auxquelles il n'est pas possible de se soustraire.

C'est, pour certaines matières, l'état actuel de notre législation qui peut, suivant les circonstances, se maintenir dans une sage réserve, ou se laisser entraîner à un fâcheux excès de réglementation autoritaire.

Voici quelques exemples à l'appui de cette observation.

Dans plusieurs cas, en matière de contrat de travail, le législateur impose directement, sans conditions, d'une manière absolue, à l'industrie privée, des règles obligatoires considérées comme étant d'ordre public et contre lesquelles, dès lors, aucune stipulation ne pourrait être admise.

La loi des 19 mai-3 juin 1874 sur le travail des enfants et des filles mineures employés dans l'industrie, celle du

7 décembre 1874 relative à la protection des enfants employés dans les professions ambulantes et la loi du 2 novembre 1892 sur le travail des enfants, des filles mineures et des femmes dans les établissements industriels ont ce caractère. L'article 3 de cette dernière loi fixe à onze heures par jour le maximum du travail effectif des femmes. L'État assure l'exécution des règles ainsi décrétées au moyen d'un corps d'inspecteurs qui dressent des procès-verbaux pour l'application de pénalités plus ou moins sévères.

On retrouve aussi le principe de l'intervention de l'État dans le paragraphe 5 de l'article 1er de la loi sur le contrat de louage de services du 28 décembre 1890, mais ici l'État n'agit pas administrativement, par ses fonctionnaires. La loi laisse aux intéressés le soin de faire valoir devant les tribunaux les droits qu'elle a reconnus. Aux termes de ce paragraphe, les parties ne peuvent renoncer à l'avance au droit éventuel de demander des dommages-intérêts dans le cas de résiliation du contrat de louage de services par la volonté d'un seul des contractants.

Il en est de même lorsque, pour empêcher la liberté des conventions de franchir les limites en dehors desquelles l'existence même d'une société civilisée serait menacée par la violation de ses lois essentielles, le législateur déclare nulles et de nul effet certaines stipulations dont la cause est illicite, c'est-à-dire expressément prohibée par la loi, contraire aux bonnes mœurs ou à l'ordre public. Aucun procès-verbal n'est dressé, mais les engagements pris restent sans valeur et ne peuvent être invoqués.

En dehors des conventions annulées comme immorales et de celles qui sont viciées, par défaut de consentement valable, si le consentement a été donné par erreur, extorqué par violence ou surpris par dol, il existe dans notre Code civil un cas il où déroge au principe que la libre convention fait loi entre les parties. C'est celui que prévoit l'article 1674 où il est dit que le vendeur d'un immeuble ayant été lésé de plus des sept douzièmes a le droit, nonobstant toute stipulation contraire, de demander la rescision de la vente pour cause de lésion. Le consentement donné par le vendeur est présumé n'avoir pas été libre et valable.

Nous espérons que la participation se développera d'elle-même en pleine liberté, sans clauses coercitives et obligatoires. C'est dans cet esprit qu'a toujours travaillé la Société pour l'étude pratique de la participation avec bénéfices. J'écris cette introduction en me plaçant au même point de vue.

Une seule éventualité pourrait agir en sens contraire.

Nous voulons parler du cas où de fâcheuses exagérations persisteraient à se produire dans le sens de la protection douanière. La loi du 11 janvier 1892, qui contient le tarif général des douanes et dont le vote n'a eu lieu qu'après d'énergiques protestations, a été faite dans le but d'assurer à chaque industriel protégé un bénéfice qu'il tiendra non de la nature des choses, c'est-à-dire de la valeur réelle de ses produits sur le marché du monde, mais d'une faveur, plus ou moins justifiée, de la loi française.

Il est plus que probable que les patrons ainsi protégés contre les intempéries de la libre concurrence, pourvus de primeurs de bénéfice obtenues, en quelque sorte, dans les serres chaudes de l'État, en feront profiter, dans une juste mesure, tous leurs collaborateurs. S'il en était autrement, les intérêts lésés pourraient un jour vouloir faire sortir la participation obligatoire de la protection arbitraire. Le bénéfice libre, diraient-ils, peut à la vérité, comporter une répartition entièrement libre, mais à un bénéfice purement conventionnel et parlementaire doit correspondre une distribution réglée par la loi. A l'industriel protégé qui prétendrait se réserver la totalité du bénéfice comme prix de sa haute direction et du risque couru par son capital, on répondrait que ce risque-là, placé désormais sous l'égide de la loi, est bien atténué; que la vigilance des douaniers a fait disparaître une bonne partie de l'*alea*. Ce bénéfice artificiel, dirait-on aux récalcitrants, n'est ni la compensation du risque vraiment couru, ni la récompense de l'énergie et de la capacité librement déployées; c'est un pur cadeau que vous fait l'État aux frais des consommateurs, aux dépens du grand public. Vos ouvriers représentent le travail national au même titre que vous. Partagez avec eux la bonne aubaine qui vous tombe du ciel gouvernemental !

Si l'on échappait à cette extrémité fâcheuse et d'ailleurs très difficile à réaliser en fait d'une participation obligatoire qui soumettrait nécessairement au contrôle forcé d'une armée d'arbitres experts tous les inventaires de l'industrie privée, on se trouverait bien vite en présence d'une menace subsidiaire, très redoutable aussi, celle d'un ensemble de lois, qui, se fondant sur la situation privilégiée faite par les tarifs douaniers aux chefs d'industrie, sur l'insuffisance des ressources du budget, sur la faiblesse des cotisations ouvrières pour rendre efficace l'œuvre des Sociétés de secours mutuels, adopteraient, de guerre lasse, l'idée de déclarer le patronat, individuellement ou collectivement, débiteur envers le travail de charges corporatives ainsi ajoutées d'office au salaire. Sans s'occuper alors des bénéfices ou des pertes, ces lois, transformant en contributions forcées les obligations morales proclamées si éloquemment par Frédéric Engel-Dollfus, feraient supporter aux frais généraux des entreprises toute la dépense des subventions pour maladies, des retraites ouvrières et du risque professionnel en cas d'accident.

Mieux vaut évidemment recourir à la participation spontanée.

### .VII. — Objections et réponses.

Je vais essayer maintenant de répondre brièvement à quelques objections.

1. — LA PARTICIPATION AUX BÉNÉFICES SANS PARTICIPATION AUX PERTES
N'EST PAS UN VÉRITABLE CONTRAT

L'objection tirée contre la participation aux bénéfices de ce qu'elle n'implique aucune participation aux pertes éventuelles, surgit immédiatement, par un mouvement naturel, dans les esprits que séduit, au premier abord, une logique superficielle, mais cette objection ne résiste pas à un examen approfondi; elle a été souvent réfutée par des arguments péremptoires d'ordre économique et juridique. Le regretté M. Gonse, conseiller à la Cour de Cassation, en a victorieusement démontré la faiblesse dans le remarquable rapport présenté par lui en 1889 au Congrès international de la participation aux bénéfices (1).

Supposons qu'un collaborateur associé à la fois aux bénéfices et aux pertes ait droit, d'après les conventions intervenues, à la moitié des bénéfices; il pourra valablement stipuler qu'il sera indemne de toutes pertes, mais à la condition de réduire au quart, par exemple, sa participation aux seuls bénéfices.

Les adversaires de la participation, sans avoir égard à ce raisonnement, se plaisent à répéter que ce n'est pas un contrat, mais une simple libéralité issue du régime patriarcal et qui répugne, dès lors, à toute définition juridique, à toute organisation détaillée dans des articles de loi; ce n'est pour eux qu'un condiment ou stimulant (poivre, sel, ail ou confiture?) du pain et du salaire quotidiens.

Le législateur français n'est pas de cet avis, et la question est aujourd'hui souverainement tranchée.

Le projet de loi sénatorial, dont la Chambre des députés

---

(1) Compte rendu *in extenso* des séances du Congrès international de la participation aux bénéfices tenu au Palais du Trocadéro et au Cercle populaire de l'esplanade des Invalides, du 16 au 19 juillet 1889, Paris, Chaix (page 185).

est en ce moment saisie, est, d'après la fin de son intitulé, une loi « SUR LE CONTRAT DE PARTICIPATION AUX BÉNÉFICES ». Voilà une reconnaissance indéniable de la participation contractuelle. Elle a désormais sa place dans nos codes. Quant à cette absence de responsabilité des pertes pécuniaires qui viciait, disait-on, ce mode de rémunération du travail, qui rendait la participation inique et boiteuse, l'article 44 du même projet de loi répond en ces termes :

« *Tout commerçant, industriel ou agriculteur, toute Société commerciale, industrielle ou agricole, peut admettre ses ouvriers ou employés à participer aux bénéfices de l'entreprise, sans que cet engagement entraîne, pour les participants, aucune responsabilité en cas de perte.* »

Et le projet de loi considère si bien le produit de la participation comme un fruit du travail digne de toutes les faveurs, que l'impôt de 4 %₀ sur le revenu des valeurs mobilières qui frappe les dividendes distribués aux actionnaires dont les capitaux sont engagés dans l'usine, n'atteint pas la participation. L'article 47 du projet dit expressément : « L'impôt sur le revenu n'est pas perçu sur la part de bénéfice distribuée aux ouvriers ou employés d'une entreprise commerciale, industrielle ou agricole. »

### 2. — CHOQUANTE INÉGALITÉ

La participation, s'écrient quelques hommes sensibles, est un avantage injuste, parce qu'elle sera, à mérite égal, accordée aux ouvriers d'une entreprise prospère et refusée à ceux d'une fabrique malheureuse !

N'arrive-t-il pas tous les jours que deux ouvriers, parfaitement égaux en capacité et en honorabilité, sont, par la coquinerie du sort, embauchés, l'un, chez un patron droit et juste ; l'autre, par un maître dur, avare et sans scrupules ? Faut-il s'en prendre au régime du salaire sous lequel vivent ces deux travailleurs, l'un très content, l'autre désespéré ?

Deux sœurs, jolies, vertueuses et bien élevées, se marient en même temps. Un an après, l'une offre la parfaite image du bonheur. L'autre est morte de chagrin. Faut-il pour cela condamner l'institution du mariage?

Ceux qui combattent la participation se montrent souvent admirateurs enthousiastes des institutions patronales de toute nature. L'objection vraiment surprenante que je viens de mentionner ne tendrait à rien moins qu'à faire clore ou supprimer, partout où elles existent à l'état de dépendance de l'usine, les crèches, les écoles, les églises, les subventions, les maisons ouvrières, les secours, les retraites, etc. Seule, en effet, l'entreprise prospère peut se payer un tel luxe et combler de biens ses ouvriers. Ce sont des privilégiés, et voilà une choquante inégalité imputable au régime patriarcal. N'est-il pas déplorable de livrer au démon de la jalousie les pauvres ouvriers de la fabrique malheureuse dépourvue absolument d'institutions patronales?

### 3. — DANGEREUSES RÉVÉLATIONS

La participation, dit-on, aura toujours, ne fût-ce que par les conversations des ouvriers, l'inconvénient de révéler au dehors le chiffre des gains, si l'année a été bonne, et l'existence d'une perte ou d'un état précaire, si l'inventaire donne de mauvais résultats. Dans ce dernier cas, ajoute-t-on, et c'est un nouveau danger, le personnel participant sera mécontent, désappointé, démoralisé.

La révélation des pertes d'une maison industrielle se produit très souvent sans qu'on puisse en accuser la participation. La situation réelle peut rarement être dissimulée longtemps. On la connaît par des indiscrétions d'employés et par mille autres sources d'informations. Les agences commerciales, dès qu'on les consulte, donnent à cet égard, sans la moindre difficulté, des renseignements très précis. Il n'en est pas moins vrai qu'il peut y avoir là, dans certaines circonstances, une difficulté sérieuse. Ce qui nous sépare des auteurs de l'objection, c'est qu'ils l'exagèrent, tandis que nous la montrons telle qu'elle est en nous efforçant d'y remédier.

Quant à la crainte du découragement qui pourrait s'emparer des ouvriers privés de toute participation à la suite d'une mauvaise année, on peut éviter cet inconvénient par l'établissement d'une réserve pour éventualités, prélevée avant tout partage sur les bénéfices des bonnes années, ou même par la création d'une réserve spéciale de prévoyance au profit du personnel.

#### 4. — RENDRE L'OUVRIER ACTIONNAIRE A L'AIDE DE LA PARTICIPATION, C'EST PORTER ATTEINTE AU CARACTÈRE SACRÉ DE L'ÉPARGNE

On parle, disent les partisans du triste *statu quo* sous l'empire duquel nous vivons, de préparer l'ouvrier à la coopération en passant par la participation, mais qui osera faire de l'ouvrier un actionnaire? qui osera exposer son épargne sacrée aux chances de l'industrie?

Cette objection a quelque chose de touchant. Elle est empreinte d'un caractère particulier de sollicitude pour la classe ouvrière. Mais, tout en lui rendant cet hommage, je fais remarquer que, si au lieu d'être versée en espèces à un ouvrier enclin à la boisson, une participation de 50 francs est employée à lui acquérir une parcelle de copropriété dans une usine même vouée à l'infortune, ce sera autant de pris sur le cabaret. Le plus mauvais des placements vaut mieux encore que l'alcoolisme et le *delirium tremens*.

Nous nous unissons à tous les amis de la coopération pour approuver chaleureusement la combinaison par laquelle un chef d'industrie cherche à placer, autant que possible, son personnel dans le droit commun (élargi par diverses lois en préparation), des Sociétés anonymes ou en commandite, à l'aide de la participation. Cette excellente combinaison consiste à employer en actions ou parts de l'entre-

prise, au compte de chaque ayant droit, une fraction de
participation annuelle. On arrive ainsi à réunir sur la tête
de l'ouvrier ou de l'employé : 1° la qualité de participant
aux bénéfices et non aux pertes, et 2° celle de commanditaire du droit commun associé à la fois, jusqu'à concurrence de sa mise, aux bénéfices et aux pertes L'Association
du Familistère de Guise offre un exemple de cette ingénieuse organisation, qu'on pourrait appliquer ailleurs dans
des conditions plus restreintes toutefois, de manière à ne pas
engager, comme à Guise, dans un placement purement industriel, fût-il excellent, la totalité de la participation acquise
chaque année par les ouvriers.

### 5. — DISCORDES IMMINENTES

On affirme que si la participation renferme dans son sein,
comme le disent ses partisans, des éléments de conciliation
et de paix, elle contient, en quantité au moins égale, des
germes de dispute, des ferments de discorde, en un mot,
des éléments morbides de toute espèce.

Le régime du salaire pur et simple est assez riche en
combats ruineux pour qu'il soit permis de tenter çà et là
quelques essais nouveaux. L'expérience faite, jusqu'à ce
jour, n'est pas défavorable à la participation.

A la question de savoir si, en présence de dispositions
hostiles des ouvriers à l'égard d'un patron, l'accord s'éta-
blirait de lui-même, spontanément, par ce seul fait que le
mot magique de participation aux bénéfices aurait été prononcé, je répondrais qu'il importe, avant tout, de bien
connaître le terrain sur lequel on opère et de choisir, avec
discernement, le moment opportun. Certaines difficultés ne
peuvent être appréciées que sur place. On peut dire, toutefois, d'une manière générale, qu'une marque sincère de
bienveillance, accompagnée de gages sérieux, a pu quelquefois engendrer la confiance et produire la paix. Ai-je besoin
d'ajouter que l'existence, dans l'usine, d'un état d'esprit

révolutionnaire et l'ingérence de politiciens rendraient impossible tout essai de participation? L'un des mérites de ce système c'est qu'il implique, de part et d'autre, le sentiment du devoir, le respect du droit, et l'élimination des fauteurs de trouble.

### 6. — CONFLITS A PROPOS DU QUANTUM

Comme suite à l'objection précédente on fait remarquer qu'aucune règle ne pouvant déterminer, d'une manière infaillible, le quantum pour cent de la participation, ce taux sera discuté par les ouvriers. Il y aura, dit-on, des débats sur le tantième et sur le mode d'emploi. Pourquoi 5 $\%$ au lieu de 15 ou 20 $\%$? Pourquoi verser le produit de la participation à un compte individuel de retraites au lieu de la donner en argent? Je réponds qu'aucune règle certaine ne fixe le taux des salaires et le mode de calcul des primes et des sursalaires. Beaucoup de réclamations portent sur la fixation de ce taux. L'abaissement des salaires et sursalaires a fait éclater plus d'une grève. Ce mode de rémunération continue cependant d'exister et de rendre les services qu'il comporte. Personne, dans l'industrie, ne propose la suppression du salaire. Nous demandons la même tolérance en faveur de la participation qui nous paraît devoir s'y ajouter.

### 7. — CONFLITS AU SUJET DU CONTROLE DES COMPTES

Nos adversaires se disent favorables au principe du contrôle. Je pense avec eux que la bonne organisation du contrôle est un élément important de la participation contractuelle. Mais pourquoi ceux qui la combattent déclarent-ils solennellement ce contrôle indispensable? Je crois qu'il y a dans leur affirmation quelque chose de trop absolu: elle pourrait écarter de la participation des personnes disposées à l'adopter; c'est peut-être là le but réel de la déclaration radicale ainsi faite. On ne manque pas, en effet, d'ajouter immédiatement que, si ce contrôle est établi, il soulèvera des difficultés.

Je me borne à répondre que c'est là une simple menace de nos prophètes de malheur. Jusqu'à présent la pratique dit le contraire.

Les articles 45 et 46 du projet de loi sur la coopération et la participation, reproduits ci-dessus, page 51, montrent que, dans la pensée du législateur, le contrôle des comptes, considéré comme « juste » n'est cependant pas absolument « nécessaire », puisque la renonciation à ce contrôle est déclarée légale. La loi, très large, tout en traçant une règle de droit commun pour l'organisation du contrôle par arbitre expert, permet aussi aux parties de l'établir comme bon leur semble si elles ne veulent pas profiter de la faculté de renonciation complète.

## 8. — L'INDUSTRIE GAGNE SI PEU

Pour écarter toute velléité de généralisation, en ce qui touche la participation aux bénéfices, on nous présente un tableau navrant des misères de l'industrie.

Sur 100 industriels, dit l'un, 40 font faillite, 50 végètent, 10 seulement gagnent quelque chose.

Sur 100 patentables, dit un autre, 15 font faillite ou sont liquidés judiciairement, 30 écornent leur capital, 20 seulement font des profits et ces profits sont fort minimes.

On ajoute que dans les entreprises de travaux publics, un tiers, sinon la moitié des entrepreneurs, se ruinent.

Enfin, l'affirmation suivante, conçue en termes très généraux, est en quelque sorte le couronnement de ces statistiques aux couleurs sombres que je serais heureux de pouvoir soumettre à une enquête complémentaire et rectificative. On déclare qu'en matière de participation aux bénéfices, toute généralisation est impossible. On ajoute que « pour distribuer des bénéfices il faut en avoir! » Intercalée dans un discours public, devant une assemblée sceptique disposée à l'applaudir, cette vérité, malicieusement proclamée, obtient toujours le plus vif succès. On soutient que la majeure partie des petites entreprises industrielles ou commerciales ne font pas de bénéfices, et qu'elles peuvent à peine faire vivre plus ou moins largement ou plutôt plus ou moins étroitement et insuffisamment ceux qui les mènent.

Un ancien patron qui est du bâtiment, dont beaucoup de confrères ont fait fortune, et, auquel on adressait cette observation, y répondit, avec une conviction profonde, dans les termes suivants :

« Il n'y a pas toujours des bénéfices, cela est vrai, mais la participation en fait naître. La suppression des grèves, qui n'ont aucune raison d'être avec elle; l'accord dans l'atelier; le développement, par l'intérêt, des facultés du travailleur, voilà de puissants éléments d'une plus grande prospérité. Je suis un ancien chef d'industrie. Ma conviction est que la participation est applicable partout, que son action généreuse est bienfaisante, et que la bourgeoisie industrielle est perdue si elle ne veut rien faire dans ce sens. »

Il y aurait lieu, d'ailleurs, je le répète, de contrôler et de discuter, point par point, les statistiques dont le résumé précède. Où sont les preuves de ce terrible état de marasme dont on nous parle? Comment sont faits les inventaires qui le révèlent? Doit-on prendre au pied de la lettre et accepter les yeux fermés, comme paroles d'Évangile, toutes les plaintes de l'agriculture, du commerce et de l'industrie? Les personnes qui ont l'habitude des enquêtes ouvertes sur les faits d'ordre économique savent que les protestations trop véhémentes de certains déposants intéressés, laissent subsister parfois quelques doutes dans l'esprit des enquêteurs.

Certaines industries et certaines branches de l'agriculture sont d'ailleurs si bien protégées aujourd'hui par les tarifs de douanes demandés par elles, que l'ère des bénéfices doit s'être ouverte pour celles qui ont su imposer leur manière de voir au législateur!

Ceux qui n'aiment pas la participation lui reprochent avec amertume de n'avoir pas encore été pratiquée en grand. Médecins Tant Pis, ils hochent la tête et diagnostiquent chez cet enfant du progrès social un fâcheux arrêt de développement. Qu'est-ce donc, disent-ils, après cinquante ans, que 250 ou 300 maisons représentant peut-être 30 ou 40.000 ouvriers à côté du chiffre de 9 millions de travailleurs que donne le projet de loi sur les retraites ouvrières? D'autres trouvent ce nombre de maisons très exagéré, cherchant à le réduire par le retranchement de diverses catégories jugées par eux étrangères à la vraie participation. Ils reconnaissent, toutefois, que pour les principaux collaborateurs, chefs de service et de fabrication, employés supérieurs et autres, la participation est déjà généralisée et qu'il faudrait presque, à ce point de vue, ajouter à la liste publiée par la Société de participation, la plupart des maisons qui figurent dans le Bottin. Nous le savions, mais nous rappelons volontiers ce fait important! Ces participants privilégiés sont notre avant-garde. Le reste suivra. Où les chefs ont passé, passera bien un jour tout le personnel.

Disons d'abord qu'un aussi grave changement dans le mode actuel de rémunération du travail ne peut s'opérer que graduellement. La participation promet au patron de sérieux avantages, mais elle peut comporter des sacrifices immédiats; elle peut impliquer, par exemple, la renonciation au projet si souvent mis en pratique d'entrer dans l'industrie pour y faire fortune très vite. Je serais plutôt enclin à admirer la rapidité des résultats obtenus et des expériences décisives faites dans le domaine de la participation par l'heureuse initiative d'un si grand nombre de chefs d'indus-

trie dont la plupart sont membres de la Société de participation, fondée en 1878.

Quoi ! ce grief tiré de la prétendue lenteur de nos progrès
vient des personnes qui n'épargnent rien pour les entra-
ver ? Combattue jadis par le Gouvernement, en 1842, mal
comprise d'abord par la presse démocratique, qui cherchait
à en dégoûter les ouvriers, prise ainsi, au point de vue
politique, entre deux feux, la participation eut bientôt à
essuyer, de la part des économistes, malgré l'approbation
chaleureuse de Wolowski, Léon Faucher et Michel Cheva-
lier, les foudres de l'excommunication majeure. Depuis
qu'elle se développe, de puissantes sympathies la soutiennent; elle a obtenu les encouragements de MM. Léon Say,
Émile Levasseur, Jules Simon et Victor Duruy, mais son
mouvement en avant semble provoquer une recrudescence
d'opposition, et c'est précisément par ceux qui ont arrêté
son essor qu'est articulé aujourd'hui le grief de n'avoir
pas couru plus vite ! Que dirait-on de gens qui, après
avoir mis tous leurs bâtons dans les roues d'un char, lui
reprocheraient de n'avoir marché qu'au pas ?

La situation maintenant n'est plus la même qu'il y a
quinze ans. L'opinion publique, jadis hésitante et troublée,
se prononce de plus en plus nettement en faveur de la
participation, laissant aux chefs d'industrie expérimentés le
soin d'élaborer le nouveau contrat. —

Les pouvoirs publics sont favorables.

Qu'il suffise de rappeler d'un mot l'enquête de M. Waldeck-
Rousseau, le projet de loi sorti de cette enquête, le vote
unanime de la Chambre des députés, en juin 1889, et celui
du Sénat en juillet 1892, à la suite du beau travail de M. le
docteur Lourties, rapporteur (¹).

(1) Nᵒ 29. Sénat, session 1892. Annexe au procès-verbal de la séance du
22 février 1892. Rapport fait au nom de la Commission chargée d'examiner le
projet de loi, adopté par la Chambre des députés, sur les Sociétés coopératives
de production et de consommation et sur le contrat de participation aux bénéfices, par M. Lourties, sénateur.

Les ouvriers étaient jadis très incrédules en matière de participation. Or, les vœux émis en faveur de ce système, en Angleterre, par les Congrès coopératifs de consommation de Dewsbury et d'Ipswich, et en France, par les Congrès de même nature tenus en 1890 à Marseille et en 1891 à Paris (1), montrent que le désir de voir la participation s'établir d'une manière sérieuse et avec les garanties nécessaires entre dans l'esprit des masses laborieuses, si bien représentées par les coopérateurs, travailleurs économes et intelligents qui appartiennent, dans tous les pays, à l'élite des ouvriers et des employés.

Pour indiquer l'ampleur du mouvement dont je parle, il convient de mentionner aussi la place considérable donnée depuis quelques années par la grande presse, sans acception de partis politiques ni d'opinions religieuses ou autres, à l'étude de la participation aux bénéfices. Recommandée par le cardinal-archevêque de Reims, elle a été chaleureusement approuvée au Congrès coopératif de Paris en 1891, par le socialiste Anseele, administrateur du Vooruit de Gand.

Elle a conquis, en 1889, à l'Exposition universelle d'économie sociale, le poste d'honneur auquel elle a droit; des propositions destinées à lui permettre de s'établir plus facilement et de conduire l'ouvrier à la copropriété du capital social ont été faites au Sénat, par M. Jules Godin, et à la Chambre des députés, d'un côté, par M. Alfred Naquet, de l'autre, par MM. Graux, Boudenoot, Méline et Jonnard.

Enfin, et c'est le meilleur symptôme, plusieurs maisons, depuis 1891, ont inscrit leurs noms sur cette fameuse liste dont on raille si agréablement la brièveté. Il y en avait 92 pour la France, en mars 1891. On en compte à ce jour 108.

---

(1) Congrès international des Sociétés coopératives de consommation, tenu à Paris du 13 au 16 septembre 1891, 5e séance, 15 septembre. Adoption, à l'unanimité, d'un vœu tendant à ce que les Sociétés coopératives, tout en assurant un juste salaire à leurs employés et ouvriers, y ajoutent un tant pour cent sur les affaires ou une participation sur les bonis.

Prenez patience! un peu de levain suffit pour faire lever une énorme quantité de pâte.

Ce mouvement s'accélère dans les pays de race anglo-saxonne, dans la Grande-Bretagne et aux États-Unis.

En Angleterre, il présente un intérêt particulier à cause des faits suivants.

Les chefs du mouvement coopératif et leurs amis trouvent que si les résultats obtenus par eux dans la coopération de consommation sont glorieux et magnifiques, il y a mieux à faire encore en se servant de la coopération de production et de la participation aux bénéfices pour émanciper les travailleurs et les faire jouir, dans le présent et pour l'avenir, des fruits de leur labeur.

Ils s'inquiètent de voir le Wholesale anglais, magasin de gros gigantesque, qui a pour actionnaires 990 Sociétés coopératives, qui possède six navires et douze usines, devenir, de la base au sommet, un type extraordinaire de patronat collectif faisant tous les métiers, fabricant des tissus, des souliers, du blé, des produits alimentaires de toute sorte, affichant la prétention de n'avoir à s'occuper que du consommateur, et affirmant, en toute occasion, sa volonté de ne donner aux producteurs, ouvriers et employés de ses manufactures et de ses comptoirs, autre chose que le salaire pur et simple, sans aucune part dans les bénéfices.

Enfin, après de longues hésitations, les chefs du Trade Unionisme anglais ont compris que le dernier mot du progrès possible n'est pas dans une demande incessante et obstinée d'augmentation du salaire et de diminution des heures de travail. Ils ont tendu la main aux coopérateurs; ils désirent maintenant avec eux voir se créer des Associations coopératives de production et se propager la participation aux bénéfices. Si beaucoup de membres des Trade Unions gardent l'espoir du triomphe des idées collectivistes, plusieurs de leurs chefs trouvent raisonnable de cueillir dès maintenant les fruits savoureux que peuvent produire les

Associations créées sous le régime de la propriété individuelle et de la liberté du travail.

Cette alliance a été publiquement scellée à Londres dans les Assemblées tenues, en août 1892, lors du grand Festival coopératif national.

## 10. — ATTAQUES DIVERSES

Cette Introduction prendrait des proportions vraiment démesurées si elle prétendait répondre à toutes les critiques, je pourrais dire à tous les sarcasmes dont la participation a été l'objet. Au lieu d'entamer à ce sujet de vives polémiques, la Société de participation a jugé plus opportun et surtout plus utile de se borner, de temps à autre, comme j'essaie de le faire aujourd'hui, à une réfutation conçue en termes généraux, qui s'adresse aux opinions sans mettre en cause les personnes. Le programme de notre Société, rédigé il y a près de quatorze ans, semble avoir prévu que des jugements, parfois téméraires, seraient portés sur la participation aux bénéfices soit par des théoriciens, soit par des personnes qu'une ancienne pratique des affaires n'empêche pas de se tromper gravement à l'heure actuelle.

Les membres de notre Société sont actuellement ou ont été aux prises avec les réalités pratiques de la vie industrielle et commerciale. Peuvent seuls, en effet, d'après nos statuts, en faire partie les patrons, chefs d'établissement et leurs collaborateurs dans la direction, les directeurs ou administrateurs de Sociétés ou les personnes qui ont eu antérieurement ces mêmes qualités. Aux arguments spécieux, nous répondons par des faits. « La Société, dit notre programme, ne veut ni provoquer ni soutenir des polémiques trop souvent stériles. Elle se propose uniquement de faire connaître à tous ce qui a été réalisé par quelques-uns en signalant aux intéressés les documents qu'elle rassemble dans sa Biblio-thèque ou qu'elle analyse dans son Bulletin. »

## VIII. — Conclusion.

Je répète ici l'observation que j'ai présentée comme conclusion du Rapport, en date du 12 mars 1891, que j'ai été appelé à faire comme membre du jury international de l'Exposition universelle de 1889 (Économie sociale. Section II. Participation aux bénéfices, Associations coopératives de production) :

« D'un pôle à l'autre, il y a chez tous ceux qui travaillent (et qui ont conscience d'eux-mêmes) un désir universel d'obtenir immédiatement un minimum de bien-être, et, pour l'avenir, un minimum de sécurité, de liberté et de propriété. S'il existait une immense *Trade Union* composée de tous les travailleurs du genre humain et s'ils étaient décidés à ne pas demander l'impossible, ce serait là, sans doute, leur vœu unanime. Pour le réaliser, ils auraient à prendre comme objectif, dans le monde entier, la marge de bénéfices qui existe entre le prix de revient des objets fabriqués et leur prix de vente. Cette marge de profit, qui appartient aujourd'hui presque exclusivement à l'entrepreneur, au maître, au patron, au capitaliste, à l'exploitant, peut se partager entre lui et son personnel. C'est là véritablement qu'est le nœud de la question sociale. Mieux vaut le dénouer délicatement par de justes et pacifiques transactions qu'essayer de le trancher par la force. »

En d'autres termes, respectons les droits acquis et les fortunes faites, mais tournons-nous vers l'avenir pour nous occuper, en ce qui concerne les générations futures, d'un meilleur partage des fruits du travail.

Les derniers Congrès socialistes ont préconisé la guerre de classes, l'entente, pour le combat, entre les divers groupes jusqu'ici divisés, et cela pour aboutir, au moyen de la force de l'État, à une organisation corporative collectiviste ou autre.

Notre Société agit dans un esprit absolument opposé.

Nous cherchons à établir la paix entre les possesseurs du capital industriel et le personnel qui travaille; nous verrions avec plaisir les travailleurs devenir peu à peu copropriétaires de l'actif social. Nous applaudissons au succès de la participation, soit lorsqu'elle prend le caractère d'une institution permanente et définitive, soit lorsqu'elle ouvre les voies à l'association coopérative de production bien organisée, c'est-à-dire pourvue d'une direction forte, de statuts consacrant les droits du capital et de règlements assurant le maintien d'une stricte displicine.

Nous croyons que la participation du personnel dans les bénéfices, généralisée par l'initiative individuelle, peut contribuer, dans une large mesure, à assurer l'avenir des ouvriers et à pacifier les esprits; elle peut servir de base à un vaste système d'institutions de prévoyance et d'épargne. Mais pour que la participation se propage et produise ses bienfaisants effets, il faut qu'elle s'organise peu à peu, grâce aux leçons de l'expérience; qu'elle trouve, qu'elle crée elle-même ses formes, ses organes, ses ressorts, ses contrepoids, ses garanties, ses méthodes, ses coutumes et ses lois. Appelée peut-être à donner satisfaction dans l'avenir aux grands intérêts solidaires du travail et du capital, la participation ne pourra réaliser ces heureux progrès qu'en sachant tenir compte, en même temps, des nécessités pratiques de l'industrie, des principes économiques et du respect sincère de tous les droits.

Nous voyons malheureusement chaque jour des meneurs sans scrupules exciter dans les centres ouvriers les plus mauvaises passions et saisir ainsi toutes les occasions qui se présentent pour attiser la flamme des révolutions violentes.

Nous voudrions pouvoir éliminer de la question sociale les politiciens malfaisants qui en compromettent la solution.

La participation est pour nous la substance d'un traité de paix. Par sa nature même, elle ne peut pas devenir un cri de guerre. Elle est incompatible avec un état d'hostilité permanent et incurable entre les facteurs de la production. Pour les gens qui se haïssent mortellement, le divorce vaut mieux que le mariage, mais la ruine de l'industrie est au bout des conflits meurtriers qu'une lutte sans merci nous fait entrevoir.

Nous soumettons aux patrons, comme aux ouvriers, dans le présent *Guide pratique*, des documents à l'aide desquels ils pourront, d'un commun accord, placer à son juste niveau, dans chaque usine, la rémunération du travail humain.

Paris, décembre 1892.

CHARLES ROBERT.

# GUIDE PRATIQUE

## POUR L'APPLICATION

# DE LA PARTICIPATION

## AUX BÉNÉFICES

# NOTE DE L'AUTEUR

---

Gardons tous dans le jugement que nous portons sur les transformations économiques de notre siècle une juste mesure.

(E. LEVASSEUR. *Congrès de la participation.*)

« La participation aux bénéfices, suivant la définition de M. Charles Robert, est une libre convention, expresse ou tacite, par laquelle un patron donne à son ouvrier, en sus du salaire normal, une part dans les bénéfices sans participation aux pertes » (1).

C'est l'un des moyens que l'on propose pour améliorer les rapports du capital et du travail. Le lecteur sait que ces moyens sont nombreux et variés. Des chefs de maison se sont efforcés, par les organisations les plus ingénieuses, de rapprocher l'ouvrier du patron, de donner au travailleur la sécurité du présent, la confiance dans l'avenir, d'atténuer, par suite, dans leurs fondements, les revendications qu'il serait tenté de formuler. Sans doute, aucune de ces combinaisons : caisses de secours, caisses de retraite, assurances, habitations à bon marché, participation aux bénéfices, etc., ne peut être présentée comme un remède d'une efficacité générale; mais toutes ont montré qu'elles étaient de nature, dans des milieux appropriés, à apaiser des griefs et à diminuer des malaises. Plus que jamais, il importe dès lors de les examiner, de les approfondir, pour en discerner la véritable portée.

---

(1) *Le Contrat de participation aux bénéfices, son caractère et ses résultats.* (Paris, imp. Chaix, 1889.)

Sous les auspices de la Société pour l'étude de la participation et conformément à son programme, nous avons essayé d'exposer les méthodes adoptées pour l'application de la participation aux bénéfices. Le présent ouvrage n'est pas une œuvre de propagande. Il s'adresse non aux personnes qui discutent le système, mais aux patrons déjà convaincus qui recherchent les moyens de le mettre en pratique. Le *Guide* indique, pour les divers cas, des solutions basées sur l'expérience.

Les sources auxquelles nous avons puisé sont : les écrits de M. Charles Robert et de M. Alfred de Courcy, l'enquête de M. le D*r* Victor Böhmert, la collection du *Bulletin de la participation*, les informations de l'enquête extraparlementaire des Associations ouvrières, le Compte rendu du Congrès de la participation, enfin les nombreux dossiers de règlements et de notices que notre Société a réunis dans ses archives.

La participation aux bénéfices a ses partisans chaleureux et ses adversaires. Il en est ainsi d'un grand nombre de sujets du domaine économique. Ce qu'il faut, en pareille matière, c'est écarter les doctrines trop absolues, dans un sens comme dans l'autre. L'étude patiente des faits et des institutions est plus fructueuse que les controverses. En éclairant le jugement par les enseignements de l'expérience, elle le prémunit aussi bien contre les illusions d'un trop grand enthousiasme que contre les exagérations d'un pessimisme décourageant.

ALBERT TROMBERT.

# CHAPITRE PREMIER

## BASES DE LA PARTICIPATION

I. Taux de la participation. — *La participation avec quantum déterminé.* — Différentes bases adoptées pour la fixation de la part du travail : 1° cette part est le plus souvent un tant pour cent des bénéfices nets (Leclaire, Laroche-Joubert, Compagnie d'Assurances Générales, etc.) ; — 2° elle consiste, dans certains cas, en un tant pour cent des ventes, du produit brut ou du chiffre des affaires (Mame, Masson, etc.) ; — 3° système Godin : le bénéfice est partagé entre le capital et le travail proportionnellement à la somme des intérêts et au total des salaires ; — 4° système Deberny : le bénéfice est partagé entre le capital et le travail proportionnellement au montant du capital et au chiffre des salaires ; — 5° quelques maisons donnent une participation proportionnée aux versements effectués par le personnel dans une Caisse d'épargne ou de dépôts (Houghton, Mifflin et C°, Fonderie d'Ilsede).

*La participation sans quantum déterminé* (Dollfus-Mieg et C°, Schaeffer et C°, Piat, etc.).

II. Conditions d'admission. Stage. — Le stage a pour but de faire profiter surtout des avantages de la participation les forces anciennes et éprouvées de l'établissement. — Efficacité du stage en ce qui concerne la formation de parts individuelles d'une certaine importance. — Durée du stage dans les principales maisons.

III. Premières dotations. — Les premières dotations sont constituées en général dans l'intérêt du personnel ancien. Elles fournissent les parts individuelles les plus fortes à ceux des employés et des ouvriers qui, en raison de leur âge, ne doivent profiter de la participation que pendant un temps relativement court (C° d'Assurances générales, Roland-Gosselin, Chaix, etc.).

### I. — TAUX DE LA PARTICIPATION

Les applications du système de la participation aux bénéfices se présentent sous deux formes très distinctes. Telles maisons attribuent au personnel, à des conditions stipulées, une part des résultats annuels dont le rapport avec l'ensemble du profit est nettement précisé et annoncé d'avance : c'est *la participation avec quantum déterminé*. Ailleurs, le patron prélève sur ses bénéfices, en faveur de ses collaborateurs, une certaine somme dont la proportion pour cent, fixe ou variable, est tenue secrète : c'est *la participation sans quantum déterminé*.

6

Dans le premier cas, l'institution prend, en quelque sorte, au moins pour une année, un caractère contractuel. Dans le second cas, le régime reste discrétionnaire et à l'état de subvention patronale.

L'une et l'autre de ces deux formes ne dépendent pas simplement des vues personnelles du patron ; elles sont aussi la conséquence des milieux, de la nature, de l'industrie, du degré de développement intellectuel des ouvriers. « Les institutions libérales, excellentes pour les uns, seraient funestes pour les autres. La nourriture indispensable pour les gens du Nord pourrait tuer un homme du Midi. Il importe, quand on s'occupe de l'organisation du travail et de la condition sociale des travailleurs, de ne jamais oublier qu'il n'y a rien d'absolu en ce monde, et d'approprier soigneusement les formes et la rapidité du progrès à la situation de ceux qui doivent en profiter (1). »

### La participation avec quantum déterminé.

Le taux de cette participation varie beaucoup. Ici encore les intentions plus ou moins larges du fondateur ne constituent pas le seul élément de fixation. D'autres facteurs sont pris en considération : l'importance relative du capital et de la main-d'œuvre ; l'étendue du rôle de la direction, des connaissances techniques, des spéculations commerciales ; le degré d'intensité des risques, etc. Ainsi, on comprend aisément que le taux de la participation soit plus élevé dans une entreprise de peinture en bâtiments, où le travail de l'ouvrier s'exerce avec un outillage peu compliqué, que dans une imprimerie, une filature, une fonderie, fonctionnant avec des instruments de production puissants et coûteux ; dans une simple maison de vente, où le chef est activement secondé par les agents de ses comptoirs, acheteurs et vendeurs, que dans une Compagnie financière, où les bénéfices dépendent surtout des spéculations de la direction, inséparables souvent de forts risques.

La participation avec quantum déterminé présente, en ce qui concerne la fixation de la part du travail, les principales variétés suivantes :

(1) Charles Robert, *le Contrat de participation aux bénéfices, son caractère et ses résultats.* (Paris, 1889. Imp. Chaix.)

1º Il est attribué au personnel un tant pour cent des bénéfices nets (c'est le mode le plus fréquemment employé);

2º Il est attribué au personnel un tant pour cent du montant des ventes, du produit brut ou du chiffre des affaires;

3º Le bénéfice ou une portion déterminée du bénéfice est partagé entre le capital et le travail proportionnellement à la somme *des intérêts du capital* et au total des salaires;

4º Le bénéfice est partagé entre le capital et le travail proportionnellement au *montant du capital* et au total des salaires;

5º La participation est subordonnée aux efforts particuliers des ouvriers dans la voie de la prévoyance; elle est basée, par exemple, sur le chiffre des versements effectués par le personnel dans une caisse d'épargne ou de dépôts.

### 1º Il est attribué au personnel un tant pour cent des bénéfices nets.

Nous indiquerons d'abord le taux adopté par un certain nombre de maisons où la participation aux bénéfices a une importance exceptionnelle. Nous rappellerons ensuite le quantum en usage dans celles des autres entreprises dont nous connaissons plus particulièrement l'organisation, en les groupant par nature d'industrie.

MAISON REDOULY ET Cie (ANCIENNE MAISON LECLAIRE), ENTREPRISE DE PEINTURE, DORURE, TENTURE, VITRERIE ET MIROITERIE, RUE SAINT-GEORGES, 11, A PARIS. — Les bénéfices sont attribués :

25 % à la Société de Prévoyance et de Secours mutuels, commanditaire pour 400.000 francs;

25 % à la Gérance, dont la moitié au premier gérant, commanditaire pour 200.000 francs, et les deux autres quarts aux deux autres gérants, commanditaires chacun pour 100.000 francs;

50 % au travail.

C'est donc, en réalité, 75 % des bénéfices qui reviennent aux ouvriers et aux employés : les 50 % attribués au travail et les 25 % appartenant à la Société de Prévoyance et de Secours mutuels. Il est vrai que la maison Leclaire peut être considérée comme une véritable association coopérative de production.

Le capital ne reçoit qu'un intérêt de 5 %, sans aucune part dans les bénéfices.

Decorative cooperator's Association, devenue d'Oyly and C°, Limited, Oxford street, a Londres. Entreprise de peinture en batiments et de décoration.

Fondée, en 1883, d'après le système de Leclaire, cette maison allouait aussi : 50 % des bénéfices au personnel, 25 % à la Caisse de Prévoyance et 25 % à la Direction.

Imprimerie Van Marken, a Delft (Hollande). — Nous rapprochons de la Maison Leclaire une organisation fort intéressante bien que de moindre importance. C'est une imprimerie fondée tout récemment à Delft, sous la forme d'une petite Société anonyme, par M. Van Marken, *qui en est provisoirement le seul actionnaire.* M. Van Marken ne donne au capital qu'un intérêt de 6 % et attribue les bénéfices comme suit :

25 % aux directeurs, pour leur gestion ;

50 % aux directeurs, employés et ouvriers, au prorata de leurs salaires;

3 % aux commissaires, pour leur contrôle ;

12 % aux fondateurs, pour les services rendus ;

10 % à des services divers (la répartition en est faite par l'Assemblée générale).

On verra plus loin (page 158) quelles affectations sont données à ces diverses attributions.

Papeterie coopérative d'Angoulême, Maison Laroche–Joubert et Cie. — Les bénéfices sont répartis comme suit : 5 % au fonds de réserve ; 20 % au capital social et au capital des déposants coopérateurs[1]; 75 % au « travail et à l'intelligence », dont 17 % à la Gérance et 58 % aux coopérateurs des différentes exploitations.

Sur ces 58 %, on prélève d'abord ce qui est nécessaire pour donner aux « clients coopérateurs » un dividende égal à celui qu'obtient le capital social [2]. Chaque client admis à la coopération prend part à ce dividende au marc le franc du chiffre des

---

(1) On verra plus loin, page 124, dans quelle proportion le capital social des déposants coopérateurs participe à la répartition de ces 20 0/0.

(2) La suppression de la coopération de la clientèle est décidée en principe. Après cette suppression, la totalité des 58 0/0 reviendra aux coopérateurs de production.

affaires qu'il a faites avec la Maison pendant l'exercice, et la somme lui revenant est mise à sa disposition en marchandises.

Le reste des 58 % reçoit trois destinations : une première part (25 %) est attribuée, au prorata des salaires et de l'ancienneté, à tout le personnel de la Maison (c'est ce que le règlement appelle « la coopération des salaires ») ; une deuxième part (35 %) est répartie entre les employés des bureaux, des magasins d'Angoulême et du dépôt de Paris (c'est « la coopération des services commerciaux ») ; une troisième part (40 %) est allouée aux travailleurs de l'usine, d'après les résultats spéciaux des ateliers qui les ont occupés (c'est « la coopération des exploitations et entreprises »). On trouvera, pages 112, 113 et 114, des détails sur ces répartitions.

WILLIAM THOMSON ET FILS, FABRICANTS DE DRAPS, A WOODHOUSE MILLS, HUDDERSFIELD (ANGLETERRE). — Le personnel reçoit cinq neuvièmes des bénéfices nets en actions de l'entreprise.

N. O. NELSON, FABRICANT D'APPAREILS, TUYAUX ET OBJETS DIVERS EN CUIVRE, A SAINT-LOUIS DU MISSOURI (ÉTATS-UNIS). — Le bénéfice, après un premier prélèvement de 6 % en faveur du capital, reçoit les destinations suivantes : un dixième revient à la réserve ; un dixième est versé à une caisse de prévoyance pour les malades, les infirmes et les veuves ; un cinquantième alimente les fondations scolaires ; le reste est partagé également entre le capital et le travail.

Dans d'autres établissements, les quantums sont les suivants :

INDUSTRIES DU BATIMENT. — Moutier, entrepreneur de serrurerie à Saint-Germain-en-Laye, 25 % ; — Gilon, entrepreneur de serrurerie, 11, rue du Départ, à Paris, 20 % ; — Barbas, Tassart et Balas (ancienne maison Goffinon), entrepreneurs de couverture et de plomberie, 85, boulevard de Strasbourg, à Paris, 5 % ; — Monduit, entrepreneur de couverture et de plomberie, 31, rue Poncelet, à Paris, 10 % ; — Thuillier frères, entrepreneurs de couverture et de plomberie, 20, rue de Paradis-Poissonnière, à Paris, 10 % ; — Gaget, Pérignon et Cie, entrepreneurs de plomberie et de cuivrerie d'art, 25, rue de Chazelles, à Paris, 10 % ; — Lecœur, entrepreneur de menuiserie, 23, rue Humboldt, à Paris, 10 % ; — Mozet et Delalonde, entrepreneurs de maçonnerie, 65, rue d'Erlanger, à Paris, 10 %.

Industrie du vêtement et de l'ameublement. — Seydoux, Sieber et Cⁱᵉ, peignage, filature et tissage de laine, au Cateau, à Bousies et à Maurois (Nord), 25 %; — Nayrolles, atelier de broderies, 5, rue des Immeubles-Industriels, à Paris, 33 %; — Boivin, fabricant de ganses pour passementerie, 83, rue Manin, à Paris, 22 %; — Baille-Lemaire, fabricant de jumelles, 22, rue Oberkampf, à Paris, 25 %; — Steinheil, Dieterlen et Cⁱᵉ, filateurs de coton, à Rothau (Alsace), 10 %; — Société anonyme de tissus de laine des Vosges, au Thillot et à Trougemont, 15 %; — Blanchisserie et teinturerie de Thaon (Vosges), 5 %; — Schœller et fils, filateurs à Schaffhouse (Suisse), 10 %; — Manufacture de laine Rossi, à Schio (Italie), 5 %; — Scheurer, Rott et Cⁱᵉ, impressions sur étoffes, à Thann (Alsace), 10 %; — Comptoir de l'industrie linière, rue d'Uzès, à Paris, 10 %; — Mermod frères, fabricants d'horlogerie et de boîtes à musique, à Sainte-Croix (Suisse), 50 %, après prélèvement de la rémunération des chefs de la maison, comprenant une allocation fixe et un tant pour cent déterminé des résultats.

Imprimeries et Librairies. — Chaix, imprimeur-éditeur, 20, rue Bergère, à Paris, 15 %; — Godchaux et Cⁱᵉ, imprimeurs-éditeurs, 10, rue de la Douane, à Paris, 5 %; — Gounouilhou, imprimeur, à Bordeaux, 15 %; — Cassell et Cⁱᵉ, imprimeurs-éditeurs, à Londres, 5 %.

Chez Thomas Bushill et fils, imprimeurs, à Coventry (Angleterre), les bénéfices sont attribués : moitié au personnel, moitié à la Maison, après prélèvement d'une somme dont le chiffre n'est pas connu du personnel et qui est appelée *reserved limit* (portion réservée).

Produits chimiques et industries s'y rattachant. — Schaetti et Cⁱᵉ, fabricants d'allumettes, à Fehraltorf (Suisse), 50 %; — Fabrique de produits chimiques de Thann (Alsace), 10 %; — Société anonyme de matières colorantes et de produits chimiques de Saint-Denis (Seine), 105, rue Lafayette, à Paris, 1 à 15 % aux chimistes et aux employés supérieurs, 5 % aux employés secondaires. aux contremaîtres et aux ouvriers; — Fabrique néerlandaise d'alcool et de levure, maison Van Marken, à Delft (Hollande), 10 %; — Stéarinerie de Gouda (Hollande), 10 %.

Établissements travaillant les métaux. — Boël, industriel (aciéries, tréfileries, laminoirs, etc.), à La Louvière (Belgique), 50 %; — Forge Aadals-Brug (Norwège), 50 %; — Compagnie de Fives-Lille, pour constructions mécaniques et entreprises, 64, rue Caumartin, à Paris; ateliers à Fives-Lille (Nord) et à Givors (Rhône), 10 %; — Piguet et Cie, ateliers de constructions mécaniques, à Lyon, 15 %; — Usine de Kaiserslautern (Prusse), installations d'appareils de chauffage et constructions, 10 %; — Morgenstern, fabricant de feuilles d'étain, à Forchheim (Bavière), 10 %; — Maison Bréguet, fabrique d'instruments de précision et d'appareils électriques, 19, rue Didot, à Paris, 10 %.

La maison Tangye et Cie, manufacture de construction de machines, à Birmingham (Angleterre), alloue à chaque participant une somme égale au dividende d'une action de 50 livres sterling.

Compagnies de Chemins de fer et autres entreprises de transport. — A la Compagnie du chemin de fer de Paris à Orléans, la part de bénéfices attribuée au personnel est statutairement déterminée comme suit :

Sur la première attribution faite aux actions, à titre d'intérêt et de dividende, d'une somme de 20 millions (33 fr. 33 c. par action), la part des employés est nulle.

Quand les actions reçoivent au même titre une somme supplémentaire de 9 millions (15 francs par action), il est attribué aux employés 15 % sur la somme de 10.588.235 fr. 29 c. nécessaire pour donner aux actions, après cette attribution, la somme nette de 9 millions de francs, soit 1.588.235 fr. 29 c.

Quand les actions reçoivent une nouvelle somme de 3 millions (5 francs par action), il est attribué aux employés 10 % sur la somme de 3.333.333 fr. 33 c. nécessaire pour donner aux actions, après cette attribution, la somme de 3.000.000 de francs, soit 333.333 fr. 33 c.

Enfin, sur la somme de 3.263.157 fr. 90 c., nécessaire pour produire, après l'attribution aux employés, une somme nette pour les actions de 3.100.000 francs (5 fr. 17 c. par action), il est attribué aux employés 5 % de cette dite somme de 3.263.157 fr. 90 c., soit 163.157 fr. 90 c. En sorte que, lorsque les actionnaires reçoivent, comme cela s'est produit pour les trois derniers exercices, à titre d'intérêt et de dividende, une somme de 58 fr. 50 c. par action, la part totale attribuée aux employés est de 2.084.726 fr. 52 c.

(Voir page 143 pour les autres ressources que la Compagnie a dû, — afin de continuer à faire face à ses dispositions de prévoyance, — ajouter à ces allocations.)

La Société du chemin de fer Louis de Hesse partage annuellement entre ses agents 1 °/₀ de ses bénéfices. — La Compagnie universelle du Canal maritime de Suez attribue au personnel 2 °/₀ de ses bénéfices.

A la Compagnie Générale Transatlantique, il y a quatre catégories de participants : 1° le personnel naviguant, qui reçoit 90 °/₀ des bénéfices résultant des économies qu'il a réalisées sur des chiffres moyens de dépenses établis d'après des données antérieures ; 2° le personnel travaillant en régie dans les ports, auquel il est attribué 95 °/₀ des bénéfices résultant de la bonne manipulation des marchandises ; 3° les chefs de service et le personnel sédentaire, qui obtiennent : 5 °/₀ des bénéfices généraux de l'entreprise ; 5 °/₀ des primes accordées au personnel naviguant ; 5 °/₀ des primes allouées au personnel travaillant dans les ports ; 4° le personnel commissionné des agences, dont la participation est réglée d'après des formules algébriques établies de manière à intéresser chaque employé proportionnellement à ses appointements, à l'augmentation des recettes et à la diminution des dépenses de l'agence à laquelle il appartient.

COMPAGNIES D'ASSURANCES. — Compagnie d'assurances générales, 87, rue de Richelieu, à Paris, 5 °/₀ ; — Union, 15, rue de la Banque, à Paris, 7 ¹/₂ °/₀ ; — Nationale, 13, rue de Grammont, à Paris, 2 ¹/₂ °/₀ ; — France, 14, rue de Grammont, à Paris, 4 °/₀ ; — Phénix, 33, rue Lafayette, à Paris, 5 °/₀ des bénéfices de la Branche-vie, 1 °/₀ des primes de la Branche-incendie ; — Urbaine, 8, rue Le Peletier, à Paris, 4 °/₀ ; — Aigle, 44, rue de Châteaudun, à Paris, 3 °/₀ ; — Soleil, 44, rue de Châteaudun, à Paris, 3 °/₀ ; — Providence, 12, rue de Grammont, à Paris, 5 °/₀ ; — Franco-Hongroise, à Budapest, 4 °/₀ ; — Lloyd belge, à Anvers, 5 °/₀ ; — Rhin et Moselle, à Strasbourg, 6 °/₀ d'une portion déterminée des bénéfices.

BANQUES. — Gaidan, à Nîmes, 10 %; — Compagnie Foncière de France, 366, rue Saint-Honoré, à Paris, 2 %; — Banque de Dépôts et de Comptes courants, 2, place de l'Opéra, à Paris, 5 %; — Banque Russe et Française, 4, rue Auber, à Paris, 5 %; — Banque Parisienne, 7, rue Chauchat, à Paris, 2 %.

Au Comptoir d'Escompte de Rouen, la participation a lieu sous deux formes : 1° 5 % des bénéfices sont attribués aux fondés de pouvoirs, aux chefs de service et à leurs collaborateurs principaux ; 2° le dixième d'une réserve statutaire formée par un prélèvement de 20 % sur les bénéfices de chaque exercice est partagé à des époques déterminées entre tous les employés ayant dix ans de services.

EXPLOITATIONS AGRICOLES. — L'un des plus anciens exemples de participation dans l'agriculture est celui organisé dès 1847, sur sa propriété de Tellow (Mecklembourg-Schwérin), par M. Jean-Henri de Thünen, sur les bases suivantes : toutes les fois que le bénéfice dépasse 18,000 marks (22.500 francs), somme sans doute nécessaire pour rémunérer convenablement le capital, il est attribué à chaque participant 1/2 % de l'excédent. — Sur le domaine de Dragsholm (île de Seeland, Danemark), le personnel reçoit 50 % des bénéfices. — M. Neumann, propriétaire à Posegnick (Prusse), alloue aux travailleurs 8 % des bénéfices. — Au domaine de Château-Montrose (Médoc), appartenant à M. Mathieu Dollfus, le quantum est de 5 %. — Chez MM. Bohm, propriétaire à Brunne (Prusse); Limburger, propriétaire à Pfalzhill (Prusse) ; Sewais, propriétaire à Altenhoff (Prusse), l'exploitation a lieu en compte à demi. — A la ferme coopérative d'Assington-Suffolk (Angleterre), le personnel reçoit l'ensemble des bénéfices, après déduction du montant des fermages. — A l'Association agricole de Radbourne-Manor et à celle d'Ufton-Hill, dans le comté de Warwick (Angleterre), la totalité des bénéfices revient également au travail, après déduction des intérêts du capital (1).

Un très bel exemple de participation existe sur le domaine de Monthorin (Ille-et-Vilaine), appartenant à M. le comte de Lariboisière.

---

(1) La plupart de ces exemples du domaine agricole sont donnés d'après l'ouvrage du docteur Böhmert. Nous ne pouvons pas affirmer que la participation est toujours en vigueur dans ces entreprises.

Là le propriétaire a su conjurer une crise agricole en dirigeant lui-même, à son compte, les fermes devenues improductives et en associant les fermiers aux bénéfices de l'entreprise. Grâce aux perfectionnements apportés dans la production du lait et à l'établissement, sur le domaine, de laiteries-beurreries à vapeur montées d'après les meilleurs procédés connus, des résultats remarquables ont pu être obtenus. Voici les bases adoptées pour le partage des produits :

I. — Le fermier n'a plus de prix de location à payer et tous les produits de la ferme lui sont laissés, sauf ceux de l'étable, pour lesquels on a pris les dispositions suivantes :

Tout le lait est porté à l'usine, où le fermier reçoit, par litre, 5 centimes et demi en hiver et 4 centimes et demi en été. On a constaté que le total annuel des recettes du fermier, pour le seul prix du lait, était au moins égal au montant du fermage antérieur.

Il est alloué, en outre : au fermier un tiers et à ses serviteurs un sixième de la valeur des animaux nés sur la terre de la ferme. Cette somme leur est acquise au moment où les animaux sont enlevés.

II. — Quand le montant net de la vente du beurre dépasse le total : 1° du prix du fermage antérieur ; 2° de la somme payée au fermier pour le lait ; 3° de l'intérêt et de l'amortissement de l'argent dépensé par le propriétaire pour aménager la ferme, il revient, sur le surplus, un quart au fermier et un quart aux serviteurs.

### Extraits de règlements.

Conformément aux décisions des Assemblées générales des actionnaires, il est versé, chaque année, à la caisse de prévoyance [1] une somme égale à un vingtième ou cinq pour cent des bénéfices nets répartis aux actionnaires, soit en dividendes, soit en accroissement du capital des actions (Compagnie d'assurances générales.)

*\*
\**

A partir du 1er janvier 1872, un intérêt de participation sur les bénéfices nets de l'année sera attribué, à titre gratuit, à tous les employés ou ouvriers des deux sexes qui auront été désignés comme participants à

---

(1) La participation est uniquement consacrée à former patrimoine.

ces bénéfices. Cet intérêt est fixé pour l'année 1872 à 10 % (1). *(Imprimerie Chaix.)*

(La rédaction de cet article est à peu près identique chez MM. Barbas, Tassart et Balas, Thuillier frères, et dans diverses autres entreprises.)

*\*\**

A partir du 1er mars 1885, MM. Mozet et Delalonde abandonnent volontairement un intérêt de participation sur les bénéfices nets de l'année, lequel sera attribué à tous les employés et ouvriers qui, à raison de leurs fonctions ou de leurs travaux, auront été désignés comme participants à ces bénéfices. Cet intérêt de participation est fixé, pour l'année 1885, à 10 % des bénéfices nets.

*\*\**

A partir du 1er avril 1882, le patron abandonne volontairement le quart de ses bénéfices de l'année en faveur des ouvriers et employés de sa maison admis à la caisse des retraites (2). *(Maison Moutier.)*

**2° Il est attribué au personnel un tant pour cent du montant des ventes, du produit brut ou du chiffre des affaires.**

MAME ET FILS, IMPRIMEURS-ÉDITEURS A TOURS, ET MASSON, LIBRAIRE-ÉDITEUR, BOULEVARD SAINT-GERMAIN, 120, A PARIS. — Le personnel reçoit trois francs par mille sur les ventes (3).

BRIÈRE ET FILS, IMPRIMEURS, A ROUEN. — 1 % des produits bruts est alloué aux participants.

AUBERT, IMPRIMEUR, A VERSAILLES. — Mme veuve Aubert abandonne aux ouvriers et employés 1 % du montant des affaires.

BRAUN ET BLOEM, FABRICANTS DE CAPSULES ET DE CARTOUCHES, A DUSSELDORF (PRUSSE). — Une participation est accordée dans le chiffre des ventes, d'après des bases variant avec la nature des objets fabriqués.

---

(1) Plus 5 % exclusivement consacrés à la retraite, suivant un autre article du règlement. L'article ne vise que l'année 1872; mais le même intérêt a été maintenu tacitement pour les années suivantes.

(2) Chez M. Moutier, la majeure partie du fonds de participation est versée à la caisse des retraites.

(3) M. Masson a expliqué comme suit à son personnel le motif qui l'a engagé à adopter ce système :

« J'ai pris pour base de la participation le chiffre des ventes plutôt que le montant des bénéfices, parce que celui-ci est soumis à des évaluations variables, dans notre industrie plus que dans aucune autre, tandis que le chiffre d'affaires est le thermomètre certain de la prospérité de la Maison.»

Roux et Cⁱᵉ, représentants a Paris de la Maison Tangye et Cⁱᵉ, constructeurs de machines, a Birmingham (Angleterre), 54, boulevard du Temple, a Paris. — Sur le chiffre net des ventes qui rapportent un profit minimum de 7 %, la Maison attribue au personnel une part de 1 %; sur les ventes dont le profit ne monte pas à 7 %, la somme allouée aux employés est d'un septième des bénéfices.

### Extraits de règlements.

Il est formé par les présentes, à partir du 1ᵉʳ juillet 1874, une caisse de participation et de prévoyance pour les employés de la librairie G. Masson. Cette caisse est régie par M. G. Masson, conformément aux dispositions ci-après :

La Caisse est fondée au moyen du versement que M. G. Masson fera annuellement, dans la quinzaine de la clôture de l'inventaire, d'une somme calculée sur le montant net des ventes effectuées par la Maison au cours de l'exercice expiré, à raison de 3 francs par mille, jusqu'à concurrence d'un million, et de 5 francs par mille pour toutes les sommes dépassant un million *(Librairie Masson).*

\*\*\*

Une part coopérative de 1 % prise sur tous les produits bruts est accordée chaque année au personnel du journal et de l'imprimerie *(Maison Brière et fils, imprimeurs du* Journal de Rouen*).*

**3º Le bénéfice ou une portion déterminée du bénéfice est partagé entre le capital et le travail proportionnellement à la somme des intérêts du capital et au total des salaires.**

Dequenne et Cⁱᵉ. Société du Familistère de Guise (ancienne maison Godin). Usines, fonderies, manufacture d'appareils de chauffage, de cuisine et d'ameublement, a Guise (Aisne). — On attribue 50 % des bénéfices au capital, représenté par le total des intérêts, et au travail, représenté par le total des traitements et des salaires de l'année. La répartition a lieu au marc le franc entre ces deux éléments. Les 50 % restants appartiennent : moitié au fonds de réserve, moitié aux « capacités » (administrateur-gérant, conseil de gérance, conseil de surveillance, etc.).

**4º Le bénéfice est partagé entre le capital et le travail proportionnellement au montant du capital et au total des salaires.**

Fonderie de caractères Deberny et Cⁱᵉ (chef actuel, M. Tuleu), rue d'Hauteville, nº 58, a Paris. — La part des bénéfices attribuée aux ateliers est proportionnelle à la valeur du travail représentée par la somme des salaires de l'année. La valeur de l'établissement, autrement dit le montant du capital, et la valeur du travail constituent, en effet, chaque année, un capital conventionnel dont le chiffre sert de base à la répartition des bénéfices.

MAISON ÉDOUARD LECLERC, FABRIQUE DE LITS ET MEUBLES EN FER, A SAINT-DIZIER (HAUTE-MARNE). — M. Leclerc nous explique ainsi son mode de procéder dans une note de son règlement : « Si, d'après les inventaires, le montant du capital d'exploitation s'est élevé, dans l'exercice, par exemple, à 240.000 francs, et celui des appointements et salaires à 80.000 francs, c'est-à-dire dans la proportion de 3 à 1, le taux de la participation du personnel aux bénéfices sera de *un quart* des bénéfices nets ».

CRÉDIT FONCIER DE PRUSSE, A BERLIN. — Un dividende est attribué aux appointements, considérés comme « capital-travail », dans les mêmes proportions qu'au « capital-actions », jusqu'à concurrence de 10 $^{0}/_{0}$ du montant desdits appointements.

### 5° La participation est subordonnée aux efforts particuliers des ouvriers dans la voie de la prévoyance.

IMPRIMERIE HOUGHTON, MIFFLIN ET Cie. (THE RIVERSIDE PRESS), A CAMBRIDGE ET A BOSTON (MASSACHUSETTS). — Une caisse d'épargne, qui fonctionne depuis 1872, reçoit les dépôts des employés et des ouvriers jusqu'à concurrence de 5.000 francs et leur sert un intérêt de 6 $^{0}/_{0}$. A partir de 500 francs, les dépôts participent aux bénéfices de l'imprimerie, sans cependant que les dividendes attribués en plus de l'intérêt de 6 $^{0}/_{0}$ puissent dépasser 4 $^{0}/_{0}$. Les dépôts produisent ainsi 10 $^{0}/_{0}$ au maximum. Ce maximum a été atteint quatorze fois en dix-sept ans.

FONDERIE D'ILSEDE. EXTRACTION ET FONTE DE MINERAIS DE FER, A GROSS-ILSEDE (PRUSSE). — La participation est également en proportion des épargnes des ouvriers. On procède ainsi : lorsque les bénéfices annuels fournissent aux actionnaires un dividende supérieur à 5 $^{0}/_{0}$, on alloue aux dépôts restés sans interruption à la caisse d'épargne pendant tout l'exercice un intérêt supplémentaire dont le montant, joint au taux ordinaire de 5 $^{0}/_{0}$, fournit un chiffre égal au dividende des actionnaires. Il est stipulé, toutefois, qu'on ne pourra attribuer aux déposants plus de 20 °/₀ (5 °/₀ d'intérêt ordinaire et 15 °/₀ d'intérêt extraordinaire), lors même que les actionnaires toucheraient un dividende plus élevé. Nous avons sous les yeux les chiffres des intérêts payés aux déposants depuis 1869 jusqu'en 1883 inclus : ils ont été trois fois de 6 °/₀, une fois de 8 °/₀, une fois de 9 °/₀, trois fois de 10 °/₀, une fois de 18 °/₀, six fois de 20 °/₀.

### La participation sans quantum déterminé.

Un assez grand nombre des maisons qui appliquent la participation aux bénéfices sans en faire connaître le taux ont néanmoins formulé d'une manière précise et généralement très complète les règles auxquelles est subordonné ce régime.

Dans ce cas se trouvent notamment : la fonderie Piat, 85, rue Saint-Maur, à Paris ; — les usines métallurgiques de Mazières, près Bourges (Cher) ; — l'établissement de MM. Caillard frères, constructeurs-mécaniciens au Havre ; — la grande maison du Bon Marché, rue du Bac, à Paris (où, en outre, plus de quatre cents chefs de service et employés sont copropriétaires du capital) ; — l'imprimerie Buttner-Thierry, 34, rue Laffitte, à Paris [1] ; — l'imprimerie Thomas frère, à Pontarlier (Doubs) ; — la maison Muller et Roger, fonderie de bronze et robinetterie, 108, avenue Philippe-Auguste, à Paris ; — la fabrique de cartonnage de M. Georges Adler, à Buchholz, (Saxe) ; — la fabrique d'encres de MM. Lefranc et Cⁱᵉ, 64, rue de Turenne, à Paris ; — la maison Schæffer et Cⁱᵉ, blanchiment, teinture, impression et apprêt, à Pfastatt (Alsace) ; — la fabrique d'indiennes, de M. Besselièvre, à Maromme (Seine-Inférieure) ; — la distillerie Pernod, à Pontarlier (Doubs) ; — la fabrique d'engrais chimiques de M. Sachs, à Aubervilliers (Seine); — les Compagnies d'assurances la Foncière, place Ventadour, à Paris, et l'Abeille, 57, rue Taitbout à Paris ; — la maison Roland-Gosselin, agent de change, 62, rue de Richelieu, à Paris ; — la banque Vernes et Cⁱᵉ, 29, rue Taitbout, à Paris.

---

(1) M. Buttner-Thierry attribue au personnel de sa maison, indépendamment d'une participation indéterminée dans les bénéfices, 1 °/₀ sur le produit net des ventes.

## Extraits de règlements.

Le taux de la participation aux bénéfices sera déterminé chaque année par M. Piat, après clôture des écritures de l'inventaire, qui se fait tous les ans, le 31 mars. *(Fonderie Piat.)*

\*\*\*

M. Besselièvre se réserve de fixer chaque année, après la clôture de son inventaire, au 31 mai, la somme à distribuer aux participants. *(Fabrique d'indiennes de Maromme.)*

\*\*\*

La caisse de prévoyance s'alimente au moyen d'une somme prélevée sur les bénéfices de la maison et dont le chiffre est fixé chaque année par MM. Boucicaut et fils (1), d'après les résultats de l'inventaire. *(Magasins du Bon Marché.)*

\*\*\*

Conformément à la décision de l'Assemblée générale des actionnaires, en date du 14 mai 1888, il est versé chaque année à la caisse de prévoyance une somme dont le Conseil fixe l'importance. *(Compagnie d'assurances la Foncière.)*

La maison Dollfus, Mieg et Cie, fabrique de fils à coudre, filature, tissage, blanchiment, teinture et apprêts, à Mulhouse, où le prélèvement annuel est fixe, mais non divulgué, et se traduit par d'admirables institutions dont jouissent des milliers d'ouvriers, n'a pas de règlement proprement dit. La grande teinturerie Renard, Villet et Bunand, à Lyon, qui accorde au personnel, sur ses bénéfices, un tant pour cent invariable, mais tenu secret, n'a pas non plus formulé dans un règlement sa manière de procéder. Il en est ainsi de divers autres établissements des plus importants. D'ailleurs, plusieurs des maisons qui ont adopté le quantum déterminé n'ont pas fait de leur participation l'objet d'un règlement. Celle de MM. Seydoux, Siéber et Cie, les Dollfus du Cateau, qui occupe plus de deux mille ouvriers, est dans ce cas. Dans ces maisons, les mesures intéressant le bien du personnel sont de tradition. Elles se transmettent de génération en génération, en même temps que les procédés de fabrication et d'administration, noble et précieux dépôt, le plus bel héritage, avec un nom honoré, qu'on puisse laisser à ses descendants.

_____

(1) Aujourd'hui Plassard, Morin, Fillot et Cie.

## II. — CONDITIONS D'ADMISSION. — STAGE

Dans beaucoup de cas, les avantages de la participation ne sont accordés qu'après un certain temps de présence. L'ouvrier ou l'employé admis au nombre des participants doit, en outre, avoir fait preuve des qualités d'un bon collaborateur. Le stage est surtout exigé par les chefs de maison qui occupent un personnel considérable. Les motifs de cette disposition nous paraissent avoir été indiqués d'une manière particulièrement frappante dans une note de M. Auguste Lalance, sur l'organisation, en 1874, de la participation aux bénéfices chez MM. Schaeffer, Lalance et C$^{ie}$ (aujourd'hui Schaeffer et C$^{ie}$), entreprise de blanchiment, teinture, impressions et apprêts, à Pfastatt (Alsace). « Les fondateurs, dit M. Lalance, ont en vue d'attribuer d'abord les meilleurs fruits de l'organisation aux forces anciennes et éprouvées de l'établissement. On ne saurait étendre les avantages de la participation à tout le personnel que dans les maisons où les ouvriers sont peu nombreux et les bénéfices considérables. Les établissements, par contre, qui occupent beaucoup de travailleurs, tels que les filatures, les tissages, les fabriques de machines, ne peuvent intéresser à leurs bénéfices qu'un nombre déterminé d'ouvriers choisis ; autrement, elles auraient à supporter des charges trop grandes ou ne pourraient allouer que des parts individuelles trop petites, conditions qui enlèveraient toute efficacité à l'institution. »

Ces considérations sont tout à fait logiques. Il est naturel, d'un autre côté, que le patron, en appliquant le système de la participation, ne se préoccupe pas uniquement de l'intérêt de son personnel, mais qu'il ait également en vue celui de sa maison. Or, le stage contribue à faire de l'institution un stimulant au bon travail, à la bonne conduite et à la stabilité.

STAGE DE CINQ ANS. — Le stage le plus long nous paraît être celui de cinq ans adopté par M. Piat, fondeur-mécanicien, 85, rue Saint-Maur, à Paris ; — M. Besselièvre, fabricant d'indiennes, à Maromme (Seine-Inférieure) ; — M. Boivin, fabricant de ganses pour passementeries, 83, rue Manin, à Paris.

Cependant, le Comptoir d'Escompte de Rouen exige dix ans

de présence pour les employés autres que les fondés de pouvoirs, les chefs de service et leurs collaborateurs principaux.

A l'imprimerie Gounouilhou, à Bordeaux, les avantages de la participation sont attribués, dans des proportions différentes, à deux catégories de participants ayant la première deux années et la deuxième sept années de présence (voir page 111).

Chez MM. Dequenne et C<sup>ie</sup>, ancienne Maison Godin, à Guise (Aisne), le personnel est divisé en associés, sociétaires et participants, qui sont au service de l'association : les premiers, depuis cinq ans au moins ; les seconds, depuis trois ans au moins ; les troisièmes, depuis un an au moins (voir pages 156, 157 et 158).

STAGE DE TROIS ANS. — Imprimerie Chaix, 20, rue Bergère, à Paris ; — Barbas, Tassart et Balas (ancienne Maison Goffinon), entrepreneurs de couverture et de plomberie, 85, boulevard de Strasbourg, à Paris ; — Thuillier frères, entrepreneurs de couverture et de plomberie, 20, rue de Paradis-Poissonnière, à Paris ; — Lecœur, entrepreneur de menuiserie, 23, rue Humboldt, à Paris ; — Moutier, entrepreneur de serrurerie, à Saint-Germain-en-Laye ; — Muller et Roger, fonderie de bronze et robinetterie, 108, avenue Philippe-Auguste, à Paris ; — Edouard Leclerc, fabricant de lits et meubles en fer, à Saint-Dizier (Haute-Marne) ; — Compagnie de Fives-Lille, constructions mécaniques et entreprises, à Fives, près Lille ; — Usines métallurgiques de Mazières, près Bourges (Cher) ; — Schaeffer et C<sup>ie</sup>, entreprise de blanchiment, teinture et apprêts, à Pfastatt (Alsace) ; — Société anonyme de tissus de laine des Vosges, au Thillot et à Trougemont ; — Roux et C<sup>ie</sup>, représentants à Paris de la maison Tangye et C<sup>ie</sup>, de Birmingham (toutefois, l'intéressé touche un tiers de part après un an de service et deux tiers de part après deux ans de service) ; — Morgenstern, fabricant de feuilles d'étain, à Forchheim (Bavière) [avec les mêmes avantages que chez MM. Roux et C<sup>ie</sup>, pour le personnel qui a un et deux ans de présence].

STAGE DE DEUX ANS. — Vernes et C<sup>ie</sup>, banquiers, 29, rue Taitbout, Paris ; — Caillard frères, constructeurs-mécaniciens, au Havre (sauf pour les employés supérieurs et les contremaîtres, qui participent après six mois de présence) ; — Mozet et Delalonde, entrepreneurs de maçonnerie, 65, rue d'Erlanger, à Paris ;

— Monduit fils, entrepreneur de couverture et de plomberie, 31, rue Poncelet, à Paris; — Mermod frères, fabricants d'horlogerie et de boîtes à musique, à Sainte-Croix (Suisse).

STAGE D'UN AN. — Mame et fils, imprimeurs-éditeurs, à Tours; — Masson, libraire-éditeur, 120, boulevard Saint-Germain, à Paris; — Pernod, fabricant d'absinthe, à Pontarlier; — Schaetti, fabricant d'allumettes, à Fehraltorf (Suisse); — Cassell et Cie, imprimeurs-éditeurs, Belle Sauvage Yard et Fleet Lane, à Londres; — Thomas frères, imprimeurs, à Pontarlier; — Société anonyme de bougies stéariques, à Gouda (Hollande); — Fabrique de produits chimiques de Thann (Alsace); — Adler, fabricant de cartonnages, à Buchholz (Saxe) (les ouvriers participent après un an et les ouvrières après trois ans de service); — maison Bréguet, fabrique d'instruments de précision et d'appareils électriques, 19, rue Didot, à Paris.

STAGE DE SIX MOIS. — Compagnie d'assurances l'Union, 15, rue de la Banque, à Paris; — Crédit Foncier de Prusse, à Berlin; — Fabrique d'engrais chimiques de M. Sachs, à Aubervilliers (Seine).

Dans quelques maisons, comme à l'imprimerie Godchaux et Cie, 10, rue de la Douane, à Paris, et à la Compagnie d'assurances générales, 87, rue de Richelieu, à Paris, les employés ou les ouvriers qui entrent au service de l'entreprise dans le courant de l'année ne participent pas aux bénéfices de l'exercice. Ils ne commencent à toucher leur intérêt que pour la première année passée entièrement dans l'établissement, du 1er janvier au 31 décembre.

### Extraits de règlements.

Sont admis au rang des participants tous les collaborateurs, hommes et femmes, qui sont âgés d'au moins vingt-cinq ans et qui auront travaillé depuis au moins cinq ans consécutifs dans les établissements actuellement exploités par M. Besselièvre.

\*\*\*

A partir du 1er avril 1881, une part sur les bénéfices nets de l'année sera attribuée, à titre gratuit, à tout employé ou ouvrier qui aura cinq années de présence effective et consécutive à la maison et qui fait partie de la Société de secours mutuels. (Piat.)

*<sub></sub>*

Pour être admis participants, les ouvriers, ouvrières et employés doivent avoir trois ans de présence consécutive dans la maison, avoir fait preuve de zèle et d'aptitude dans leurs fonctions et adresser à M. Chaix une demande, accompagnée d'un extrait de leur acte de naissance.

*<sub></sub>*

Pour être admis comme participant, il faut avoir au moins deux années entières de présence dans la maison, faire une demande écrite aux patrons, joindre à cette demande une copie de son casier judiciaire, et être agréé par MM. Mozet et Delalonde, après avis du Comité consultatif. Toutefois, MM. Mozet et Delalonde se réservent le droit d'admettre comme participant, sans l'accomplissement de ces formalités, tout ouvrier ou employé qui leur paraîtrait mériter cette faveur.

*<sub></sub>*

Quiconque fait partie au moins depuis un an du personnel de la Maison est titulaire d'un carnet de participation. *(Masson.)*

*<sub></sub>*

Font partie de la Caisse de participation et de retraite tous les employés, ouvriers, ouvrières et apprentis actuellement occupés dans la Maison Godchaux et C<sup>ie</sup> et tous ceux qui y entreront par la suite. Toutefois, les employés, ouvriers, ouvrières et apprentis qui entreront au service de la maison dans le courant d'une année ne participeront pas à la distribution des bénéfices provenant de cette même année.

*<sub></sub>*

Pour avoir droit à cette participation, il faut compter au moins six mois de service au 31 décembre. Pour les employés comptant, à ladite date du 31 décembre, de six mois à un an de service, la participation sera calculée d'après le nombre de leurs mois entiers de services. *(Compagnie d'assurances l'Union.)*

---

### III. — PREMIÈRES DOTATIONS

Plusieurs chefs de Maison, en adoptant le régime de la participation, ont, dès le début, doté l'institution d'un premier fonds. Leur but était de favoriser par cette libéralité l'élément ancien du personnel, c'est-à-dire ceux des ouvriers et des employés qui, en raison de leur âge, ne devaient profiter de la participation que pendant un petit nombre d'années. L'un des promoteurs les plus zélés du système, M. Chaix, a toujours chaudement recommandé ce mode de procéder, dont nous donnons ci-après quelques exemples.

COMPAGNIE D'ASSURANCES GÉNÉRALES, 87, RUE DE RICHELIEU, A
PARIS. — « La Caisse de prévoyance de la Compagnie d'Assurances générales a été fondée par une délibération de l'Assemblée
des actionnaires du 29 avril 1850.

» La première dotation de la Caisse des pensions, libéralement
votée par les actionnaires et se montant à 150.000 francs, fut
immédiatement entreposée et la Réserve de la Caisse de pensions
fut ouverte, commençant par cet article de 150.000 francs. Chaque
année, le montant de la participation aux bénéfices qui a été pro-
mise est entreposé à cette même Réserve. » (Exposition universelle de 1889. Groupe d'économie sociale, II⁰ section. — *Note sur
la Caisse de prévoyance de la Compagnie d'Assurances générales*,
brochure in-folio, pages 1 et 7).

ROLAND GOSSELIN, AGENT DE CHANGE, 62, RUE DE RICHELIEU, A
PARIS. — Lorsqu'il inaugura dans son office, en 1871, la Caisse
de prévoyance fondée en faveur de son personnel au moyen d'une
participation dans les bénéfices, M. Roland Gosselin fit immédiatement la distribution d'une somme de 61.800 francs, qui
rapporta à chaque intéressé une part égale au dixième du montant total du traitement touché par lui depuis son entrée dans
la maison. Par une pensée généreuse et touchante, le fondateur
a voulu que le bienfait de la participation s'étendît, en quelque
sorte, pour chaque employé, sur toute la durée des services déjà
fournis par lui à l'office.

IMPRIMERIE CHAIX. — Le 19 mai 1872, M. Chaix a distribué à
son personnel une somme de 52.000 francs, prélevée sur les bénéfices de plusieurs années et réservée à cet effet. Les fonds furent
répartis entre les intéressés proportionnellement à leur ancienneté.
Ils ont rapporté à chacun 50 francs par année de service, soit :

Pour 3 ans (minimum de présence exigée).   150 francs.
 —  10 ans . . . . . . . . . . . . . .   500  —
 —  20 ans . . . . . . . . . . . . . . 1.000  —

et pour les plus anciens ouvriers, présents alors dans la Maison
depuis 25 et 26 ans. . . . . . . . . 1.250 et 1.300 francs.
Le versement de ces sommes eut lieu, au nom de chaque titulaire,
à la Caisse des retraites, suivant les conditions qui régissent l'emploi du troisième tiers des parts annuelles (voir page 141).

M. Gounouilhou, imprimeur a Bordeaux, qui s'est inspiré de l'organisation de son confrère, avait prélevé sur les bénéfices de quelques années une somme de 22.000 francs, qui fut attribuée en 1882 (année de la fondation de la participation dans sa Maison) aux quarante-deux plus anciens rédacteurs, employés, ouvriers et ouvrières présents dans l'imprimerie depuis plus de douze ans, savoir :

1.200 francs à trois ayant plus de 30 ans de service,
   800 francs à sept ayant plus de 20 ans de service,
   400 francs à trente-deux ayant plus de 12 ans de service.

La part de chacun a également été versée, à son nom, à la Caisse des retraites pour la vieillesse.

Usines de Mazières, près Bourges. — L'administration des Usines de Mazières a inauguré la participation aux bénéfices (1883) en dotant d'une somme de 150.000 francs les ouvriers et les employés âgés. Elle a inséré dans le règlement, en faveur de ce personnel, les dispositions suivantes :

« Pour les ouvriers actuellement employés à l'usine et qui, au 1er janvier de la présente année, avaient moins de cinquante ans d'âge, il sera ouvert des comptes individuels à chacun desquels il sera inscrit une somme calculée comme si les dispositions du présent règlement avaient été appliquées à chaque titulaire à partir du jour de sa quatrième année de service.

» Les ouvriers ayant cinquante ans d'âge et au-dessus, au 1er janvier de la présente année 1883, recevront de la Société des Usines de Mazières, au fur et à mesure de leur mise à la retraite par décision du Conseil d'administration, pourvu qu'ils aient à cette époque au moins vingt ans de service non interrompus et soixante-cinq ans d'âge, une rente viagère qui sera de 350 francs s'ils ont alors trente ans de service ; — qui, s'ils ont alors plus de trente ans de service, sera de 350 francs augmentés d'autant de fois 5 francs qu'ils auront d'années en plus ; — qui, s'ils ont moins de trente ans et plus de vingt-cinq ans de service, sera de 350 francs diminués d'autant de fois 5 francs qu'ils auront d'années en moins, — et qui, s'ils ont de vingt à vingt-cinq ans de service, sera de 350 francs, diminués d'autant de fois 10 francs qu'ils auront d'années en moins de trente ans. »

BANQUE DU CRÉDIT FONCIER DE PRUSSE. — Cet établissement, qui a institué, en 1875, une Caisse d'épargne et de secours principalement alimentée au moyen d'une participation dans les bénéfices nets, a mis, dès le début, à la disposition de la fondation nouvelle une somme de 81.000 marks (101.250 francs), avec laquelle il a pu inscrire immédiatement, aux comptes individuels des participants, des sommes proportionnées au degré d'ancienneté des titulaires et au chiffre de leur traitement.

On a établi, à cet effet, une échelle de répartition que nous reproduisons ci-après :

| Époque de l'entrée en fonctions de l'employé. | Tant pour cent attribué aux traitements. |
|---|---|
| 1869. 1er semestre. . . . . . . . . . | 60 |
| — 2e — . . . . . . . . | 55 |
| 1870. 1er — . . . . . . . . | 50 |
| — 2e — . . . . . . . . | 45 |
| 1871. 1er — . . . . . . . . | 40 |
| — 2e — . . . . . . . . | 35 |
| 1872. 1er — . . . . . . . . | 30 |
| — 2e — . . . . . . . . | 25 |
| 1873. 1er — . . . . . . . . | 20 |
| — 2e — . . . . . . . . | 15 |
| 1874. 1er — . . . . . . . . | 10 |
| — 2e — . . . . . . . . | 5 |

MM. GODCHAUX ET Cie, IMPRIMEURS-ÉDITEURS, 10, RUE DE LA DOUANE, A PARIS. — Une somme de 10.000 francs a reçu les destinations suivantes :

5.000 francs furent distribués immédiatement entre les employés, ouvriers et ouvrières, au prorata des appointements et salaires ;

5.000 francs formèrent le premier fonds de la Caisse des retraites mentionnée plus loin (page 153).

SOCIÉTÉ ANONYME D'ASSURANCES FRANCO-HONGROISE, A BUDAPEST (HONGRIE). DIRECTION A PARIS, 24, RUE DE LA BANQUE. — Indépendamment de la participation individuelle dans les bénéfices, organisée en faveur de son personnel et payée en espèces chaque année, la Compagnie a créé pour les employés un fonds de secours et

de retraites, auquel elle a attribué, par voie de prélèvement extraordinaire sur les bénéfices de l'année 1884, une première dotation
de 20.000 florins (40.000 francs).

COMPAGNIE D'ASSURANCES LA PROVIDENCE, 12, RUE DE GRAMMONT,
A PARIS. — Une dotation de 20.000 francs a formé le premier élément d'un fonds commun dont nous exposons l'usage page 175.

SOCIÉTÉ ANONYME DE LA FABRIQUE DE BOUGIES STÉARIQUES DE GOUDA
(HOLLANDE). — La Caisse de prévoyance de cette maison, alimentée par 10 %, des bénéfices nets, a reçu, lors de sa fondation,
en 1883, une première dotation de 50.000 florins (100.000 francs).

MAISON LEFRANC ET Cie. FABRIQUE DE COULEURS, VERNIS, ENCRES D'IM-
PRIMERIE, 64 ET 66, RUE DE TURENNE, A PARIS. — Lors de la fondation de la participation, un capital d'épargne de 5.000 francs a été
réparti entre tous les employés, ouvriers et ouvrières, proportionnellement à l'ancienneté de chacun et à l'importance de son salaire
annuel.

CAILLARD FRÈRES, CONSTRUCTEURS-MÉCANICIENS, AU HAVRE. — Un
capital de fondation de 4.000 francs a été réparti entre les premiers
participants, de manière à apporter au compte de prévoyance de
chacun une somme correspondant à 2 %, des salaires qu'il avait
gagnés depuis son entrée dans la Maison.

# CHAPITRE II

---

## MODES DE RÉPARTITION

Dans le partage des bénéfices entre les intéressés, le salaire sert de mesure principale et le plus souvent la répartition a lieu sur la seule base des salaires, considérée comme une indication normale du concours apporté à la production. On prend aussi en considération : l'ancienneté, l'importance des fonctions, les mérites particuliers, la production individuelle, etc.

Dans certains cas, la répartition a lieu sans règle fixe, d'après l'appréciation du patron.

---

La répartition entre les intéressés du produit de la participation aux bénéfices a lieu d'après les principaux procédés suivants :

1° Au prorata des salaires;

2° Proportionnellement aux salaires et à l'ancienneté;

3° Proportionnellement aux salaires et à l'importance des fonctions;

4° Proportionnellement à l'ancienneté et à l'importance des fonctions;

5° Proportionnellement aux salaires, à l'ancienneté et à l'importance des fonctions;

6° Proportionnellement aux salaires, à l'ancienneté et au mérite (zèle, assiduité, etc.);

7° Suivant la production individuelle;

8° Suivant le chiffre des versements faits par les participants dans une caisse d'épargne ou de dépôts.

9° Sans règle fixe, d'après l'appréciation du patron.

### 1° RÉPARTITION AU PRORATA DES SALAIRES

C'est le mode le plus fréquemment employé. Le patron qui l'applique estime que la somme des salaires gagnés dans l'année est une indication normale du concours apporté par l'ouvrier à la production de l'usine. Toutefois, un assez grand nombre de chefs de maison qui procèdent ainsi ne font pas entrer en compte les salaires pour travaux extraordinaires, les primes et les gratifications, ceux-ci constituant déjà une rémunération spéciale d'un surcroît de zèle et de bon travail. Dans quelques maisons aussi on a fixé un chiffre *maximum* et un chiffre *minimum* des salaires et appointements pour les bases servant à déterminer les quotes-parts (1).

*Exemple d'une répartition au prorata des salaires :* Soit à partager 12.000 francs entre 60 participants dont les salaires de l'année se sont élevés à 145.000 francs.

L'ouvrier qui aura gagné 2.100 francs recevra :

$$\frac{12.000 \times 2.100}{145.000} = 173 \text{ fr. } 79 \text{ c.}$$

Cette répartition est en usage notamment dans les maisons suivantes :

Barbas, Tassart et Balas (ancienne maison Goffinon), entreprise de couverture et de plomberie, 85, boulevard de Strasbourg, à Paris; — Besselièvre, fabricant d'indiennes, à Maromme (Seine-Inférieure);

Bon Marché, magasin de nouveautés, rue de Sèvres, à Paris; — Braun et Blœm, fabricants de capsules et de cartouches, à Dusseldorf (Prusse); — Boël, industriel (aciéries, tréfileries, laminoirs, etc.), à La Louvière (Belgique); — Brière et fils, imprimeurs, à Rouen; — Bushill, imprimeur, à Coventry (Angleterre), et diverses autres maisons anglaises où la participation fonctionne d'après des bases analogües à celles adoptées par M. Bushill; — Buttner-Thierry, imprimeur, à Paris.

Caillard frères, constructeurs-mécaniciens, au Havre; — Chaix, imprimeur-éditeur, 20, rue Bergère, à Paris; — Compagnie d'as-

---

(1) C'est notamment le cas chez MM. Chaix, Gounouilhou, Lefranc et Cie.

surances générales, 87, rue de Richelieu, à Paris; — Compagnies d'assurances l'Abeille, 57, rue Taitbout, à Paris, — la Foncière, place Ventadour, à Paris, — la Franco-Hongroise, à Budapest, — le Lloyd belge, à Anvers, — la Nationale, 13, rue de Grammont, à Paris, — Rhin et Moselle, à Strasbourg, — l'Urbaine, 8, rue Le Peletier, à Paris; — Compagnie de Fives-Lille, pour constructions mécaniques et entreprises, à Fives (Nord) et à Givors (Rhône).

D'Oyly and Cᵒ, limited, entreprise de peinture en bâtiments, à Londres.

Fabrique de bougies de Gouda (Hollande);

Godchaux, imprimeur-éditeur, 10, rue de la Douane, à Paris (pour la moitié de l'allocation annuelle, l'autre moitié alimentant une Caisse de retraites comme il est dit page 153).

Lecœur, entreprise de menuiserie, 23, rue Humboldt, à Paris.

Mame et fils, imprimeurs-éditeurs, à Tours; — Masson, libraire-éditeur, 120, boulevard Saint-Germain, à Paris; — Monduit, entrepreneur de couverture et de plomberie, 31, rue Poncelet, à Paris; — Moutier, entrepreneur de serrurerie, à Saint-Germain-en-Laye; — Mozet et Delalonde, entrepreneurs de maçonnerie, 65, rue d'Erlanger, à Paris.

N.-O. Nelson, manufacturing Company, fabrique d'appareils, tuyaux et objets divers en cuivre, à Saint-Louis du Missouri (États-Unis d'Amérique).

Pernod fils (Veil-Picard et Cⁱᵉ, successeurs), distillerie d'absinthe, à Pontarlier (Doubs); — Piat, ateliers de construction et fonderie de fer, 85, rue Saint-Maur, à Paris.

Renard, Villet et Bunand, teinturerie de soie en couleur, à Lyon; — Redouly et Cⁱᵉ (maison Leclaire), entreprise de peinture en bâtiments, 11, rue Saint-Georges, à Paris (pour les 50 °/₀ attribués individuellement au personnel); — Roland-Gosselin, agent de change, 62, rue de Richelieu, à Paris.

Schaeffer et Cⁱᵉ, blanchiment, teinture, impression et apprêts, à Pfastatt (Alsace); — Schaetti et Cⁱᵉ, fabricants d'allumettes et de cirage, à Fehraltorf (Suisse) (pour deux tiers de l'allocation, le troisième tiers constituant un fonds de secours et de vieillesse); — Société des matières colorantes et produits chimiques de Saint-Denis, 105, rue Lafayette, à Paris.

Thomson et fils, fabricant de draps, à Huddersfield (Angleterre); — Thuillier frères, entrepreneurs de couverture et de plomberie, 20, rue Paradis, à Paris.

Usines de Kaiserslautern, fonderie, installations d'appareils de chauffage, constructions, à Kaiserslautern (Bavière); — Usines métallurgiques de Mazières, près Bourges (Cher).

Imprimerie Van Marken, à Delft (Hollande); — Vernes et C<sup>ie</sup>, banquiers, 29, rue Taitbout, à Paris.

### Extraits de Règlements.

Les sommes versées à la Caisse de prévoyance, en vertu de l'article 3, sont distribuées entre les comptes individuels *au prorata* des traitements respectifs reçus par chaque employé pendant l'année se terminant au 31 décembre qui a précédé la répartition. *(Compagnie d'assurances générales.)*

(Rédaction analogue adoptée par le *Lloyd Belge*, la Compagnie d'assurances *Rhin et Moselle*, celle de l'*Urbaine*, M. Roland-Gosselin.)

\* \* \*

La répartition de l'intérêt de participation sera faite entre les participants *au prorata* des sommes qu'ils auront touchées dans l'année, soit comme appointements, soit comme salaires...

Pour déterminer la part de chacun dans l'intérêt de participation, il ne sera pas tenu compte des gratifications ni des autres allocations variables. *(Imprimerie Chaix.)*

(Rédaction analogue chez MM. Barbas, Tassart et Balas, Thuillier frères, Monduit, Mozet et Delalonde, etc.).

\* \* \*

La répartition est faite proportionnellement aux appointements. *(Moutier.)*

\* \* \*

La répartition se fera proportionnellement au chiffre total des appointements reçus par chaque employé durant l'année commerciale, en calculant la quote-part *minimum* sur un chiffre d'appointements de 3.000 francs, même pour les employés ayant gagné moins, et la quote-part *maximum* sur un chiffre de 4.500 francs, même pour les employés ayant gagné plus.

Toutefois, les employés qui se seront absentés pendant plus d'un mois, pour quelque cause que ce soit, ne seront compris dans la répartition que proportionnellement à leur temps de présence, en prenant pour base le chiffre *minimum* de 3.000 francs dans le cas où le chiffre de leurs appointements serait moindre. *(Bon Marché.)*

\* \* \*

Le montant de la part revenant à chaque participant sera obtenu en multipliant le chiffre des appointements ou des salaires par le taux ci-dessus designé (taux par 100 francs de salaire). Pour les ouvriers, le salaire annuel sera le produit du prix de l'heure multiplié par 10 heures et par 300 jours de travail, soit que l'ouvrier travaille aux pièces ou à la journée.

Exemple : en admettant le taux fixé à 8 fr. 50 % du salaire pour un ouvrier gagnant 0 fr. 60 c. de l'heure, on trouverait :

0 fr. 60 c. $\times$ 10 $\times$ 300 = 1.800 francs $\times$ 8,50 % = 153 francs.

(Piat.)

### 2° RÉPARTITION PROPORTIONNELLE AUX SALAIRES ET A L'ANCIENNETÉ

Nous trouvons ici d'assez nombreuses variétés, dont nous indiquerons les principales. En général, l'élément « ancienneté » est pris en sérieuse considération par les chefs de maison. Souvent, avant d'être admis à la participation, les ouvriers doivent avoir fait un stage plus ou moins long, comme il est dit pages 96 à 99. On a vu aussi que, dans la répartition des sommes consacrées à la première dotation des institutions de participation, l'ancienneté entre pour une proportion importante (pages 99 à 103).

COMPAGNIES D'ASSURANCES « LE SOLEIL ET L'AIGLE », 44, RUE DE CHATEAUDUN, A PARIS. — 75 % du prélèvement annuel sont répartis comme suit :

50 % au prorata des traitements ;
25 % —    —    du nombre d'années de service.

Le dernier quart, formant réserve, sert à reconnaître les services exceptionnels et à venir en aide aux employés nécessiteux.

COMPAGNIE D'ASSURANCES « LA FRANCE », 14, RUE DE GRAMMONT, A PARIS. — Le prélèvement est également divisé en trois parties :

35 % sont répartis au prorata des traitements ;
35 % —    —    suivant le nombre d'années de service ;
30 % alimentent un fonds de réserve dont la destination est analogue à celle mentionnée ci-dessus.

COMPAGNIE D'ASSURANCES « LE PHÉNIX », 33, RUE LAFAYETTE, A PARIS. — Le mode de répartition se confond intimement avec le mode d'emploi. (Voir page 142.)

COMPTOIR D'ESCOMPTE DE ROUEN. — Les employés inférieurs participent aux bénéfices après dix années de service et leurs parts individuelles sont proportionnées au nombre d'années de présence et au chiffre des appointements. (Les employés supérieurs ont un intérêt spécial, dont le montant est réparti entre eux suivant l'importance des fonctions.)

LEFRANC ET Cie, FABRICANTS DE COULEURS, VERNIS ET ENCRES D'IMPRIMERIE, 64 ET 66, RUE DE TURENNE, A PARIS. — Cette Maison a d'abord institué la participation en faveur du personnel de son usine d'Issy (1881); elle l'a étendue ensuite aux employés, ouvriers et ouvrières de sa maison de commerce de Paris (1890). Pour l'une et l'autre catégories de participants, le prélèvement annuel est divisé en deux parts égales, qui sont distribuées, la première proportionnellement à l'ancienneté, la deuxième au prorata des salaires. Les intéressés ne participent que pour un traitement maximum de 3.000 francs et un maximum de vingt années de service.

MERMOD FRÈRES, FABRICANTS D'HORLOGERIE ET DE BOITES A MUSIQUE, A SAINTE-CROIX (SUISSE). — La répartition a lieu au prorata des salaires et du nombre d'années de présence. De plus, la part de chacun est majorée d'une première augmentation après cinq ans de service et d'une deuxième augmentation après dix ans. Le règlement ne dit pas de quelle importance sont ces augmentations.

Le même mode est appliqué chez MM. Thomas frères, imprimeurs, à Pontarlier; mais là il est spécifié que la bonification sera de 5 °/₀ après cinq ans, et de 10 °/₀ après dix ans.

FABRIQUE DE PRODUITS CHIMIQUES DE THANN (ALSACE). ANCIENNE MAISON CHARLES KESTNER. — La répartition est proportionnelle aux salaires de l'année et s'accroît en raison de l'ancienneté dans les proportions suivantes :

Pour 1 à 5 ans de service, la part est de 3°/₀ du montant des salaires;

| | | | |
|---|---|---|---|
| 6 à 10 | — | 4 °/₀ | — |
| 11 à 15 | — | 5 °/₀ | — |
| 16 à 40 | — | 10 °/₀ | — |

Si le chiffre des bénéfices attribués au personnel dépasse la somme que donnent ces bases ou reste inférieur à cette somme, les parts individuelles sont augmentées ou diminuées proportionnellement à l'échelle ci-dessus.

GOUNOUILHOU, IMPRIMEUR, A BORDEAUX. — Deux tiers du prélèvement annuel sont attribués aux rédacteurs [1], employés, ouvriers et ouvrières qui ont deux années de présence dans l'établissement.

Le troisième tiers revient à ceux des collaborateurs de M. Gounouilhou qui travaillent dans la maison depuis sept années consécutives.

La répartition de la première et de la deuxième parts a lieu au prorata des appointements et des salaires. Toutefois, la valeur des appointements et des salaires est limitée à un minimum de 1.000 francs et à un maximum de 5.000 francs.

MONTORIER, IMPRIMEUR, PASSAGE DES PETITES-ÉCURIES, 16, A PARIS. — La participation n'existe plus chez M. Montorier. Néanmoins, nous avons cru devoir citer cet exemple, parce que le règlement, soigneusement élaboré avec le concours de notre confrère M. E.-O. Lami, présente de fort intéressantes particularités. M. Montorier avait intéressé à ses bénéfices vingt de ses plus anciens ouvriers, en se réservant de porter ce nombre à vingt-cinq. Après un prélèvement de 10 % pour une réserve dont il est parlé plus loin (pages 172 et 174), la somme attribuée à ces participants était distribuée entre eux, moitié au prorata des salaires, moitié proportionnellement à l'ancienneté. Toutefois, le nombre des années à compter ne pouvait dépasser dix.

*Exemple :* Le montant du prélèvement est de 4.000 francs, dont il y a lieu de déduire 10 % pour la réserve. Reste à répartir 3.600 francs, soit :

> 1.800 francs pour l'ancienneté ;
> 1.800 francs pour les salaires.

14 participants ont au moins 10 ans de présence, soit en tout   140 ans.

| 4 | — | — | 7 | — | — | 28 |
| 2 | — | — | 6 | — | — | 12 |

TOTAL . . . . . .   180 ans.

La part par an sera de $\frac{1.800}{180} = 10$ francs.

---

(1) L'imprimerie Gounouilhou publie les journaux *la Gironde* et *la Petite Gironde.*

Le montant des salaires gagnés dans l'année par les 20 participants est de 54.000 francs; par suite, la part par franc de salaire sera de $\frac{1.800}{54.000} = 0$ fr. 0333.

Ainsi X... a 10 ans de présence et le total de ses salaires de l'année est de 2.600 francs. Il recevra :

1° Pour l'ancienneté, 10 francs $\times$ 10 = Fr. 100 »

2° Pour le salaire, 0 fr. 0333 $\times$ 2.600 =     86 58

Total . . . . Fr. 186 58

Roux et Cie, représentants a Paris (boulevard du Temple, 34) de la Maison Tangye et Cie, fabricants de machines a Birmingham. — L'ensemble des prélèvements faits en faveur du personnel, divisé par le total des appointements payés pendant l'exercice, donne le chiffre de la participation accordée pour un franc de salaire. L'employé a droit :

1° Au quantum entier, après trois ans de présence ;

2° Aux deux tiers du quantum, après deux ans de présence ;

3° Au tiers du quantum, si la durée de ses services n'est que d'un an.

Maison Dognin. Fabrique de tulles et de dentelles, 1, rue Puits-Gaillot, a Lyon. — Les ouvriers sont divisés en sept catégories, suivant l'ancienneté. Le salaire annuel de chacun (salaire fixe ou total de travaux à façon) est multiplié par le chiffre de la catégorie et les produits ainsi obtenus servent de base à la répartition. Ainsi, l'ouvrier qui a trente ans et plus de service reçoit, pour un salaire égal, sept fois la part de celui qui travaille depuis un an seulement.

Laroche-Joubert et Cie. Papeterie coopérative d'Angoulême. — La part du travail est attribuée :

25 °/₀ aux salaires ;

35 °/₀ aux services commerciaux (vente et expéditions) ;

40 °/₀ aux exploitations et entreprises (fabrication et façonnage).

1. Les 25 °/₀ des salaires sont répartis entre tous les coopérateurs au prorata des sommes qu'ils ont gagnées pendant l'exercice. Cette part est indépendante de celle que chacun peut obtenir soit dans les services commerciaux, soit dans les exploitations et entreprises.

II. Les 35 % des services commerciaux reviennent :

10 % aux salaires (répartition au marc le franc);

12 % aux employés des expéditions et des magasins d'Angoulême et de Paris, les chefs de division exceptés (répartition au marc le franc des appointements) ;

15 % aux employés des bureaux d'Angoulême et de Paris, les chefs de division exceptés (répartition au marc le franc des appointements) ;

23 % à la direction du dépôt de Paris, à celle des magasins d'Angoulême et aux chefs de division des bureaux d'Angoulême (répartition par le gérant en chef en Conseil de gérance);

40 % aux voyageurs, placiers de Paris et agents de vente assimilés (répartition par le gérant en chef en Conseil de gérance).

III. Les exploitations et entreprises comprennent :

1° Les exploitations qui fabriquent le papier ;

2° Les exploitations qui façonnent le papier.

Ces dernières se subdivisent en :

Entreprises des enveloppes, deuil et cartonnages ;

Entreprises des registres et des cigarettes ;

Entreprises des glaçages, façonnages et réglures ;

Entreprises des emballages.

Au 30 septembre, chacun de ces services fait un inventaire de sa situation active et passive. Le résultat de cet inventaire détermine la part qui lui revient dans les 40 % attribués aux exploitations et entreprises.

Sur la part des exploitations qui fabriquent le papier :

40 % appartiennent aux salaires (répartition au marc le franc);

35 % — à la direction (répartition par le gérant en chef, en Conseil de gérance) ;

25 % — aux chefs ouvriers (répartition au marc le franc des salaires).

Sur la part de l'entreprise des enveloppes, deuil et cartonnages, et sur celle de l'entreprise des registres et cigarettes :

40 % appartiennent aux salaires (répartition au marc le franc);

35 % — à la direction (répartition par le gérant en chef en Conseil de gérance) ;

25 % — aux chefs ouvriers (répartition au marc le le franc des salaires).

Sur la part de l'entreprise des glaçages, façonnage et réglures :

50 % appartiennent aux salaires (répartition au marc le franc);

30 % — à la direction (répartition par le gérant en chef en Conseil de gérance) ;

20 % — aux chefs-ouvriers (répartition au marc le franc des salaires).

Sur la part de l'entreprise des emballages :

50 % appartiennent aux salaires (répartition au marc le franc);

50 % — au chef emballeur et aux principaux ouvriers (répartition par le gérant en chef en Conseil de gérance.

Voici dans quelles conditions on tient compte de l'ancienneté :

Les coopérateurs prennent à la répartition des bénéfices attribués aux salaires une part d'autant plus grande qu'ils sont depuis plus longtemps dans la maison. Ainsi :

Pour moins de 5 ans de service et au moins 15 ans d'âge le salaire est compté 1 fois.

| Pour | 5 | — | 25 | — | 1 fois $1/_4$. |
|------|----|---|-----|---|----------------|
| — | 10 | — | 30 | — | 1 fois $1/_2$. |
| — | 15 | — | 35 | — | 1 fois $3/_4$. |
| — | 20 | — | 40 | — | 2 fois. |

Lorsqu'un coopérateur atteint l'âge de cinquante ans, la proportion de sa part dans les bénéfices réservés aux salaires cesse de s'élever. Par conséquent, le maximum des avantages concédés aux salaires ne peut être atteint que par les travailleurs entrés au service de la maison avant l'âge de trente ans.

Les majorations d'ancienneté ne sont ajoutées aux salaires que dans la répartition des bénéfices attribués aux salaires. Dans les autres répartitions, le salaire intervient pour son chiffre réel.

DEBERNY ET Cⁱᵉ, FONDERIE DE CARACTÈRES, 58, RUE D'HAUTEVILLE, A PARIS. — La caisse de l'atelier qui reçoit, indépendamment de la part de bénéfice attribuée au travail, le montant d'une retenue de 2 % opérée sur les salaires, est, suivant l'expression du règlement, « la propriété commune et viagère des travailleurs ». Chaque année, il est fait une nouvelle détermination des quotes-parts individuelles, proportionnellement au temps de présence et au salaire gagné depuis l'entrée dans l'atelier.

Pour bien faire comprendre le mode de fixation des quotes-parts, nous reproduisons les chiffres qui ont servi à les déterminer au 31 décembre 1890.

L'actif de la caisse était de. . . . . . . . . . .Fr.   151.869  »
dont il a fallu déduire un fonds de réserve pour les
pensions et les secours à servir en 1891 . . . . . .   30.000  »

La somme servant de base à la répartition s'élevait
donc à . . . . . . . . . . . . . . . . . . Fr.  121.869  »

La moitié, soit 60.934 fr. 50 c., était à répartir proportionnellement entre les journées de tous les membres depuis l'entrée dans
la maison, la journée des femmes comptant pour les trois cinquièmes de la journée des hommes.

Or, les journées des hommes formaient un ensemble de.  249.335
celles des femmes atteignaient le nombre de 197.369,
qui, réduit aux trois cinquièmes, se trouvait ramené à.  118.422

                TOTAL . . . . . . . 367.757

Le quantum de la journée était donc de :

$$\text{Fr.} \frac{60.934\ 50}{367.757} = 0 \text{ fr. } 165 \text{ pour les hommes,}$$

$$\text{Et de } \frac{0 \text{ fr. } 165 \times 3}{5} = 0 \text{ fr. } 099 \text{ pour les femmes.}$$

La deuxième moitié de la somme de 121.869 francs, soit également 60,934 fr. 50 c., était à répartir entre les salaires de tous
les membres.

Or, les salaires s'élevaient à 2.641.192 francs.

Par suite, le quantum des salaires ressortait à :

$$\text{Fr.} \frac{60.934\ 50}{2.641.192\ \ \text{»}} = 0 \text{ fr. } 023 \text{ pour les hommes et pour les femmes.}$$

Exemple : X... travaille depuis dix ans dans la maison. Le nombre
de ses journées est de 2.925 et ses salaires s'élèvent à 23.500 francs.
Sa quote-part sera :

1º Pour l'ancienneté, de . . . .   2.925 × 0,165 =     482 65
2º Pour les salaires, de . . . . 23.500 × 0,023 =     540 50

                TOTAL. . . . Fr.  1.023 15

On verra au chapitre suivant, pages 146 à 148, sous quelles
formes ingénieuses la Caisse de l'atelier vient assister l'ouvrier aux
différentes époques de sa vie.

COMPAGNIE UNIVERSELLE DU CANAL MARITIME DE SUEZ, 9, RUE CHARRAS, A PARIS. — Le mode de répartition se confond intimement avec le mode d'emploi des fonds exposé page 149.

DEQUENNE ET Cⁱᵉ. SOCIÉTÉ DU FAMILISTÈRE DE GUISE, ANCIENNE MAISON GODIN. USINES, FONDERIES ET MANUFACTURES D'APPAREILS DE CHAUFFAGE, DE CUISINE ET D'AMEUBLEMENT, A GUISE (AISNE). — Le mode de répartition se confond intimement avec le mode d'emploi des fonds exposé pages 156 à 158.

MAISON BRÉGUET. FABRIQUE D'INSTRUMENTS DE PRÉCISION ET D'APPAREILS ÉLECTRIQUES, 19, RUE DIDOT, A PARIS.

| Après | 1 | an de présence, la part est proportionnelle aux salaires. . . . . . | » |
|---|---|---|---|
| — | 2 | — — aux salaires augmentés de. | 2 % |
| — | 3 | — — — | 4 % |
| — | 4 | — — — | 6 % |
| — | 5 | — — — | 8 % |
| — | 6 | — — — | 10 % |
| — | 7 | — — — | 14 % |
| — | 8 | — — — | 18 % |
| — | 9 | — — — | 22 % |
| — | 10 | — — — | 26 % |
| — | 11 | — — — | 30 % |
| — | 12 | — — — | 35 % |
| — | 13 | — — — | 40 % |
| — | 14 | — — — | 45 % |
| — | 15 | — — — | 50 % |

Au delà de la seizième année, la majoration ne progresse plus.

Ainsi l'ouvrier qui a quinze ans de service et dont le salaire de l'exercice s'est élevé par exemple à 3.600 francs, interviendra dans la répartition pour un salaire de 3.600+1.800=5.400 francs.

FÉLIX GÉNEVOIS ET FILS, FABRICANTS DE SAVONS ET DE PARFUMERIE, A NAPLES (ITALIE). — Dans la maison Génevois, le prélèvement fait sur les profits en faveur du personnel est réparti au prorata du capital de chacun augmenté de ses salaires de l'année. Or, le capital dont il s'agit est uniquement formé par les fonds de la participation, ceux-ci devant rester dans l'entreprise jusqu'à ce qu'ils aient atteint la somme de 2.000 francs par compte individuel. (On verra au chapitre suivant, page 160, quelle destination ils peuvent recevoir ensuite.) C'est donc en quelque sorte une répartition proportionnelle au salaire et à l'ancienneté, le capital se développant avec le nombre des années de service.

| | |
|---|---|
| Exemple : X... gagne annuellement . . . . . .Fr. | 1.500 » |

La première année, il prend part aux bénéfices sur la base de ces 1.500 francs et la répartition lui rapporte,

| | |
|---|---|
| par exemple . . . . . . . . . . . . . . . . . . . | 100 » |
| La deuxième année, il participe pour . . . . . Fr. | 1.600 » |

et ainsi de suite.

### Extraits de règlements.

Les sommes à provenir de ce prélèvement seront réparties, savoir :

1° Moitié au prorata du traitement annuel de chaque employé participant, au 31 décembre précédant chaque répartition ;

2° Un quart au prorata du nombre d'années de service qu'aura atteint chaque employé participant, au 31 décembre précédant chaque répartition. Ce nombre sera calculé à partir du 1er janvier qui aura suivi son entrée dans l'administration ;

3° Le dernier quart formera une masse générale laissée à l'entière disposition du Conseil d'administration de la Compagnie *le Soleil*, qui en réglera l'emploi comme il est dit à l'article 9. *(Compagnie d'assurances l'Aigle.)*

Les sommes versées à la Caisse de prévoyance, en vertu de l'article 4, sont divisées en deux parts égales et distribuées entre les comptes individuels le 1er janvier de chaque année : la première au prorata du nombre d'années de service de chaque employé, ouvrier ou ouvrière, et la seconde au prorata du traitement respectif de chacun d'eux pendant l'année précédente.

Sont considérées comme traitement les sommes gagnées par les employés, ouvriers ou ouvrières, soit qu'ils travaillent au mois, à la journée ou aux pièces...

Une liste des employés supérieurs qui ne sont pas compris au nombre des participants sera dressée par MM. Lefranc et Cie.

Les participants ne sont admis aux bénéfices de l'institution que pour un traitement maximum de 3.000 francs et un maximum de vingt années de service.

Ne sont pas comprises dans les traitements, les indemnités ou gratifications, à quelque titre qu'elles soient perçues *(Lefranc et Cie).*

La répartition des bénéfices sera faite à la fin de l'exercice, au prorata des années de présence et des salaires.

Les participants, qui ont tous au moins cinq années de service, conformément à l'article premier, participent, en ce qui touche l'ancienneté, d'après le nombre de leurs années de service, mais sans pouvoir, dès le point de départ, dépasser un maximum de dix ans.

Pour l'ancienneté, on additionne toutes les années de service pouvant donner droit à la participation, et, en divisant par ce total la moitié des bénéfices à répartir à l'ancienneté, on a le chiffre attribué à chaque annuité, et celle-ci est multipliée par les années de service du participant (sans dépasser actuellement dix ans).

Une opération analogue a lieu pour la répartition de la moitié affectée aux salaires *(Montorier)*.

\* \*

L'intérêt de participation est divisé en deux parts : l'une comprenant les deux tiers de cet intérêt, et l'autre le troisième tiers.

Tous les rédacteurs, employés, ouvriers et ouvrières ayant au 1er janvier de l'année courante deux ans de présence dans la maison et ayant fait preuve de zèle et d'aptitude dans leurs fonctions forment une *première catégorie* de participants aux bénéfices.

Une *deuxième catégorie* de participants est formée par les rédacteurs, employés, ouvriers et ouvrières ayant sept ans de présence dans la maison...

La *première part* de l'intérêt de participation, c'est-à-dire les deux tiers de cet intérêt, est répartie entre tous les participants de la *première catégorie*.

La *deuxième part* de l'intérêt de participation, c'est-à-dire le troisième tiers, est exclusivement réservée aux participants de la *deuxième catégorie*, à titre de récompense de l'ancienneté...

La répartition de l'intérêt de participation, pour la première comme pour la deuxième part, sera faite entre les participants au prorata de leurs appointements ou salaires.

Pour éviter des différences trop fortes dans cette répartition, la valeur des appointements ou salaires est limitée à un minimum de 1.000 francs et à un maximum de 5.000 francs. *(Gounouilhou)*.

### 3° RÉPARTITION PROPORTIONNELLE AUX SALAIRES ET A L'IMPORTANCE DES FONCTIONS

Dans certains cas, on a jugé qu'il était judicieux, en prenant pour base de la répartition le montant des salaires et des traitements, de majorer ces éléments en ce qui concerne des agents supérieurs dont les capacités et le travail exercent une action particulièrement importante sur la prospérité de l'entreprise.

Voici des exemples de ce mode de procéder :

Compagnie d'assurances l'Union, 15, rue de la Banque, a Paris. — La répartition des bénéfices entre les ayants droit a lieu proportionnellement aux traitements fixes; mais les chefs et les sous-chefs de bureau participent les premiers pour deux fois et les seconds pour une fois et demie leurs appointements.

COMPAGNIE D'ASSURANCES LA PROVIDENCE, 12, RUE DE GRAMMONT, A PARIS. — Le partage se fait sur des bases analogues à celles adoptées par la Compagnie l'*Union*. Seulement, pour le calcul des parts, les traitements des chefs de bureau sont majorés de 150 $^0/_0$; ceux des chefs-adjoints, des sous-chefs et des inspecteurs de 50 $^0/_0$.

CHEMIN DE FER LOUIS DE HESSE, A MAYENCE. — 42 $^0/_0$ du prélèvement reviennent aux fonctionnaires supérieurs, qui reçoivent des parts plus ou moins fortes suivant leur rang.

55 $^0/_0$ sont distribués aux autres agents au prorata des traitements et des salaires. Toutefois, les émoluments des chefs de division de l'administration générale entrent dans le compte de la répartition avec une augmentation de 100 $^0/_0$; ceux du secrétaire, du caissier principal, du chef comptable, du vérificateur général des comptes, des chefs de contrôle, des ingénieurs de sections et des autres agents de même importance sont majorés de 50 $^0/_0$.

Le reste est alloué aux agents subalternes sous forme de gratifications [1].

VAN MARKEN. FABRIQUE NÉERLANDAISE D'ALCOOL ET DE LEVURE. A DELFT (HOLLANDE). — Les participants sont divisés en cinq classes, suivant la valeur de leurs services et l'importance de leurs fonctions. Les parts individuelles sont calculées au marc le franc des sommes gagnées dans l'année en prenant pour bases :

Deux fois les salaires pour les agents de 1$^{re}$ classe.
Une fois et demi —          —      2$^e$   —
Une fois       —          —      3$^e$   —
Les trois quarts des salaires —    4$^c$   —
La moitié      —          —      5$^e$   —

### Extraits de règlements.

La répartition s'opère entre les chefs de service, les sous-chefs, les employés, les garçons de recettes et les garçons de bureau, ainsi que

---

[1] Ce régime était en vigueur en 1886, date de la dernière communication reçue par nous de la Direction du chemin de fer Louis de Hesse.

pour les inspecteurs et les inspecteurs-adjoints, au prorata de leurs appointements fixés ou des nombres destinés, en ce qui concerne les chefs de service et les sous-chefs, à servir de base à ce calcul. Cette répartition est calculée de la manière suivante, savoir :

1° Pour les chefs de bureau, titulaires ou adjoints, proportionnellement au double du traitement ;

2° Pour les sous-chefs, proportionnellement au traitement majoré de 50 % ;

3° Pour les autres employés, ainsi que pour les inspecteurs et les inspecteurs-adjoints, proportionnellement au traitement. *(Compagnie d'assurances l'Union.)*

## 4° RÉPARTITION PROPORTIONNELLE A L'ANCIENNETÉ ET A L'IMPORTANCE DES FONCTIONS

Cassell et Cie, imprimeurs-éditeurs, Yard et Fleet Lane, a Londres, E. C. — Les participants sont divisés en trois classes, comprenant :

La première classe, les contremaitres et les protes ;

La deuxième classe, les metteurs en pages, les sous-protes et les premiers employés ;

La troisième classe, les ouvriers, les employés subalternes, les ouvrières et les apprentis.

La somme allouée chaque année est divisée en un certain nombre de parts qui sont ainsi répartics :

|  | 1re classe. | 2e classe. | 3e classe. |
|---|---|---|---|
| Après cinq ans de service, | 2 parts ; | 1 part $1/2$ ; | 1 part. |
| — dix — | 3 — | 2 — $1/4$ ; | 1 — $1/2$ |
| — quinze — | 4 — | 3 — | 2 — |
| — vingt — | 5 — | 3 — $3/4$ ; | 2 — $1/2$. |

Les employés dont les émoluments dépassent 400 livres sterlings (10.000 francs) restent en dehors de cette répartition ; ceux qui gagnent 300 à 400 livres reçoivent demi-part.

Seydoux, Sieber et Cie. Peignage, filature et tissage de laine, au Cateau, a Bousies et a Maurois (Nord). — Le prélèvement est également divisé en parts dont la distribution a lieu entre les intéressés en tenant compte de l'ancienneté et de l'importance des fonctions.

STEINFELS, FABRICANT DE SAVON, A ZURICH (SUISSE). — Les parts individuelles sont proportionnées à l'ancienneté et à la valeur des services.

GAGET, PÉRIGNON ET Cⁱᵉ, ENTREPRENEURS DE PLOMBERIE ET DE CUI-VRERIE D'ART, 25, RUE DE CHAZELLES, A PARIS. — Dans cette Maison, le partage a lieu sur la seule base de l'importance des fonctions. Néanmoins l'élément « ancienneté » intervient dans une certaine mesure, l'accès aux classes supérieures exigeant généralement une certaine durée de service. Le prélèvement est divisé en parts, représentant chacune 1 °/₀ des bénéfices. Il est attribué :

Aux agents de 1ʳᵉ classe, une part entière, c'est-à-dire 1 °/₀ des bénéfices;

Aux agents de 2ᵉ classe, une demi-part, soit ¹/₂ °/₀ des bénéfices;

Aux agents de 3ᵉ classe, un quart de part, soit ¹/₄ °/₀ des bénéfices.

## 5° RÉPARTITION PROPORTIONNELLE AUX SALAIRES, A L'ANCIENNETÉ ET A L'IMPORTANCE DES FONCTIONS

LECLERC, FABRICANT DE LITS ET MEUBLES EN FER, A SAINT-DIZIER (HAUTE-MARNE). — Le tableau suivant indique dans quelles proportions on tient compte de l'importance des fonctions et de l'ancienneté :

|  | Nombre de participants. | Parts attribuées. | Total des parts. |
|---|---|---|---|
| Gérant . . . . . . . . . . . . . . . . . | 1 | 6 | 6 |
| Sous-directeur. . . . . . . . . . . . . | 1 | 4 | 4 |
| Comptable principal . . . . . . . . . . | 1 | 2 ¹/₂ | 2 ¹/₂ |
| Voyageur. . . . . . . . . . . . . . . . | 1 | 2 ¹/₂ | 2 ¹/₂ |
| Employés de bureau . . . . . . . . . . | 1 | 2 | 2 |
| Contremaîtres . . . . . . . . . . . . . | 1 | 2 | 2 |
| Ouvriers ayant plus de 20 ans de services. | 5 | 2 | 10 |
| — 15 — | 8 | 1 ¹/₂ | 12 |
| — 10 — | 12 | 1 ¹/₄ | 15 |
| — 3 — | 14 | 1 | 14 |
| TOTAUX. . . . . . | 45 |  | 70 |

Soit 45 participants pour 70 parts.

Supposons une somme de 7.000 francs à répartir : la part vaudra 100 francs.

Pour chacune des catégories d'ouvriers, on fait le total des parts et on en répartit le montant au prorata des salaires.

Par exemple, la première catégorie comprend 5 ouvriers dont les salaires de l'exercice se sont élevés à 6.660 francs et qui ont 1.000 francs à recevoir :

X., dont le salaire a été de 1,500 francs, touchera :

$$\frac{1.000 \times 1.500}{6.660} = 225 \text{ fr. } 20 \text{ c.}$$

### 6° RÉPARTITION PROPORTIONNELLE AUX SALAIRES, A L'ANCIENNETÉ ET AU MÉRITE (ZÈLE, ASSIDUITÉ, ETC.)

Certains chefs de maison, au moyen de coefficients, ont fait entrer dans les éléments de répartition les qualités morales de l'assiduité, du zèle, de la fidélité et même de la tempérance [1], comme l'indiquent les exemples suivants :

LOMBART, FABRICANT DE CHOCOLAT, 75, AVENUE DE CHOISY, A PARIS. — La valeur de chaque participant est spécifiée par trois notes émanant : la première du patron, la deuxième du contremaître, la troisième du chef d'atelier. Les trois notes, exprimées en points, sont totalisées, puis divisées par trois, fournissant ainsi une moyenne de *mérite*. En multipliant cette moyenne par le nombre des années de présence, c'est-à-dire par l'élément de l'*ancienneté*, on obtient une somme de points qui indique pour quelle proportion de ses *salaires* de l'année l'intéressé prend part aux bénéfices.

Ainsi : l'ouvrier qui a 60 points est représenté dans les bases de la répartition par un nombre égal à 60 % de ses salaires; celui qui a 120 points participe d'après un nombre égal à 120 % de ses salaires.

PAPETERIE DE SCHLOEGLMÜHL (AUTRICHE). — Les parts sont déterminées au moyen de trois facteurs : 1° la durée des services; 2° le montant des salaires; 3° l'influence plus ou moins grande exercée sur la production par le zèle et le bon travail.

---

[1] La tempérance est notamment prise en considération à la Société anonyme des tissus de laine des Vosges, qui a dû, dans ses montagnes, lutter contre l'abus des boissons.

Société anonyme des tissus de laine des Vosges, au Thillot et a Trougemont. — Ici, ce n'est pas précisément le salaire qui entre en ligne de compte. La répartition est faite d'après un classement annuel basé sur la production, les années de service et l'assiduité.

Le maximum des points est de 100, attribués : 40 à la production ; 36 à l'ancienneté ; 24 à l'assiduité. Le classement établi, on fait participer tous les ouvriers qui ont plus de 50 points.

*Exemple* : Soit à répartir une somme de 30.000 francs entre 250 participants dont le total des points est de 17.500, X..., qui a 95 points, recevra : $\dfrac{30.000 \times 95}{17.500} = 162$ fr. 85 [1].

### 7° RÉPARTITION D'APRÈS LA PRODUCTION INDIVIDUELLE

Le chiffre de la production individuelle, quand il peut être établi d'après des bases précises, forme un élément de répartition d'une incontestable valeur ; ce mode est appliqué avec succès dans un atelier de femmes comme nous l'exposons ci-après :

Nayrolles. Atelier de broderies, 5, rue des Immeubles-Indus- triels, a Paris. — Chaque ouvrière remet, le samedi, en recevant son salaire, des notes chiffrées représentant, suivant des bases con-

---

[1] Chez M. Van Marken (fabrique néerlandaise d'alcool et de levure, à Delft, Hollande), le dévouement, l'habileté et les services rendus sont récompensés par des primes et des sursalaires, accordés sur frais généraux, en dehors de la par- ticipation aux bénéfices et dont l'importance est également réglée d'après des notes de mérite.

Ainsi, le salaire ordinaire, qui correspond aux besoins normaux d'une famille ouvrière, s'accroît dans les proportions suivantes :

1° De 2 à 20 %, en raison des notes par lesquelles la direction apprécie le dévouement de l'ouvrier ;

2° De 2 à 20 %, suivant les notes que vaut à l'ouvrier son habileté technique ;

3° De 5 à 10 %, pour les services spéciaux qui peuvent concourir à la pros- périté de la Maison.

La direction garde le secret sur les bases de ces notes.

« M. Van Marken a constaté, en janvier 1891, que le zèle, le bon vouloir, l'émulation ont augmenté dans sa maison depuis que chaque ouvrier, au lieu d'être en quelque sorte perdu et ignoré dans la masse du personnel, se sent observé, jugé, apprécié, par la direction au moyen d'un très ingénieux système de notes et de coefficients trimestriels. » (Charles Robert. *Rapport sur la Section II du Groupe de l'Économie sociale à l'Exposition universelle de 1889*, page 116).

venues, tout le travail qu'elle a exécuté pendant la semaine. Elle peut présenter des observations ou des réclamations sur les pertes de temps, indépendantes de sa volonté, ou sur d'autres causes de retard, et si les considérations qu'elle fait valoir sont fondées, il lui est donné satisfaction par une majoration de ses notes. La répartition a lieu au prorata de ces notes de production.

Dans chaque atelier, une première ouvrière est chargée d'examiner l'ouvrage exécuté par ses compagnes et d'indiquer, au besoin, les corrections et les oublis. On lui tient compte des instants consacrés à ces occupations en majorant ses notes de 10 %.

Quant à l'ouvrière directrice, qui reçoit les commandes et distribue le travail, elle touche, sur les bénéfices, le maximum attribué aux premières ouvrières.

### 8° RÉPARTITION D'APRÈS LE CHIFFRE DES VERSEMENTS FAITS PAR LES PARTICIPANTS DANS UNE CAISSE D'ÉPARGNE OU DE DÉPOTS

Par ce procédé on a pour but de stimuler chez le personnel le goût de l'épargne, et, dans certains cas, d'amener les ouvriers à posséder une fraction du capital social.

FONDERIE D'ILSEDE. EXTRACTION ET FONTE DU MINERAI DE FER, A GROSS ILSEDE, LANDDROSTEI HILDESHEIM (PRUSSE). — Les parts de bénéfice sont proportionnées aux épargnes des ouvriers, versées dans une Caisse spéciale. (Voir page 93.)

HOUGHTON, MIFFLIN ET Cie, IMPRIMEURS-ÉDITEURS A CAMBRIDGE (MASSACHUSETTS), AVEC SIÈGE SOCIAL A BOSTON. — La participation aux bénéfices est également combinée avec l'épargne. (Voir page 93.)

LAROCHE-JOUBERT ET Cie, PAPETERIE COOPÉRATIVE D'ANGOULÊME. — La maison reçoit les dépôts des ouvriers jusqu'à concurrence de 5.000 francs pour chaque déposant. Elle alloue à ces placements un intérêt de 5 % lorsqu'ils ne dépassent pas 500 francs et de 3 à 5 %, suivant les termes de remboursement stipulés, quand leur total dépasse 500 francs.

Il est alloué, en outre, à ces dépôts un dividende sur les 20 % des bénéfices généraux qui reviennent au capital. (Voir page 84.) En effet, le capital des déposants prend part à la répartition de ces 20 % au demi-marc le franc, autrement dit, lorsque le *capital social* reçoit un franc pour cent de dividende, le *capital des déposants* obtient 0 fr. 50 c. pour cent.

Cette participation aux bénéfices n'assujettit en aucun cas les déposants à prendre part aux pertes. Mais il est formellement interdit d'emprunter des fonds à des tiers pour les verser en dépôt à la Société, sans l'autorisation du Conseil de gérance.

Lorsque le capital ainsi épargné atteint la somme de mille francs, le déposant peut être admis à devenir *participant au capital* au même titre que les commanditaires. Il prend part, dès lors, au marc le franc à la répartition des 20 % des bénéfices généraux attribués au capital; mais il partage aussi les chances bonnes ou mauvaises de l'affaire. Le total de la somme en participation au capital et de celle en dépôt ne peut pas dépasser 30.000 francs par déposant.

NAYROLLES, ATELIERS DE BRODERIES ARTISTIQUES POUR AMEUBLEMENTS, 3, RUE DES IMMEUBLES-INDUSTRIELS, A PARIS. (Voir au chapitre III, page 164.)

### 9° RÉPARTITION SANS RÈGLE FIXE, SUIVANT L'APPRÉCIATION DU PATRON

Ce mode est employé notamment par MM. Gillet et fils, teinturiers en soie, à Lyon.; M. Boivin, fabricant de ganses pour passementerie, à Paris; Abadie, fabricant de papiers à cigarettes, au Theil (Orne) et à Paris, 243, rue Saint-Martin.

Au Comptoir d'Escompte de Rouen, la distribution de la part de bénéfices allouée aux fondés de pouvoirs, aux chefs de service et à leurs collaborateurs dans la direction a lieu dans des proportions déterminées chaque année par le Conseil d'administration, en tenant compte des services, de l'importance des emplois et de la nature du travail.

Comme on l'a vu plus haut, les parts revenant aux chefs de service de la papeterie coopérative d'Angoulême, en dehors de la participation spéciale des salaires, sont fixées par le Gérant en chef en Conseil de gérance (pages 113 et 114).

# CHAPITRE III

---

## AFFECTATIONS DIVERSES DES PRODUITS
## DE LA PARTICIPATION

I. La participation individuelle. — Les fonds de la participation sont : payés comptant ; réservés, en totalité ou en partie, pour l'avenir ; convertis en parts du capital de l'entreprise.

A. *Paiement comptant.* — Ce mode, qui écarte du patron le souci de la gestion des fonds, peut, dans certains cas, par la perspective de la jouissance immédiate, stimuler plus activement au travail et à l'économie de production ; mais il a le grave inconvénient de faire perdre pour l'épargne la majeure partie des ressources de l'institution. — Indication des maisons qui le pratiquent.

B. *Conservation des fonds pour l'avenir.* — 1° Système de Courcy : les parts sont capitalisées sur comptes individuels et forment patrimoine. Avantages économiques et moraux de ce procédé. Indication des principales maisons qui l'ont adopté. — 2° Système mixte Chaix, Besselièvre : paiement en espèces d'une fraction des parts, dans le but de faire apprécier l'institution par des résultats immédiats, le surplus étant capitalisé sur comptes individuels. Exemples d'application. — 3° Constitution de pensions viagères : détails sur le mécanisme et les services de la caisse de l'atelier de la fonderie Deberny. — 4° Système mixte : les retraites et le paiement en espèces à la Compagnie du canal de Suez, dans les maisons Leclaire, Godchaux, Van Marken, etc.

C. *Transformation en parts du capital.* — 1° Système Godin : la transformation des parts de bénéfice en parts du capital est obligatoire. — 2° Système Laroche-Joubert : cette transformation est facultative. — Considérations générales et exemples.

II. La participation collective. — Le produit de la participation alimente un fonds collectif de secours de prévoyance et de retraite (maisons Dollfus-Mieg, Steinheil, Rossi, etc.).

---

Deux destinations principales sont données aux fonds provenant de la participation :

1° Ils sont, sous diverses formes, distribués individuellement aux intéressés : c'est la *participation individuelle ;*

2° On les verse dans une caisse commune pour alimenter des institutions de secours, de prévoyance et de retraites : c'est la *participation collective.*

### I. — PARTICIPATION INDIVIDUELLE

La participation individuelle se présente sous trois formes essentielles :

A. Les parts de bénéfice sont tout entières payées comptant et en espèces, à la fin de chaque exercice ;

B. Les parts de bénéfice, réservées en tout ou en partie par le patron, sont : 1° capitalisées sur livrets ou comptes individuels ; 2° consacrées à la constitution de pensions viagères.

C. Les parts de bénéfice sont affectées à l'acquisition *obligatoire* ou *facultative* de parts individuelles de la propriété de l'entreprise.

### A. — Les parts de bénéfice sont tout entières payées comptant et en espèces, à la fin de chaque exercice.

Ce mode dispense les patrons de la gestion du fonds de l'institution. Les chefs de maison qui paient comptant les parts de bénéfice sont, en général, guidés par deux sortes de considérations : ou bien ils font surtout de la participation aux bénéfices « un stimulant au travail et à l'économie de production », comme c'est souvent le cas en Angleterre et aux États-Unis [1] ; ou bien, sans avoir spécialement ce mobile, ils sont d'avis, comme un certain nombre de patrons français, qu'il faut laisser à l'intéressé le soin de se préoccuper lui-même de son avenir ; ils pensent qu'après avoir stimulé le zèle de l'ouvrier par la promesse d'une part de bénéfices, il importe de lui remettre cette part en espèces, de donner à cette remise un caractère irrévocable et définitif et de ne pas la lui faire attendre plus ou moins longtemps [2]. Leurs raisonnements reposent sur des principes très respectables de liberté et de dignité. Dans divers cas, d'ailleurs, la répartition en espèces a produit de bons résultats. A la Papeterie coopérative d'Angoulême ; chez M. Nelson, fabricant d'appareils en cuivre, à Saint-Louis du Missouri (États-Unis), les

---

(1) Voir : Frédéric Dubois. *Exposé de quelques résultats statistiques de la participation aux bénéfices dans l'industrie*, présenté au Congrès des Sociétés savantes en 1890 (*Bulletin de la participation*, t. XII, p. 209, Paris. Imp. Chaix).
(2) Voir : *Congrès de la Participation aux bénéfices de 1889*. Rapport sur la VIIe question et discussion (Paris. Imp. Chaix).

participants ont transformé une notable portion de leurs parts en dépôts donnant droit aux dividendes; dans l'atelier de broderies de M. Nayrolles, à Paris, les sommes distribuées, en améliorant la situation matérielle des ouvrières, situation précaire pour plusieurs, ont, en même temps, exercé sur celles-ci la meilleure influence morale. D'autres exemples ne manquent pas, sans doute, d'une fructueuse destination donnée aux sommes payées comptant, notamment à la maison Leclaire ([1]) et dans les établissements où, comme chez M. Laroche-Joubert et chez M. Nayrolles, règne un esprit patronal élevé et respecté, prévoyant autant que généreux. Cependant, on ne saurait se dissimuler que le plus souvent ce mode de procéder n'améliore que le présent. Les fonds de la participation, absorbés par les besoins de la vie au jour le jour, sont, en grande partie, perdus pour l'épargne.

La remise en espèces des parts individuelles est en usage dans les maisons suivantes ([2]) :

Abadie, fabricant de papier à cigarettes, au Theil (Orne), siège social, 243, rue Saint-Martin, à Paris.

Braun et Bloem, fabricants de capsules et de cartouches, à Dusseldorf (Prusse) ; — Bréguet, fabrique d'instruments de précision et d'appareils électriques, 19, rue Didot, à Paris ; — Boël, industriel (aciéries, tréfileries, laminoirs, etc.), à la Louvière (Belgique) ; — Brière et fils, imprimeurs, à Rouen.

Chemin de fer Louis de Hesse, à Mayence ; — Compagnie d'assurances Franco-Hongroise, à Budapest et 24, rue de la Banque, à Paris ; — Compagnie d'assurances « la Nationale », 13, rue de Grammont, à Paris (indépendamment des comptes individuels sur frais généraux, voir page 192) ; — Compagnie générale Transatlantique, rue Auber, 6, à Paris ; — Comptoir d'escompte de Rouen.

Dognin, fabricant de tulles et de dentelles, 1, rue Puits-Gaillot, à Lyon. (Cette maison réunit chaque année les participants à l'hôtel de la Caisse d'épargne. Là, le montant des parts individuelles

---

(1) Voir *Bulletin de la participation*, tome II, p. 92.

(2) Nous ne citons dans ces exposés qu'un certain nombre de maisons, celles dont nous avons plus particulièrement étudié les institutions. Le lecteur trouvera, d'ailleurs, à la fin du volume, une liste complète des établissements, avec des détails sommaires sur les modes adoptés pour l'affectation des fonds.

est, au choix des intéressés, payé en espèces ou inscrit sur un livret d'épargne.)

Fabrique de produits chimiques de Thann (les parts conservées dans la caisse de la maison, où elles portent intérêt à 5 %, peuvent être retirées au bout de trois ans).

Gaget, Pérignon et Cie, entreprise de plomberie et de cuivrerie d'art, 25, rue de Chazelles, à Paris ; — Gillet et fils, teinturiers de soie et fabricants de produits chimiques, 9, quai de Serin, à Lyon.

Laroche-Joubert et Cie, papeterie coopérative d'Angoulême.

Nayrolles, ateliers de broderies, 5, rue des Immeubles-Industriels, à Paris.

Papeterie de Schlœghmühl (Autriche).

Redouly et Cie, ancienne maison Leclaire (pour la moitié des produits de la participation, c'est-à-dire pour une somme de 200.000 francs environ par an).

Renard, Villet et Bunand, teinturerie de soie en couleur, cité Lafayette, à Lyon.

Seydoux, Sieber et Cie, peignage, filature et tissage de laine, au Cateau (Nord). [Indépendamment de la participation collective qui alimente des institutions de secours et de prévoyance].

Van Marken, fabrique néerlandaise d'alcool et de levure, à Delft (Hollande). [Jusqu'en 1886, les parts de bénéfice attribuées au personnel de cette maison étaient consacrées, en premier lieu, à payer des primes d'assurances de rentes différées pour retraites (voir page 153). Aujourd'hui, ces primes sont supportées par les frais généraux et les parts de bénéfice sont payées comptant, sauf celles des célibataires, dont la moitié est portée à un compte individuel d'épargne.]

La distribution en espèces est surtout usitée en Angleterre où, d'après l'état actuel de nos recherches, elle a lieu dans 49 maisons sur 85 et aux États-Unis, où elle se pratique dans 27 entreprises sur 35 (voir, pour les noms de ces établissements, le tableau reproduit à la fin du volume). En France, on ne paie comptant l'intégralité du produit de la participation que dans 29 maisons sur 107.

B. — Les parts de bénéfice, réservées en tout ou en partie par le patron, sont : 1° capitalisées sur livrets ou comptes individuels; 2° consacrées à la constitution de pensions viagères.

### 1ᵉ Réserve de la part tout entière pour capitalisation sur livret individuel.

C'est le système préconisé par M. Alfred de Courcy. La somme revenant au participant, à la fin de l'exercice, est inscrite à son compte individuel ; elle se grossit chaque année des intérêts et d'une part nouvelle. Le titulaire suit la progression de l'épargne au moyen d'un livret qu'il possède entre ses mains.

Ce procédé a pour but de procurer une ressource au travailleur arrivé à l'âge de la retraite et de former en même temps, dans la majeure partie des cas, un patrimoine pour sa famille.

Quand l'intéressé a rempli les conditions d'âge ou de services exigées pour l'entrée en jouissance du produit capitalisé de sa participation, il peut opter pour l'acquisition de valeurs nominatives de tout repos, avec titres inaliénables, ou pour la constitution d'une rente viagère, à capital réservé ou à capital aliéné (¹). Dans un certain nombre de maisons, cependant, on laisse au participant qui a droit à la liquidation de son compte la libre disposition des fonds. Nous donnons plus loin des détails sur ces variétés d'application.

M. de Courcy a fait valoir les avantages du livret individuel dans des écrits très appréciés (²). Il conseillait avec chaleur la substitution du patrimoine à la rente viagère, dans l'administration publique comme dans l'industrie privée. Des expérimentations multiples et heureuses ont démontré la valeur de ses principes, qui ont, en effet, un caractère élevé d'utilité et de moralité. La pension ou le droit à la pension s'éteint avec la vie; la rente

---

(1) Le participant n'opte, en général, pour une pension viagère à capital aliéné que quand il n'a pas d'héritiers directs. M. de Courcy l'a constaté chez les employés de la Compagnie d'assurances générales, M. Chaix chez ses imprimeurs, M. Piat chez ses mécaniciens et ses fondeurs, M. Goffinon chez ses couvreurs et ses plombiers, etc.

(2) Voir notamment : *l'Institution des Caisses de prévoyance des fonctionnaires, employés et ouvriers.* Un volume in-18, de 543 pages (Paris, 1876; librairie Warnier, rue Laffitte).

produite par le patrimoine est perpétuelle. Le titulaire devient-il prématurément impropre au travail, il entre aussitôt en jouissance de son compte de prévoyance. La mort vient-elle briser sa carrière active ou le frappe-t-elle pendant sa retraite, il a la douce consolation de transmettre aux siens le capital épargné.

Ces considérations, cependant, n'ont rien d'absolu. Nous exposons plus loin, p. 146 à 154, d'ingénieuses combinaisons basées sur la pension viagère. D'un autre côté, il peut se présenter des cas où les parts individuelles, même capitalisées pendant une longue suite d'années, n'arriveraient pas à un chiffre assez élevé pour fournir au travailleur une ressource suffisante, alors que la pension viagère formée avec les mêmes fonds serait réellement d'un secours efficace.

Le système de M. de Courcy a été appliqué avec beaucoup de succès dans la Compagnie d'assurances générales, rue de Richelieu, 87, à Paris (1). En 1889, cette Compagnie a exposé dans la section II du groupe de l'Economie sociale trois livrets individuels :

1° Celui d'un chef de service ayant 9.000 francs de traitement et dont le carnet s'élevait à 74.743 fr. 04 c.;

2° Celui d'un employé aux appointements de 4.000 fr., dont le livret présentait un total de 37.271 fr. 50 c.;

3° Celui d'un garçon de bureau gagnant 2.500 et possédant à son livret 17.472 fr. 41 c.

L'employé a droit à la liquidation de son compte après vingt-cinq ans de service ou à soixante-cinq ans d'âge. Il peut choisir entre une pension viagère avec ou sans réversibilité, des rentes françaises sur l'Etat ou des obligations-des chemins de fer français dont les titres demeurent déposés dans la Caisse de la Compagnie jusqu'au décès du titulaire, pour être remis à ses ayants droit. Ce n'est que dans des circonstances exceptionnelles que le montant du livret est remis en argent comptant.

Des dispositions à peu près identiques, mais différant quelque peu, en ce qui concerne l'âge et la durée des services exigés pour avoir droit à la liquidation du compte, ont été adoptées dans les entreprises suivantes :

---

(1) M. de Courcy était administrateur de la Compagnie d'assurances générales.

Compagnies d'assurances : *l'Aigle, le Soleil*, 44, rue de Châteaudun, à Paris ; — *la Foncière*, place Ventadour, à Paris ; — *la France*, 14, rue de Grammont, à Paris ; — *le Lloyd belge*, à Anvers ; — *Rhin et Moselle*, à Strasbourg ; — *la Providence*, 12, rue de Grammont, à Paris ; — *l'Urbaine*, 8, rue Le Peletier, à Paris ;

Lefranc et Gⁱᵉ, fabricants de couleurs, vernis et encres d'imprimerie, 60, rue de Turenne, à Paris ; — Lombart, fabricant de chocolat, 75, avenue de Choisy, à Paris ;

Roland-Gosselin, agent de change, rue de Richelieu, 62, à Paris ;

Usines métallurgiques de Mazières, près Bourges ;

Vernes et Cⁱᵉ, banquiers, 29, rue Taitbout, à Paris.

Voici d'autres exemples où les mêmes principes ne sont pas appliqués de la même manière :

COMPAGNIE D'ASSURANCES L'UNION, 15, RUE DE LA BANQUE, A PARIS. — Le mode du paiement en espèces que la Compagnie avait adopté à l'origine est maintenu aux employés et inspecteurs nommés avant le 1ᵉʳ juillet 1886. Ceux-ci peuvent obtenir, en outre, une pension de retraite sur un fonds spécial que la Compagnie alimente depuis 1854.

Quant aux employés nommés à partir du 30 juin 1886, ils ne reçoivent rien en espèces. On a préféré constituer en leur faveur un patrimoine au moyen de livrets individuels, d'après le système de la Compagnie d'assurances générales, mais désormais sans déchéances. Leurs parts sont inscrites sur ces livrets ainsi qu'une retenue de 5 % opérée sur leurs traitements.

Le titulaire a droit à la liquidation de son livret à l'âge de cinquante-cinq ans, quelle que soit la durée de ses services.

Les employés de l'une ou de l'autre des deux catégories sont tenus de contracter une assurance mixte de 5.000 francs, — payables à l'âge de cinquante-cinq ans, ou immédiatement, en cas de décès avant cette date, — dont la prime est payée moitié par un prélèvement sur leur part dans les bénéfices, moitié par la Compagnie sur frais généraux.

Nous appelons tout particulièrement l'attention sur cette dernière innovation, ressource précieuse pour la famille en cas de décès prématuré du participant.

COMPAGNIE DE FIVES-LILLE, POUR CONSTRUCTIONS MÉCANIQUES ET ENTREPRISES, 64, RUE CAUMARTIN, A PARIS. ATELIERS A FIVES (NORD) ET A GIVORS (RHÔNE). — Les parts se capitalisent sur comptes individuels ; mais lorsque l'ouvrier a complété sa douzième année de service, on liquide son compte et la somme disponible est consacrée à lui constituer, pour l'âge de cinquante ans, une rente viagère sur la Caisse nationale des retraites, soit à capital réservé, soit à capital aliéné. Ses nouvelles parts sont ensuite versées annuellement à la Caisse des retraites.

BOIVIN, FABRICANT DE GANSES POUR PASSEMENTERIES, 83, RUE MANIN, A PARIS. — Les parts des ouvriers et des ouvrières sont versées à la Caisse nationale des retraites, à capital réservé, pour fournir des pensions aux bénéficiaires à l'âge de cinquante ans. Quant aux parts des employés, des chefs d'atelier et des mécaniciens, elles sont déposées dans une banque et se capitalisent à intérêts composés jusqu'à ce que les titulaires aient atteint l'âge de cinquante ans.

Dans les maisons suivantes les participants, après avoir rempli les conditions d'âge ou de services stipulées, reçoivent en espèces le montant de leurs comptes :

BON MARCHÉ. PLASSARD, MORIN, FILLOT ET Cie (MAISON ARISTIDE BOUCICAUT), MAGASINS DE NOUVEAUTÉS, RUE DU BAC, A PARIS. — Le droit à la jouissance des sommes inscrites aux comptes individuel est acquis :

|  | Années de présence. |
|---|---|
| 1º Pour un tiers aux employés, dames et hommes, ayant | 10 |
| 2º Pour deux tiers aux employés hommes comptant. . | 15 |
| 3º Pour la totalité aux employées dames       — . . | 15 |
| 4º       —       aux employés hommes       — . . | 20 |
| 5º       —       aux employées dames âgées de quarante-cinq | |

ans et aux employés hommes âgés de cinquante ans révolus (1).

Jusqu'à ce que ces conditions soient remplies, le participant n'a

---

(1) Ne prennent part à cette participation à *quantum* indéterminé que les employés qui ne sont pas associés individuellement dans les affaires de la maison ou de leur comptoir.

pas droit au capital ; mais il peut, s'il le désire, toucher l'intérêt annuel (1).

CAILLARD FRÈRES, CONSTRUCTEURS-MÉCANICIENS, AU HAVRE. — Toutes les sommes attribuées à la participation sont versées, comme fonds de prévoyance, à la Compagnie d'assurances générales sur la vie, et elles se capitalisent au taux de 3 %. Le participant entre en jouissance de son compte après vingt ans de services ou à l'âge de soixante ans. Il peut alors demander que la somme disponible lui soit remise en espèces, en rentes sur l'État, en obligations de chemins de fer français, ou qu'elle soit employée à lui constituer une rente viagère, avec ou sans réversibilité.

COMPAGNIE D'ASSURANCES L'ABEILLE, 57, RUE TAITBOUT, A PARIS. — Chaque employé a droit de disposer :

Du quart du montant de son compte après 5 ans de services.
De la moitié           —           10           —
Des trois quarts       —           15           —
De la totalité         —           20           —

BANQUE DU CRÉDIT FONCIER DE PRUSSE. — Nous y trouvons les mêmes dispositions que dans l'exemple ci-dessus, en ce qui concerne les époques d'entrée en jouissance des comptes de prévoyance.

PERNOD FILS (VEIL-PICARD ET Cie, SUCCESSEURS). DISTILLERIE D'AB-SINTHE, A PONTARLIER (DOUBS). — L'intérêt de 4 % que la maison sert à l'ensemble des comptes individuels est consacré d'abord au paiement d'indemnités de chômage aux ouvriers malades (environ 50 % du salaire), à partir du sixième jour de maladie. Cette dépense déduite, les intérêts sont répartis entre les comptes individuels au marc le franc du montant des carnets. La collectivité supporte la charge des indemnités de chômage pendant les trois

---

(1) Mme veuve Boucicaut a fondé, en outre, en 1886, pour les employés du Bon Marché, une Caisse de retraite qui fonctionne sans aucune retenue sur les appointements. En janvier 1891, le capital de cette Caisse, constitué par les libéralités de Mme Boucicaut, s'élevait à 5.502.489 francs ; le nombre des retraités était de quatre-vingt-quatre et les pensions formaient un total de 74.200 francs.

premiers mois de la maladie ; à partir du quatrième mois, ces indemnités sont prélevées sur le livret du malade [1].

Les participants n'ont droit à la liquidation de leur compte que lorsqu'ils quittent la maison ; mais ils peuvent, chaque année, disposer des intérêts.

MERMOD FRÈRES. FABRIQUE D'HORLOGERIE ET DE BOITES A MUSIQUE, A SAINTE-CROIX (SUISSE). — Les participants reçoivent chaque année les intérêts de leur compte, mais ils n'ont droit au capital qu'à leur sortie de la maison.

Une disposition analogue a été adoptée par MM. Thomas frères, imprimeurs, à Pontarlier.

FABRIQUE DE CARTONNAGES DE M. GEORGES ADLER, A BUCHHOLZ (SAXE). — Les parts individuelles sont versées à la Caisse d'épargne de la ville ; elles ont pour but essentiel d'assister les intéressés dans leurs vieux jours ; elles ne peuvent être retirées aussi longtemps que le titulaire du livret est en activité de service dans la maison.

En Angleterre, 5 maisons seulement, sur 85, ont adopté le mode d'emploi que nous venons d'exposer. En Amérique, nous le trouvons dans 1 entreprise sur 35. En France, il est usité dans 33 maisons, sur 107.

### Extraits de règlements.

Il est ouvert, au nom de chaque employé participant, un compte individuel...

Il est bonifié à tous les comptes individuels un intérêt de 4 %, qui est calculé au 31 décembre de chaque année sur le montant de la somme inscrite à chaque compte et s'y ajoute, sauf plus prompt règlement des intérêts pour les comptes qu'il y a lieu de solder dans le courant de l'année...

Lorsqu'il y a lieu de liquider le compte individuel d'un employé ayant complété sa vingt-cinquième année de service ou sa soixante-cinquième année d'âge, l'employé peut, à son choix, demander que la somme dis-

---

(1) « La combinaison dont il s'agit est une véritable assurance mutuelle contre la maladie. Les ouvriers ont intérêt à ce que nul ne se déclare malade sans motif sérieux et la surveillance qu'ils exercent les uns sur les autres est bien plus efficace que le contrôle le plus sévère exercé par le patron. » (*Notice sur les institutions de la maison Pernod.* Pontarlier. Imp. Thomas frères.)

ponible soit consacrée, soit à lui constituer une rente viagère sur la *Compagnie d'assurances générales sur la vie*, avec ou sans réversibilité au profit de sa femme ou de toute autre personne agréée par le Conseil, le tout selon les tarifs en vigueur au moment de la constitution, soit à lui acquérir des rentes françaises sur l'État ou des obligations de chemins de fer français, avec certificats nominatifs, les titres demeurant déposés dans la caisse de la Compagnie jusqu'au décès du titulaire pour être alors remis à ses ayants droit.

Le Conseil est seul juge des circonstances exceptionnelles dans lesquelles il peut consentir à faire un autre emploi de la somme disponible et notamment à la remettre en argent comptant ; il n'est tenu de donner aucun motif de ses décisions. *(Compagnie d'assurances générales.)*

*⁎⁎*

Un livret individuel sera ouvert d'office à tout employé nommé postérieurement au 30 juin 1886.

A ce livret seront portés, à titre obligatoire :

1º Une retenue mensuelle de 5 % sur le traitement fixe ainsi qu'une retenue du douzième de ce traitement annuel lors de la première nomination et du douzième de toute augmentation ultérieure ;

2º Le montant total du produit de la participation aux bénéfices, sauf déduction, toutefois, de la demi-prime des assurances réglementaires mentionnées aux articles 5 et suivants...

Un intérêt de 4 %, capitalisé tous les ans au 31 décembre, est bonifié aux livrets individuels au fur et à mesure des inscriptions qui y sont faites.

L'époque réglementaire de la liquidation du livret est fixée en principe au moment où le titulaire compte cinquante-cinq ans d'âge, quelle que soit la durée de ses services.

Toutefois, si l'employé qui atteint cet âge est néanmoins maintenu dans ses fonctions, son livret n'est liquidé qu'au moment où il sort de la Compagnie.

Lorsqu'il y a lieu à la liquidation des droits d'un employé par application de l'article précédent, le montant de son livret est employé (sauf décision contraire du Conseil) en achat de rentes françaises sur l'État nominatives, ou d'obligations nominatives de chemins de fer français, qui sont conservées jusqu'à son décès dans la caisse de la Compagnie, ou en constitution d'une rente viagère servie par *l'Union-Vie*.

Si, étant marié, il opte pour une rente viagère, cette rente est calculée de manière à être réversible au moins pour moitié sur la tête de la veuve. *(Compagnie d'assurances « l'Union ».)*

*⁎⁎*

Il est ouvert, au nom de chaque participant, un compte individuel...

L'intérêt bonifié à tous les comptes individuels, dans les conditions de l'article 2 (1), est calculé le 1er juillet de chaque année sur le montant de la somme inscrite à chaque compte et s'y ajoute, sauf plus prompt règlement, pour les comptes qu'il y aurait lieu de solder dans le courant de l'année...

(1) 3 %.

Pour avoir droit à la totalité des avantages de la Caisse de prévoyance, il faut avoir vingt ans de présence effective et consécutive dans la maison, et quarante-cinq ans d'âge, sauf les exceptions prévues par les articles 9 et 10 (¹), ou avoir sa soixantième année d'âge. Le temps d'absence prévu par les articles 9 et 10 doit être remplacé par un temps de présence équivalent pour compléter les années de service exigées par le présent article...

L'employé mis à la retraite sur sa demande ou d'office, ou celui dont le compte est liquidé conformément aux prescriptions des articles 16 et 27 (²) peut, à son choix, demander que la somme disponible à son compte lui soit remise en espèces ou qu'elle soit appliquée à lui acheter des rentes sur l'État, des obligations de chemins de fer français, ou à lui constituer une rente viagère sur la Compagnie d'assurances générales ou toute autre Compagnie d'assurances, avec ou sans réversibilité au profit de ses héritiers ou de toute autre personne désignée par le participant et agréée par MM. Caillard frères, suivant les tarifs en vigueur au moment de la constitution, ou à lui acquérir l'usufruit de rentes françaises sur l'État ou obligations de chemins de fer français, la nue propriété à ses héritiers. *(Caillard frères.)*

\*\*\*

Chaque employé aura droit de disposer des sommes portées à son compte, dans les limites ci-après, savoir :

D'un quart, après cinq ans de services ;
De moitié, après dix ans ;
Des trois quarts, après quinze ans ;
De la totalité, après vingt ans ;

Étant entendu que les années de service, pour tout employé, commencent à courir du jour de son entrée dans l'une des Compagnies.

Remise de tout ou partie devra lui en être faite sur sa simple demande, pourvu qu'il ne s'agisse pas d'une somme inférieure au quart de celle dont il pourrait disposer. Dans ce dernier cas, une autorisation de l'Administrateur de service serait nécessaire. *(Compagnie d'assurances l'Abeille.)*

\*\*\*

Cette part de bénéfices annuels sera portée au « Compte de dépôt » de chaque intéressé et portera intérêt à 4 % l'an ; les intérêts échus lui seront remis en espèces à la fin de chaque exercice annuel ; quant au montant du compte de dépôt lui-même, il ne sera à la disposition de l'intéressé ou à celle de sa famille qu'à la sortie de la fabrique du titulaire. *(Mermod frères.)*

---

(1) Articles relatifs au chômage par suite de baisse dans les travaux et aux interruptions occasionnées par le service militaire.

(2) Articles relatifs au participant qui reste au service de la maison après avoir rempli les conditions d'âge ou de service exigées et à l'éventualité d'une liquidation de la Caisse de prévoyance.

## 2° Réserve d'une fraction de la part pour capitalisation sur livret individuel.

Un certain nombre de maisons, en mettant en pratique le système de M. de Courcy ou une méthode qui se rapproche de la sienne, ont cru devoir, chaque année, détacher une fraction de parts individuelles pour la donner en espèces. Dans un mémoire présenté en 1884 au Congrès de Blois de l'*Association française pour l'avancement des sciences*, M. Chaix a exposé les motifs qui, suivant lui, engagent les chefs de maison à adopter ce régime mixte. « Si le patron, disait-il, n'a affaire qu'à des employés, qui comprennent mieux les avantages de l'économie accumulée, qui sont naturellement plus stables, il peut, sans compromettre les résultats de l'institution, réserver intégralement la somme répartie. Mais l'ouvrier, qui, en général, ne considère pas l'avenir, ne croirait pas à la participation si, chaque année, il n'en touchait au moins quelque profit... Il se persuaderait qu'en lui gardant sa part, sous prétexte d'épargne, on veut l'enchaîner à l'établissement, et, au lieu d'apprécier les bienfaits de la participation, il ne la regarderait qu'avec méfiance. Je crois donc qu'il faut se résigner à lui remettre chaque année une certaine somme comptant, en lui conseillant de ne pas la dépenser et en lui facilitant, comme nous l'avons fait chez nous, les moyens de la placer ([1]). »

---

(1) *Association française pour l'avancement des sciences*. Compte rendu de la treizième session, Blois, 1884 (Paris, au secrétariat de l'Association, 18, rue Serpente.)

Dans une très remarquable lettre écrite à M. Chaix le 1er juillet 1872, M. Alfred de Courcy critique en ces termes le paiement en espèces d'une fraction des parts individuelles :

« Je regrette que vous ayez cru devoir faire trois parts de la généreuse attribution de 15 % des bénéfices consacrée à votre personnel. Je regrette que le tiers de cette attribution soit remis en argent, chaque année, comme un supplément de salaire. Il n'est pas besoin d'être un grand mathématicien pour comprendre que les ressources de l'avenir de l'institution en seront diminuées du tiers. Or, il s'agit surtout d'assurer l'avenir et de fonder l'épargne de chacun. Le salaire, affranchi de toutes retenues, doit suffire au présent.

» Ah ! sans doute, ce supplément éventuel de salaire, constatant d'une manière palpable la participation aux bénéfices, pourra être un bienfait très apprécié et arrivera toujours très opportunément. Mais il sera probablement dépensé : l'em-

Un autre industriel, M. Ch. Besselièvre, fabricant d'indiennes à Maromme (Seine-Inférieure), a émis une opinion analogue au Congrès tenu à Rouen, en 1883, par la même Association. Parlant du mode adopté par lui pour l'affectation des fonds, il s'est exprimé comme suit : « La somme attribuée à chacun, proportionnellement au salaire de l'année, est divisée en deux parts. La première part, *le paiement en espèces*, est remise à l'intéressé. C'est la jouissance immédiate, ou tout au moins, la disposition immédiate d'une partie de l'épargne acquise. Ce versement immédiat a paru indispensable pour faire apprécier le système. La nature humaine est ainsi faite qu'elle n'aime pas à donner tout à l'avenir sans jouissance immédiate pour le présent. Cette somme, d'ailleurs, peut être utilement employée par l'ouvrier. (1) »

Les manières de voir que nous venons d'exposer paraissent être celles de la généralité des patrons qui ont mis en pratique le procédé mixte dont il s'agit. Voici quelques exemples de l'application de ce mode d'emploi de fonds :

CHAIX, IMPRIMEUR-ÉDITEUR, 20, RUE BERGÈRE, A PARIS. — De la somme attribuée annuellement à chaque intéressé, il est fait trois parts :

La première est payée comptant.

La deuxième, inscrite au compte individuel du participant, dans

---

ployé vieilli, la femme et les enfants ne le retrouveront plus. Puis, il sera nécessairement incertain et irrégulier. L'industrie n'est pas toujours pareillement prospère. Quand il fera défaut, les petits budgets, qui se seront habitués à compter sur ce supplément, en seront dérangés, des souffrances se produiront, tandis que l'irrégularité des versements faits à l'épargne n'a aucun inconvénient et ne dérange l'économie d'aucun budget.

» Vous avez cru avoir de sérieux motifs de préférer la combinaison mixte que je prends la liberté de critiquer ; vous avez peut-être eu raison, et je ne fais ici qu'une réserve de principe pour rester conséquent avec mes écrits..... J'aime mieux reconnaître que les conditions de l'industrie ne sont pas partout semblables et que l'institution, en gardant les mêmes bases et le même but, est susceptible, dans le détail de l'application, de diverses modifications. »

Cette lettre est reproduite dans l'*Historique de l'Imprimerie et de la Librairie centrales des Chemins de fer. Organisation industrielle et économique de cet établissement*. Paris, Imprimerie Chaix, 1878.

(1) *Association française pour l'avancement des sciences*. Compte rendu de la douzième session. Rouen, 1883.

une colonne spéciale, lui est définitivement acquise et peut être liquidée à sa sortie de la maison, à n'importe quelle époque.

La troisième, également portée au crédit du titulaire, dans une colonne spéciale, ne lui appartient qu'à l'âge de soixante ans ou après vingt ans de présence.

Les deuxième et troisième parts se capitalisent au taux de 4 %, et, au moment de la liquidation, il en est fait un emploi analogue à celui en vigueur à la Compagnie d'assurances générales (voir page 132).

BARBAS, TASSART ET BALAS (ANCIENNE MAISON GOFFINON), ENTREPRENEURS DE COUVERTURE ET DE PLOMBERIE, 85, BOULEVARD DE STRASBOURG, A PARIS. — La moitié des parts est payée en espèces ; l'autre moitié est capitalisée au taux de 5 %, sur comptes individuels, et le participant en a la jouissance après vingt ans de services ou à l'âge de cinquante ans, dans les conditions préconisées par M. de Courcy (voir page 132).

(Même affectation chez MM. Thuillier frères, 20, rue de Paradis, à Paris, et chez M. Monduit, 31, rue Poncelet, à Paris, également entrepreneurs de couverture et de plomberie).

PIAT. ATELIERS DE CONSTRUCTION ET FONDERIE DE FER, 85 ET 87, RUE SAINT-MAUR, A PARIS. — La moitié des parts est payée en espèces ; l'autre moitié est versée à la Caisse nationale des retraites pour la vieillesse, à capital réservé ou à capital aliéné, au choix du bénéficiaire, avec jouissance à l'âge de cinquante-cinq ans.

(Même affectation chez MM. Mozet et Delalonde, entrepreneurs de maçonnerie, 65, rue d'Erlanger, à Paris ; Lecœur et Cie, entrepreneurs de menuiserie, 23, rue Humboldt, à Paris ; Leclerc, fabricant de lits et meubles en fer, à Saint-Dizier (Haute-Marne), mais avec des différences en ce qui concerne l'âge de l'entrée en jouissance.)

BAILLE-LEMAIRE. MANUFACTURE DE JUMELLES, 22 ET 26, RUE OBERKAMPF, A PARIS. — Le participant reçoit en espèces les deux tiers de sa part annuelle ; le troisième tiers est versé en son nom à la Caisse nationale des retraites pour la vieillesse.

ROUX ET Cie, REPRÉSENTANTS A PARIS DE LA MAISON TANGYE, CONSTRUCTEURS DE MACHINES, A BIRMINGHAM, 54, BOULEVARD DU TEMPLE,

A Paris. — Un tiers des parts est payé comptant; un tiers est inscrit au compte individuel de l'employé et se capitalise au taux de 6 %; le troisième tiers est versé à la Caisse nationale des retraites pour la vieillesse, à capital réservé, pour constituer une pension dont le titulaire a la jouissance à l'âge de soixante ans.

Moutier frères, entrepreneurs de serrurerie, a Saint-Germain-en-Laye (Seine-et-Oise). — La part inférieure à 100 francs est versée intégralement au compte de l'intéressé, à la Caisse nationale des retraites pour la vieillesse.

Lorsque la part dépasse 100 francs, l'excédent est remis en espèces.

Toute part supérieure à 200 francs est divisée en deux fractions égales dont l'une est payée en espèces et dont l'autre est portée sur le livret individuel de retraite.

Sachs. Fabrique d'engrais chimiques et de produits pour l'agriculture, a Aubervilliers (Seine). — Sur la part attribuée annuellement à chaque intéressé, une somme de 100 francs est versée pour lui à la Caisse nationale des retraites pour la vieillesse, à capital réservé ou à capital aliéné; mais le participant doit subir, pour la même destination, une retenue d'au moins 5 % de son salaire. Le restant de la part est divisé en deux fractions égales, dont l'une revient de suite, en espèces, à l'ouvrier et dont l'autre lui appartient au bout de dix années de service, mais se capitalise au taux exceptionnel de 10 %.

Gounouilhou, imprimeur, a Bordeaux. — Comme on l'a vu, page 111, deux tiers du prélèvement annuel sont attribués aux rédacteurs, employés, ouvriers et ouvrières qui ont deux ans de service : les parts individuelles sont versées, à capital réservé, à la Caisse nationale des retraites pour la vieillesse, avec jouissance à cinquante-cinq ans. Le troisième tiers, alloué uniquement aux participants qui ont sept années de présence, est payé comptant. (Ces derniers participent aux deux répartitions.)

Compagnie d'assurances « le Phénix », 33, rue Lafayette, a Paris. — Les prélèvements annuels alimentent un fonds spécial qui, sous le nom de *Réserve des employés*, fournit :

I. Des gratifications d'ancienneté à la fin de chaque semestre. Ces gratifications s'élèvent à :

| 1 vingtième des appointements après 4 ans de services. | | | |
|---|---|---|---|
| 2 | — | — | 8 — |
| 3 | — | — | 12 — |
| 4 | — | - - | 16 — |
| 5 | — | — | 20 — |
| 6 | — | — | 24 — |
| 7 | — | — | 28 — |
| 8 | — | — | 32 et au-dessus. |

II. Des gratifications de fin d'année, variant suivant l'importance, le mérite et l'ancienneté des services.

III. Des allocations à la Caisse d'épargne des employés. Celle-ci est alimentée : 1° par une retenue de 5 % sur les traitements et sur les gratifications; 2° par les versements suivants prélevés sur la *réserve des employés* : 10 % des appointements et gratifications pour l'employé qui a moins de dix ans de présence; 15 % des mêmes émoluments pour l'employé qui a plus de dix ans de services; 3° par les dépôts volontaires des titulaires de comptes. — Les fonds de la Caisse d'épargne sont convertis en rentes sur l'État, dont les arrérages viennent grossir trimestriellement le compte particulier de chaque employé.

COMPAGNIE DU CHEMIN DE FER DE PARIS A ORLÉANS, A PARIS. — Les dispositions qui régissent la participation du personnel aux bénéfices de la Compagnie ont subi, depuis 1845, date à laquelle ce régime a été inscrit dans les statuts, diverses modifications. Le règlement actuellement en vigueur est celui du 26 juin 1863. Il décide que la somme attribuée à chaque employé est versée à la Caisse des retraites pour la vieillesse, jusqu'à concurrence de 10 % du traitement.

Ce versement effectué, l'excédent était divisé en deux parts :

La première revenait en espèces au participant, jusqu'à concurrence de 7 % du traitement.

La deuxième était versée à la Caisse d'épargne.

Le développement du réseau ayant considérablement augmenté le nombre des participants, les allocations individuelles n'atteignent plus, depuis 1876, 10 % des traitements. Dès lors, la Compagnie a pris les dispositions suivantes : elle accorde un vingt-quatrième des appointements, en fin d'exercice, aux employés dont le traitement est inférieur à 3.000 francs; puis elle complète jusqu'à 10 °/₀ les versements à faire à la Caisse des retraites, versements pour lesquels la participation réglementaire ne suffit plus. Les placements sont faits, au choix des intéressés, à capital réservé ou à capital aliéné. « Presque tous, a dit M. Sevène (alors directeur de la Compagnie) à la Commission extraparlementaire des Associations ouvrières, ont opté pour le capital réservé (¹). »

Dans les Maisons suivantes, le participant qui a rempli les conditions d'âge et de services exigées reçoit en espèces la somme consacrée annuellement à la prévoyance et capitalisée sur comptes individuels :

Besselièvre, fabricant d'indiennes, à Maromme (Seine-Inférieure): moitié comptant, moitié à l'âge de soixante ans ou après vingt ans de services et au moins quarante-cinq ans d'âge.

Bushill, imprimeur, à Coventry (Angleterre): moitié comptant, moitié après vingt-cinq ans de services ou à l'âge de soixante-cinq ans.

Buttner-Thierry, imprimeur-lithographe, rue Laffitte, 34, à Paris: un tiers comptant, deux tiers après vingt ans de services ou à l'âge de soixante ans.

Mame et fils, imprimeurs-éditeurs à Tours : un tiers comptant, deux tiers après vingt ans de services.

Masson, libraire-éditeur, 120, boulevard Saint-Germain, à Paris : un tiers comptant, deux tiers après vingt ans de services ou à l'âge de soixante-cinq ans.

Montorier, imprimeur, 16, passage des Petites-Écuries, à Paris : moitié comptant, moitié après vingt-cinq ans de services ou à l'âge de cinquante-cinq ans. (Voir au sujet de cette maison notre observation, page 111.)

Schaeffer et Cⁱᵉ, blanchiment, teinture et apprêts, à Pfastatt (Alsace) : un tiers comptant, deux tiers à l'âge de soixante ans ou après vingt ans de services et au moins quarante-cinq ans d'âge.

Schaetti et Cⁱᵉ, fabricants d'allumettes et de cirage, à Fehraltorf (Suisse) : moitié comptant, moitié après vingt-cinq ans de services ou à l'âge de soixante-cinq ans.

---

(1) Enquête de la Commission extraparlementaire des Associations ouvrières (t. II, p. 153). Paris. Imp. Nationale, 1883.

Société anonyme de tissus de laine des Vosges, au Thillot et à Trougemont (Vosges) : moitié comptant, moitié après vingt ans de services ou à l'âge de soixante ans.

*\*\**

Le système mixte que nous venons d'exposer pour l'emploi des fonds de la participation a été adopté :

En France, par 36 maisons sur 107

En Angleterre, 14 — 85

En Amérique, 3 — 35

(Voir le tableau reproduit à la fin du volume.)

### Extraits de règlements.

De la somme attribuée à chaque participant, il sera fait deux parts égales :

L'une lui sera remise, chaque année, après l'approbation des comptes de l'exercice et à des époques déterminées;

L'autre sera portée à son compte de prévoyance et de retraite dont il sera parlé ci-après...

Lorsqu'il y a lieu de liquider le compte individuel d'un participant, c'est-à-dire lorsqu'il a accompli sa vingtième année de service ou sa cinquantième année d'âge, celui-ci peut, à son choix, demander que la somme disponible soit consacrée, s'il n'a pas d'enfant légitime, à lui constituer une rente viagère de la Caisse des retraites de l'État ou d'une Compagnie d'assurances sur la vie avec réversibilité sur la tête de sa femme. S'il a des enfants légitimes ou légitimés par le mariage, il pourra demander des rentes françaises sur l'État ou des obligations de chemins de fer français, ou enfin des usufruits de rentes françaises ou d'obligations de chemins de fer.

Les titres, demeurant déposés dans la caisse de la Maison ou dans une des caisses de dépôts désignées, jusqu'au décès du titulaire, pourront être alors remis aux membres de la famille désignés à l'article ci-après. *(Barbas, Tassart et Balas.)*

*\*\**

De la somme attribuée à chaque participant, il sera fait deux parts égales :

L'une lui sera remise, chaque année, en espèces, à une époque déterminée;

L'autre sera versée d'office à la Caisse des retraites pour la vieillesse, et, comme le bénéficiaire le désirera, soit à *capital réservé*, c'est-à-dire le capital revenant à sa mort à sa femme ou à ses enfants, soit à *capital perdu*, c'est-à-dire le capital faisant, à sa mort, retour à l'État. (Dans ce dernier cas, la rente que l'on touche est beaucoup plus considérable.)

Il reste entendu que tout participant pourra demander le versement à la Caisse des retraites de tout ou partie de la part à recevoir en espèces, afin de se créer une pension de retraite plus forte.

10

L'entrée en jouissance de la pension de retraite est fixée à l'âge de cinquante-cinq ans. *(Piat.)*

\* \* \*

De la somme attribuée à chaque participant, il sera fait deux parts égales :

L'une lui sera remise chaque année après l'approbation des comptes de l'exercice, et à des époques déterminées par MM. Mozet et Delalonde ;

L'autre sera versée à son compte à la Caisse des retraites pour la vieillesse, à moins, pour les participants âgés de soixante ans et plus, de conventions particulières avec leurs patrons. *(Mozet et Delalonde.)*

\* \* \*

Le tiers de la somme que représente ce versement est immédiatement distribué, en espèces, entre les employés ayant au moins un an de service dans la Maison, et ce au prorata de leurs appointements.

Les deux autres tiers sont réservés pour constituer un capital au profit des intéressés, dans les conditions qui sont stipulées ci-après.

A cet effet, quiconque fait partie au moins depuis un an du personnel de la Maison est titulaire d'un *carnet de participation.*

Le chiffre total attribué aux *carnets* est réparti entre les titulaires au prorata des appointements de chacun.

Il est bonifié à chaque carnet un intérêt de 5 %/0 qui est calculé, au 30 juin de chaque année, sur le montant de la somme antérieurement inscrite à chaque carnet et s'y ajoute en augmentation du capital...

Lorsqu'un employé a complété sa vingtième année de service, ou, à défaut, sa soixante-cinquième année d'âge, son droit aux sommes inscrites au carnet est définitivement acquis, et il peut s'en faire délivrer le montant à telle époque qu'il lui convient, tout en continuant, aussi longtemps qu'il reste attaché à la Maison, à jouir intégralement du bénéfice de l'article 3. (L'article 3 comprend les deux premiers paragraphes des dispositions reproduites ci-dessus). *(Librairie Masson.)*

\* \* \*

De la somme attribuée à chaque participant, il sera fait deux parts égales : l'une lui sera remise en espèces chaque année à des époques déterminées, après l'approbation des comptes par l'assemblée générale des actionnaires ; l'autre sera portée à son compte de prévoyance, sur un carnet spécial et personnel, où les intérêts seront ajoutés annuellement à raison de 5 %/0.

Le montant de ce compte de prévoyance ne pourra être versé aux titulaires qu'après vingt années au moins de présence consécutive dans la Maison ou après qu'ils auront atteint la soixantième année d'âge. *(Société anonyme de tissus de laine des Vosges.)*

### 3° Réserve de la part tout entière pour constitution de pensions viagères.

Deberny et Cⁱᵉ, fonderie de caractères dirigée par M. Charles Tuleu, 58, rue d'Hauteville, a Paris. — De 1848 à 1872, les parts de bénéfice étaient payées en espèces ; mais très peu de cet argent recevait une destination de prévoyance. Depuis, le produit de la participation est versé dans une caisse de crédit, de secours mutuels et de pensions, dite *Caisse de l'atelier*, dont la fondation remonte à 1848. Nous avons exposé, pages 92 et 114, quelles sont les ressources de la caisse et comment on détermine tous les ans le chiffre de la copropriété de chacun. Voici sous quelles formes ces fonds sont utilisés :

1° Comme la caisse a pour destination principale de servir une pension à l'ouvrier et à l'ouvrière que l'âge oblige de suspendre partiellement ou totalement son travail, les quotes-parts ne sont liquidées que si le participant meurt *en activité de service* ou s'il quitte la maison. Elles subissent alors une réduction qui varie suivant l'ancienneté de l'ouvrier. Ainsi, la caisse retient : la totalité lorsque le participant a fourni moins de 900 journées de travail ; les neuf dixièmes lorsque le nombre des journées n'atteint pas 1.200 ; les huit dixièmes lorsque ce nombre est inférieur à 1.500, etc. Après 3.000 journées, la retenue est uniformément fixée aux deux dixièmes.

2° La caisse sert à ses membres qui ont accompli un nombre déterminé de journées de travail (7.500 pour les hommes et 6.200 pour les femmes) une pension *partielle* à partir de l'âge de cinquante ans et une pension *entière* à partir de l'âge de cinquante-cinq ans. La pension *entière* n'est donnée qu'au participant qui prend sa retraite ; la pension *partielle* est servie, sans limite d'âge, au participant qui continue de travailler pour la maison.

La *pension entière* est réglée à raison de :

5 centimes par journée de travail fournie à la maison pour les hommes et 3 centimes par journée pour les femmes ;

1 % des salaires pour les hommes et pour les femmes.

Avec *augmentation*, — quand l'actif de la caisse, diminué du fonds de réserve, est supérieur à 50.000 francs, — de 1 % par mille francs d'excédent.

Avec *réduction*, — quand l'actif de la caisse, diminué du fonds de réserve, est inférieur à 50.000 francs, — de 2 % par mille francs de différence.

La *pension partielle* est, suivant l'âge, du cinquième, du tiers, de la moitié, des trois quarts de ce que serait la pension entière calculée comme il est indiqué ci-dessus.

Il y a dans la fonderie Deberny des pensionnaires qui reçoivent annuellement de 200 à 1.700 francs de pension et gagnent un salaire en continuant de travailler suivant leurs forces. Ce système procure d'assez bonne heure à l'ouvrier un véritable bien-être [1].

Seulement, le pensionnaire abandonne soit le cinquième, soit le tiers, soit la moitié, soit les trois quarts, soit la totalité de sa copropriété dans l'actif de la caisse, selon la pension qui lui est attribuée.

Ainsi, la quote-part de l'ouvrier qui, jouissant d'une pension partielle du cinquième, meurt en activité de service, est, avant liquidation, diminuée d'un cinquième. Quant à l'ouvrier retraité avec la pension entière, il n'a plus de quote-part. Mais la veuve d'un participant qui jouissait de la pension entière ou qui avait droit à cette pension, reçoit :

Les 5/20 de cette pension après 30 ans de mariage.
— 4/20 — 25 —
— 3/20 — 20 —
— 2/20 — 15 —

3° La caisse fournit aux participants des secours de toute nature. En cas de maladie, il est alloué : aux hommes 2 fr. 25 c. par jour pendant quarante jours et 2 fr. 50 c. pendant le reste de l'année; aux femmes, 1 fr. 15 c. par jour pendant quarante jours et 1 fr. 30 c. pendant le reste de l'année. Les femmes en couches, sociétaires ou femmes de sociétaires, reçoivent une somme de 50 francs et les secours ordinaires pendant trente jours. La caisse participe aux frais des obsèques de ses membres, de leur conjoint ou du pensionnaire retraité, etc.

4° Enfin, la caisse fait des prêts à ses membres jusqu'à concurrence du tiers de leur quote-part. Ces prêts portent intérêt à 6 % l'an et sont remboursables par petites sommes et par quinzaine.

Le mécanisme de cette institution, d'apparence compliquée, fonctionne avec la plus grande aisance, ainsi que nous l'a expliqué M. Charles Tuleu, avec qui nous avons eu, à ce sujet, de fréquents entretiens.

[1] Un système analogue de fractionnement de pensions existe dans la maison Steinheil, Dieterlen et Cie.

#### 4° Réserve d'une fraction de la part pour constitution de pensions viagères.

COMPAGNIE UNIVERSELLE DU CANAL MARITIME DE SUEZ, 9, RUE CHARRAS, A PARIS. — Le prélèvement de 2 °/₀ que la Compagnie opère chaque année sur ses bénéfices en faveur du personnel est consacré, en premier lieu, au service des retraites.

Le droit à la retraite est acquis à tous les employés classés de la Compagnie, après trente ans de services effectifs comptés du jour du classement(¹). Pour ces agents, le minimum de la retraite est du tiers du traitement moyen des trois dernières années de service.

Le droit à une retraite proportionnelle au nombre d'années de services : 1° aux employés qui ont vingt années de services effectifs en Égypte; — 2° aux employés qui ont servi la Compagnie en France et en Égypte pendant un temps tel qu'en majorant de 50 °/₀ la durée du service en Égypte, le total atteigne trente années; — 3° aux employés licenciés pour des causes qui n'ont pas le caractère de révocation ou de destitution; — 4° aux employés atteints de maladies qui les rendent incapables de continuer leurs fonctions; — 5° aux employés âgés de plus de soixante ans.

Lorsque le produit de 2 °/₀ des bénéfices est plus que suffisan pour assurer le minimum des retraites, on opère sur l'ensemble de ce produit un prélèvement de 10 °/₀, qui est versé dans un fonds de réserve destiné à pourvoir aux insuffisances et aux secours votés en faveur d'employés malheureux ou de leur famille. Un compte courant productif d'intérêts à 4 °/₀ l'an est ouvert par la Compagnie à ce fonds de réserve.

Puis, s'il y a un excédent, il est réparti entre les retraités au prorata du traitement moyen des trois dernières années de services multiplié par le total des années passées à la Compagnie, comme employés classés, et sans que le multiplicateur puisse être jamais supérieur à trente. Toutefois, la somme à distribuer ne doit pas s'élever au-dessus de la moitié du traitement moyen pour le retraité qui a trente ans de services, ni d'une somme proportionnellement inférieure à cette moitié pour celui qui est en fonctions depuis moins de trente années.

---

(1) Ce n'est généralement qu'après deux ans de fonctions en Égypte et une certaine durée de service en France que l'employé se trouve classé.

Si, après tous ces prélèvements, il reste encore un excédent, on le répartit intégralement entre tous les employés classés et en fonctions, au prorata de leur traitement multiplié par le nombre des années de services effectifs, le multiplicateur ne devant jamais dépasser trente.

Enfin, lorsque la répartition faite dans ces dernières conditions a produit pour le personnel en fonctions des parts qui atteignent la moitié du traitement pour les employés ayant trente ans de services, le surplus du produit des 2 $^o/_o$ est généralement réparti entre tout le personnel classé, actif ou retraité, suivant les bases indiquées dans le précédent paragraphe. On adopte comme dernier traitement des retraités, celui qui a servi de base à la liquidation de leur retraite.

D'après les tableaux graphiques exposés par la Compagnie en 1889, dans le Groupe de l'Économie sociale, le prélèvement opéré sur les bénéfices de 1887 en faveur du personnel a été d'environ . . . . . . . . . . . . . . . . . Fr.     600.000

La portion distribuée à 73 retraités a été d'environ. . . . . . . . . . . . . Fr.    100.000

Le versement fait au fonds de réserve s'est élevé à environ. . . . . . . . . . . .    50.000

La somme répartie entre 296 employés classés, en activité, a atteint environ . . .    450.000
                                                                                   ————————
                                                                                     600.000

« Le mode de répartition adopté par la Compagnie du canal de Suez, écrit M. Charles Robert, donne satisfaction à la fois aux deux opinions principales qui se sont produites sur cette question de la participation du personnel aux bénéfices.

» Par la retraite, en effet, la vieillesse de l'agent est assurée contre les conditions fâcheuses qui pourraient résulter de son imprévoyance, de sa négligence même, ou seulement de sa mauvaise chance dans la gestion de sa modeste fortune.

» Par la distribution immédiate d'une partie des bénéfices, faite annuellement, l'agent encore jeune est mis à même de se constituer, par ses propres soins, un capital qui va grossissant chaque année et qui peut servir, soit à l'établissement de ses enfants, soit à leur assurer un héritage ([1]). »

_____

(1) Charles Robert, *Rapport sur la section II du Groupe de l'Économie sociale.* (Paris. Imp. Nationale.)

Redouly et C<sup>ie</sup> (ancienne maison Leclaire). Entreprise de peinture en batiments, 11, rue Saint-Georges, a Paris. — Comme on l'a vu plus haut, pages 83 et 107, 50 °/₀ des bénéfices de la maison sont attribués au personnel et partagés entre tous les ouvriers et employés au prorata des salaires touchés dans l'année ; les parts individuelles sont payées en espèces ; — 25 °/₀ reviennent à la *Société de prévoyance et de secours mutuels;* cette dernière, étant commanditaire de la moitié du capital social, reçoit, en outre, chaque année, un intérêt de 5 °/₀ du montant de sa commandite ; — enfin, 25 °/₀ appartiennent à la gérance, commanditaire de l'autre moitié du capital social à laquelle il est également alloué un intérêt de 5 °/₀.

La Société de prévoyance n'est composée que de membres du *noyau* (¹) ayant cinq ans de présence dans la maison. Elle rend les services suivants :

1° *Secours.* — La Société fournit à ses membres, en cas de maladie, les soins du médecin, les médicaments et une indemnité journalière de 3 fr. 50 c. Les femmes et les enfants des sociétaires, les pensionnaires de la Société et leurs femmes ont droit aux soins du médecin et aux médicaments. Des primes sont accordées à la naissance de chaque enfant.

2° *Pensions viagères.* — Une pension viagère de 1.500 francs est servie à tout sociétaire ayant cinquante ans d'âge et vingt ans de présence dans la maison. Les veuves des sociétaires et leurs orphelins, jusqu'à la majorité, ont droit à la demi-pension.

La pension de 1.500 francs est également accordée aux ouvriers auxiliaires non sociétaires blessés dans l'exercice de leurs fonctions et incapables de travailler. Les veuves d'ouvriers tués au travail et les orphelins ont droit à la demi-pension.

Des pensions d'ancienneté, égales aux 2/3 de la pension des sociétaires, sont accordées depuis 1892 aux auxiliaires. Quant aux membres du Noyau non sociétaires, ils peuvent obtenir des allocations annuelles d'ancienneté égales à la pension des sociétaires. Toutes ces allocations sont également réversibles par moitié sur la tête de la veuve et des orphelins. (Voir aux annexes, pages 254 et 255.)

---

(1) Le Noyau comprenait en novembre 1892, 138 ouvriers et employés d'élite, dont nous indiquons, page 207, les attributions.

Au 1er novembre 1892, le nombre de pensionnaires était de 96, y compris les veuves.

Ce n'est qu'avec une grande fortune que l'on peut faire face à un pareil service de pensions. Le 1er octobre 1892, l'avoir de la Société était de 2.758.783 francs ([1]). Malgré un capital aussi imposant, la maison Leclaire prend sagement les précautions nécessaires pour ne pas engager l'avenir dans une mesure qui dépasserait ses ressources. « La Société, se considérant comme une Compagnie d'assurances qui promet des rentes viagères différées, fait calculer tous les ans par un actuaire le chiffre des réserves mathématiques qu'elle doit posséder. Ce travail a déjà été fait trois fois par M. Paul Guieysse ([2]). » On ne saurait assez recommander ces précautions aux chefs de maison et aux Sociétés qui veulent établir un service analogue de pensions ([3]).

3° *Assurances en cas de décès*. — « Tous les membres de la Société de prévoyance, sociétaires et pensionnaires, sont assurés par elle collectivement en cas de décès, par application de la loi du 11 juillet 1868, à la *Caisse des assurances en cas de décès*, créée sur la garantie de l'État, pour 1.000 francs chacun ([4]). »

Tous les ayants droit mentionnés dans les trois paragraphes ci-dessus sont, à leur décès, inhumés aux frais de la Société dans une concession temporaire de cinq années.

---

(1) Cette fortune est formée par l'accumulation des parts de bénéfice qui ont été attribuées à la Société, d'abord à titre bénévole, ensuite en sa qualité de commanditaire de l'entreprise. Elle est placée : 1° à la Caisse nationale des retraites; 2° en rentes sur l'État; 3° en commandite et en compte courant à la maison Leclaire; 4° en compte courant à la Caisse des dépôts et consignations. (Voir pages 173 et 174.)

(2) Charles Robert, *Rapport sur la section II du Groupe de l'Économie sociale.*

(3) Voir : 1° *Bulletin de la participation*, t. VII, p. 82, rapport de M. Paul Guieysse *sur le montant des réserves mathématiques dont il convient de justifier pour garantir les rentes viagères servies ou à servir par la Société de prévoyance et de secours mutuels des ouvriers et employés de la maison Leclaire;*

2° *Bulletin de la participation*, t. X, p. 94, note du même auteur *sur les retraites promises par les Sociétés de prévoyance, de secours mutuels et des associations diverses;*

3° *Compte rendu du Congrès international de la participation aux bénéfices, tenu en 1889*, p. 60, le rapport du même auteur sur la 10e question du Congrès (Paris. Lib. Chaix);

4° *Étude sur les retraites dans les Sociétés de prévoyance*, par M. Paul Guieysse (Paris, 1889. Imp. Chaix).

(4) Charles Robert. *Rapport sur la section II, du groupe de l'Économie sociale.*

Il est utile d'ajouter que « la dissolution de la maison industrielle n'entraînerait pas celle de la Société de secours mutuels commanditaire. Celle-ci continuerait d'exister, mais elle prendrait pour titre : *Caisse de retraites des invalides peintres en bâtiment du département de la Seine*, et serait administrée sous la surveillance de M. le Directeur de l'Assistance publique, qui en deviendrait président de droit (¹).

Van Marken. Fabrique néerlandaise de levure et d'alcool, a Delft (Hollande). — Jusqu'en 1886, la part de bénéfice attribuée au personnel était consacrée, en premier lieu, à payer des primes d'assurances de rentes différées pour retraite. Il était versé annuellement, pour chaque ouvrier ou employé de la fabrique, dans une Compagnie hollandaise d'assurances sur la vie, une somme correspondant à 7 % de l'ensemble des salaires fixes touchés par le participant pendant l'exercice, pour lui assurer une rente viagère à l'âge de soixante ans. Ce chiffre de 7 % du salaire fixe était basé sur un calcul d'après lequel le participant entré au service de l'établissement à l'âge de vingt et un ans, jouit, à l'âge de soixante ans, d'une pension à peu près égale à son salaire. Depuis 1887, les primes de ces assurances sont payées sur frais généraux et le personnel reçoit en espèces le montant de sa participation, comme il est dit page 130.

Godchaux et Cⁱᵉ, imprimeurs-éditeurs, 10, rue de la Douane, a Paris. — La moitié de la somme attribuée annuellement au personnel est payée en espèces; l'autre moitié est versée dans une *Caisse de retraites* qui fournit des pensions viagères fixées :

1° A 1.000 francs pour tout participant homme qui a cinquante-cinq ans d'âge et vingt-cinq ans de service dans la maison;

2° A autant de fois 50 francs qu'il aura passé d'années dans la maison, pour le participant blessé et devenu infirme par suite d'un accident arrivé dans la maison, sans cependant que le chiffre de la pension puisse dépasser 1.000 francs;

3° A la moitié de ces mêmes sommes pour les femmes.

---

(1) Depuis 1866, M. Charles Robert est président de la Société de prévoyance et de secours mutuels de la maison Leclaire.

La pension accordée au participant est réversible pour un quart sur la tête de sa veuve ou de ses enfants mineurs, et entre ces mineurs par portions égales.

Dans le cas où les revenus des fonds mis en réserve seraient insuffisants pour servir ces pensions, MM. Godchaux et Cⁱᵉ auraient la faculté de placer à fonds perdu, dans une Compagnie d'assurances, les sommes nécessaires pour satisfaire au service des pensions.

COMPAGNIE D'ASSURANCES « L'UNION », 15, RUE DE LA BANQUE, A PARIS. — Jusqu'en 1886, la Compagnie remettait en espèces : aux employés de la branche *incendie* les quatre cinquièmes ; aux employés de la branche *vie* les trois cinquièmes de leur participation. Le reste de l'allocation constituait la dotation d'un fonds de retraite qui avait pour but : 1° de venir en aide aux employés devenus incapables de travailler par suite de maladie ou de vieillesse ; 2° de payer la moitié de primes d'assurances destinées à procurer des pensions aux participants. A cet effet, les employés, à leur entrée au service de la Compagnie, devaient contracter une assurance de rente viagère différée leur procurant, après trente ans de service ou à soixante ans d'âge, une pension de 1.000 francs. La moitié de la prime annuelle de cette assurance était prélevée sur la part en espèces que recevait annuellement l'employé, l'autre moitié était à la charge du fonds de retraite.

Actuellement, comme on l'a vu page 133, la participation est payée en espèces aux employés et aux inspecteurs nommés avant le 1ᵉʳ juillet 1886, après déduction de la moitié d'une assurance mixte de 5.000 francs ; mais ces agents peuvent espérer une pension de retraite sans subir de retenue. Par suite, on maintiendra le fonds de retraite mentionné ci-dessus aussi longtemps que cette mesure transitoire sera nécessaire. Pour les employés nommés depuis le 30 juin 1886, rien n'est payé en espèces et on a substitué le livret individuel à la pension viagère (voir page 133).

Il est utile d'ajouter que l'Assemblée générale des actionnaires de la Compagnie, dans ses séances du 27 avril 1887, du 25 avril 1888 et du 17 avril 1889, a mis à la disposition du Conseil d'administration, pour la formation d'une réserve de prévoyance en faveur du personnel, trois allocations extraordinaires de 100.000 francs, 20.000 francs et 25.000 francs.

C. — Les parts de bénéfice sont affectées à l'acquisition obligatoire ou facultative de parts individuelles de la propriété de l'entreprise.

L'exemple le plus important et aussi le plus célèbre de ce mode d'emploi des fonds de la participation aux bénéfices est celui de la maison Dequenne et Cie, ancienne maison Godin, à Guise (Aisne). « Il ne faut pas, écrivait le fondateur de cette entreprise, M. Jean-Baptiste Godin, que les bénéfices revenant aux travailleurs soient distraits de l'industrie ; il faut qu'ils servent à accroître les moyens d'action de l'association.

» Mais, dira-t-on, une entreprise industrielle, fût-elle basée sur l'association, ne peut indéfiniment augmenter son capital. Un moment arrive où elle possède tout ce qui lui est nécessaire pour exploiter son industrie ; alors il faudra bien partager les bénéfices disponibles. — Non, répondrai-je, ce partage ne devra pas davantage avoir lieu ; les bénéfices disponibles continueront à être convertis en titres de parts dans l'association au profit des ayants droit, mais leur valeur servira à rembourser intégralement les titres de fondation, puis les titres les plus anciens, par ordre de priorité. Par ce remboursement successif et la délivrance d'actions nouvelles aux travailleurs, le fonds social rentrera insensiblement aux mains des membres actifs de la Société[1]. »

A côté du système de M. Godin, nous citerons celui de M. Laroche-Joubert. Si, dans l'entreprise de Guise, les parts de bénéfice sont *obligatoirement* transformées en parts de la propriété de l'établissement, cette destination est *facultative* à la papeterie coopérative d'Angoulême.

L'un et l'autre des deux modes ont trouvé des imitateurs. La liste reproduite à la fin de ce livre indique vingt-neuf entreprises industrielles ou agricoles qui, — concurremment avec la participation aux bénéfices ou au moyen de ce régime, — ont associé plus ou moins largement, d'une manière obligatoire ou facultative, le personnel à la propriété du capital.

_____

[1] Godin, *Mutualité sociale.* (Paris, 1880, Guillaumin.)

Une grave objection est élevée contre ce procédé. On lui reproche de mêler aux risques industriels les modestes épargnes de l'ouvrier ; on signale, non sans raison, les terribles effets que produisent sur les populations ouvrières les désastres financiers auxquels elles se trouvent mêlées. Ces arguments, dont on ne saurait méconnaître la valeur, perdent pourtant de leur force quand il s'agit non de sommes économisées par le travailleur sur son salaire ordinaire, mais uniquement de sa part dans les bénéfices éventuels de l'entreprise, c'est-à-dire d'un surcroît de rémunération alloué annuellement, en dehors du salaire, et que l'ouvrier peut d'autant plus contribuer à accroître que, par sa participation au capital, il est plus directement intéressé au succès de l'affaire.

### 1° L'acquisition de parts de propriété est « obligatoire ».

DEQUENNE ET Cⁱᵉ, SOCIÉTÉ DU FAMILISTÈRE DE GUISE, ANCIENNE MAISON GODIN. USINES, FONDERIES ET MANUFACTURES D'APPAREILS DE CHAUFFAGE, DE CUISINE ET D'AMEUBLEMENT, A GUISE (AISNE). — La Société du Familistère de Guise comprend :

1° Des associés ;
2° Des sociétaires ;
3° Des participants ;
4° Des intéressés.

Les *associés* habitent le familistère et travaillent à l'établissement depuis cinq ans au moins; ils sont âgés de vingt-cinq ans au moins et possesseurs d'une part du fonds social qui ne peut être inférieure à 500 francs.

Les *sociétaires* travaillent au service de l'Association depuis trois ans au moins. Ils sont âgés de vingt et un ans au moins, mais ne sont pas tenus de posséder une part du fonds social.

Les *participants*, également âgés d'au moins vingt et un ans, travaillent au service de l'Association depuis un an au moins; ils peuvent ou non habiter le familistère et ne sont pas tenus non plus de posséder une part du fonds social.

Les *intéressés* sont les membres de l'association, étrangers à ses services d'exploitation, qui possèdent par héritage, achats, etc., des parts du fonds social.

L'Association emploie aussi des employés et des ouvriers comme *auxiliaires*.

Ainsi que nous l'avons exposé page 92, la répartition des bénéfices a lieu comme suit :

Au fonds de réserve, puis, quand ce fonds est complété, à la répartition. . . . . . . . . . . . . . . . . . . . . . . **25** %

Au capital, représenté par le total de ses intérêts, et au travail, représenté par le total de ses appointements et de ses salaires (l'*associé* intervenant à raison de deux fois la valeur, le *sociétaire* à raison d'une fois et demie la valeur, le *participant* et l'*auxiliaire* à raison de la somme exacte de leurs salaires ou appointements respectifs) . . . . . . **50** %

Aux capacités (administrateur-gérant, Conseil de gérance, Conseil de surveillance, etc.). . . . . . . . . . . . . . . . **25** %

Les dividendes du capital sont payés en espèces ; ceux des associés, des sociétaires et des participants leur sont remis sous forme de titres d'épargne ; ceux des auxiliaires alimentent une caisse d'assurances mutuelles [1] ; enfin, les dividendes des fonctionnaires qui prennent part aux bénéfices attribués aux capacités sont également transformés en titres d'épargne.

Voici, d'après un volume publié par l'Association à l'occasion de l'Exposition de 1889, un exemple de répartition :

On suppose un bénéfice net de 300.000 francs, sur lequel il ne reste rien à prélever pour la réserve, celle-ci se trouvant complétée par les prélèvements antérieurs . . . . . . . Fr. 300.000 »

Parts de capacités, 25 %. . . . . . . . . . . . 75.000 »

Reste à répartir entre le capital et le travail. Fr. 225.000 »

---

[1] « Les *assurances mutuelles* ont pour principal objet d'empêcher les membres de l'Association (associés, sociétaires, participants) et les auxiliaires de tomber dans la privation du nécessaire. Elles subviennent, en conséquence, aux besoins des malades, des blessés et des invalides du travail. Elles pourvoient, en outre, aux besoins des familles nécessiteuses des associés, sociétaires et autres habitants du Familistère. » (Charles Robert : *Rapport sur la section II du Groupe de l'Economie sociale de 1889.*)

Le *capital* étant de 4.600.000 francs, ses intérêts, à 5 %, se sont élevés à . . . . . . . . . .     230.000 »

Les *associés* ont touché dans l'année un salaire
de 240.000 francs, qui, multiplié par 2, donne . .     480.000 »

Les *sociétaires* ont gagné 430.000 francs et participent pour 430.000 $\times$ 1,5 = . . . . . . . . . •     645.000 »

Le salaire des *participants* s'est élevé à . . . . .     675.000 »

Celui des *auxiliaires* à. . . . . . . . . . . . .     470.000 »

Le capital et le travail sont donc représentés par
la somme totale de . . . . . . . . . . . . Fr.     2.500.000 »

Dès lors, le *pourcentage* est donné par la formule :

$$\frac{225.000 \times 100}{2.500.000} = 9 \,\%.$$

Et les dividendes sont fixés comme suit :

Capital, 230.000 à 9 %. . . . . . . Fr.    20.700 »

Associés, 480.000 à 9 % . . . . . . . . .    43.200 »

Sociétaires, 645.000 à 9 % . . . . . . .    58.050 »

Participants, 675.000 à 9 %. . . . . . .    60.750 »

Auxiliaires, 470.000 à 9 % . . . . . . . .    42.300 »

                                   Fr.    225.000 »

D'après un état publié par M. Charles Robert, dans son rapport
sur la section II du groupe de l'Économie sociale de l'Exposition universelle de 1889, les associés, les sociétaires et les participants sont devenus propriétaires, depuis la fondation jusqu'au
30 juin 1888, de titres d'épargnes représentant une somme de
2.320.235 francs.

Imprimerie Van Marken, a Delft (Hollande). — On a vu,
page 84, sur quelles bases les bénéfices sont répartis.

Les parts de bénéfice réservées aux actionnaires, aux fondateurs,
comme les 10 % mis à la disposition de l'assemblée générale
pour être utilisés, dans certaines conditions, au profit du personnel
sont payés en espèces. Mais les parts revenant aux associés travailleurs, à chacun des directeurs et des ouvriers sont déposées dans

une caisse dite *Caisse d'épargne des bénéfices* et inscrites aux comptes individuels des intéressés. Chaque fois qu'un de ces comptes d'épargne atteint la somme de 100 florins, le propriétaire d'une action dont le numéro est tiré au sort est remboursé du montant de son titre, qui est remis au titulaire du compte. Pour que le capital reste entre les mains du travailleur en exercice, M. Van Marken a pris des dispositions analogues à celles adoptées par M. Godin. « Aussitôt, dit-il, la dernière action passée des mains des actionnaires primitifs aux mains du travail, on ira recommencer l'œuvre de la transmission dans le même ordre des numéros d'actions qu'à la première transmission. Et après cette deuxième transmission viendra le troisième tour, et ainsi de suite. De sorte que toujours les derniers bénéfices seront employés à exproprier, au profit des ouvriers en activité, les actionnaires dont le capital aura le plus grand nombre d'années de service, dont les actions portent la date la plus ancienne de la dernière transmission. »

REDOULY ET Cie (ANCIENNE MAISON LECLAIRE). ENTREPRISE DE PEINTURE EN BATIMENTS, 11, RUE SAINT-GEORGES, A PARIS. — On a vu, pages 83 et 151, que dans la maison Leclaire, le capital est fourni : moitié par les associés-gérants élus par le *noyau;* moitié par la Société de prévoyance et de secours mutuels, c'est-à-dire par la collectivité du personnel. Nous avons exposé aux mêmes pages les bases de la distribution des bénéfices et du mode d'emploi des fonds.

THOMSON ET FILS, FABRICANTS DE DRAPS, A WOODHOUSE MILLS, HUDDERSFIELD (ANGLETERRE). — Le capital social est divisé en actions de 1 livre sterling (25 francs) chacune, auxquelles il est alloué un intérêt de 5 %. Chaque année, les *cinq neuvièmes* du bénéfice net sont répartis entre tous les travailleurs qui ont été employés par la Société pendant la moitié au moins de l'exercice. L'attribution a lieu sous forme d'actions ou de versements à valoir sur le montant d'une action. Les *quatre neuvièmes* restants sont employés, suivant que le Conseil le déterminera, soit à récompenser des services spéciaux rendus à la Société, soit à développer l'entreprise par des concessions aux clients ou par tout autre procédé qui paraîtra profitable.

Le 6 août 1892, les statuts ont été modifiés en vue de la création d'un *fonds d'assurances et de pensions* pour les ouvriers malades, infirmes ou victimes d'accidents. Ainsi, sur un chiffre de bénéfices égal à 5 °/₀ des salaires, on prélèvera en faveur du fonds de prévoyance 1 °/₀ du montant de ces salaires. Un prélèvement de même importance sera opéré sur chaque quantité de bénéfice égal à 2 1/2 °/₀ réalisés en plus des 5 °/₀ précités, sans cependant que le total de ces allocations puisse dépasser 5 °/₀ des salaires.

Génevois et fils, fabricants de savons et de parfumerie a Poggio, Reale, Naples (Italie). — Les parts de bénéfice sont transformées en parts de capital de l'entreprise, jusqu'à concurrence d'une somme de 2.000 francs. On a vu, page 116, que les produits de la participation sont répartis entre les intéressés proportionnellement au capital de chacun augmenté des salaires gagnés pendant l'exercice. Quand son capital a atteint 2.000 francs, le participant peut prélever chaque année la moitié des dividendes qui lui reviennent ou laisser le tout en augmentation dudit capital, sans, toutefois, que ce dernier puisse dépasser la somme de 30.000 francs.

N.-O. Nelson Manufacturing Company. Fabrique d'appareils, tuyaux et objets divers en cuivre, a Saint-Louis du Missouri (États-Unis). — Nous avons exposé, page 85, comment s'opère le partage des bénéfices. Au début de l'organisation de la participation (1886), le personnel avait *la faculté* de transformer ses parts de bénéfice en parts de la propriété de l'entreprise. En janvier 1887, un premier dividende de 74.140 francs a été distribué aux participants pour 1886, ce qui a donné à chacun environ 5 °/₀ de son salaire (1). Plus de 90 °/₀ des ayants droit ont laissé leur dividende en dépôt. En décembre 1890, le Conseil d'administration a décidé que le produit de la participation sera *obligatoirement* employé en actions de la Société.

En janvier 1890, le personnel, non compris les chefs de service, possédait 77.500 francs en actions de l'entreprise et 12.500 francs en dépôts (2).

---

(1) Ce dividende a été de 8 °/₀ des salaires en janvier 1889 (troisième répartition) et de 10 °/₀ en 1891 (cinquième exercice).
(2) M. N. O. Nelson est l'un des promoteurs de la participation en Amérique. Après avoir étudié sur place l'organisation de l'ancienne maison Godin, à Guise, il a provoqué sur la participation une enquête dont les résultats ont été publiés dans le journal *The Age of Steel*, de Saint-Louis. « La véritable *Trade Union*, a dit sagement M. Nelson, est celle par laquelle le patron s'unit à ses ouvriers ». (Charles Robert : *Rapport sur la section II du groupe de l'Economie sociale.*)

**2° L'acquisition de parts de propriété est « facultative ».**

Laroche-Joubert et C<sup>ie</sup>, papeterie coopérative d'Angoulême. — Nous avons exposé, page 124, dans quelles conditions les coopérateurs de la papeterie d'Angoulême peuvent s'intéresser dans l'entreprise, soit comme *possesseurs de dépôts* (jusqu'à concurrence de 5.000 francs), prenant part à une partie des bénéfices sans être soumis aux pertes, soit comme *participants au capital* (jusqu'à concurrence de 30.000 francs), partageant, au même titre que les commanditaires, les chances bonnes ou mauvaises de l'affaire.

Par acte notarié du 17 décembre 1889, le capital social, qui pourra être augmenté ou diminué, a été fixé à 4.320.000 francs. Cet apport social est fourni comme suit :

| | | |
|---|---|---:|
| Les deux gérants, associés en nom collectif . . Fr. | | 1.350.000 |
| Les commanditaires : | | |
| 1° Parents ou amis des gérants (30). Fr. | 1.187.000 | |
| 2° Anciens employés et ouvriers (16). | 406.000 | |
| 3° Participants au capital (113 employés et ouvriers en activité) . . . . . | 1.377.000 | |
| | | 2.970.000 |
| | Fr. | 4.320.000 |

Bon Marché, Plassard, Morin, Fillot et C<sup>ie</sup> (Maison Aristide Boucicaut), magasins de nouveautés, rue du Bac, a Paris. — C'est une Société en commandite par actions au capital de 20 millions de francs entièrement versés.

« Par la constitution de la Société *veuve Boucicaut et C<sup>ie</sup>*, fondée en 1880, le capital social tout entier, divisé en 400 actions de huit coupures de 6.250 francs chacune, soit 3.200 parts, a été réparti successivement entre un grand nombre d'employés de la maison. L'action de 50.000 francs, plus que doublée par les réserves, vaut aujourd'hui 101.000 francs.

» Le capital jouit d'un intérêt de 6 %, prélevé avant tout partage de bénéfices.

» Les parts sont nominatives et transmissibles par un transfert. Toutefois, les transmissions à des personnes étrangères à la Société ne sont valables qu'autant qu'elles ont été agréées en assemblée

11

générale. C'est donc très exceptionnellement qu'on accepte comme associées des personnes ne travaillant pas dans la maison.

» L'association a été constituée par M^me Boucicaut pour y faire entrer les membres du personnel. Elle est donc réellement coopérative. La nécessité du transfert empêche toute dérogation abusive à cette règle, à laquelle on ne fait exception qu'en faveur des enfants des sociétaires...

» M^me Boucicaut choisissait les nouveaux sociétaires parmi les employés les plus méritants; l'assemblée générale actuelle de la Société suit toujours cette tradition (1). »

Actuellement, 408 chefs de service et employés sont copropriétaires du capital. On a vu, pages 134 et 135, que le personnel jouit d'une participation à quantum indéterminé, qui se capitalise sur comptes individuels, ainsi que d'une riche caisse de retraite qu'il doit aux libéralités de M^me Boucicaut.

Société anonyme de la manufacture de laine Rossi (Lanificio Rossi), a Schio (Italie).—Les 5 °/₀ des bénéfices attribués au personnel alimentent un fonds collectif consacré à l'amélioration du sort du personnel, comme on le verra plus loin, page 167. Pour permettre aux ouvriers économes de prendre part à la propriété de la maison, on a créé pour eux des coupures d'actions de 200 lires. Plusieurs des employés et des ouvriers sont ainsi devenus actionnaires de l'entreprise.

Van Marken, fabrique néerlandaise de levure et d'alcool, a Delft (Hollande). — En 1881, à l'occasion d'une augmentation du capital social, M. Van Marken mit à la disposition du personnel dix de ses propres actions de 1.000 florins, au cours de la nouvelle émission (120 °/₀), afin de fournir aux ouvriers l'occasion de participer, dans une certaine mesure, avec leurs épargnes, aux dividendes et aux risques du capital (2). Ces dix actions restaient sous l'admi-

---

(1) Charles Robert, *Rapport sur la section II du Groupe de l'Économie sociale de Exposition universelle de 1889.*

(2) A la fin de 1880, le capital de la Société avait été porté de 200.000 à 400.000 florins. Comme les nouvelles actions étaient demandées à la Bourse au cours de 225 °/₀, on donna aux anciens actionnaires une préférence pour les acquérir au cours de 120 °/₀. M. Van Marken, usant comme les autres actionnaires de son droit de préférence, mit dix de ces actions à la disposition du personnel. L'essai dont il s'agit a donc été entrepris par M. Van Marken en son nom privé.

nistration de M. Van Marken, assisté de deux membres du *noyau* (¹)
élus chaque année à cet effet par leurs camarades. Sous la garantie
de ces dix actions, valant 12.000 florins, on émit 1.000 certificats
nominatifs, de 12 florins chacun, qu'on mit à la disposition du
personnel, en donnant à chaque ouvrier ou employé la faculté d'en
acquérir jusqu'à dix. Il revenait annuellement à chaque certificat la
millième partie du dividende attribué à l'ensemble des dix actions.
A la première émission, qui eut lieu le 1ᵉʳ mai 1881, 51 participants
souscrivirent pour 308 certificats. Au 1ᵉʳ janvier 1889, le nombre
des certificats placés était de 459, appartenant à 64 ouvriers et
employés.

Les porteurs de certificats qui quittent la maison, ou les héritiers
des porteurs décédés sont tenus de transférer leurs titres, soit à
M. Van Marken, soit à des membres du personnel. M. Van Marken
s'engage, d'ailleurs, à racheter, en tout temps, les certificats au prix
d'émission.

Leclerc. Fabrique de lits et meubles en fer, a Saint-
Dizier (Haute-Marne). — L'article 6 du règlement est ainsi
conçu :

« En vue d'encourager l'épargne et de stimuler le zèle des travailleurs, et pour préparer graduellement l'association coopérative
dans son usine, M. Leclerc prend les dispositions suivantes :

» Le capital d'exploitation étant fictivement divisé en parts de
100 francs, 1.500 de ces parts, sous le nom d'*Actions d'épargne*
sont mises à la disposition des participants qui désireront y
consacrer leur part de bénéfices payable en espèces (²), sans qu'un
même ouvrier puisse en posséder plus de 50 et un employé
plus de 100. Les participants auront la faculté de prélever sur
leur salaire les sommes destinées à la caisse de retraite (²) et de
disposer de leur part entière de bénéfices pour l'achat d'*actions
d'épargne*. »

Les *actions d'épargne* ont les avantages et courent les risques du
capital, mais ne confèrent aux porteurs aucun droit d'immixtion
dans les affaires de l'usine.

---

(1) Voir page 205, la composition du *noyau*.
(2) La moitié de l'allocation.

NAYROLLES. ATELIERS DE BRODERIES ARTISTIQUES POUR AMEUBLE-
MENTS, 3, RUE DES IMMEUBLES-INDUSTRIELS, A PARIS. — M. Nayrolles
a mis en application, le 1ᵉʳ janvier 1892, un nouveau règlement de
la participation aux bénéfices, dont les articles 4 et 5 sont ainsi
conçus :

« Dans les huit jours qui suivront la mise en paiement du bénéfice attribué au personnel, les ouvrières auront le droit de verser en
compte courant à la caisse de la maison, tout ou partie des sommes
qu'elles auront touchées pour leur part. Il ne sera pas reçu d'argent
étranger, c'est-à-dire qu'aucune ouvrière ne pourra verser une
somme supérieure à celle qu'elle viendra de recevoir.

» Les sommes ainsi versées par les ouvrières én compte courant
jouiront de tous les avantages accordés au capital engagé dans la
maison, mais sans être passibles d'aucune responsabilité dans les
pertes. Ces versements auront droit : 1° à un intérêt de 5 °/₀ l'an,
et 2° à une part proportionnelle à leur montant dans le tiers des
bénéfices accordés au capital. Les sommes versées par les ouvrières
en compte courant seront constamment à leur disposition. En cas
de retrait dans le courant d'une année, elles toucheront l'intérêt de
5 °/₀ pour le temps écoulé, mais perdront tout droit au partage des
bénéfices de l'année en cours. Toute somme retirée ne pourra plus
être reversée à nouveau.

» Les ouvrières ayant un compte courant pourront laisser leur
compte s'augmenter des intérêts et de la part de bénéfice qui leur
écherra chaque année.

» Les sommes déposées en compte courant par les ouvrières
s'ajouteront au capital engagé par la maison, mais ne pourront être
supérieures à la moitié de ce capital. »

Ces dispositions sont commentées comme suit dans une note
imprimée au bas du règlement : « Au lieu d'entrer dans la voie
de la coopération proprement dite en offrant à ses ouvrières de
petites coupures d'actions et de parts, de manière à en faire de
véritables commanditaires associées aux pertes comme aux gains,
M. Nayrolles a préféré ajouter simplement à une première partici-
cipation générale et réglementaire, une autre participation supplémentaire facultative, subordonnée au versement dans sa caisse du
produit de la première participation, mais égale au dividende touché
par le capital lui-même; les versements ainsi faits par les ouvrières

jouissent donc de tous les avantages réservés au capital industriel, sans courir les mêmes risques ([1]). »

Une première application de ces dispositions a été faite en janvier 1892 à quatre ouvrières qui avaient déposé 1.100 francs à la suite de la répartition de 1891. Ces quatre ouvrières ont touché 5 % d'intérêt et la part de dividende accordée à leur dépôt assimilé au capital. Actuellement, le nombre des déposantes est de six et les versements s'élèvent à 3.000 francs.

Cinq des entreprises que nous venons de citer ont associé le personnel à leur capital d'une manière exceptionnellement importante. Ce sont : la maison Leclaire, l'Association du Familistère de Guise, le Bon Marché, la papeterie Laroche-Joubert et Cie, la manufacture de draps de MM. Thomson et fils. Le premier de ces cinq établissements met à l'épreuve, depuis de nombreuses années, l'ensemble des rouages de sa constitution coopérative. Dans les quatre autres, le mouvement coopératif continue de s'opérer progressivement, avec les précautions dictées par les fondateurs en vue d'une évolution prudente et normale. De l'étude très intéressante de ces établissements se dégage la conviction que là, plus encore que dans aucune autre forme d'entreprise, le succès est subordonné : 1° à la stabilité et à l'autorité incontestée de la direction; 2° à de solides bases d'une sage administration; 3° à l'intelligence et au bon sens du personnel, qui a pour devoir de se préoccuper de l'intérêt général de la maison comme de son propre intérêt. Une direction habile et ferme en même temps que stable et incontestée nous paraît, dans ces constitutions, d'une importance capitale. A la maison Leclaire, les associés-gérants sont nommés à vie. « Trois fois, dit M. Charles Robert dans une notice sur M. Marquot ([2]), trois fois depuis dix-huit ans la mort a frappé la maison Leclaire dans la personne de ses chefs, et trois fois le libre suffrage, exprimé au scrutin secret des cent vingt ouvriers et employés qui composent l'assemblée du *noyau* a cherché et trouvé, dans l'état-major de la maison, les dignes successeurs de ceux qui venaient de lui être enlevés. »

[1] M. Laroche-Joubert accorde à peu près les mêmes avantages aux versements faits par ses ouvriers à titre de *dépôt*. (Voir pages 124 et 161.)
[2] Coassocié de la maison Leclaire, décédé le 16 décembre 1890. (Voir *Bulletin de la Participation*, tome XIII, p. 60.)

## II. — PARTICIPATION COLLECTIVE

**Le produit de la participation alimente un fonds collectif de secours, de prévoyance et de retraite.**

Nous sommes arrivés à un mode d'emploi qui a essentiellement le caractère du patronage. Il est usité dans les maisons qui ont adopté la forme de participation à laquelle on peut donner le nom de *participation collective*. Là, pas de comptes individuels pour la création du patrimoine particulier de chaque ayant droit, mais un ensemble de belles institutions ouvrières : assurances, pensions, habitations à bon marché, sociétés de secours, maisons de vieillesse, établissements d'instruction et d'éducation, etc. C'est le système préconisé et appliqué par Jean Dollfus et Frédéric Engel-Dollfus. « L'apathie de l'ouvrier, a dit M. Engel-Dollfus, partout où il ne trouve pas de jouissance immédiate, impose au fabricant l'obligation d'être prévoyant pour lui. Il s'agit moins de former le capital *chez* l'ouvrier que *pour* l'ouvrier, afin de lui en donner l'usage certain dans les circonstances difficiles de la vie, ou lorsque l'heure du repos est venue...

» On prône beaucoup la participation aux bénéfices et l'on a raison, car elle a l'avantage de gagner de nouveaux adhérents aux idées de solidarité dans le travail. Mais il serait dangereux d'y voir une panacée; car elle a le grand inconvénient d'offrir une base incertaine, irrégulière et fertile en mécomptes.

» Quelques évaluations très approximatives font penser qu'on ne peut pas songer à assurer à la fois à l'ouvrier le bénéfice des institutions de prévoyance et la participation aux bénéfices sans condition de remploi : ce serait diviser les eaux d'une même source, au risque de voir la partie la plus précieuse se perdre.

» Il faut donc ou adopter la participation avec partage différé et condition formelle de remploi, ou développer encore le patronage, qui n'est que la prévoyance organisée par l'initiative des patrons (1)... »

La maison Dollfus-Mieg et C$^{ie}$, fabrique de fils à coudre, filature,

---

(1) *Mémoire sur l'épargne et la prévoyance dans leurs manifestations à Mulhouse* (Imprimerie Bader, Mulhouse, 1876).

tissage, blanchiment, teinture et apprêts, à Mulhouse, consacre chaque année 120.000 francs environ de ses bénéfices à alimenter ses institutions ouvrières. Le même système de participation collective existe à Rothau (Alsace), chez MM. Steinheil, Dieterlen et Cie, filateurs de coton ; à Thann (Alsace), chez MM. Scheurer-Rott et Cie, fabrique d'impressions sur étoffes ; à la blanchisserie et teinturerie de Thaon (Vosges), dirigée par M. Lederlin ; à la manufacture de laine Rossi, à Schio (Italie) ; à la Société anonyme de tissus de laine des Vosges, au Thillot et à Trougemont, dirigée par M. Charles Marteau. Dans cette dernière maison, il a été ajouté, en 1889, une participation individuelle à la participation collective.

A ce système on peut aussi rattacher le procédé de MM. Lever Brothers, fabricants du savon Sunlight, à Port-Sunlight, Birkenhead, près Liverpool, qui, depuis 1891, consacrent une part de leurs bénéfices (75.000 francs pour l'exercice 1890) à la construction d'édifices d'intérêt commun, tels que salles de récréation, et au dégrèvement du loyer des nombreux ouvriers qu'ils logent. Ce loyer est réduit de 30 % à la fin de la première année d'occupation, de 30 % encore à la fin de chacune des deux années suivantes, de sorte que le locataire, au bout de trois ans, n'a plus à payer que 10 % du loyer primitif. pour frais d'entretien et de réparation (1).

En général, la participation collective a plus d'efficacité que la participation individuelle « dans les établissements où la répartition entre tous ne donnerait à chacun qu'une très faible somme » (2).

En mentionnant les fondations d'utilité commune de la participation collective, nous devons ajouter qu'un grand nombre de maisons qui pratiquent la participation individuelle ont créé, en outre, de remarquables institutions patronales. La description de toutes ces œuvres de prévoyance remplirait des volumes. C'est une belle et fortifiante étude, qui nous rappelle ces paroles de Frédéric Engel-Dollfus :

« Il m'est aussi difficile d'admettre l'existence d'un établissement

(1) Voir *Bulletin de la Participation* (tome XIV, p. 129).
(2) Quinzième résolution du Congrès de la Participation.

manufacturier sans caisse de secours, sans caisse de retraite, sans
de nombreuses annexes de toute sorte en faveur de la classe
ouvrière, qu'il me serait possible, par exemple, de concevoir le
grand commerce extérieur sans l'assurance maritime ou toute
grande exploitation industrielle sans l'assurance contre le feu. »

Et ces autres paroles d'un industriel parisien, M. Baille-Lemaire :
« Un patron doit, aujourd'hui, munir sa maison d'institutions
de prévoyance ; il doit avoir une organisation sociale comme il a
un outillage mieux approprié aux nécessités actuelles, et cela
parce que ces deux termes ont la même fonction, qui est d'obtenir une fabrication plus active et des produits meilleurs. Les
deux outillages, mécanique et social, ne devraient jamais être
séparés. »

« Pourquoi vote-t-on des fonds d'amortissement ? a dit M. Van
Marken, le 22 janvier 1887, à l'assemblée générale extraordinaire
des actionnaires de sa maison, afin de ne pas être exposé à se
trouver un jour, avec des bâtiments et un matériel usés, en face
d'une caisse vide. Eh bien ! on doit voter des retraites pour les
ouvriers afin de n'avoir pas plus tard à entretenir un hospice de
vieillards. »

# CHAPITRE IV

## GESTION DES FONDS

I. Différents modes. — 1° Les fonds restent déposés en compte courant dans la maison. — 2° Ils sont employés en rentes sur l'État ou autres valeurs de tout repos. — 3° Ils sont versés à la Caisse Nationale des retraites pour la vieillesse ou dans une Compagnie d'assurances, pour constituer des pensions de retraite. — Considérations et exemples.

II. Réserves. — Les réserves de la participation, prélevées avant tout partage, servent à atténuer les effets des années peu prospères et à parer aux éventualités imprévues. — Exemples.

III. Les épargnes collectives de la participation et les risques industriels. — Opportunité, signalée dès 1876 par M. de Courcy, d'une Caisse publique de dépôts destinée à donner toute sécurité aux épargnes collectives de la participation aux bénéfices, des caisses de prévoyance, etc. — Actives démarches de M. de Courcy et de la Société pour l'étude de la participation en vue d'obtenir la création de cette Caisse. — Projet de loi proposé par la Commission extra-parlementaire des Associations ouvrières. — Objections contre une Caisse de l'État. — Nouveau projet de loi adopté par la Chambre des députés et soumis au Sénat, conférant aux employés et aux ouvriers, sur le dépôt de leurs épargnes collectives, le droit de gage réglé par l'article 2073 du Code civil.

## I. — DIFFÉRENTS MODES

Trois modes principaux sont en usage pour la gestion des produits de la participation :

1° Les fonds restent déposés en compte courant dans la maison ; la direction les fait valoir comme elle l'entend, et leur sert un intérêt déterminé, généralement de 5 ou de 4 % ;

2° Les fonds sont employés en titres de rentes sur l'État, en obligations de chemins de fer ou autres valeurs de tout repos ; ils se grossissent des rentes ou des intérêts ; les titres sont conservés dans la caisse de la maison ou déposés dans une banque ;

3º Les fonds sont versés à la Caisse Nationale des retraites pour la vieillesse ou dans une Compagnie d'assurances, pour constituer des pensions de retraite à capital réservé ou à capital aliéné.

### 1º Les fonds restent déposés en compte courant dans la maison.

M. Goffinon, qui a voué un actif dévouement aux institutions dont nous entretenons le lecteur, s'est toujours très nettement prononcé pour ce mode de procéder. Suivant lui, le personnel s'attache de la sorte plus étroitement aux affaires de la maison ; il en suit les développements et le succès avec la sollicitude que commandent ses propres intérêts. Dans ces conditions, il est naturellement amené à donner au patron un concours plus éclairé, plus réfléchi, par suite plus dévoué, sachant d'ailleurs, en général, que celui-ci gère le patrimoine de ses collaborateurs avec autant de vigilance que ses propres capitaux.

Ces considérations méritent de fixer l'attention. Mais elles ne laissent pas moins subsister le grave souci de voir d'aussi précieuses épargnes mêlées aux risques industriels.

Dans la maison Barbas, Tassart et Balas (ancienne maison Goffinon), l'assemblée générale des participants décide chaque année, par un vote secret, si les fonds de l'institution continueront à rester en compte courant dans l'entreprise ou si la gestion en sera confiée soit à une Compagnie d'assurances, soit à une Société de crédit, soit à une Caisse publique. Les intéressés se sont toujours prononcés pour le maintien de l'état de choses existant.

Il en est de même chez M. Monduit et chez MM. Thuillier frères, qui exercent une industrie analogue à celle de l'ancienne maison Goffinon.

La Compagnie d'assurances générales conserve également avec ses capitaux les fonds de la participation, auxquels elle sert un intérêt annuel de 4 %. Mais M. de Courcy était d'avis que tout établissement qui possède des institutions de prévoyance devrait en verser les fonds dans une Caisse de dépôts et se rendre étranger à leur gestion. On verra plus loin (pages 177 et suivantes) les actives démarches qu'il a faites, de concert avec la Société pour l'étude de la participation, dans le but d'obtenir la création d'une Caisse publique de dépôts pour ces sortes d'épargnes.

Nous croyons que de nombreux patrons gèrent ainsi les produits de la participation en leur allouant un intérêt déterminé ; mais nous sommes convaincus aussi que beaucoup d'entre eux partagent l'opinion de M. de Courcy en ce qui concerne la Caisse publique de dépôts.

Chez MM. Godchaux et Cⁱᵉ, les fonds sont administrés par la maison ; mais dans le cas où les revenus deviendraient insuffisants pour le service des pensions, les chefs de la maison pourraient placer, à capital aliéné, dans une Compagnie d'assurances, la somme nécessaire pour assurer ce service.

### Extrait de règlements.

Le compte de chaque participant sera bonifié chaque année d'un intérêt de 5 %, produit par les sommes qui y sont portées, tant que la maison en conservera la gestion financière.

Chaque année, à l'assemblée générale de fin d'exercice, ou extraordinairement, s'il y a lieu, sur l'initiative du Comité consultatif, par un vote secret, il sera décidé si les participants continueront à laisser leurs capitaux en compte courant ou si cette gestion sera confiée, d'accord avec le Comité consultatif, soit à une Compagnie d'assurances, soit à une Société de crédit, soit à une Caisse publique. *(Barbas, Tassart et Balas.)*

### 2° Les fonds sont employés en titres de tout repos.

Par ce moyen, on sépare nettement — en fait, sinon en droit — de l'actif social le patrimoine du personnel. Sans doute, dans le cas où la maison ferait de mauvaises affaires, cette épargne ne serait pas moins en danger que si elle était mêlée aux capitaux d'exploitation ; car la collectivité des participants n'ayant pas la personnalité civile, les fonds sont placés au nom du patron ; ils figurent sur les livres à l'actif de l'établissement. Mais on est, du moins, en présence d'une situation constamment franche et claire. La mesure a un caractère incontestable d'ordre et de précision administratifs. L'un de ses avantages les plus appréciables est de diminuer les soucis du patron et d'augmenter la sécurité de l'ouvrier.

La fortune de la *Caisse de l'atelier* de la fonderie Deberny est convertie principalement en rentes sur l'État et déposée à la Banque de France. « Nous avons fait, nous a dit M. Tuleu, de l'excellente administration. En quelques années, par suite du mouvement de hausse, la valeur de notre capital de prévoyance s'est augmenté de 50.000 francs.

Parmi les maisons qui ont adopté ce mode de gestion, nous citerons l'Imprimerie Chaix et plusieurs Compagnies d'assurances. (*La France, l'Abeille, le Phénix, le Soleil, l'Aigle.*)

L'administration des fonds, telle qu'elle existait à l'Imprimerie Montorier, demande à être exposée avec quelques développements.

Avant tout partage, entre les participants, du bénéfice qui leur était attribué, on opérait sur ce fonds un prélèvement de 10 %, comme *première réserve* destinée à parer aux éventualités imprévues.

La moitié de la somme restant à répartir était distribuée en espèces, comme on l'a vu page 144; l'autre moitié, portée aux livrets individuels des participants, constituait dans son ensemble, sous le nom de *compte d'avenir*, une *deuxième réserve,* dont huit dixièmes se composaient de valeurs à lots (Crédit Foncier, Ville de Paris ou autres villes de France). Le gain des lots profitait à tous, par portions égales. Chaque année on dressait un bilan spécial du compte d'avenir, et les attributions revenant à chacun des participants étaient inscrites à son livret individuel. (Les deux dixièmes conservés en espèces servaient au fonctionnement du compte d'avenir, mais ne se confondaient pas avec la première réserve.)

Toutes les sommes appartenant aux réserves et aux comptes de participation, soit en espèces, soit en valeurs, étaient déposées dans une banque choisie par le Comité consultatif. (Voir page 194, pour la liquidation des comptes.)

### Extraits de règlements.

Les capitaux appartenant à ces caisses de prévoyance seront employés en rentes sur l'État, au porteur. Les titres en seront conservés, comme les autres valeurs desdites Compagnies [1], et seront soumis à la vérification annuelle des censeurs.

Le Conseil d'administration est investi du pouvoir d'aliéner, par les soins du Directeur de chaque Compagnie, tout ou partie desdits titres, pour le service de chacune de ces caisses. (*Compagnie l'Abeille.*)

\*\*

Les fonds appliqués à la caisse de prévoyance seront placés en valeurs déterminées par le Conseil d'administration, au nom de la Compagnie du *Soleil,* sans que cette Compagnie puisse être, en aucun cas, responsable du sort des placements. (*Compagnies le Soleil et l'Aigle.*)

---

(1) Contre l'incendie, — sur la vie, — contre la grêle.

### 3° Les fonds sont versés à la Caisse Nationale des retraites pour la vieillesse ou dans une Compagnie d'assurances.

Nous avons exposé, dans le chapitre III, les différentes applications de ce mode de gestion. Parmi les maisons qui versent à la Caisse Nationale des retraites pour la vieillesse la totalité ou une partie des fonds de la participation, nous rappellerons les suivantes : Compagnie du chemin de fer de Paris à Orléans ; — Compagnie de Fives-Lille, pour constructions mécaniques et entreprises ; — Piat, atelier de construction et fonderie de fer, 85 et 87, rue Saint-Maur, à Paris ; — Gounouilhou, imprimeur, à Bordeaux ; — Moutier, entrepreneur de serrurerie, à Saint-Germain-en-Laye ; — Mozet et Delalonde, entrepreneurs de maçonnerie, 65, rue d'Erlanger, à Paris ; — Lecœur, entrepreneur de menuiserie, 23, rue Humboldt, à Paris ; — Roux et Cie, représentants de la maison Tangye et Cie, boulevard du Temple, 54, à Paris.

La maison de MM. Caillard frères, constructeurs-mécaniciens, au Havre, et l'imprimerie Buttner-Thierry, rue Laffitte, 34, à Paris, déposent le capital de prévoyance, à intérêts composés, dans une Compagnie d'assurances [1].

Chez MM. Schœller et fils, filateurs, à Schaffhouse (Suisse), une grande partie des sommes provenant de la participation a été versée à une Compagnie d'assurances, pour servir à constituer des pensions de vieillesse.

Dans son rapport sur la section II du Groupe de l'Économie sociale de l'Exposition universelle de 1889, M. Charles Robert donne comme suit le détail de l'avoir de la Société de prévoyance et de secours mutuels de la maison Leclaire au 1er janvier 1891 :

| | |
|---|---|
| En espèces . . . . . . . . . . . . . . . . Fr. | 37.719 18 |
| Somme avancée en compte courant par la Société à la maison industrielle Redouly et Cie . . . . . | 165.388 38 |
| Deux titres de rentes sur l'État (capital) . . . . | 115.769 65 |
| *A reporter.* . . . | 318.877 21 |

---

(1) Compagnie d'*Assurances générales*, pour M. Caillard frères, et Compagnie l'*Union*, pour M. Buttner-Thierry.

Report . . . . . 318.877 21

A la caisse des retraites :

Capital disponible. . . . . Fr. 363.784 43 )

Capital indisponible . . . . . . 350.312 » } 714.096 43

Commandite de la Société dans la maison Redouly
et C^ie (portée désormais à 400.000 francs). . . . 200.000 »

Caisse des dépôts et consignations (compte courant) . . . . . . . . . . . . . . . . . . 1.135.000 »

Vernes et C^io (compte courant) . . . . . . . 51.170 10

TOTAL. . . Fr. 2.419.143 74

## II. — RÉSERVES

Par une mesure de sage prévoyance, quelques chefs de maison
prélèvent sur les bénéfices des bonnes années les éléments d'un
fonds de réserve de la participation, dans le but d'atténuer les
effets des exercices moins prospères et de faire face aux éventualités imprévues. Voici quelques exemples de la constitution de
pareilles réserves :

MOUTIER, ENTREPRENEUR DE SERRURERIE, A SAINT-GERMAIN-EN-LAYE. —
10 % de la part annuelle alimentent une caisse de réserve destinée
à atténuer les effets des mauvaises années. Les fonds sont déposés
à la Caisse d'épargne. La caisse de réserve peut faire de petites
avances, sans intérêt, aux employés et aux ouvriers qui se trouvent
momentanément dans le besoin.

LEFRANC ET C^ie, FABRICANTS DE COULEURS, VERNIS ET ENCRES
D'IMPRIMERIE, 60, RUE DE TURENNE, A PARIS. — Chaque allocation
annuelle subit une retenue de 5 % qui sert à former, jusqu'à
concurrence de 2.000 francs, un fonds spécial de secours en
faveur des travailleurs de l'usine, participants ou non participants.

MONTORIER, IMPRIMEUR, 10, PASSAGE DES PETITES-ÉCURIES, A PARIS.
— 10 % de la part annuelle constituaient, en faveur des participants, un fonds de réserve destiné à parer aux éventualités
imprévues.

CHESSEX ET HOESSLY, FILATEURS, A SCHAFFHOUSE (SUISSE). — La maison met en réserve une fraction du prélèvement annuel, en vue d'éviter que, « dans les mauvaises années, les participants soient privés de tout encouragement ».

MONDUIT, ENTREPRENEUR DE COUVERTURE ET DE PLOMBERIE, 31, RUE PONCELET, A PARIS. — Ici, un prélèvement de 10 % a lieu sur l'ensemble des bénéfices, pour constituer, jusqu'à concurrence de 100.000 francs, une réserve qui appartient pour neuf dixièmes à M. Monduit et pour un dixième aux participants.

COMPAGNIE D'ASSURANCES « LA FRANCE », 14, RUE DE GRAMMONT, A PARIS. — 30 % de l'allocation annuelle faite au personnel alimentent un fonds de réserve, qui est à la disposition du Conseil pour reconnaître les services exceptionnels et venir en aide aux employés nécessiteux.

(Un prélèvement de 25 % est fait dans le même but aux Compagnies d'assurances *le Soleil* et *l'Aigle*, 44, rue Châteaudun, à Paris.)

COMPAGNIE D'ASSURANCES « LA PROVIDENCE », 12, RUE DE GRAMMONT, A PARIS. — Une réserve a été constituée, sous le nom de *fonds commun*, au moyen d'une première dotation de 20.000 francs, à laquelle viennent s'ajouter, chaque année : 1° 1 % des bénéfices de la Compagnie (en plus des 4 % répartis entre les participants); 2° les intérêts et les bénéfices provenant du placement des fonds de la caisse de prévoyance, c'est-à-dire de l'ensemble des comptes individuels.

Ce fonds commun est destiné :

1° A constituer des secours temporaires ou des pensions viagères pour de bons et anciens serviteurs, auxquels les comptes individuels ne seraient pas applicables ou ne procureraient que des ressources insuffisantes ;

2° A fournir aux comptes individuels un intérêt de 4 % ;

3° A combler les différences qui pourraient résulter de l'écart entre le cours d'achat des valeurs à leur entrée dans la caisse de prévoyance et leur prix au moment du règlement définitif des comptes individuels.

COMPAGNIE UNIVERSELLE DU CANAL MARITIME DE SUEZ, 9, RUE CHARRAS, A PARIS. — Comme on l'a vu, page 149, toutes les fois que les 2 °/₀ des bénéfices nets attribués au personnel sont plus que suffisants pour assurer le minimum des retraites, il est fait, sur l'ensemble de ce produit, un prélèvement de 10 °/₀ pour un fonds de réserve déstiné à pourvoir aux insuffisances et aux secours votés en faveur d'employés malheureux ou de leurs familles. La Compagnie sert à ce fonds un intérêt de 4 °/₀.

### Extraits de règlements.

Un prélèvement de 10 °/₀ sera retiré avant la répartition pour constituer et alimenter une caisse de réserve.....

La caisse de réserve dont il est parlé à l'article 2 a pour but d'atténuer, dans les mauvaises années, une répartition nulle ou peu importante.

La caisse de réserve peut faire quelques petites avances aux employés et ouvriers pour les aider dans un moment difficile. Ces avances ne porteront pas intérêt et seront retenues par acomptes aux paies suivantes. *(Moutier.)*

\* \*

Un prélèvement de 5 °/₀ est effectué au préalable sur toutes les allocations versées à la caisse de prévoyance, dans le but de constituer un fonds spécial pour subvenir aux secours que MM. Lefranc et Cⁱᵉ jugeraient nécessaires d'accorder aux employés, ouvriers ou ouvrières, participants ou non, dans des cas spéciaux ou exceptionnels.

Ce prélèvement cessera d'être effectué dès que le fonds de secours aura atteint le chiffre de 2.000 francs, mais lorsqu'il descendra au-dessous de ce chiffre, il devra être reconstitué au moyen du prélèvement ci-dessus jusqu'à due concurrence dudit chiffre. *(Lefranc et Cⁱᵉ.)*

\* \*

Les fonds affectés à la *masse générale*, en vertu des articles 3 et 8 (¹), sont destinés :

1° A pourvoir, dans des cas exceptionnels laissés à l'entière appréciation du Conseil, à l'insuffisance des résultats que pourrait donner la présente fondation pour des employés actuellement attachés aux Compagnies et dont les services sont déjà anciens ;

2° A reconnaître, lorsqu'il y aura lieu, par l'inscription de sommes portées d'office au crédit de leurs comptes individuels, les services exceptionnels que des employés pourraient rendre aux Compagnies ;

3° A venir en aide aux employés dans des circonstances exceptionnelles et particulièrement à faire face aux frais de funérailles et de dernière maladie d'employés en activité de service ;

4° A bonifier, aux comptes individuels, un intérêt fixe de 4 °/₀ par an comme il est dit à l'article 8 (²);

---

(1) Le quart de la part annuelle.
(2) Les intérêts des placements effectués pour le compte de la caisse de prévoyance sont tous portés au compte de la *Masse générale*.

5° A combler les différences qui pourraient résulter de l'écart entre le cours d'achat des valeurs à leur entrée dans la caisse de prévoyance et leur prix au moment du règlement définitif des divers comptes individuels. *(Le Soleil et l'Aigle.)*

---

## II. — LES ÉPARGNES COLLECTIVES DE LA PARTICIPATION ET LES RISQUES INDUSTRIELS

« C'est en 1876, dans son ouvrage intitulé : *l'Institution des caisses de prévoyance* (¹), que M. de Courcy a réclamé pour la première fois la création d'une caisse de dépôt à ouvrir par l'État, afin de sauvegarder une portion considérable de l'épargne ouvrière. Il s'agit, en effet, de séparer de l'actif social des établissements industriels où existe la participation ainsi que de ceux où, par d'autres ressources, ont été fondées des caisses de prévoyance, et de mettre à l'abri de tout hasard fâcheux les bénéfices non distribués en espèces aux ouvriers et employés et affectés à des institutions de prévoyance.

» En 1883, devant la Commission extraparlementaire des associations ouvrières instituée par M. le Ministre de l'Intérieur, M. de Courcy a développé, avec son talent habituel, les motifs d'intérêt public et social sur lesquels s'appuie sa proposition. La Commission extraparlementaire et le Ministre de l'Intérieur prirent aussitôt en considération ce projet, auquel notre Société a toujours attaché une grande importance. En novembre 1883, le président de la Société de participation adressait au bureau des Sociétés professionnelles une note à l'appui, et notre vice-président, M. Chaix, pouvait parler, au mois de septembre 1884, devant le Congrès de l'Association pour l'avancement des sciences réuni à Blois, des espérances que permettait de concevoir l'accueil fait, en juillet, par M. Waldeck-Rousseau à un vœu formulé par lui dans ce sens. De son côté, le *Moniteur des Syndicats*, organe autorisé des Chambres syndicales ouvrières, se joignait à notre Société, dans son numéro du 24 octobre 1884, en réclamant comme elle et avec elle un *projet de loi nécessaire* » (²).

Le 16 décembre de la même année, une lettre pressante, rédi-

---

(1) Paris, Librairie Warnier, rue Laffitte.
2) *Bulletin de la Participation*, tome VI, page 255.

ée par M. de Courcy, signée avec lui par le Conseil d'administration et par d'autres membres de notre Société, rappelait la demande à M. le Ministre de l'Intérieur. Dans une audience en date du 22 décembre, on examina avec M. Waldeck-Rousseau tous les éléments de la question et M. le Ministre invita M. de Courcy et le bureau de notre Société à préparer eux-mêmes le projet de loi dont ils sollicitaient l'adoption. Ce projet fut aussitôt élaboré et adressé M. le Ministre le 12 janvier 1885. On en trouve le texte dans le tome VI du *Bulletin de la Participation* (page 261).

La Commission extraparlementaire ne l'examina que trois ans après, le 22 février 1888. « Cette institution, disait son président, M. Albert Christophle, substituant une caisse publique à des caisses privées, répond à un besoin urgent : des désastres récents l'ont démontré. M. Huet a codifié les principales dispositions de ce projet, se rapportant à celui de MM. de Courcy et Charles Robert, dont les dépositions devant la Commission ont été fort intéressantes. »

Le projet de loi adopté par la Commission extraparlementaire le 22 février 1888, créait une « caisse générale de la prévoyance industrielle, commerciale et agricole » gérée par la caisse des Dépôts et Consignations. Les déposants devaient préalablement soumettre leur règlement à une Commission supérieure composée de sénateurs, de députés, de conseillers d'État, de fonctionnaires de divers ordres et d'industriels. Les fonds étaient employés en rentes sur l'État ou garanties par l'État, ou autres valeurs admises par la Banque de France en garantie de ses avances. Les institutions libres de prévoyance, après approbation de leurs statuts, étaient considérées comme jouissant de la personnalité civile en ce qui concernait seulement la gestion des fonds déposés par elle dans la caisse générale de prévoyance. (Voir le texte de ce projet de loi dans le tome III de *l'Enquête de la Commission extraparlementaire des associations ouvrières*. Librairie Chaix.)

Dans une communication faite au Congrès des Sociétés savantes, au nom de notre Société, le 31 mai 1890, M. Frédéric Dubois rappelait la question et faisait ressortir l'opportunité d'une caisse publique de Dépôts par un argument puissant : « Les administrateurs de la Compagnie de Terrenoire, disait-il, étaient poursuivis sous la prévention d'abus de confiance pour avoir détourné ou dissipé les fonds des caisses de secours et de retraite appartenant à leurs ouvriers, et qui n'avaient été versés dans la caisse de la Compagnie qu'à titre de dépôt. Un jugement du Tribunal correctionnel de Lyon vient de décider que le paiement par la Compagnie d'un intérêt annuel pour les fonds remis entre ses mains impliquait pour elle le droit d'utiliser ces fonds, de les faire produire, excluant par cela même le caractère de dépôt tel qu'il est déterminé au Code civil. En conséquence, les prévenus ont été renvoyés des fins de la poursuite. Ainsi, le patron qui détient les fonds provenant de la participation n'est pas, au sens de la loi, un dépositaire. Il peut légitimement, sans commettre un abus de confiance, les employer dans ses affaires commerciales où ils courront tous les risques de l'entreprise. On voit par là combien il importe de trouver un moyen de séparer l'avoir des ouvriers de l'avoir du patron » (1).

Un autre exemple est venu s'ajouter au fait cité par M. Dubois, c'est celui du Comptoir d'Escompte, dont le désastre a également englouti les épargnes du personnel. Le Tribunal de commerce de Paris a rendu à ce sujet, le 9 juin 1890, un jugement analogue à celui du Tribunal correctionnel de Lyon. Par un arrêt du 24 février 1892, la Cour d'appel de Paris a confirmé le jugement relatif au Comptoir d'Escompte « attendu, dit l'arrêt, qu'il ne résulte ni de la création d'une caisse de prévoyance dans les conditions rappelées par les premiers juges, ni de son mode de fonctionnement au profit des employés du Comptoir d'Escompte un droit acquis et certain à une créance obligatoire pour la Société » (2).

La Caisse publique de dépôt soulevait cependant une grave objection que M. Cheysson a éloquemment mise en lumière dans la même séance du Congrès des Sociétés savantes. Tout en reconnaissant l'opportunité de séparer les épargnes ouvrières du capital des entreprises, M. Cheysson s'est nettement prononcé contre la création d'une caisse d'Etat, redoutant de voir s'augmenter encore les sommes si considérables qui viennent s'accumuler, à titre de dette flottante, dans les coffres du Trésor public.

Cette objection avait déjà été formulée et M. de Courcy y avait répondu dans une intéressante communication faite à l'assemblée générale de 1885 de la Société pour l'étude de la participation et

(1) *Bulletin de la Participation*, tome XII, page 216.
(2) *Le Droit*, Journal des tribunaux, du 5 mars 1892.

dans une note très développée répondant à un article de *l'Écono-
miste Français*. « Pourrait-on, a-t-il dit notamment, demander
les suppressions des caisses d'épargne? Pourquoi s'opposer alors avec
une telle véhémence à la fondation d'une caisse d'épargne pour le
pécule collectif des ouvriers? »

Quoi qu'il en soit, notre Société a recherché et a pu indiquer
une autre solution. Un projet de loi déposé sur le bureau de la
Chambre des députés le 20 décembre 1890, par les Ministres du
Commerce et de la Justice, adopté par cette Chambre le 3 mars 1891,
à la suite de deux rapports de M. Paul Guieysse (¹), porte que le
seul fait du dépôt volontaire opéré par un chef d'industrie, à
la caisse des Dépôts et Consignations, des sommes ou valeurs
affectées par ce patron à ses institutions de prévoyance, confère aux
ouvriers et employés, créanciers bénéficiaires, le droit de gage réglé,
en cas de dépôt chez un tiers, par l'article 2073 du Code civil.

Voici, d'ailleurs, le texte même du projet de loi tel qu'il a été
adopté, en deuxième lecture, par la Chambre des députés, dans
ses séances des 2 et 3 mars 1891, après discussion de plusieurs
amendements.

ARTICLE PREMIER. — En cas de faillite, de liquidation judiciaire ou de
déconfiture, lorsque des retenues sur les salaires ont été opérées ou
lorsque des versements ont été reçus ou légalement effectués par le chef
de l'entreprise, au profit d'une institution de prévoyance, les ouvriers,
employés ou bénéficiaires sont admis de plein droit à réclamer la restitution de toutes les sommes non utilisées conformément aux statuts.

Cette restitution est garantie par un privilège général sur tous les
meubles du débiteur, qui prend rang après ceux énumérés à l'article
2101 du Code civil (²). Ce privilège ne frappe les immeubles que lorsqu'il

---

(1) N° 1158. Séance du 29 janvier 1891. Rapport fait au nom de la Commission
du travail, chargée d'examiner la *proposition de loi concernant les caisses de retraite,
de secours et de prévoyance fondées au profit des ouvriers et employés*. A ce
rapport est annexé le lettre adressée le 16 décembre 1884 par notre Société à
M. Waldeck Rousseau. En tête de l'exposé des motifs et du projet du Gouvernement
qui forment l'annexe n° 2, M. Guieysse rappelle que la première initiative de ce
projet est due à la Société de participation. Un rapport supplémentaire (n° 1236,
26 février 1891) contient des modifications au premier projet de la Commission.

(2) « ART. 2101. — Les créances privilégiées sur la généralité des meubles
sont celles ci-après exprimées et s'exercent dans l'ordre suivant : — 1° les frais
de justice ; — 2° les frais funéraires ; — 3° les frais quelconques de la dernière
maladie, concurremment entre ceux à qui ils sont dus ; — 4° les salaires des
gens de service, pour l'année échue et ce qui est dû sur l'année courante ; —

a été inscrit, et à la date de son inscription ; l'inscription contiendra l'évaluation provisoire de la créance.

Le privilège s'étend, dans tous les cas, aux intérêts convenus des sommes ainsi retenues ou reçues par le chef de l'entreprise. A défaut de convention, les intérêts seront calculés au même taux que celui fixé pour les caisses d'épargne, au jour d'ouverture de la liquidation de l'entreprise.

Les sommes provenant des retenues ou des versements, et non utilisées conformément aux statuts, deviendront exigibles en cas de fermeture de l'établissement industriel ou commercial. Il en sera de même en cas de cession volontaire, à moins que le cessionnaire ne consente à prendre le lieu et place du cédant.

Art. 2. — La Caisse des dépôts et consignations est autorisée à recevoir, à titre de dépôt, les sommes et valeurs appartenant ou affectées aux institutions de prévoyance fondées en faveur des employés et ouvriers.

Art. 3. — Le seul fait du dépôt légalement opéré à la Caisse des dépôts et consignations, par le chef de l'entreprise, de sommes ou valeurs affectées aux institutions de prévoyance, confère aux bénéficiaires de ces institutions un droit de gage, dans les termes de l'article 2073 du Code civil (1), sur ces sommes et valeurs. Ce droit de gage s'exerce dans la mesure des droits acquis et des droits éventuels.

Art. 4. — Pour toutes les contestations relatives à leurs droits dans les caisses de prévoyance, de secours et de retraite, les ouvriers et employés peuvent charger, à la majorité, un mandataire d'ester pour eux en justice, soit en demandant, soit en défendant. Ils peuvent également charger un mandataire d'inscrire en leur nom le privilège prévu par l'article premier.

Art. 5. — Dans les trois mois qui suivront la promulgation de la présente loi, toutes les sommes qui, à l'avenir, seront retenues sur les salaires des ouvriers et employés, ou toutes les valeurs représentatives de ces sommes, en vue d'assurer les retraites, seront déposées à la Caisse des dépôts et consignations.

Art. 6. — Un règlement d'administration publique déterminera le mode de nomination du mandataire, les mesures de publicité nécessaires

---

5° les fournitures de subsistances faites au débiteur et à sa famille ; savoir, pendant les six derniers mois, par les marchands en détail, tels que boulangers, bouchers et autres et, pendant la dernière année, par les maîtres de pension et marchands en gros. »

(1) « Art. 2073. — Le gage confère au créancier le droit de se faire payer sur la chose qui en est l'objet, par privilège et préférence aux autres créanciers. »

Aux termes de l'article 2076 du même Code : « Le privilège ne subsiste sur le gage, qu'autant que ce gage a été mis et est resté en la possession du créancier ou *d'un tiers convenu entre les parties.* » Ce tiers est ici la Caisse des dépôts et consignations.

pour sauvegarder les intérêts des créanciers du chef de l'entreprise, les formalités exigées pour prendre l'inscription, ainsi que les bases d'évaluation provisoire·de la créance, la nature des valeurs qui pourront servir d'emploi conformément à l'article 5 et les conditions suivant lesquelles seront effectués le dépôt et le retrait des sommes et valeurs appartenant ou affectées aux institutions de secours et de prévoyance.

Il déterminera de même les bases d'après lesquelles seront évalués les droits acquis et les droits éventuels, ainsi que le mode de restitution aux intéressés.

# CHAPITRE V

## LIQUIDATION DES COMPTES — DÉCHÉANCES

La propriété du compte de prévoyance formé au moyen de la participation n'est, en général, acquise au titulaire qu'à un âge ou après une durée de service déterminés. — Si ces conditions ne sont pas remplies, il peut y avoir déchéance, le plus souvent au profit de la masse. — Opinions et discussions concernant la déchéance. — Différentes variétés de clauses de déchéance.

La question qui se pose en ce qui concerne la liquidation des comptes est celle-ci :

La somme épargnée appartiendra-t-elle immédiatement et sans condition au participant, pour lui être remise le jour où il quittera la maison, ou pour revenir à ses ayants droit s'il vient à mourir, à quelque époque que ce soit ? Ou bien,

La propriété entière du compte ne sera-t-elle acquise au participant que s'il a accompli une durée de services ou atteint un âge déterminés par le règlement, la masse [devant bénéficier de l'épargne si l'une ou l'autre de ces conditions n'est pas remplie ?

La question des déchéances a donné lieu à une très vive discussion au Congrès de la Participation tenu en 1889 (séance du 17 juillet) (1).

M. Guieysse, ancien actuaire de la Compagnie d'assurances l'*Union*, aujourd'hui député du Morbihan, considère que la part de bénéfices attribuée à un ouvrier est sa propriété immédiate et défi-

_____

(1) Voir le compte rendu *in extenso* du Congrès, dont les éléments ont été coordonnés par MM. Charles Robert, président, et Frédéric Dubois, secrétaire, pages 152 et suivantes (Paris, Lib. Chaix, 1890), et le procès-verbal sommaire des séances, rédigé par M. Frédéric Dubois, pages 16 et 17 (Paris, Imp. Nationale, 1889).

nitive; qu'il n'est pas loisible au patron de subordonner ce droit à
la condition d'un temps déterminé de service.

Le R. P. Ludovic de Besse, partisan convaincu des principes de
M. Alfred de Courcy, et M. Barberet, chef du bureau des Institutions de prévoyance au Ministère de l'Intérieur, combattent cette
opinion, en faisant remarquer notamment que la clause de déchéance a pour effet d'assurer la stabilité du personnel.

M. David Schloss déclare qu'en Angleterre la clause de déchéance
ne serait pas admise; qu'elle aurait contre elle toutes les *Trades
Unions*. « On considérerait comme abusant de son droit le patron
qui voudrait l'imposer à ses ouvriers, dans le but de les retenir. »

Suivant M. Charles Robert, « la déchéance a pour conséquence
de retenir le participant dans la maison qui l'occupe; et c'est là un
avantage qu'il n'est pas interdit au patron d'envisager. Elle permet,
en outre, d'organiser dans les usines tout un ordre d'institutions
de prévoyance et d'épargne qui impliquent la permanence » (1).

M. Veyssier, administrateur du *Moniteur des Syndicats ouvriers*,
M. Buisson, directeur de la Société coopérative *le Travail*, M. Barré,
gérant de l'Imprimerie Nouvelle, repoussent la déchéance.

M. Laroche-Joubert fait remarquer que « la rigueur de la clause
en discussion est singulièrement atténuée par ce fait que, lorsqu'elle
a lieu, la déchéance profite, non aux patrons, mais aux autres participants, le droit de retour s'exerçant au profit de la masse ».

Dans cette séance, le Congrès a émis le vœu « que la déchéance ne
soit plus inscrite dans les contrats relatifs à la participation ». Mais,
deux jours après, sur la proposition de M. Goffinon, il a atténué en
ces termes l'expression trop absolue de son vote : « Le Congrès
reconnaît toutefois que l'organisation d'une Caisse de prévoyance ou
de retraite peut comporter, dans l'intérêt même du personnel, l'application de cette déchéance, à la condition que son montant reste
à la masse et que, pour éviter tout arbitraire, les cas de déchéance
soient déterminés par le règlement ».

---

(1) Actuellement, M. Charles Robert, tout en restant persuadé que la déchéance
peut avoir cet avantage matériel, la combat en se plaçant au point de vue d'un
principe, celui du droit acquis. C'est sur sa proposition qu'en mars 1891, la
déchéance a été complètement écartée du règlement de la Compagnie d'assurances
l'*Union*.

M. E. Cheysson, dont l'opinion sur ces questions est si justement appréciée, parle ainsi de la clause de déchéance dans son rapport sur la section XIV du groupe de l'Économie sociale de 1889 :

« Les arguments et les exemples ne manquent pas à l'appui de la déchéance.

» A tout seigneur tout honneur! L'État n'en use pas autrement vis-à-vis de ses employés. On sait qu'en vertu de la loi du 9 juin 1853 sur les pensions civiles, le droit à la retraite n'est acquis que moyennant le double minimum de trente ans de service et de soixante ans d'âge. Si l'une de ces deux conditions n'est pas remplie, toutes les retenues du fonctionnaire sont confisquées au profit de la Caisse : ni lui, ni sa famille n'ont droit à rien.

» L'exemple de l'État n'a pas manqué d'être contagieux, et la plupart des Caisses de retraite contiennent des clauses semblables. Il en est de même pour bon nombre de contrats de participation aux bénéfices.

» M. de Courcy, l'avocat convaincu « du patrimoine », l'adversaire acharné de la loi de 1853 dont il n'a cessé de dénoncer le caractère « antisocial », M. de Courcy lui-même a introduit la déchéance dans le règlement de la Caisse de prévoyance en faveur des employés de la Compagnie d'Assurances générales. L'employé ne peut faire régler son compte individuel qu'après vingt-cinq ans de service ou à soixant-cinq ans d'âge. Tout employé démissionnaire, congédié ou destitué, est déchu de ses droits, même éventuels, dans la Caisse de prévoyance, qui bénéficie de ce compte et le répartit entre les autres adhérents.

» Cette clause lui semblait indispensable pour retenir les agents (¹) et les préserver des tentatives d'embauchage auxquelles ils pourraient être exposés de la part des concurrents de la Compagnie. En pareil cas, ils ont à opter entre la perte de leur patrimoine et les offres plus ou moins brillantes qui les sollicitent; mais ils ne cumuleront pas les deux avantages et n'iront pas porter ailleurs à la fois l'expérience et le pécule acquis au service de la Compagnie qu'ils se proposent désormais de combattre. En somme, la déchéance agit à

---

(1) Employés de l'administration centrale et inspecteurs.

la façon du dédit que stipulent les directeurs de théâtre pour se
prémunir contre la désertion de leurs artistes.

» Quant à la légitimité de cette clause, ceux qui l'appliquent
n'admettent pas qu'elle puisse être un instant contestée. Le patron
n'est-il pas libre de mettre à ses libéralités telle condition que bon
lui semble? Il avait le droit de ne pas instituer de participation et
de retraite; s'il lui plaît de concéder ces faveurs, de son plein gré,
à son personnel, comment pourrait-on trouver mauvais et s'étonner
qu'il les subordonne à certaines clauses, qui rendent à l'ouvrier le
service de le prémunir contre des déplacements capricieux, non
moins préjudiciables à sa famille qu'à l'atelier lui-même?

» Tel n'est pas le sentiment des ouvriers et surtout de ceux qui
parlent en leur nom. Volontiers ils paraphraseraient pour lui la
fable *Le Loup et le Chien*... C'est cette disposition qui s'exagère
jusqu'à faire nier les bienfaits de la stabilité, ceux de la propriété
du foyer domestique, en un mot ceux de toutes les institutions qui,
en consolidant la famille, l'attachent par cela même à sa localité et
à l'usine. Ce sont, disent des théoriciens agités, de véritables liens
de servage dont on enlace l'ouvrier. Sous prétexte de philanthropie,
le patron n'a, au fond, d'autre pensée que de mettre la main sur
lui, pour le river à son atelier, comme le seigneur féodal rivait le
serf à la glèbe. En réalité, il est bon qu'au lieu de végéter en
place, l'ouvrier circule de ville en ville, d'usine en usine, pour
échapper à la torpeur de l'immobilité, pour élargir son horizon,
pour rompre ce réseau invisible d'habitudes et de bien-être engour-
dissant, qui finissent par dégénérer en servitude oppressive et
pesante, alors même qu'elle serait volontaire.

» Ces esprits chagrins auraient raison si l'homme était une pierre
faite pour rouler, ou un grain de poussière, destiné à céder au
souffle de tous les vents; mais l'homme n'est pas cela : l'homme
est un arbre qui a des racines profondes et qu'on mutile quand
on le transplante. Il n'est pas un individu abstrait, un célibataire
perpétuel, n'ayant à songer qu'à lui-même, une sorte de « compa-
gnon du devoir » qui fait son tour de France, descend chez la
« mère » et chante de gais refrains. L'homme complet est un chef
de famille qui a charge d'âmes et de corps et qui, à ce titre, a
besoin de planter fortement sa tente sur le sol.

» Tout en condamnant, comme elles doivent l'être, les exagéra-

tions de ces esprits à rebours, qui renversent les pôles .et placent
le mal dans le bien et réciproquement, il importe, pour résoudre la
question de déchéance, de tenir compte de l'état des esprits que
nous avons déjà vu commander la transformation du patronage.

» Cette clause heurte tellement cet état des esprits qu'elle est,
sur un grand nombre de points, mise en échec et forcée de reculer.

» Les Compagnies de chemins de fer, qui avaient modelé leurs
caisses de retraites sur celle de l'État, ont eu à soutenir d'irritants
procès contre leurs mécaniciens révoqués. Des tribunaux et des
cours les ont condamnées à restituer les retenues à ces agents.

» Il est vrai que la Cour de cassation a constamment annulé
ces jugements et arrêts, par application des principes du Code
civil (notamment de l'article 1134) ; mais, après avoir ainsi gagné
leur procès en dernier appel, les Compagnies ont compris qu'elles
l'avaient perdu devant l'opinion publique et elles se sont successivement décidées à des restitutions de capital, même pour des agents
renvoyés à propos des fautes les plus graves. »

Après avoir rappelé le débat auquel la question de déchéance a
donné lieu au Congrès de 1889, dont nous avons parlé plus haut,
M. E. Cheysson continue comme suit :

« Depuis 1889, la clause de déchéance a continué à perdre du
terrain ; elle a été, par exemple, supprimée dans le règlement de la
caisse de la Compagnie d'assurances *l'Union*. Enfin, elle a reçu de
la loi du 28 décembre 1890 un coup très grave et dont elle ne se
relèvera pas.

» Cette loi, qui modifie l'article 1780 du Code civil sur le
contrat de louage, dispose, à son article premier, que la « résiliation du contrat par la volonté d'un seul des contractants, peut
donner lieu à des dommages-intérêts. Pour la fixation de l'indemnité à allouer, le cas échéant, il sera tenu compte des usages, de
la nature des services engagés, du temps écoulé, *des retenues opérées ou des versements effectués en vue d'une pension de retraite*,
et, en général, de toutes les circonstances qui peuvent justifier
l'existence et déterminer l'étendue du préjudice causé. Les parties
ne peuvent renoncer à l'avance au droit éventuel de demander
des dommages-intérêts en vertu des dispositions ci-dessus. » Cette
loi est trop récente pour avoir déjà déroulé toutes ses conséquences.
A notre avis, elle contient de telles menaces contre les clauses de

déchéance qu'il y a peut-être aujourd'hui une certaine imprudence à leur insertion ou à leur maintien dans un règlement.

» Pour se mettre à l'abri de toute éventualité, la solution, telle qu'elle semble résulter des discussions de la loi et de la pensée du législateur, paraît être la constitution du *livret individuel*, qui est la propriété de l'ouvrier, qu'il emporte en quittant l'usine et qui concilie à la fois, avec ses droits acquis, sa liberté et celle du patron.

» C'est la solution qui a été adoptée par les principales Sociétés, telles que celles d'Anzin, du Creusot, et nous allons la retrouver tout à l'heure comme également conseillée par de puissantes considérations de sécurité morale et financière.

» Il importe, tout en renonçant à la déchéance, d'éviter que le respect des droits acquis ne se retourne contre l'ouvrier et le patron et ne nuise à la stabilité de leurs rapports. Si l'usine restituait à caisse ouverte et à vue, dès la première réquisition, le pécule inscrit au compte de l'ayant droit par suite du jeu des institutions patronales, ce serait une dangereuse faculté pour l'ouvrier, qui serait tenté d'en user à chaque assaut d'un besoin pressant, d'une passion, d'un simple caprice. Pour une partie de plaisir, une « tournée » au cabaret avec les camarades, il en est qui abandonneraient l'atelier et dissiperaient en quelques heures les fonds si laborieusement amassés sou à sou, en vue de la vieillesse.

» Le livret individuel conjure ce danger, puisqu'il n'est pas immédiatement consommable et confère des droits à une jouissance lointaine.

» Ailleurs, là où la restitution porte sur un patrimoine et s'opère en espèces, certaines maisons, comme le Bon Marché, *l'Union*, pour laisser à l'ayant droit le loisir de la réflexion, mettent un délai déterminé entre la démission et le remboursement. En six mois, un an, on a le temps de se ressaisir et de se raviser si l'on a cédé à un premier mouvement, qui n'est pas toujours le bon, et la perspective rafraîchissante de ce délai suffit à prévenir les coups de tête, dont l'ouvrier ou l'employé auraient eux-mêmes à souffrir cruellement, ainsi que leur famille [1]. »

1) *Rapport sur la section XIV du Groupe de l'Économie sociale*, par M. E. Cheysson, Inspecteur général des Ponts et Chaussées. (Paris, Imprimerie Nationale.)

La clause de la déchéance existe néanmoins dans un grand nombre de règlements de la participation aux bénéfices, et, le plus souvent, elle nous paraît reposer sur des fondements très légitimes.

En premier lieu, n'est-il pas juste et logique que le patron, comme nous l'avons dit ailleurs, lorsqu'il fonde la participation, ait en vue à la fois l'intérêt de son personnel et celui de son entreprise ? Les services doivent être réciproques, et le chef de maison qui, libéralement, abandonne à ses ouvriers une partie de son profit, doit pouvoir leur demander, en échange, plus d'attachement, d'application et de persévérance. Si, par le déploiement de toutes ces qualités, la maison prospère davantage, tant mieux pour le patron, qui a bien mérité ce succès par sa clairvoyante sollicitude, mais tant mieux aussi pour le personnel qui a su y contribuer et dont la fortune est liée à celle du patron.

En second lieu, quoi de plus légitime que de vouloir, par la nouvelle institution, récompenser surtout les fidèles et les stables ?

« Pierre qui roule, dit-on, n'amasse pas de mousse. » Rien n'est plus vrai, surtout dans le monde industriel. Or, nous sommes convaincus que la clause de déchéance a retenu sur la pente des déplacements ruineux bon nombre d'ouvriers.

Là où nous voudrions la voir radicalement supprimée, c'est lorsqu'elle s'applique à l'ouvrier mort en activité de service. Il n'a pas dépendu de lui de continuer son concours à la maison. Il a été frappé à côté de l'outil ou de la machine, pour ainsi dire sous le toit de l'usine, comme le soldat au « champ d'honneur », et vous verseriez dans la masse son fonds de prévoyance, pour partager entre ses camarades la part de la veuve ou de l'orphelin !

M. de Courcy nous raconte, avec son style clair et sa belle logique, comment on a été amené à reviser, à ce point de vue, le règlement de la caisse de prévoyance de la Compagnie d'assurances générales :

« Les rédacteurs du règlement, préoccupés d'assurer le plus tôt possible des retraites aux employés, ignorant, d'ailleurs, dans quelle rapide progression se grossiraient les ressources de la caisse, avaient cru devoir ne pas négliger l'élément des déchéances. Il était stipulé que, dans tous les cas de décès, de démission ou de révocation d'un employé, les sommes portées à son compte accroîtraient la masse commune et se répartiraient entre les autres comptes. C'était une sorte de tontine. Dès les premières applications de cette disposition au cas de décès, elle révéla ses inconvénients et choqua un sentiment moral chez ceux-là mêmes qui en bénéficiaient. Il était douloureux pour l'employé malade, inquiet de l'avenir de sa famille, de se dire que le livret n'était pas un patrimoine, que l'épargne allait s'évanouir avec lui. Il était pénible pour les survivants de se partager les dépouilles d'un camarade regretté qui laissait une veuve et des enfants. Lorsqu'on s'aperçut que, par le jeu régulier de la tontine, des employés supérieurs avaient quelque chose à gagner à la mort d'un pauvre expéditionnaire ou d'un garçon de bureau père de famille, le principe de la tontine se trouva moralement condamné.

» Le Conseil d'administration de la Compagnie s'empressa de donner satisfaction à des réclamations aussi respectables. Le règlement fut revisé. Il fut stipulé que le compte de l'employé décédé ne ferait retour à la masse que s'il ne laissait ni veuve, ni enfants, ni ascendants (article 8). Le livret devint ainsi un patrimoine. »

**1° La somme réservée appartient au participant le jour où il quitte la maison ou à ses héritiers s'il vient à mourir, à quelque époque que ce soit.**

Un fort petit nombre seulement des maisons qui réservent pour l'avenir la totalité ou une fraction des fonds de la participation accordent aux intéressés la propriété complète de leurs parts, sans aucune restriction.

Il n'existe pas de déchéance chez MM. Moutier, entrepreneur de serrurerie, à Saint-Germain-en-Laye; — Mozet et Delalonde, entrepreneurs de maçonnerie, 65, rue d'Erlanger, à Paris; — Besselièvre, fabricant d'indiennes, à Maromme (Seine-Inférieure); — Gounouilhou, imprimeur, à Bordeaux (1); — Mermod frères, fabricants d'horlogerie et de boîtes à musique, à Sainte-Croix (Suisse); — Thomas frères, imprimeurs, à Pontarlier; — Schaetti, fabricant d'allumettes, à Fehraltorf (Suisse); — à la Compagnie du chemin de fer de Paris à Orléans.

---

(1) Nous faisons abstraction de la mesure d'ordre en vertu de laquelle le participant qui sort de la maison ou qui en est renvoyé perd tout droit sur la participation de l'année courante.

Dans son nouveau règlement de'mars 1891, la Compagnie d'assurances *l'Union* a supprimé toute clause de déchéance. « Les livrets sont tous maintenant l'objet d'un droit acquis ; ils appartiennent désormais aux titulaires en pleine propriété (¹). » (Voir page 154 pour l'affectation des fonds.)

Chez M. Monduit, entrepreneur de couverture et de plomberie, 31, rue Poncelet, à Paris, il n'existe pas de déchéance proprement dite ; mais lorsqu'un participant quitte la maison avant vingt ans de service ou cinquante-cinq ans d'âge, le montant de son compte est versé à la caisse des retraites, où il se capitalise jusqu'à ce que le titulaire ait atteint cinquante-cinq ans.

**2° La propriété entière de son compte n'est acquise au participant que s'il a accompli une durée de services ou atteint un âge déterminés par le règlement.**

COMPAGNIE D'ASSURANCES GÉNÉRALES, 87, RUE DE RICHELIEU, A PARIS. — La liquidation a lieu lorsque le participant a vingt-cinq ans de service ou soixante-cinq ans d'âge. (Voir page 132 pour l'affectation des fonds.) Avec l'assentiment du Conseil, cette liquidation peut se faire même lorsque le participant demeure au service de la Compagnie. Dans ce cas, celui-ci continue à participer aux bénéfices, mais son compte ne profite plus des déchéances.

Si le participant meurt en activité de service, son patrimoine revient à sa veuve, à ses descendants ou ascendants. L'employé qui est atteint d'infirmités entraînant incapacité de travail peut recevoir la totalité ou une partie de la somme inscrite à son livret.

L'employé démissionnaire, congédié ou destitué, est déchu de tous droits. Toutefois, le Conseil se réserve la faculté d'apprécier la gravité des torts de l'employé congédié et de lui remettre une partie des fonds. Les sommes non acquises aux participants ou à leurs héritiers pour les causes indiquées ci-dessus sont réparties entre tous les comptes participants, au prorata des sommes qui y sont déjà respectivement inscrites.

Tout agent dont le compte est liquidé souscrit l'engagement d'honneur de ne porter ses services à aucune autre Compagnie.

---

(1) Rapport de M. Charles Robert sur la section II du Groupe de l'Économie sociale de 1889.

Nous trouvons des dispositions analogues, mais variant quelque peu en ce qui concerne l'âge et la durée des services exigés, dans les règlements de plusieurs Compagnies d'assurances : *le Lloyd Belge*, à Anvers; *la France*, 14, rue de Grammont, à Paris; *le Soleil* et *l'Aigle*, 44, rue de Châteaudun, à Paris ; *l'Urbaine*, 8, rue Le Peletier, à Paris; *la Foncière*, place Ventadour, à Paris; *la Providence*, 12, rue de Grammont, à Paris ; *Rhin et Moselle*, à Strasbourg; chez MM. Roland-Gosselin, agent de change, 62, rue de Richelieu, à Paris; Vernes et C$^{ie}$, banquiers, 29, rue Taitbout, à Paris; Lefranc et C$^{ie}$, fabricants de couleurs, vernis et encres d'imprimerie, 60, rue de Turenne, à Paris; dans l'usine métallurgique de Mazières, près Bourges.

COMPAGNIE D'ASSURANCES « LA NATIONALE », 13, RUE DE GRAMMONT, A PARIS. — Indépendamment de la participation aux bénéfices qu'elle accorde à son personnel (2 $^1/_2$ $^0/_0$ du dividende distribué aux actionnaires), la Compagnie verse annuellement, au compte individuel de chaque employé, une somme égale au dixième du traitement, qui se capitalise au taux annuel de 4 $^0/_0$. Mais la propriété de ce compte n'est acquise qu'aux agents méritants. Ainsi, lorsqu'un employé quitte la Compagnie, le Conseil d'administration décide s'il y a lieu de lui allouer le montant de son compte. Dans aucun cas, l'employé ne peut obtenir la propriété entière de ce fonds s'il n'a pas au moins cinq ans de service. Il appartient aussi au Conseil de décider s'il convient d'accorder aux héritiers directs (veuve, ascendants ou descendants) la totalité ou une partie de la somme inscrite au compte d'un participant décédé. Les sommes non accordées, soit au titulaire, soit aux héritiers, sont réparties entre les autres comptes individuels.

COMPAGNIE D'ASSURANCES « L'ABEILLE », 57, RUE TAITBOUT, A PARIS. — L'employé qui est obligé de quitter la Compagnie pour cause d'incapacité de service a droit immédiatement à la totalité des sommes portées à son compte. Le même droit est attribué à la veuve et aux enfants de l'employé décédé en activité de service.

L'employé révoqué ou démissionnaire avant d'avoir accompli cinq années de service n'a droit à rien. Après cinq ans, il reçoit la fraction qui lui est définitivement acquise par les dispositions indiquées page 135. Les sommes non attribuées font retour à la masse et sont réparties entre tous au marc le franc des traitements.

COMPAGNIE D'ASSURANCES « LE PHÉNIX », 33, RUE LAFAYETTE, A PARIS. — L'employé révoqué ou démissionnaire qui n'a pas cinq années de service ne reçoit que le remboursement des retenues et des dépôts volontaires. Le reste fait retour à la réserve. (Voir page 143.) L'employé qui cesse d'appartenir à la Compagnie, pour quelque cause que ce soit, après cinq années de service, reçoit le montant total de son compte, en rente et en numéraire. En cas de décès du titulaire, les fonds sont remis à ses héritiers.

BANQUE DU CRÉDIT FONCIER DE PRUSSE, A BERLIN. — Lorsque le titulaire d'un compte vient à mourir, son avoir, établi comme il est dit page 135, est immédiatement attribué à sa veuve ou à ses descendants. Les parents à d'autres degrés n'ont droit au patrimoine que s'ils prouvent que les appointements du décédé constituaient leurs seules ressources. — L'employé qui devient impropre au travail reçoit le montant de son compte.

L'agent congédié n'a droit à son capital d'épargne que s'il n'est pas renvoyé pour des fautes lui incombant. Celui qui quitte la banque de son propre gré renonce, par le fait de sa démission, au montant des sommes dont il n'a pas déjà acquis le droit de disposer. (Voir page 135.)

Les fonds qui tombent en déchéance sont répartis, à la clôture de chaque exercice, entre les comptes existants, au prorata des appointements des titulaires.

IMPRIMERIE CHAIX, 20, RUE BERGÈRE, A PARIS. — Nous croyons nécessaire de rappeler qu'il est fait trois parts de la somme revenant annuellement à chaque intéressé. La première lui est payée comptant; la deuxième lui est acquise et peut être liquidée à sa sortie de la maison, à n'importe quelle époque; la troisième ne lui appartient effectivement qu'à l'âge de soixante ans ou après vingt ans de présence. Comme on l'a vu, page 140, les deuxième et troisième parts se capitalisent sur livrets individuels, avec un intérêt de 4 %.

Le participant qui a vingt ans de service ou soixante d'âge peut, tout en restant dans son emploi, demander la liquidation de son

compte. Si le montant des deuxième et troisième parts portées à
son livret dépasse, dans son ensemble, 5.000 francs, la liquidation
est opérée d'office. (Voir pour l'emploi des fonds, page 141.) Dans
l'un et l'autre cas, un nouveau compte est ouvert au participant,
mais ne prend aucune part aux déchéances. D'ailleurs, tout compte
qui dépasse 5.000 francs, quels que soient l'âge et la durée des
services du titulaire, cesse de recevoir une part des déchéances.

Si le participant est atteint d'infirmités entraînant incapacité de
travail, le versement de la totalité ou d'une partie de la somme
inscrite à son compte peut lui être fait immédiatement. Lorsqu'un
participant décède en activité de service, les sommes portées à son
compte reviennent à ses ayants droit. Le participant qui quitte la
maison, soit volontairement, soit par suite de renvoi, perd ses
droits sur la troisième part, dont le montant est réparti entre les
comptes des autres participants, au prorata des sommes qui
y sont déjà respectivement inscrites. En outre, s'il sort avant la fin
de l'année, le participant démissionnaire n'a aucune part dans
les bénéfices de l'exercice en cours. Pour celui qui est remercié,
l'intérêt prend fin avec le mois qui a précédé sa sortie de la maison.

En cas de sortie non définitive, le participant doit demander
une autorisation écrite d'absence ; il est tenu de reprendre le travail au premier appel, faute de quoi il reçoit une mise en demeure
par lettre chargée, à la suite de laquelle il doit s'engager à rentrer
dans la huitaine s'il ne veut pas être considéré comme démissionnaire à partir du jour de sa sortie.

Le participant qui quitte la maison pour le service militaire
conserve ses droits en prévenant le patron. Il est tenu de redemander
son emploi dans le mois qui suit sa libération.

GODCHAUX ET Cie, IMPRIMEURS-ÉDITEURS, 10, RUE DE LA DOUANE, A
PARIS. — Le participant démissionnaire ou congédié perd tout droit
à la caisse de participation et de retraite.

MONTORIER, IMPRIMEUR, 10, PASSAGE DES PETITES-ÉCURIES, A PARIS (1).
— La liquidation du compte de prévoyance avait lieu :
1° En cas d'incapacité de travail ne résultant pas de l'inconduite;

(1) Voir notre observation, page 111.

2° En cas de décès (au profit de sa veuve, de ses descendants ou ascendants);

3° Lorsque le participant avait atteint l'âge de cinquante-cinq ans ou accompli vingt-cinq ans de service.

Le montant du livret était pris au *compte d'avenir* (voir page 172) et en espèces.

Le participant démissionnaire touchait la part lui revenant en espèces sur l'exercice en cours un an après son départ. Quant à la liquidation du livret individuel (part de la première réserve et part du *compte d'avenir*), elle se faisait au bout de deux ans, et on ne tenait compte que des sommes provenant des répartitions annuelles de bénéfice, le démissionnaire ne devant pas jouir des gains de lots s'il en était acquis au compte d'avenir. (Voir page 172 : *Gestion des fonds.*)

En cas de révocation pour faute grave, le participant ne recevait rien. Si le renvoi n'avait pas le caractère d'une révocation, le Comité appréciait s'il devait appliquer à l'intéressé les dispositions prévues pour le participant démissionnaire.

En cas de chômage, les droits du participant restaient suspendus pendant son absence, pour reprendre leur effet dès sa rentrée, qu'il devait effectuer dans la huitaine de son rappel, notifié par lettre recommandée. Pendant le service militaire, les participants conservaient leurs droits.

Les sommes non acquises aux participants ou à leurs héritiers revenaient au compte d'avenir et étaient partagées, par portions égales, entre tous les livrets.

MASSON, LIBRAIRE-ÉDITEUR, 120, BOULEVARD SAINT-GERMAIN, A PARIS. — Le droit de l'employé aux sommes inscrites à son carnet de prévoyance lui est définitivement acquis lorsqu'il a vingt ans de service ou soixante-cinq ans d'âge. Si, avant l'accomplissement de ces conditions, la maison est obligée de le congédier sans qu'il y ait motif de révocation, il reçoit immédiatement le montant de son compte. En cas de décès d'un participant en activité de service, son fonds de prévoyance est remis à sa veuve, à ses descendants ou ascendants.

Hors les cas ci-dessus énoncés, l'employé démissionnaire ou congédié est déchu de tous droits. Le montant de son compte est réparti entre tous les autres comptes des participants, au prorata des sommes qui y sont déjà respectivement inscrites. Toutefois, M. Masson se réserve la faculté d'apprécier la gravité des torts de l'employé et de lui remettre, en le congédiant, la totalité ou une partie des fonds. Pareil abandon peut être fait, après avis du Comité consultatif (Conseil de famille), en faveur de l'employé qui quitte la maison par suite d'un cas absolu de force majeure.

L'employé, au moment de la liquidation de son compte, prend l'engagement d'honneur de rembourser, dans le délai d'un mois, les fonds provenant de cette liquidation, dans le cas où il porterait ses services à une maison concurrente ou fonderait lui-même une librairie.

(Mêmes dispositions chez MM. Mame et fils, imprimeurs-éditeurs, à Tours.)

BARBAS, TASSART ET BALAS (ANCIENNE MAISON GOFFINON), ENTREPRENEURS DE COUVERTURE ET DE PLOMBERIE, 85, BOULEVARD DE STRASBOURG, A PARIS. — La moitié de chaque part, mise en réserve et capitalisée sur livret individuel au taux de 5 %, appartient à l'intéressé après vingt ans de services ou à l'âge de cinquante ans. En ce qui concerne les conditions de la liquidation et les déchéances, les dispositions sont à peu près les mêmes que celles relatives à la troisième part du titulaire de compte de l'imprimerie Chaix. Toutefois, on n'a pas limité le compte à un maximum déterminé pour la participation aux déchéances, ni pour une liquidation d'office.

En cas de sortie non définitive, on applique également des règles analogues à celles de l'imprimerie Chaix.

Le participant qui rentre du service militaire est réintégré dans sa place. Il participe, en outre, aux bénéfices du dernier exercice : pour moitié lorsqu'il a mérité le certificat de bonne conduite et pour une part entière s'il a obtenu les galons de sous-officier, d'après les bases de l'année qui a précédé son départ pour l'armée.

(Mêmes dispositions chez MM. Thuillier frères, entrepreneurs de couverture et de plomberie, 20, rue de Paradis-Poissonnière, à Paris.)

CAILLARD FRÈRES, CONSTRUCTEURS-MÉCANICIENS, AU HAVRE. — Le participant entre en jouissance du montant de son compte après vingt ans de services ou à l'âge de soixante ans. (Voir pour l'affectation des fonds, page 135.)

Si, avant d'avoir rempli ces conditions, il est atteint de maladie ou d'infirmités entraînant incapacité de travail, il reçoit également son fonds de prévoyance. L'avoir du participant décédé est remis à sa veuve, à ses enfants, à ses petits-enfants ou à ses ascendants. S'il n'existe pas d'héritiers de cette catégorie, le patrimoine est versé dans un fonds de secours destiné à venir en aide aux participants malades.

Le participant démissionnaire ne reçoit que la moitié des sommes inscrites à son livret; l'autre moitié est versée à la caisse de secours. Le participant congédié par mesure de réduction du personnel touche intégralement le montant de son compte, ainsi que sa part proportionnelle dans les bénéfices de l'année courante. En cas de chômage, le participant dont le travail est suspendu a la faculté de demander que son compte soit maintenu; il doit, dans ce cas, reprendre ses occupations au premier avertissement.

Le participant appelé au service militaire peut choisir entre la liquidation et le maintien de son compte. Dans ce dernier cas, les sommes inscrites à son livret continuent, naturellement, à porter intérêt. On alloue, en outre, au participant qui revient du service : une demi-part dans les bénéfices s'il a obtenu un certificat de bonne conduite, une part entière s'il est sous-officier.

Lorsqu'un participant se montre irrégulier dans son travail, sa part annuelle subit, au profit de la caisse de secours, des retenues égales à dix fois la valeur du temps perdu. Enfin, le participant renvoyé pour abandon prolongé et réitéré de son travail, faute grave, infidélité, est déchu de tous droits, à moins que MM. Caillard frères, après avis du Comité consultatif, ne jugent qu'il y a lieu de lui remettre une partie de son avoir.

SCHÆFFER ET Cⁱᵉ. BLANCHIMENT, TEINTURE, IMPRESSION ET APPRÊTS, A PFASTATT (ALSACE). — Chaque part individuelle reçoit les destinations suivantes : le premier tiers est distribué en espèces; le deuxième tiers est porté au livret de prévoyance; le troisième tiers reste en compte. L'année suivante, ce troisième tiers, augmenté de 5 % d'intérêts, est ajouté à la part revenant à chacun et le total est de nouveau divisé par trois. Mais si le participant quitte l'établissement ou s'il est rayé de la 1ʳᵉ classe [1], il perd le troisième

---

[1] Il faut être ouvrier de première classe pour pouvoir acquérir la qualité de participant.

tiers en compte (¹), qui est versé à la masse et s'ajoute à la somme à répartir l'année suivante.

Quant à la liquidation des livrets de prévoyance, elle a lieu : 1° après vingt ans de services ou quarante-cinq ans d'âge; 2° à soixante ans d'âge; 3° en cas de maladie entraînant incapacité de travail; 4° à la mort du titulaire.

Société anonyme de la fabrique de bougies stéariques de Gouda (Hollande). — Le participant entre en jouissance de son capital de prévoyance : 1° si l'établissement le congédie pour cause de suppression d'emploi ; 2° lorsqu'il a atteint l'âge de soixante ans; 3° si un accident ou des infirmités l'empêchent de continuer son travail.

En dehors de ces cas, la direction peut consentir à mettre à la disposition de l'employé ou de l'ouvrier une partie de son avoir si elle reconnaît, après une investigation minutieuse, que cette mesure est profitable à l'intéressé. Elle peut aussi, si elle le juge équitable, accorder au participant la moitié de la valeur du compte à liquider. Le fonds de prévoyance du participant décédé est versé à sa veuve, à ses enfants ou ascendants, dans la proportion qu'il convient à la direction de déterminer.

Les sommes que la maison ne juge pas devoir remettre aux participants ou à leur famille sont ajoutées, chaque année, aux nouveaux fonds à répartir.

Pernod Fils (Veil-Picard et Cⁱᵉ, successeurs), distillerie d'absinthe, a Pontarlier (Doubs). — Lorsqu'un participant quitte la maison, le montant de son compte lui est intégralement payé, à la condition que, pendant une année, il ne travaillera dans aucune distillerie concurrente.

Pour assurer l'exécution de cette condition, la maison retient la moitié du montant du livret jusqu'à l'expiration du délai. L'avoir du participant décédé est versé à ses héritiers.

Braun et Bloem, fabricants de cartouches, a Dusseldorf (Prusse). — Dans cette maison, la participation est déterminée tous les mois; la moitié des parts est payée comptant à la fin du

---

(1) Suivant M. Lalance, la somme réservée, qui varie entre 27 et 40 francs, paraît suffisante pour empêcher tout départ inconsidéré; elle n'est pas assez forte cependant pour enchaîner l'ouvrier à la fabrique.

mois suivant, l'autre moitié est réglée en bloc une fois par an, le
1ᵉʳ août. Le participant qui, pour des motifs autres que des raisons
de santé, quitte la maison avant d'avoir accompli douze mois de
service, perd à la fois ses parts mensuelles non encore réglées et
les demi-parts retenues. Le participant qui, sans excuse valable,
abandonne son travail pendant une journée ou seulement une
demi-journée, perd tout droit à la participation du mois en cours.
Si, dans le même exercice, il se rend trois fois passible de la même
peine ou s'il témoigne, par son attitude, qu'il ne s'intéresse nullement à la bonne marche de la maison, il encourt la déchéance
temporaire ou définitive de sa qualité de participant.

### Règlements.

Les dispositions des règlements en ce qui concerne la liquidation
des comptes étant trop étendues pour être reproduites ici sous forme
d'extraits, nous prions le lecteur de consulter les annexes.

# CHAPITRE VI

AUTORITÉ PATRONALE

COMITÉS CONSULTATIFS

Dans toute organisation de la participation, le maintien d'une autorité patronale
ferme et respectée doit être] mis au-dessus de toute discussion. — Considérations sur les Comités d'employés et d'ouvriers chargés, dans un certain
nombre de maisons, de délibérer avec le patron sur l'administration spéciale
des institutions créées en faveur du personnel. — Le plus souvent les membres
de ces Comités sont en partie nommés par la direction, en partie élus par leurs
collègues. — Exemples de la composition de quelques Comités consultatifs.

Les organisateurs de la participation aux bénéfices doivent s'ins-
pirer de ce principe qu'il faut mettre au-dessus de toute discussion l'autorité normale du patron, première condition de la bonne
marche et du succès d'une entreprise.

« Le Conseil, dit le règlement de la Compagnie d'assurances
générales, se réserve expressément la plénitude de son action et
de son autorité sur les employés de la Compagnie, notamment en
ce qui concerne les destitutions dont il demeure arbitre souverain,
sans être tenu, dans aucune circonstance, de déduire les motifs
de ses décisions. » La même réserve existe dans les règlements de
diverses autres Compagnies.

« Le patron, déclare M. Moutier, ne reconnaît à personne le droit
de critiquer sa gestion, ceux qui ne l'approuveront pas étant libres
de se retirer ou de ne pas entrer chez lui. » MM. Monduit, Mozet
et Delalonde, Lecœur, tiennent un langage analogue.

Si d'autres patrons ne sont pas aussi catégoriques dans les termes
de leurs règlements, c'est que pour eux cette autorité ne saurait

être mise en question, à l'occasion d'une institution qu'ils étaient libres de ne pas fonder et qu'ils se réservent, en général et d'une manière expresse, de ne maintenir que si elle donne de bons résultats.

On verra plus loin comment l'autorité patronale peut se concilier avec l'organisation plus ou moins large d'un contrôle des comptes, sujet délicat qui fait l'objet d'un chapitre spécial rédigé avec le concours de M. Charles Robert et de M. Goffinon. (Voir page 209.)

La question de l'ingérence des ouvriers participants dans les affaires de la maison a fait l'objet d'intéressantes délibérations dans les assemblées générales annuelles de la Société pour l'étude de la participation aux bénéfices. Chaque fois, — il est utile de le faire remarquer, — les patrons présents ont été unanimes à déclarer que jamais aucune difficulté ne s'était présentée chez eux en ce qui concerne la tenue des comptes. (Voir notamment les comptes rendus des assemblées générales de 1880 et de 1883, t. II et V du *Bulletin de la Participation.*)

Un certain nombre d'entreprises, notamment les Compagnies d'assurances, quelques maisons financières et industrielles (Vernes et Cⁱᵉ, Boivin, Sachs, etc.), ont réservé à la direction seule la gestion des intérêts de la participation, l'application et l'interprétation des règlements.

D'autres établissements, au contraire, en grand nombre, ont institué des Comités consultatifs, dont les membres, choisis au sein du personnel, délibèrent avec le chef de la Maison sur les améliorations dont le fonctionnement de la caisse de participation peut être susceptible, sur l'administration des œuvres de prévoyance, la liquidation des comptes, etc. Véritables conseils de famille (¹), ces Comités apportent un concours excellent. Loin de soulever des questions de méfiance, ils constituent, en général, des éléments de conciliation et d'union. Ils consacrent le plus souvent un soin attentif et un zèle dévoué à l'exercice des fonctions dont les investit la confiance du patron ou celle de leurs camarades.

Dans son rapport sur la section XIV (Institutions patronales) du

---

(1) M. G. Masson a donné ce nom au Comité institué dans sa maison.

Groupe de l'Economie sociale à l'Exposition universelle de 1889 (¹)
M. E. Cheysson dit que la plupart des grandes exploitations se
sont décidées à laisser une certaine part aux ouvriers dans les
charges et une part plus importante encore dans l'administration
des caisses de prévoyance.

« Cette politique, ajoute-t-il, est sage : elle calme les susceptibi-
lités ; elle multiplie les contacts, qui détendent les rapports et dis-
sipent les préventions réciproques ; elle soulage la responsabilité des
patrons et tire parti de concours précieux ; elle fait l'éducation
administrative des ouvriers ; elle donne un aliment utile à leur activité, et les intéresse au succès des œuvres qu'ils gèrent, au lieu de
les laisser à l'écart dans une sorte de passivité indifférente, si ce
n'est même de malveillance sourde et haineuse, qui exagère beaucoup les charges de ces œuvres et en stérilise en partie l'efficacité. »

Nous donnons ci-après la composition de quelques Comités
consultatifs :

FONDERIE DEBERNY, 58, RUE D'HAUTEVILLE, A PARIS. — Six membres
désignés par la direction et dix membres élus périodiquement par
les ouvriers. (Sous la présidence du patron, M. Tuleu.)

IMPRIMERIE CHAIX, 20, RUE BERGÈRE, A PARIS. — 1° Le patron,
président ; 2° les neuf membres du bureau de la Société de secours
mutuels élus en Assemblée générale ; 3° les trois plus anciens chefs
de service et contremaîtres ; 4° les six plus anciens ouvriers,
ouvrières et employés.

IMPRIMERIE GOUNOUILHOU, A BORDEAUX. — 1° Les deux plus anciens
rédacteurs ; 2° les deux plus anciens employés ; 3° les cinq plus
anciens contremaîtres ; 4° cinq participants élus au scrutin secret par
l'ensemble des participants à chaque réunion annuelle. (Sous la
présidence du patron.)

LIBRAIRIE G. MASSON, 120, BOULEVARD SAINT-GERMAIN, A PARIS. —
Les sept membres les plus anciens de la participation, sous la
présidence du patron. (Même comité chez MM. Mame et fils,
imprimeurs-éditeurs à Tours.)

---

(1) Paris. Imp. Nationale, 1892.

BARBAS, TASSART ET BALAS, ENTREPRENEURS DE COUVERTURE ET DE PLOMBERIE (ANCIENNE MAISON GOFFINON), 85, BOULEVARD DE STRASBOURG, A PARIS. — 1° Les associés et fondés de pouvoirs ; 2° les deux plus anciens employés et les cinq plus anciens ouvriers. (Le Comité est présidé par M. Barbas. M. Goffinon en est président honoraire.)

MOZET ET DELALONDE, ENTREPRENEURS DE MAÇONNERIE, 65, RUE D'ER-LANGER, A PARIS. — 1° MM. Mozet, président, et Delalonde, vice-président ; 2° deux chefs de chantier ; 3° trois ouvriers choisis parmi les plus anciens.

LECOEUR, ENTREPRISE DE MENUISERIE, 23, RUE HUMBOLDT, A PARIS. — 1° L'ingénieur, le directeur de la comptabilité et le directeur des travaux ; 2° les quatre plus anciens ouvriers de la maison. (Sous la présidence du patron.)

MONDUIT, ENTREPRENEUR DE COUVERTURE ET DE PLOMBERIE, 31, RUE PONCELET, A PARIS. — 1° Les deux principaux chefs de service ; 2° les trois plus anciens employés ; 3° les quatre plus anciens ouvriers. (Sous la présidence du patron.)

SCHAEFFER ET Cⁱᵉ, ENTREPRISE DE BLANCHIMENT, TEINTURE ET APPRÊT, A PFASTATT (ALSACE). — Sept membres nommés par les contre-maîtres et les ouvriers de 1ʳᵉ classe : deux contremaîtres, quatre ouvriers, une ouvrière. (Sous la présidence du patron.)

CAILLARD FRÈRES, MÉCANICIENS-CONSTRUCTEURS AU HAVRE. — 1° Deux employés comptables, désignés l'un par MM. Caillard frères, l'autre par le personnel participant ; trois chefs d'atelier ; un ouvrier de chacun des quatre ateliers choisi par ses camarades. (Sous la présidence de l'un des patrons.)

BESSELIÈVRE, FABRICANT D'INDIENNES à MAROMME (SEINE-INFÉRIEURE). — 1° Six délégués nommés par les participants ; 2° six employés intéressés dans les affaires de la maison. (Sous la présidence du patron.)

SOCIÉTÉ ANONYME DE TISSUS DE LAINE DES VOSGES, AU THILLOT ET A TROUGEMONT. — 1° Les membres du bureau de la caisse de secours ; 2° un égal nombre de membres choisis par le directeur, président.

BANQUE DU CRÉDIT FONCIER DE PRUSSE, A BERLIN.— 1° Un membre du Conseil d'administration de la Banque ; 2° les membres de la direction ; 3° deux participants élus par l'Assemblée des participants.

VAN MARKEN. FABRIQUE NÉERLANDAISE DE LEVURE ET D'ALCOOL, A DELFT (HOLLANDE). — Le Conseil, constitué par M. Van Marken, et auquel il a donné le nom de *Noyau*, à l'instar du groupe de ce nom de la maison Leclaire, a des attributions plus étendues que les comités consultatifs que nous venons de rappeler. L'extrait suivant du rapport de M. Charles Robert sur la section II du groupe de l'Économie sociale, précise avec netteté ces attributions :

« Le Noyau est un corps délibérant, institué par la direction dans le but d'échanger ses opinions avec les représentants du personnel sur tout ce qui peut être profitable au bien-être de ce personnel d'accord avec les intérêts de la maison. Le Noyau est composé de trois Chambres, savoir :

« Le *Conseil des Employés supérieurs*, qui comprend 12 membres : ingénieurs, chefs de service, etc. ;

» La *Chambre des Employés et Contremaîtres*, formée de 8 membres élus par leurs collègues ;

» La *Chambre du Travail*, composée de 12 ouvriers élus par leurs camarades.

» Chaque Chambre nomme son bureau et délibère séparément. Les procès-verbaux des séances sont communiqués à la direction. Deux fois par an, les trois Chambres se réunissent en assemblée plénière du Noyau, sous la présidence de l'un des directeurs. Cette Assemblée a un pouvoir de *décision*, un droit de délibérer et de statuer sur toutes les questions qui ne touchent pas à d'autres intérêts que les intérêts propres du personnel. S'il s'élevait des difficultés à ce point de vue, entre la direction et l'Assemblée générale du Noyau, au sujet de la compétence de cette Assemblée, le débat serait soumis à un arbitrage, conformément à une clause des *Statuts du Travail* portant que les différends entre la direction et le personnel seront soumis au jugement d'arbitres. »

BAILLE-LEMAIRE. MANUFACTURE DE JUMELLES, 22, RUE OBERKAMPF, A PARIS. — Chez M. Baille-Lemaire, le comité consultatif, composé de six contremaîtres, ne s'occupe pas uniquement des institutions ouvrières. « Je leur soumets, a dit M. Baille-Lemaire, les principales affaires de la maison. Ce comité se réunit fréquemment. Chaque contremaître tient à honneur d'être appelé à y siéger ; les discussions y sont simples, familières, sans aucune morgue. Et ce n'est pas un des moindres avantages que j'ai obtenus que cette initiation des ouvriers à la direction d'un organisme compliqué (¹). »

LECLERC, FABRICANT DE LITS ET MEUBLES EN FER, A SAINT-DIZIER (HAUTE-MARNE). — Une commission de cinq participants nommée par les ouvriers est appelée à approuver le bilan. Elle peut se faire assister d'un comptable expert choisi par elle et agréé par le patron. Elle est réunie, en outre, en Comité consultatif par le patron chaque fois que celui-ci le juge utile.

LAROCHE-JOUBERT ET C^ie. PAPETERIE COOPÉRATIVE D'ANGOULÊME. — « Aux termes de l'article 25 des statuts, les directeurs des exploitations, entreprises et dépôts, ainsi que les chefs de division des comptoirs, forment un Conseil qui se réunit, au moins une fois par mois, au siège social. On doit lui soumettre les affaires courantes de la maison et les questions relatives à l'application du règlement de coopération. Ce Conseil est présidé par l'un des membres du Conseil de gérance. Il est purement consultatif, mais peut, néanmoins, formuler des vœux et des doléances qui sont examinés, s'il y a lieu, au Conseil de gérance. Il a pour but « de rendre plus » intimes et plus fréquents les rapports des directeurs entre eux, de » leur permettre de juger ensemble des nécessités des affaires de la » maison et des mesures à prendre, et de les habituer, en un mot, au » maniement des affaires, en les préparant à une direction plus » effective, le cas échéant » (²).

Nous rappelons qu'à la papeterie coopérative d'Angoulême, le personnel est propriétaire d'une partie du capital social. (Voir pages 124 et 161.)

DEQUENNE ET C^ie, SOCIÉTÉ DU FAMILISTÈRE DE GUISE, ANCIENNE MAISON GODIN. USINES, FONDERIES ET MANUFACTURE D'APPAREILS DE CHAUFFAGE, DE CUISINE ET D'AMEUBLEMENT, A GUISE (AISNE). — Ici le personnel a accès, mais en sa qualité d'associé, avec les directeurs et les chefs de service, dans le Conseil de gérance (Voir page 156 les conditions de l'association). En effet, le Conseil de gérance se compose: 1° de l'administrateur-gérant, président ; 2° de trois associés élus pour

---

(1) *Notice sur les institutions patronales de la maison Baille-Lemaire.* (Paris, Chaix, 1890, et *Bulletin de la Participation*, tome XII, page 21.)

(2) Charles Robert, *Rapport sur la section II du groupe de l'Économie sociale de l'Exposition universelle de 1889.* (Paris, Imp. Nationale, 1891.)

trois ans au scrutin secret par tous les associés et rééligibles ; 3° de directeurs ou chefs de service dont le nombre peut aller jusqu'à treize, après un stage d'un an dans la fonction et décision favorable de l'Assemblée générale des associés, votant sur la proposition de l'administrateur gérant (1).

REDOULY ET Cie (ANCIENNE MAISON LECLAIRE). ENTREPRISE DE PEIN-TURE, DORURE, TENTURE, VITRERIE ET MIROITERIE, 11, RUE SAINT-GEORGES, A PARIS. — Dans la maison Leclaire, la situation est plus ample encore. La célèbre constitution de cette entreprise fait émaner du personnel même le principe de l'autorité, mais avec des garan-ties telles que la direction est aussi ferme et aussi respectée que celle du patron dans l'établissement le mieux organisé.

« Il existe un *Noyau* composé d'environ 120 membres, ouvriers d'une conduite et d'une moralité irréprochables, connaissant à fond leur métier, et employés dont les gérants ont apprécié les services. Pour être admis au Noyau, il faut être âgé au minimum de vingt-cinq ans, et au maximum de quarante ans et nommé par l'Assemblée générale de ce Noyau. Les membres du Noyau forment les cadres de l'armée industrielle... C'est à l'aide de ces collaborateurs dévoués qu'il est possible d'entreprendre beaucoup de travaux et de faire mouvoir avec avantage un grand nombre d'auxiliaires (2). »

C'est le Noyau qui élit les gérants de la maison; mais ceux-ci sont nommés à vie ; ils ont tous les pouvoirs et toutes les respon-sabilités incombant à des associés en nom collectif. C'est du Noyau que sortent les membres de la florissante Société de prévoyance et de secours mutuels, dont nous avons parlé page 151.

Enfin « les membres du Noyau élisent chaque année huit membres d'un comité de conciliation composé de cinq ouvriers, de trois employés et d'un gérant, président de droit. Ce comité est chargé de juger les ouvriers du Noyau et les employés classés qui, pendant le travail, s'écarteraient de leurs devoirs. Il est chargé aussi d'examiner les demandes d'admission au Noyau et de proposer les candidats à l'Assemblée générale (2) ».

_____

(1) L'administrateur-gérant est nommé par l'Assemblée générale.
(2) Charles Robert, *Rapport sur la section II du Groupe de l'Economie sociale de 1889.*

# CHAPITRE VII

---

## CONTROLE DES COMPTES

Considérations générales. — Droits indiscutables du patron en ce qui touche la confection des inventaires. — Légalité de la stipulation portant que l'inventaire ne sera pas soumis au contrôle des participants. — Exemples pratiques d'organisation du contrôle des comptes, par un arbitre-expert choisi à l'amiable. — Utilité de la création d'un corps de comptables publics à l'instar des « *Chartered Accountants* » anglais.

---

Ce chapitre a été rédigé avec le concours de M. Charles Robert, qui a fait de la question, en 1885, l'objet d'un mémoire présenté au Congrès des Sociétés savantes (1), et de M. Ed. Goffinon, qui a expérimenté, dans son ancienne maison, le contrôle des comptes par un arbitre-expert.

De toutes les objections soulevées contre la participation, la crainte d'une ingérence indiscrète des ouvriers et employés dans les inventaires est, sans contredit, en théorie, la plus importante. Si nous la rappelons ici, c'est avec l'espoir de démontrer que cette difficulté n'est pas insoluble et qu'elle ne saurait arrêter l'essor de ce système de rémunération du travail.

Que la participation du personnel d'un établissement dans les bénéfices vienne d'un acte de libéralité du patron ou qu'elle soit le résultat d'une convention expresse entre lui et ses ouvriers et employés, destinée à remplacer, par une portion de bénéfice éventuel, l'augmentation inopportune du salaire fixe, cet élément de la rémunération du travail doit être accompagné, en ce qui touche

---

(1) Voir *Bulletin de la Participation*, tome VII, page 173.

les prérogatives et les droits du chef, de règles clairement établies et de principes nettement posés.

Ce qui se passe dans beaucoup d'associations coopératives de production montre que les ouvriers méconnaissent trop souvent la part essentielle et prépondérante de la direction dans le succès ou les revers d'une entreprise. Il importe donc aux maisons qui accordent aux ouvriers une participation aux bénéfices d'éviter à cet égard tout malentendu et d'assurer la conservation, dans les mains du gérant, des pouvoirs dont il a besoin pour exercer convenablement ses fonctions.

### Réserve nécessaire des droits du patron en ce qui touche la confection des inventaires.

De même que les ouvriers et employés participants ne sont admis nulle part à discuter les ordres donnés ni à s'immiscer chaque jour, en dehors de leurs attributions, dans l'administration générale de l'entreprise, il est également impossible de livrer à leur contrôle et d'exposer à leurs critiques les inventaires de fin d'année. Si leur qualité d'intéressés dans les bénéfices devait impliquer nécessairement cette fâcheuse ingérence, une réaction se produirait immédiatement contre l'idée, admise aujourd'hui en principe par un très grand nombre d'établissements, d'intéresser le personnel dans les bénéfices. La participation, qui peut rendre au pays d'éminents services en rapprochant les trois facteurs du produit industriel, direction, travail des collaborateurs et capital engagé, la participation qui, en arrêtant l'augmentation capricieuse et exagérée des salaires français, permet au fabricant de mieux soutenir la concurrence étrangère, cesserait de se propager et son maintien pourrait être gravement compromis même dans les maisons qui se déclarent entièrement satisfaites des résultats de ce système.

Au point de vue économique, la participation doit être organisée de manière à concilier deux principes essentiels.

D'une part, elle doit stimuler le zèle de l'ouvrier, l'attacher à la maison où il travaille, prévenir autant que possible les grèves et les conflits, réaliser une sérieuse économie de production et servir de base à un système d'institutions de prévoyance sagement combiné.

D'un autre côté, la participation aux bénéfices doit laisser intacte l'autorité normale du patron en ce qui touche les bases de l'inventaire, c'est-à-dire les résolutions diverses desquelles résulte, chaque année, la fixation du chiffre des bénéfices à distribuer. Nous ne saurions trop insister sur ce point fondamental. Qu'il s'agisse d'une entreprise particulière ou d'une Société anonyme, le chef d'une maison qui intéresse le personnel dans les bénéfices doit rester maître de la direction de l'affaire, non seulement pour la conduite des opérations journalières, mais pour l'établissement des comptes de fin d'année.

Le directeur, gérant ou patron, doit certainement se conformer aux lois et aux règlements intérieurs, aux statuts sociaux s'il en existe, aux usages adoptés. Certaines maisons ont même cru devoir établir quelques règles d'inventaire relatives aux amortissements et aux réserves ; ces règles sont connues des intéressés et le patron les observe (1), car il ne doit léser personne injustement, mais il faut que le chef ou le Conseil d'administration d'un établissement industriel puisse prendre au besoin des décisions de nature à diminuer, par un acte de prudence, les bénéfices de l'année ; prévoir une transformation d'outillage ; constituer des réserves ; évaluer les produits et les créances très bas en prévision d'une crise. En un mot, investi de la liberté du commandement, il faut de toute nécessité et sous peine de déchéance de l'industrie que le patron possède également ce que nous appellerons la liberté de l'inventaire.

Dans les maisons où la participation existe aujourd'hui au profit des ouvriers, ces principes sont admis sans contestation par tout le monde.

### Légalité de la stipulation portant que l'inventaire ne sera pas soumis au contrôle des participants.

Faisant droit aux observations présentées au nom de notre Société, en janvier 1885, à la commission extraparlementaire d'enquête sur les associations ouvrières et la participation réunie au Ministère de l'Intérieur sur l'état de la jurisprudence relative au

---

(1) Voir les statuts et règlements de la maison Moutier frères. Voir le compte rendu *in extenso* du Congrès international de la participation aux bénéfices, pages 42, 201 et suivantes.

contrôle des comptes par les participants aux bénéfices, le projet de loi sur les associations coopératives et le contrat de participation voté par le Sénat et actuellement soumis à la Chambre des députés, a réglé cètte question par ses articles 45 et 46 qui sont ainsi conçus :

« ART. 45. — En acceptant la participation, les intéressés peuvent renoncer expressément à tout contrôle et à toute vérification.

» Dans le cas où il n'y a pas renonciation, ce contrôle et cette vérification peuvent être réglés par les dispositions particulières de la convention.

» Dans le cas où il n'y a ni renonciation ni réglementation du contrôle, la vérification annuelle des comptes est faite par un expert amiablement choisi, ou, en cas de désaccord, désigné, selon les cas, soit par le Président du Tribunal civil, soit par le Président du Tribunal de Commerce.

» ART. 46. — Au cas où, d'après les statuts, tout ou partie du bénéfice annuel distribué est conservé dans l'établissement, les participants, à moins de stipulations contraires, n'auront d'autre droit de vérification que celui prévu à l'article 45, paragraphe 3. »

Dans l'état actuel de la législation, la question de savoir si l'attribution d'une part de bénéfices, sans participation aux pertes, à un employé quelconque ou à un ouvrier implique pour lui le droit de contrôler les comptes et les inventaires, a été résolue affirmativement par la jurisprudence, s'il n'y pas eu stipulation contraire. Nous croyons utile de donner à cet égard quelques détails, non seulement à cause de leur intérêt historique, mais parce qu'ils contribueront à faire bien connaître les principes de cette matière délicate.

« L'ouvrier, dit Dalloz (1), peut avoir, outre ses gages et son salaire, une part des bénéfices. »

Mais ne s'agirait-il pas là d'une simple gratification ?

Non, la jurisprudence distingue avec soin entre les deux cas.

Elle déclare que, même constituée à titre de pure libéralité, et déclarée telle, la participation crée des droits corrélatifs dans la

---

(1) *Répertoire de législation, de doctrine et de jurisprudence.*. V. INDUSTRIE ET COMMERCE, nº 106.

mesure des règles tracées par les règlements qui l'ont établie [1] : elle s'exprime en termes tout différents quand il s'agit d'une simple gratification donnée à titre purement gracieux [2].

Nous croyons utile de rappeler ici que la participation aux bénéfices sans participation aux pertes se rattache non pas au contrat de société, mais au contrat de louage d'industrie. « Le commis intéressé n'est pas tenu des dettes, n'est pas obligé envers les tiers, n'a pas la position d'égalité d'un associé, reste soumis aux ordres du patron et est révocable [3]. »

Ceci posé, la jurisprudence admet que, s'il n'y a pas stipulation contraire, la participation aux bénéfices confère, en cas de désaccord, au commis intéressé, un droit de vérification sur les livres de l'industriel ou du commerçant, et cela malgré les termes de l'article 14 du Code de commerce, portant que la communication des livres et inventaires ne peut être ordonnée en justice que dans les affaires de succession, partage de Société et en cas de faillite.

Cela résulte des diverses décisions judiciaires dont voici l'énumération :

Arrêt de la Cour de Paris du 7 mars 1835, rendu au profit d'un commis de librairie au traitement de 2.500 francs qui recevait en outre 10 % dans les bénéfices [4].

Arrêt de Nîmes du 20 juillet 1864. La Cour, sur la réclamation de l'employé intéressé d'un négociant en vins, a refait complètement l'inventaire et en a fait sortir un bénéfice au lieu d'une perte [5].

Arrêt de la Cour de Rennes, du 29 juin 1871, rendu en faveur du commis principal d'un entrepreneur de travaux publics [6].

Arrêt d'Amiens du 12 février 1876, confirmé par arrêt de la Cour de Cassation, Chambre des Requêtes, du 3 janvier 1877 [7].

Jugement du Tribunal de Commerce de Chaumont (Haute-

---

(1) Arrêt de la Cour d'appel de Paris du 6 août 1891. Compagnie d'assurances générales contre S.
(2) Arrêt de la Cour d'appel de Paris du 14 novembre 1873. Brigot contre Boulet.
(3) Dalloz. V. Sociétés (nos 132 et suivants).
(4) Affaire Poussielgue, contre Meyer et Cie.
(5) Affaire Bimar contre X.
(6) Henneau contre Jigouzo.
(7) Vaguier Fiquet contre Hautecœur.

Marne), du 19 février 1883. Il s'agissait dans l'espèce de la grande usine métallurgique de Marnaval et d'un débat soulevé, à la suite de l'inventaire, entre le patron et les héritiers d'un chef de fabrication qui recevait 3.600 francs d'appointements et 6 $\%$ des bénéfices nets. Le tribunal a ordonné une vérification des éléments de l'inventaire [1].

Nous rappelons que la stipulation contraire à l'ingérence du commis intéressé n'existait dans aucune des espèces mentionnées ci-dessus.

Cette jurisprudence qui s'est faite en cinquante années, à propos des réclamations de quatre commis intéressés et d'un chef de fabrication, est très conforme aux règles du droit et nous n'en contestons nullement la sagesse ; nous constatons seulement qu'elle pourrait s'étendre aux ouvriers participants eux-mêmes, et qu'ainsi généralisée, son application pourrait créer, en fait, des difficultés inextricables et de réels dangers, si la clause expresse d'interdiction dont nous venons de parler n'était pas admise.

Il suffirait, pour entrevoir ces difficultés, de mettre en face l'un de l'autre les mémoires produits devant le Tribunal de Commerce de Chaumont par les deux parties :

« Si la participation aux bénéfices, disait l'avoué des héritiers du chef de fabrication de Marnaval, famille d'ouvriers, n'est qu'un mode particulier de rémunération et de salaire, cette convention confère cependant au commis le droit de constater s'il y a des bénéfices et quel en est le véritable chiffre. »

Et l'avoué du patron répondait : « qu'on ne peut l'obliger à communiquer à des tiers ses moyens industriels, les noms de ses fournisseurs, commettants, correspondants ou clients, les opérations auxquelles il se livre, et en un mot le secret de son commerce. Un employé révoqué ou démissionnaire qui veut s'établir pour son compte, un ouvrier soudoyé peut-être par un concurrent étranger pourraient susciter à dessein des procès pour se faire ouvrir les livres du patron et y prendre des notes ! »

Notre Société, organe des préoccupations légitimes que cette situation inspirait aux maisons disposées à établir la participation,

[1] Héritiers Decées contre Guyot-Dormoy.

expliqua à la Commission d'enquête extraparlementaire qu'il était très facile de prévenir de telles contestations et qu'il suffisait pour cela d'autoriser légalement les patrons à insérer dans le règlement de la participation une stipulation contraire à toute ingérence anormale, c'est-à-dire une clause portant que les employés et ouvriers participants ne pourront prétendre exercer aucun contrôle sur la confection des inventaires.

La question a peu d'intérêt en ce qui touche les Sociétés anonymes et en commandite dont les comptes sont toujours l'objet d'une certaine publicité. Quant aux entreprises individuelles, les livres étant tenus par des employés participants, le personnel connaît toujours plus ou moins bien la situation réelle de la maison. D'ailleurs, quand elle est établie au profit d'un groupe plus ou moins nombreux, mais formé d'hommes qui remplissent des conditions prévues par les règlements, d'employés et d'ouvriers, la participation suppose entre eux et le patron une confiance réciproque qui rend peu probables les velléités de contrôle hostile ou gênant. Quoi qu'il en soit, la clause dont nous venons de parler existe dans la plupart des règlements de participation. Elle est tacite et sous-entendue dans les autres où l'on fera bien désormais de l'inscrire en toutes lettres. Est-il besoin d'ajouter que si, contre toute attente, les participants, abusant de la jurisprudence analysée ci-dessus, songeaient à empiéter à cet égard sur les pouvoirs nécessaires de la direction, celle-ci, soit par des modifications dans le personnel, soit même par l'abrogation pure et simple du règlement de participation, aurait toujours le dernier mot !

**Exemples pratiques d'organisation du contrôle annuel des comptes par un arbitre expert choisi à l'amiable.**

La première application pratique du contrôle des comptes par un arbitre expert a eu lieu en France dans la maison Barbas, Tassart et Balas, entrepreneurs de travaux publics, 85, boulevard de Strasbourg, à Paris, en 1884. La mission d'opérer ce contrôle a été confiée par les employés et ouvriers participants de cette Maison à M. Alfred Rivière, architecte expert près des Tribunaux.

Voici le texte de la clause adoptée :

« A partir de l'exercice 1883, dit l'article 20 du règlement, les

écritures continueront à être tenues et les inventaires seront établis
en conformité de l'acte de société en commandite qui détermine :
1° le capital social; 2° l'intérêt attribué à ce capital; 3° les prélèvements des patrons et autres frais généraux; 4° les réserves à prélever sur les bénéfices nets; 5° la répartition des bénéfices aux
ayants droit. Mais, pour garantir les droits des ouvriers et employés
intéressés et bien que la comptabilité soit tenue par des participants
et établie de manière à fixer régulièrement les parts, à chaque
Assemblée générale on procédera à la nomination d'un arbitre expert
accrédité près les tribunaux du département de la Seine qui sera
chargé du contrôle des comptes avec les commanditaires. Le
rapport dressé par l'arbitre aura pour objet de constater : 1° si l'inventaire a été fait conformément aux prescriptions de l'acte social
susmentionné rendu public par le dépôt d'une expédition conforme
aux greffes de la justice de paix de l'arrondissement où est le siège
de la Société et du tribunal de commerce du département de la
Seine, en conformité de l'article 55 de la loi du 24 juillet 1867,
prescrivant la publicité qui doit être donnée à toute constitution de
société commerciale; 2° si la participation de 5 °/₀ dans les bénéfices nets de cet inventaire a bien été appliquée au personnel
participant suivant les statuts (1). »

Si la maison Barbas, Tassart et Balas, dont l'exemple a été suivi
par la maison Thuillier frères, a organisé avec tant de soin le
contrôle des comptes, elle a eu pour but unique de compléter ainsi
l'organisation de la participation contractuelle, car les ouvriers participants de ces deux maisons ne réclamaient nullement ce contrôle.
On trouve même cette particularité dans les comptes rendus des
séances où les chefs de ces maisons ont annoncé officiellement la
constitution d'un contrôle des comptes, que les participants ont *pro-
testé*, déclarant que cette mesure semblait impliquer de leur part,
contre leurs patrons, un sentiment de défiance qu'ils n'ont jamais
éprouvé. Il a fallu leur expliquer que cette création avait pour cause

---

(1) Barbas, Tassart et Balas, ancienne Société Ed. Goffinon et Barbas, 85, boulevard de Strasbourg, à Paris. Règlements et statuts du 1ᵉʳ juillet 1884.

Voir aussi le Rapport présenté par M. Charles Robert sur la section II de l'Exposition d'économie sociale en 1889 (pages 95 et suivantes).

le désir de fournir à tous, dans l'intérêt public, un exemple pratique du fonctionnement d'un rouage destiné à donner plus de force au système de la participation, et répondre d'avance à l'objection que pourraient y faire, faute de garanties, des ouvriers appartenant à d'autres maisons.

Voici comment, en fait, l'expérience acquise conseille de procéder :

1° Indiquer sur l'ordre du jour de l'assemblée générale de fin d'exercice qu'il sera procédé à la nomination pour l'année suivante d'un expert contrôleur des comptes ;

2° Fournir à cet effet à l'assemblée une liste des experts accrédités près les tribunaux ou d'anciens experts, formant ainsi un groupe d'arbitres agréés d'avance par le patron et parmi lesquels, à l'exclusion de tous autres candidats, les participants pourront faire leur choix ;

3° Si les participants demandent au chef de la maison de leur indiquer lui-même l'expert qui, à ses yeux, serait le plus compétent, il faut ne répondre à cette demande de renseignements qu'en laissant aux votants toute leur liberté d'option entre les noms portés sur la liste.

C'est ainsi que M. Alfred Rivière a été appelé à remplir cette mission depuis 1884 dans la maison Barbas, Tassart et Balas et qu'il a été réélu à l'unanimité dans chaque assemblée générale.

Un deuxième exemple d'application du contrôle des comptes s'est produit dans les mêmes conditions, comme nous l'avons dit plus haut, chez MM. Thuillier frères, entrepreneurs de couverture et plomberie, rue de Paradis, 20. Les participants ont nommé arbitre M. Goffinon lui-même ; le vice-président de la Société de participation est en même temps ancien entrepreneur de travaux publics et ancien expert arbitre accrédité.

Nous devons exposer maintenant en quoi ont consisté ces deux missions de contrôle, en entrant dans des détails complets sur leur objet, sur la manière dont on a procédé et sur les résultats de l'opération.

En ce qui concerne le but ou l'objet de ce contrôle, on l'a souvent confondu avec la fonction des commissaires vérificateurs des comptes qui, en vertu des prescriptions obligatoires de la loi de 1867, examinent l'inventaire des Sociétés anonymes.

Tout en reconnaissant que l'expert contrôleur des comptes chargé par le patron et le personnel d'une maison à participation de prendre connaissance du bilan doit donner aux participants la même garantie de sécurité que les commissaires de surveillance de la loi de 1867, quant à la sincérité de l'inventaire et des écritures, il faut bien se garder de leur attribuer les mêmes droits et les mêmes devoirs.

En effet, les articles 32 et 33 de la loi du 24 juillet 1887 portent ce qui suit :

« ART. 32. — L'assemblée générale annuelle désigne un ou plusieurs commissaires, associés ou non, chargés de faire un rapport à l'assemblée générale de l'année suivante sur la situation de la Société, sur le bilan et sur les comptes présentés par les administrateurs.

» La délibération contenant approbation du bilan et des comptes est nulle, si elle n'a été précédée du rapport des commissaires.

» A défaut de nomination des commissaires par l'assemblée générale, ou en cas d'empêchement ou de refus d'un ou de plusieurs des commissaires nommés, il est procédé à leur nomination ou à leur remplacement par ordonnance du président du tribunal de commerce du siège de la Société, à la requête de tout intéressé, les administrateurs dûment appelés.

» ART. 33. — Pendant le trimestre qui précède l'époque fixée par les statuts pour la réunion de l'assemblée générale, les commissaires ont droit, toutes les fois qu'ils le jugent convenable dans l'intérêt social, de prendre communication des livres et d'examiner les opérations de la Société.

» Ils peuvent toujours, en cas d'urgence, convoquer l'assemblée générale. »

Le contrôleur des comptes, uniquement chargé de sauvegarder les droits d'un personnel intéressé dans les bénéfices de la maison, n'a pas, comme le commissaire vérificateur institué par la loi de 1867, le droit de faire un rapport sur la situation générale de la maison ; il doit se borner à examiner, à un point de vue tout spécial, le bilan et les comptes, et n'a qualité pour s'en occuper qu'après avis préalable du chef de la maison. Même limité et restreint, son rôle n'en est pas moins délicat et sa responsabilité très lourde.

Le contrôle des comptes ainsi organisé a un double effet : il donne la sécurité au personnel participant et offre aussi au patron un très sérieux avantage. A la garantie qui résulte pour le personnel de l'intervention de l'arbitre s'en ajoute une autre : celle de la présence habituelle du comptable lorsque le patron montre ses livres à l'arbitre. Le comptable étant participant, les deux intérêts en jeu se trouvent représentés devant l'arbitre, homme indépendant. L'avantage offert au patron par le contrôle consiste à lui épargner les ennuis qui pourraient être la suite de doutes, de soupçons exprimés par certains ouvriers, au sujet d'un inventaire non contrôlé.

Depuis 1884, époque à laquelle le contrôle des comptes a été établi dans la maison Barbas, Tassart et Balas, et chez MM. Thuillier frères, il a régulièrement fonctionné ; aucun incident ne s'est produit ; les deux contrôleurs ont toujours été réélus chaque année à l'unanimité des voix par les participants. Patrons, participants et contrôleurs sont en parfaite communion d'idées ; les rapports entre eux sont excellents. Les participants semblent prendre de plus en plus confiance dans leur arbitre. De leur côté, les arbitres se familiarisent chaque année davantage avec la comptabilité un peu spéciale et technique de l'entreprise contrôlée.

La Société de participation, ayant conseillé aux patrons disposés à établir ce système de prévoir statutairement le contrôle des comptes par un arbitre expert, plusieurs ont inscrit dans leurs statuts que, *si les participants en font la demande*, le contrôle des comptes sera fait par un arbitre expert.

Le règlement de la participation aux bénéfices de la maison Mozet et Delalonde, entreprise de maçonnerie, à Paris, mis en vigueur à partir du 1er mars 1885, contient, sous la rubrique *Contrôle des comptes*, un article 7 ainsi conçu :

« Pour garantir les droits des ouvriers et employés intéressés, et bien que la comptabilité soit tenue et établie de manière à fixer régulièrement les parts, il pourra être procédé, sur la demande des participants, et par eux, au scrutin secret et à la majorité des voix, à la nomination d'un arbitre expert accrédité près le tribunal de commerce, qui sera chargé du contrôle des comptes avec le comptable et les patrons.

» Le rapport dressé par l'arbitre aura pour objet de constater si les écritures ont été régulièrement tenues et si la participation de 10 %, dans les bénéfices nets de l'inventaire a bien été appliquée au personnel participant suivant le présent règlement.

» Les honoraires à allouer à cet arbitre seront prélevés sur la participation avant la répartition aux ayants droit. »

La pleine indépendance de l'autorité patronale est, en même temps, énergiquement affirmée et garantie par deux autres articles du même règlement. « La participation aux bénéfices, dit l'article 11, est une libéralité volontairement offerte par les patrons aux employés et ouvriers de leur maison. Aussi, MM. Mozet et Delalonde ne reconnaissent à personne le droit de critiquer leur gestion, ceux qui ne l'approuveront pas étant libres de se retirer, ou de ne pas travailler pour eux ». Et l'article 12 ajoute : « La répartition annuelle a lieu d'après les comptes de la maison arrêtés à la clôture de l'exercice (fin février) sans que les participants aient le droit de s'immiscer en rien dans les écritures qui, du reste, peuvent être contrôlées conformément à l'article 7. »

La maison Lecœur, entreprise de menuiserie, 23, rue Humboldt, à Paris, a adopté le même mode de contrôle ; mais elle n'admet pas non plus une ingérence plus étendue du participant dans ses écritures.

Dans le banquet annuel de la Société de participation, le 18 mars 1886, M. Alfred Rivière a caractérisé dans les termes suivants la mission du contrôleur des comptes :

« L'arbitre, dans ces conditions, que doit-il être ? Il rendra son verdict sans autres explications que celles qu'il jugera lui-même devoir donner, et il devra en donner fort peu, parce que les livres et les écritures mis sous ses yeux devront n'être ouverts que par lui. Il ne faut pas que les participants puissent entrer dans l'étude de la connaissance des affaires de la maison. Il faut donc que cet arbitre décide et fasse accepter sa décision sans l'appuyer publiquement sur aucun motif, sur aucune explication. C'est là un rôle très beau, mais très lourd, car, pour les consciences honnêtes, à mesure que le contrôle diminue, le poids de la responsabilité s'aggrave. Il faut donc que cet arbitre, pour ne pas être troublé dans l'exercice de ses fonctions, reçoive de la Société qui l'a choisi, des patrons qui l'ont proposé, un pouvoir d'appréciation absolu et sans limite. Il faut même qu'il reçoive des patrons un pouvoir de redressement. Cela me paraît indispensable. Il s'agit d'une intervention quasi familiale. Il n'y a rien là de contentieux. Tout est amiable. Vous voyez avec quelles précautions il faut mettre ce rouage en fonction dans l'institution que vous voulez propager en France... Il ne faudrait pas beaucoup d'erreurs, de la part de quelques arbitres, pour que l'institution aux yeux des ouvriers fût irrémédiablement et absolument perdue. Il faut donc qu'une maison qui propose un arbitre ait soin de choisir un homme assez indépendant pour qu'il ne puisse pas même être tenté de devenir complaisant. C'est la seule manière d'empêcher qu'il n'en soit accusé. Il faut, en outre, qu'on lui donne tous les pouvoirs indispensables pour que, quand les participants recevront, à la fin de l'année, sa déclaration, ils puissent se dire : « Notre arbitre a pu tout examiner, tout scruter : il avait pouvoir pour tout redresser ; s'il a trouvé quelque chose d'incorrect, il l'a rectifié. Par conséquent nous pouvons avoir confiance. » Et alors, cette confiance les amènera sur le terrain où vous voulez les conduire, sur le terrain de l'apaisement, de la conciliation et, par suite, de la prospérité... J'aime beaucoup les vieux proverbes et il en est un sur lequel, en pareille matière, on ne saurait trop insister : « Les bons comptes font les bons amis ». En faisant de bons comptes, les ouvriers et les patrons redeviendront et resteront de bons amis. »

### Utilité de la création d'un corps de comptables publics.

Si l'intervention d'un arbitre-expert comptable dans le contrôle des comptes des maisons à participation se généralise, nous verrons peut-être s'établir en France, à l'instar de l'Angleterre, quelque chose d'analogue à la corporation des *Chartered Accountants* (¹),

---

(1) Institute of Chartered Accountants in England and Wales (Institut des Accountants de l'Angleterre et du pays de Galles), consacré par une charte du 11 mai 1881.

comptables publics des sociétés anonymes, dont M. E. Cheysson a décrit l'organisation dans un document soumis à *l'Institut des actuaires français* (1), et qui compte environ 2.000 membres. Les membres de cette corporation ont seuls le droit de prendre le titre de *Chartered Accountants*. Ils ne l'obtiennent qu'après un stage de cinq ans dans une étude d'Accountant, et des examens qui portent notamment sur le contrôle et la vérification des comptes et des livres, sur la comptabilité des associations et des mandataires et liquidateurs. Les comptables publics sont chargés en Angleterre de la mission, si souvent mal remplie en France, par les actionnaires nommés par l'assemblée générale, commissaires vérificateurs des comptes. Cette corporation, dit M. Cheysson, a su conquérir la considération publique par sa bonne tenue et l'importance de ses services. Ses membres sont désignés par les tribunaux ou le *Board of trade* comme vérificateurs des comptes ou fidéicommissaires ; mais ils sont partout utiles en se mettant à la disposition des Sociétés et des particuliers eux-mêmes pour la vérification de leur comptabilité. « Leur spécialité, écrivait en septembre 1883 M. Albert Shaw, consul des États-Unis à Manchester, dans son rapport officiel, consiste à contrôler les comptes des négociants, compagnies et banques. En payant un droit à une association de *Chartered Accountants,* chacun peut avoir les livres de ceux avec lesquels il est en relations soigneusement examinés par un expert sans jeter aucune suspicion sur les livres et les caissiers... Lorsqu'un *Accountant* vient pour examiner les livres, le teneur de livres prend un congé d'un ou plusieurs jours, et personne ne regarde cet examen professionnel avec la moindre aversion ou suspicion. Les *Chartered Accountants* sont une Agence peu chère, convenable et responsable, par laquelle les livres de toute entreprise, privée ou publique, peuvent être correctement examinés. » De son côté, M. Georges Rae, fait ressortir dans son *Country Banker*, tous les avantages de leur intervention. « Avec les *Accountants*, dit-il, nuls artifices en double entrée, en arithmétique frauduleuse, n'auront chance de succès. Leur impartialité et leur désintéressement ne sont pas en doute. Ils sont indépendants de la direction et représentent

---

(1) Voir le journal *l'Argus* du 9 août 1891, page 503.

les actionnaires. Ils ont une réputation à sauvegarder et ne voudraient pas la compromettre en couvrant des opérations véreuses, qui les discréditeraient à tout jamais vis-à-vis de leur clientèle. Dans ces conditions, un bilan mensonger ne saurait être présenté par le Conseil d'administration, parce qu'ils le démasqueraient aussitôt. Ils agissent donc non pas seulement après coup pour redresser les comptabilités inexactes, mais même préventivement pour leur enlever la tentation de l'être. »

Le système de contrôle des comptes, dont nous avons exposé l'organisation et les principes, avait été appliqué en Angleterre pendant cinq ans, sans difficultés, dans l'usine métallurgique de MM. Fox, Head et C⁰ (¹), avec le concours d'un *Public Accountant*.

En résumé, le contrôle des comptes par un arbitre expert est expérimenté depuis 1884. Pendant *huit exercices*, il a donné une complète sécurité aux patrons et aux participants, il n'a occasionné aucun incident, ni réclamations, ni récriminations. Voilà un fait certain.

Que faudrait-il donc pour que tous les chefs de maisons pussent opérer de même ? une seule chose : avoir une comptabilité régulièrement tenue.

Ceux qui craindraient la périodicité obligatoire du contrôle des comptes pourraient trouver un moyen terme. Y a-t-il un danger quelconque à prévoir simplement dans les statuts, comme l'ont fait plusieurs maisons, que le contrôle des comptes par un arbitre expert, sera fait à la demande des participants et s'en tenir là? Dans ces conditions, aucun péril ne peut exister.

---

(1) *Bulletin de la Participation aux bénéfices*, tome V, année 1883, page 168.

# CHAPITRE VIII

## BIBLIOGRAPHIE DE LA PARTICIPATION

I. Ouvrages de M. Charles Robert. — II. Ouvrages de M. Alfred de Courcy. — III. Enquête de M. le docteur Victor Böhmert. — IV. Autres ouvrages de vulgarisation : MM. Pierre Manfredi, A. Fougerousse, Sedley-Taylor, Miss Mary Whiton Calkins, Nicholas Paine Gilman, Albert Cazeneuve, Léopold Katscher, Henri G. Rawson. — V. Publications de la Société pour l'étude de la participation aux bénéfices. — VI. Enquête de la Commission extraparlementaire des Associations ouvrières. — VII. Travaux spéciaux de critique et de discussion, mémoires, communications : MM. John Moschell, W. Stanley Jevons, A. Huet, Paul Leroy-Beaulieu, Edward Vansittart-Neale, Miss Mary H. Hart, A. Chaix, A. Crouzel, Maurice Block, Heinrich Frommer, A. Wirminghaus, Paul Guieysse, Ernest Brelay, Léon Sahler, A. Gibon, David F. Schloss, H. Häntscke, Henry Delvaux. — VIII. Rapports et comptes rendus.

Le présent chapitre est, en grande partie, extrait de notre Introduction à une suite de l'Appendice qui complète la traduction française de l'ouvrage de M. le docteur Victor Böhmert (tome XII du *Bulletin de la Participation*, pages 89 et suivantes).

### I. — OUVRAGES DE M. CHARLES ROBERT

1870. — La suppression des grèves par l'association aux bénéfices. — Conférence faite à la Sorbonne le 27 décembre 1869. (Paris, Hachette.)

1873. — La question sociale. (Paris, Sandoz et Fischbacher.)

1873. — Le partage des fruits du travail. (Paris, Sandoz et Fischbacher.)

1878. — Biographie d'un homme utile, leclaire, peintre en batiments. — Conférence faite au palais du Trocadéro, le 1er septembre 1878, sous la présidence de M. Édouard Laboulaye. (Paris, Sandoz et Fischbacher.)

1889. — LE CONTRAT DE PARTICIPATION AUX BÉNÉFICES, SON CARACTÈRE ET SES RÉSULTATS. — Conférence faite au cercle populaire de l'Esplanade des Invalides, le 13 septembre 1889. (Paris, imprimerie Chaix.)

1890. — CONFÉRENCE SUR LA PARTICIPATION AUX BÉNÉFICES, FAITE LE 16 OCTOBRE 1890 A LA BOURSE DU TRAVAIL DE MARSEILLE. (Marseille, imprimerie A. Garry et Cⁱᵉ.)

1891. — EXPOSITION UNIVERSELLE INTERNATIONALE DE 1889, A PARIS. RAPPORTS DU JURY INTERNATIONAL. ÉCONOMIE SOCIALE. SECTION II : PARTICIPATION AUX BÉNÉFICES. ASSOCIATIONS COOPÉRATIVES DE PRODUCTION. (Paris, Imprimerie Nationale.)

Les travaux que nous venons d'énumérer ne forment qu'une faible partie de ceux que M. Charles Robert a consacrés, depuis plus de vingt ans, avec une ardeur constante et une foi inébranlable, à la question de la participation aux bénéfices : mémoires présentés au Congrès des Sociétés savantes, dépositions devant la Commission de l'Enquête extraparlementaire des Associations ouvrières, études et informations, publiés dans les quatorze volumes du *Bulletin de la Participation*, etc, etc.

Le 27 décembre 1869, M. Charles Robert, parlant dans le grand amphithéâtre de la Sorbonne, à un auditoire d'économistes, de fonctionnaires, de patrons et d'ouvriers, terminait sa conférence par ces mots : « Nous avons constaté que la grève est un fléau destructeur. Nous avons vu que les patrons peuvent s'assurer, en quelque sorte, contre la grève, par l'union des intérêts substituée à un antagonisme contraire à la nature des choses.

» Les faits nous ont montré que, tout en respectant les droits acquis, sans porter aucune atteinte aux principes de la science économique, en déduisant, au contraire, de ces principes leurs véritables conséquences, des établissements industriels déjà nombreux avaient su combiner le régime du salaire avec celui de l'association ; que, par ce moyen, on pouvait augmenter la force productive de l'ouvrier, désormais intéressé, pour son propre compte, à la prospérité de l'entreprise; que si, par le partage des bénéfices, les fortunes industrielles seraient peut-être moins hâtives, elles y gagneraient à coup sûr en sécurité et en considération ; qu'alors l'ouvrier, sorti réellement du prolétariat, réconcilié avec le patron et avec l'ordre social, cessant de vivre au jour le jour dans l'isolement

funeste d'une existence précaire et nomade, pouvait devenir propriétaire ou rentier, voyait augmenter son bien-être dans le présent et
obtenait la sécurité pour sa vieillesse et pour l'avenir de sa famille.

» Une nouvelle organisation du travail, efficace et irréprochable,
peut donc s'élever sur les bases maintenues et respectées de l'ordre
ancien...

» Il appartient peut-être aux chefs d'industrie du xixe siècle,
poussés et soutenus par le vœu de l'opinion publique, de prendre la
direction du grand mouvement auquel nous assistons. Mais il y a
urgence. Le temps presse. La propagande antisociale et les idées
fausses vont vite. Pour mieux résister aux démolisseurs aveugles,
sachons être des fondateurs clairvoyants (¹). »

Nous avons cru devoir donner cette citation, parce qu'elle définit
le but des efforts de M. Charles Robert, résumé dans ces paroles :
*Pour mieux résister aux démolisseurs aveugles, sachons être des
fondateurs clairvoyants.* Depuis, si nous suivons les phases du
développement de la participation aux bénéfices, nous voyons
le nom de M. Charles Robert s'attacher avec une incontestable
autorité à la plupart des faits marquants de cette pacifique évolution.

---

## II. — OUVRAGES DE M, ALFRED DE COURCY

1876. — L'INSTITUTION DES CAISSES DE PRÉVOYANCE DES FONCTION-
NAIRES, EMPLOYÉS ET OUVRIERS. Un volume in-18 de 543 pages.
(Paris, Warnier, rue Laffite.) — Cet ouvrage réunit plusieurs travaux publiés antérieurement, tels que : *la Vraie question sociale,
— les Caisses de prévoyance des employés et des ouvriers et les
pensions de l'État.*

1886. — LE DROIT ET LES OUVRIERS. (Paris, E. Pichon.)

Voir, en outre : *la Querelle du capital et du travail,* articles publiés
dans *le Correspondant* (numéros du 10 juin et du 10 juillet 1872)
et dans le *Moniteur des assurances* (tome IV, 1872, pages 309, 397
et 441) ; — *Capital et travail,* lettre à M. Chaix (Paris, imp. Chaix,
1872, numéro 3 de la Collection des *Petits livres pour le temps présent*

---

(1) *La Suppression des grèves,* etc.

publiés par M. Chaix pour son personnel); — *Encore les Caisses de prévoyance*, article publié dans le *Moniteur des assurances* (tome V, 1873, page 85); — *la Participation aux bénéfices et le patrimoine transmissible*, lettre au journal *l'Economiste français* (numéro du 19 mars 1881), reproduite au *Bulletin de la Participation* (tome III, page 101).

Voir aussi une remarquable communication à l'Assemblée géné-rale de 1885 de la Société pour l'étude de la participation, à l'occa-sion des démarches faites pour obtenir la création d'une caisse publique de dépôt pour les épargnes collectives de la participation (*Bulletin de la Participation*, tome VII, page 36. Paris, 1885, imprimerie Chaix), ainsi que les articles publiés par M. de Courcy, dans la *Revue des Institutions de prévoyance*, fondée par le regretté M. Hippolyte Maze (tome I, pages 18, 58, 117, 148, 244 et 339. Paris, 1887, librairie Berger-Levrault).

Voir enfin les dépositions de M. de Courcy dans *l'Enquête de la Commission extraparlementaire des Associations ouvrières* (tome II, pages 69 et 194, Paris, imp. Nationale, 1883, — et tome III, page 62, Paris, imp. Chaix, 1888).

« Je me reporte au point de départ, en 1871, dit M. Alfred de Courcy dans la préface de son livre *l'Institution des Caisses de pré-voyance des fonctionnaires, employés et ouvriers*. C'était au sortir de l'insurrection de la Commune. Dans un chalet des environs de Paris, encore cerné par les envahisseurs, je rédigeais une simple notice sur la Caisse de prévoyance des employés de la Compagnie d'Assu-rances générales. J'étais frappé des vastes horizons qu'ouvrait devant moi l'étude à laquelle je me livrais. Il me semblait comprendre qu'il y avait là une admirable institution à généraliser. Tout en me défiant des illusions d'auteur, je me souviens que je disais aux personnes qui m'entouraient : Je fais là une modeste petite brochure qui me passionne et qui, si je ne me trompe, portera loin. Il m'est peut-être permis de dire aujourd'hui que ce n'était pas une illusion. »

Cette préface porte la date de décembre 1875. On a pu apprécier à l'Exposition d'économie sociale de 1889 les résultats de l'œuvre de M. Alfred de Courcy, l'influence de ses idées fécondes, la justesse de ses prévisions.

M. Alfred de Courcy, partisan chaleureux de la participation aux bénéfices, a été l'apôtre, le propagateur du livret individuel for-

mant patrimoine pour la famille du participant. Le développement
de la participation était l'objet de ses vœux ; il conseillait chaleureusement ce régime aux patrons, à titre de libéralité ; mais son
but dominant, son idée maîtresse, était la constitution du patrimoine par le livret individuel, soit avec les produits de la participation, soit avec d'autres ressources, retenues sur traitements et
salaires ou subventions patronales. Il voulait surtout la substitution
du patrimoine aux pensions viagères, dans l'administration publique
comme dans l'industrie privée. M. de Courcy a défendu la participation aux bénéfices et le livret individuel avec une éloquente
persuasion, appuyée d'arguments positifs d'une grande force.
L'exemple de la Caisse de prévoyance de sa Compagnie est à méditer
par toutes les grandes administrations. Ses écrits, qu'anime sans
cesse le feu d'une conviction ardente, sont à lire et à relire. On
se sent attiré, d'ailleurs, par le caractère pacifique du sujet. L'institution préconisée par M. de Courcy pour assurer à l'ouvrier et à
l'employé la sécurité des vieux jours n'est pas de nature à soulever
d'ardentes controverses. Pour tout homme qui professe le culte de
la famille, le mot de patrimoine à lui seul a quelque chose qui
séduit et va au cœur. La perspective d'un héritage à laisser à sa
famille, c'est la consolation suprême du travailleur régulier et
honnête, c'est la paix intérieure, le silence imposé aux convoitises,
le rattachement à tout ce qui est sérieux et stable. Chaque fois
que nos études nous conduisent à penser à l'antagonisme des
classes, aux désaccords souvent aigus qui, pour des motifs d'argent,
divisent les hommes, au levain de révolte qui, dans certains rangs,
monte et menace, la constitution d'un capital de prévoyance pour
l'ouvrier formant patrimoine pour sa famille nous apparaît —
qu'on nous permette cette figure bien en harmonie avec notre
pensée — comme l'un des ports de salut, vers lesquels, sur une
mer agitée, le marin prudent dirige son navire.

### III. — ENQUÊTE DE M. LE Dʳ VICTOR BÖHMERT

1878. — DIE GEWINNBETHEILIGUNG, UNTERSUCHUNGEN UBER
ARBEITSLOHN UND UNTERNEHMERGEWINN (La Participation aux bénéfices. Études sur la rémunération du travail et le bénéfice de
l'entrepreneur). Deux volumes in-18 (Berlin, Brockhaus).

Le Dr Victor Böhmert, alors professeur à l'École polytechnique de Zurich, aujourd'hui directeur du bureau royal de statistique de Saxe et professeur d'économie politique au Polytechnicum de Dresde, a commencé en 1874 sa vaste enquête internationale sur le système de la participation aux bénéfices.

Des travaux antérieurs avaient préparé M. Böhmert à cette œuvre considérable. On sait que la participation aux bénéfices avait trouvé en Suisse un champ d'application particulièrement favorable. Elle y était devenue aussi un sujet d'études pour les unions ouvrières, les sociétés industrielles et les associations d'utilité publique. Dès 1868, la Société cantonale zurichoise d'utilité publique avait chargé une Commission d'étudier la situation des ouvriers des fabriques. M. Böhmert rédigea au nom de cette Commission un rapport dans lequel la participation aux bénéfices occupe une place très étendue (¹). L'exemple donné à Zurich fut suivi à Genève, à Bâle, à Saint-Gall. De son côté, la Société suisse d'utilité publique avait depuis longtemps voué aux questions sociales ses soins et ses lumières, et son organe, le *Bulletin suisse d'utilité publique*, exerçait dans cet esprit une large influence. En 1872, la Commission fédérale pour l'Exposition universelle de Vienne entreprit une enquête générale sur « les conditions des ouvriers et les organisations manufacturières de la Suisse », dont le rapport fut également rédigé par M. Böhmert (²).

En 1878, M. Böhmert publiait chez Brockhaus, à Berlin, les résultats de son enquête. La première partie de l'ouvrage traite le sujet au double point de vue historique et théorique. L'auteur expose : 1° l'origine et le plan de son étude ; 2° les développements donnés à la participation aux bénéfices dans les différents pays, chapitre écrit avec une rare compétence et qui est une véritable histoire du sujet ; 3° les opinions émises pour ou contre ce système ;

(1) *Untersuchung und Bericht über die Lage der Fabrikarbeiter.* (Étude et rapport sur la situation des ouvriers de fabrique.) Présenté à la Société d'utilité publique du canton de Zurich par le Dr Victor Böhmert. (Zurich, librairie Schabelitz, 1868.)

(2) *Arbeiterverhältnisse und Fabrikeinrichtungen der Schweiz.* (Conditions des ouvriers et institutions manufacturières de la Suisse.) Rapport rédigé sur la demande de la Commission générale fédérale pour l'Exposition universelle de Vienne, par le Dr Victor Böhmert. (Zurich, librairie César Schmidt, 1873.)

4° les renseignéménts essentiels contenus dans les réponses qui ont été faites à son questionnaire. Dans la deuxième partie sont décrites de nombreuses applications du régime.

Les monographies de M. Böhmert ne forment pas la partie la moins remarquable de son livre. Ces expérimentations, entreprises par des hommes de bonne volonté, en vue de rapprocher l'ouvrier du maître, de développer son zèle, sa stabilité et sa sollicitude pour l'entreprise, de rendre son sort meilleur, commandent sérieusement l'attention. Elles offrent de l'intérêt au philosophe comme au praticien, car l'étude des institutions se lie à celle du cœur humain. Les industries, les pays, les milieux sont divers; par suite, les méthodes diffèrent. L'organisateur a dû tenir compte de toutes sortes de circonstances et d'influences. Il a trouvé les sentiments de ses collaborateurs favorables à ses innovations; de son côté, il avait préparé le projet avec sagesse et prudence, et l'institution s'est fondée paisiblement sur des bases durables. Ou bien il s'est vu dans la nécessité de lutter contre l'ignorance ou la méfiance, contre l'envie ou la malveillance, et les semences du progrès se sont stérilisées dans une terre inculte. Ou bien encore les fondements de l'œuvre étaient mal préparés, les matériaux hâtivement réunis, et l'ensemble, sans solidité, s'est désagrégé au bout de peu de temps. Or, l'esprit s'attache à ces efforts et à leurs résultats comme aux péripéties d'une action dont il attend le dénouement avec des alternatives d'inquiétude et d'espérance.

Il faut reconnaître aussi que l'auteur a apporté un talent spécial à l'exposition du sujet. Il le traite avec la méthode du professeur habitué à grouper logiquement les principes et les faits. On voit d'une manière précise et claire les institutions naître, se développer, prospérer ou tomber. Souvent on touche du doigt les causes de l'échec ou du succès. Et puis, cette plume allemande parle de la France en termes extrêmement élevés : avec impartialité et justice, elle place notre pays au rang qui lui appartient dans ce concours d'initiatives éclairées et généreuses.

L'ouvrage de M. le Dr Victor Böhmert a été traduit en langue italienne et en langue française, comme on le verra plus loin. L'auteur ne cesse de suivre attentivement les progrès de la participation aux bénéfices. Il publie dans le Journal *Der Arbeiterfreund* (l'Ami des ouvriers), *Die Socialkorrespondenz* (la Correspondance sociale) et *Das Volkswohl* (le Bien du peuple), les faits importants concernant ce système.

Plusieurs écrivains allemands se sont occupés de la participation aux bénéfices en même temps que M. Böhmert. Nous ne possédons pas leurs ouvrages, mais nous les mentionnons d'après l'enquête de M. Böhmert. En première ligne, il faut citer M. le D\r Engel, directeur du bureau royal de statistique de Prusse, partisan très convaincu du système, qui a exercé en Allemagne, sous ce rapport, une action considérable. (Voir le livre de M. Böhmert, pages 49, 53, 122, 167, 195, 207, 541 de l'édition française.) Ensuite, parmi les écrivains favorables à la participation, M. le professeur Von der Goltz : *Die ländliche Arbeiterfrage und ihre Lösung.* (La question ouvrière dans l'agriculture et sa solution) (1), et, entre autres écrivains non partisans de ce régime, M. John-Prince-Smith : *Ueber Arbeiter Actionäre.* (Des ouvriers actionnaires) (2) ; M. Rudolf Schultz, auteur d'un ouvrage sur la participation des ouvriers agricoles au produit des terres (3) ; M. Frédéric Kalle, manufacturier à Bieberich (Prusse) : *Massregeln zum Besten der Fabrikarbeiter* (Mesures dans le meilleur intérêt des ouvriers) (4).

---

### IV. — AUTRES OUVRAGES DE VULGARISATION

1880. — LA PARTECIPAZIONE AL PROFITTO. RICERCHE SUI SALARJE PROFITTI DI VITTORIO BÖHMERT, par Pierre Manfredi. (Milan, Dumollard frères.) — C'est la traduction en langue italienne de l'ouvrage de M. le D\r Victor Böhmert dont nous avons parlé plus haut. Cette traduction est précédée d'une préface de M. Luigi Luzatti (5).

1880. — PATRONS ET OUVRIERS DE PARIS. RÉFORMES INTRODUITES DANS L'ORGANISATION DU TRAVAIL PAR DIVERS CHEFS D'INDUSTRIE, par A. Fougerousse (Paris, lib. Chaix et lib. Guillaumin). — Dans cet

---

(1) Dantzig, lib. Kafemann, 1871 et 1874.
(2) Publié dans la Revue *Vierteljahrschrift für Volkswirthschaft und Culturgeschichte* (5e année, 1867, t. IV, page 145).
(3) Voir Böhmert (page 108 de l'édition française).
(4) Il en est rendu compte par M. Böhmert (voir pages 103 et suivantes de l'édition française de son ouvrage).
(5) En 1877, M. Pierre Manfredi avait déjà publié une étude sur la participation aux bénéfices : *Della Partecipazione dell'operaio al profitto dell'impresa. Studio sulla quistione sociale* (De la participation de l'ouvrier au bénéfice de l'entreprise. Etude sur la question sociale). (Padoue, imp. Salmin frères, 1877.)

ouvrage sont méthodiquement étudiées, au double point de vue théorique et pratique, un assez grand nombre d'organisations créées par les patrons parisiens en faveur de leurs ouvriers : différents modes de majorations de salaires, participation aux bénéfices, association coopérative de la maison Leclaire, autres institutions. L'auteur a voulu présenter des exemples et des modèles aux chefs d'industrie désireux d'entrer dans la voie de semblables réformes. Le chapitre premier reproduit le texte même des règlements, dont vingt et un concernent spécialement la participation. Dans le chapitre II, M. Fougerousse reprend ces règlements pour les analyser et en coordonner les éléments. Le chapitre III est un examen critique des systèmes. Enfin, dans le chapitre IV, l'auteur formule ce qu'il appelle les « principes de la prévoyance sociale ».

1884. — PROFIT SHARING BETWEEN CAPITAL AND LABOUR (Participation aux bénéfices entre capital et travail), par M. Sedley-Taylor, membre du Trinity College de Cambridge (Londres, Kegan Paul, Trench and Cᵒ, Paternoster Square). C'est le traité classique anglais de la participation. L'auteur l'a dédié à son ami Henry Fawcett, l'un des partisans les plus anciens et les plus convaincus de la participation (« one of the earliest and staunchest supporters of profit sharing »). Le document capital du volume de M. Sedley-Taylor est le memorandum rédigé par M. Archibald Briggs sur l'application de l'*Industrial partnership* dans ses houillères de Whitwood (1865-1874). On sait que l'expérimentation dont il s'agit, d'abord couronnée de succès, a subi un retentissant échec. Les causes de ces fortunes diverses sont exposées avec soin par M. Briggs. La Société pour l'étude de la participation a traduit le mémoire en français et l'a inséré dans son *Bulletin* (tome VIII, page 43).

1888. — SHARING THE PROFITS (Le partage des bénéfices), par Mary Whiton Calkins. (Boston, Ginn et Cⁱᵉ.) — C'est un petit traité de la participation aux bénéfices rédigé avec soin et méthode. Miss Whiton Calkins a d'ailleurs étudié toute la littérature concernant la question. Elle examine la participation dans ses principes et ses applications, fait une analyse des différents modes adoptés et expose les mérites du système ainsi que les objections qu'il a soulevées.

1889. — PROFIT SHARING BETWEEN EMPLOYER AND EMPLOYEE. A STUDY IN THE EVOLUTION OF THE WAGES SYSTEM. (Participation aux béné-

fices entre patrons et ouvriers. Etude sur l'évolution du salaire), par
M. Nicholas Paine Gilman. (Boston, Houghton, Mifflin et Cie.) — Cet
ouvrage, très répandu en Amérique, est une histoire générale des
tentatives faites pour résoudre les difficultés relatives au travail au
moyen de l'alliance entre le maître et l'ouvrier. Après un coup
d'œil d'ensemble sur la « question sociale », l'auteur étudie successivement : 1° les différentes formes de salaire; 2° la participation
dans l'agriculture, dans la pêche maritime et dans les mines ; 3° la
participation dans les ateliers et les fabriques; 4° la participation dans
le commerce et dans les banques ; 5° la coopération de production
en Angleterre. Dans les trois derniers chapitres il s'occupe des
expérimentations du régime de la participation qui n'ont pas été ou
ont été couronnées de succès, et expose les considérations qui,
suivant lui, militent en faveur de ce système.

M. Gilman est l'éditeur d'un Bulletin périodique trimestriel
intitulé : *Employer and employed*, dont le premier numéro a paru
le 15 octobre 1892 et qui est publié par *The association for the
promotion of Profit Sharing*, chez Goo. H. Ellis, à Boston, au prix
de 40 cents (2 francs) par an. Cette publication a pour but de
propager la participation tout en s'occupant aussi des sursalaires.
Le premier numéro contient des articles signés Nicholas P. Gilman,
Charles Robert, N. O. Nelson, T. W. Bushill et Victor Böhmert.

1889. — LES ENTREPRISES AGRICOLES ET LA PARTICIPATION DU PER-
SONNEL AUX BÉNÉFICES, par Albert Cazeneuve. (Paris, Guillaumin.)
— M. Albert Cazeneuve, administrateur des mines de Campagnac,
membre du Conseil d'administration de la Société pour l'étude de
la participation aux bénéfices, s'est consacré à l'étude de la participation dans l'agriculture. « Animé d'une profonde sympathie
pour l'ouvrier des champs, presque toujours patient, laborieux,
économe, convaincu que l'effet utile du travail qu'il produit aug-
mente à proportion que s'améliore sa situation morale et matérielle », M. Cazeneuve croit « que le système de la participation
aux bénéfices, sagement et progressivement pratiqué en agriculture, doit amener des résultats féconds ». Il étudie: 1° les divers
systèmes d'entreprises agricoles et le rôle qu'y jouent le capital,
l'intelligence et le travail ; 2° la rémunération de ces trois facteurs;
3° le fonctionnement de la participation dans les entreprises. agri-

coles, avec exemples ; 4° les divers systèmes d'entreprises agricoles au point de vue de l'application possible de la participation : *faire valoir direct ; fermage ; métayage ;* 5° les principales objections contre la possibilité d'appliquer la participation dans les entreprises agricoles ; 6° la comptabilité agricole et le choix à faire entre les diverses méthodes de participation en vue de l'application aux entreprises agricoles.

1891. — DIE TEILUNG DES GESCHÄFTSGEWINNS ZWISCHEN UNTERNEH-MERN UND ANGESTELLTEN, von Nicholas Paine Gilman, traduit en allemand par Léopold Katscher. (Leipzig, lib. Ed. Wartig.) — L'ouvrage de M. Gilman a été mis à jour par le traducteur jusqu'en 1891. M. Léopold Katscher a consacré en outre à l'étude de la participation de nombreux travaux publiés dans des journaux et des revues. Il a pu réunir récemment une importante collection de ces articles, qu'il a offerte à la Société pour l'étude de la participation.

1891. — PROFIT SHARING PRECEDENTS, WITH NOTES (Méthodes de partage de bénéfices, avec annotations), par M. Henri G. Rawson, jurisconsulte anglais (Londres, Stevens and Sons). — Dans ce livre sont étudiées les applications anglaises, françaises et américaines de la participation. En sa qualité de juriste, M. Rawson montre comment l'organisation régulière de la participation aux bénéfices peut se plier et s'adapter aux différentes formes légales des entreprises industrielles. L'un des chapitres de cet ouvrage traite spécialement de la loi appelée *Industrial and Provident societies act*, *1876*, qui, dans beaucoup d'entreprises, peut faciliter l'établissement normal et complet de la participation.

---

## V. — PUBLICATIONS DE LA SOCIÉTÉ POUR L'ÉTUDE DE LA PARTICIPATION AUX BÉNÉFICES

La Société s'est donné pour mission de faciliter à tous les intéressés l'étude pratique des diverses méthodes de participation des employés et des ouvriers dans les bénéfices de l'entreprise. Ainsi que le dit son programme, elle ne veut ni provoquer ni soutenir des polémiques trop souvent stériles. Elle s'efforce uniquement de

« faire connaître à tous ce qui a été réalisé par quelques-uns ». Ses études devant avoir un caractère absolument pratique, elle n'admet dans son sein que des personnes exerçant la profession d'industriel ou de commerçant et leurs collaborateurs dans la Direction.

Voici l'énumération des ouvrages qu'elle a publiés :

1879-1892. — BULLETIN DE LA PARTICIPATION AUX BÉNÉFICES, paraissant tous les trois mois depuis 1879, à l'imprimerie Chaix, 20, rue Bergère. La collection de ce bulletin comprend aujourd'hui quatorze volumes ; on y trouve toutes les informations importantes concernant le régime de la participation.

1888. — LA PARTICIPATION AUX BÉNÉFICES. ÉTUDE PRATIQUE SUR CE MODE DE RÉMUNÉRATION DU TRAVAIL, par le Dr Victor Böhmert, traduit de l'allemand et mis à jour par l'auteur du présent Guide, avec une préface de M. Charles Robert. (Paris, librairie Chaix et librairie Guillaumin.)

1890. — CONGRÈS INTERNATIONAL DE LA PARTICIPATION AUX BÉNÉFICES TENU DU 16 AU 19 JUILLET 1889. — *Compte rendu in extenso des séances.* — (Paris, librairie Chaix.)

Le Congrès international de la participation aux bénéfices s'est tenu les 16, 17, 18 et 19 juillet au Cercle ouvrier de l'exposition d'Économie sociale. Il était présidé par M. Emile Levasseur, membre de l'Institut, assisté de MM. Charles Robert, président-adjoint, Goffinon et Laroche-Joubert, vice-présidents, Frédéric Dubois, secrétaire, et Marquot, trésorier. Son programme comprenait quinze questions pour chacune desquelles un rapport avait été d'avance imprimé et distribué aux membres. Les travaux du Congrès, recueillis par la sténographie, ont été coordonnés par M. Charles Robert et M. Frédéric Dubois, et réunis dans un volume de plus de 300 pages, où l'on trouve les discours, les quinze rapports, toutes les discussions et les résolutions. Cet ouvrage offre un grand intérêt aux personnes qui étudient et approfondissent la question de la participation aux bénéfices. Dans un discours d'une éloquence aussi simple que vraie, M. Emile Levasseur a exposé l'état actuel de la participation, le chemin à parcourir et les difficultés de la tâche. En terminant, il a dit aux membres du Congrès : « Je crois que vous serez trop longtemps encore une petite minorité. Mais vous êtes à un poste d'honneur. Vous frayez une route, qu'il faudra probablement un long temps à tracer, mais qui sera peut-être un jour une des plus belles et des plus larges avenues du domaine industriel. Ne désertez pas ce poste. Quelles que soient les difficultés et les lenteurs de la propagande, soyez sans défaillance ; je dirai aussi : soyez exempts d'enthousiasmes irréfléchis et d'espoirs exagérés qui pourraient aboutir à des déceptions et à des découragements. Gardons tous dans le jugement que nous portons sur les transformations économiques de notre siècle une juste mesure. »

Indépendamment du compte rendu *in extenso*, un procès-verbal sommaire des séances du Congrès, rédigé par M. Frédéric Dubois avec beaucoup de précision et de clarté, a été publié à l'Imprimerie Nationale par les soins de M. Gariel, rapporteur général des congrès et conférences.

Nous croyons devoir rappeler ici, en outre, les titres des mémoires présentés, sur la question de la participation aux bénéfices, par la Société aux Congrès annuels des Sociétés savantes :

1884. — *Avantages de la participation aux bénéfices en ce qui concerne la concurrence industrielle, les grèves, l'harmonie sociale, l'intérêt bien compris des ouvriers et des patrons, ainsi que le développement des institutions de prévoyance, assurances, retraites, épargne. Réponses aux objections. Résultats obtenus*, par M. Charles Robert. (Reproduit au tome VI du *Bulletin de la Participation*, page 94.)

1885. — *Du contrôle des comptes, au double point de vue juridique et économique, dans le système de la participation du personnel dans les bénéfices*, par M. Charles Robert. (Reproduit au tome VII du *Bulletin de la Participation*, page 173. )

1886. — *Exposé de quelques résultats statistiques de la participation aux bénéfices dans l'industrie*, par M. Charles Robert. (Reproduit au tome IX du *Bulletin de la Participation*, page 103.)

1888. — *La participation aux bénéfices limitée à chaque atelier d'une même usine, comparée à la participation sur l'ensemble des opérations*, par M. Frédéric Dubois, sous-directeur de l'imprimerie Chaix, membre du Conseil de la Société pour l'étude de la partici-

pation aux bénéfices. (Reproduit au tome X du *Bulletin de la
Participation*, page 111.)

1890. — *Exposé de quelques résultats statistiques de la participation aux bénéfices dans l'industrie*, par M. Frédéric Dubois.
(Reproduit au tome XII du *Bulletin de la Participation*, page 209.)

1892. — *Analyse du rapport de la Section II du Groupe de
l'Economie sociale à l'Exposition universelle de 1889. — Participation aux bénéfices et associations coopératives de production*, par
M. Charles Robert. (Reproduit au tome XIII du *Bulletin de la Participation*, page 1.)

---

### VI. — ENQUÊTE DE LA COMMISSION EXTRAPARLEMENTAIRE
### DES ASSOCIATIONS OUVRIÈRES

1883-1888. — ENQUÊTE DE LA COMMISSION EXTRAPARLEMENTAIRE DES
ASSOCIATIONS OUVRIÈRES NOMMÉE PAR M. LE MINISTRE DE L'INTÉRIEUR.
(Trois volumes imprimés, les deux premiers par l'Imprimerie
Nationale, le troisième par l'imprimerie Chaix. En vente à la librairie
Chaix et à la librairie Guillaumin.)

Le 20 mars 1883, M. Waldeck-Rousseau, ministre de l'Intérieur,
a institué une Commission extraparlementaire pour étudier l'association coopérative de production et la participation aux bénéfices,
au point de vue des travaux publics de l'Etat. Cette Commission,
présidée par M. le ministre de l'Intérieur, se composait de hauts
fonctionnaires de tous les ministères et de la Caisse des Dépôts et
consignations, de M. Christophle, député, gouverneur du Crédit
Foncier de France, vice-président, et de M. Gonse, conseiller à la
Cour de Cassation. M. Barberet (1), chef du bureau des Sociétés de
secours mutuels au ministère de l'Intérieur, en était le secrétaire.
La Commission a commencé son enquête le 16 avril 1883 et
l'a terminée en décembre 1887. Les résultats de ses recherches
remplissent trois gros volumes, véritable mine de précieuses

---

(1) Auteur d'un ouvrage considérable : *Le Travail en France. Monographies
professionnelles*. (Paris, Berger-Levrault.)

informations. La première partie est consacrée aux associations ouvrières ; la deuxième concerne plus spécialement la participation aux bénéfices : elle contient les dépositions des principaux chefs de maisons qui ont appliqué ce régime; la troisième donne un rapport d'ensemble de M. Barberet, et la discussion des projets de loi à soumettre au Parlement : 1° sur les Sociétés coopératives ouvrières de production et sur le contrat de la participation aux bénéfices ; 2° sur une Caisse générale de la prévoyance industrielle, commerciale et agricole. L'ensemble offre un intérêt capital pour l'étude de ces questions.

---

### VII. — TRAVAUX SPÉCIAUX DE CRITIQUE ET DE DISCUSSION MÉMOIRES — COMMUNICATIONS

1870. — DE LA PARTICIPATION DES OUVRIERS AUX BÉNÉFICES DES PATRONS. RAPPORT PRÉSENTÉ AUX SOCIÉTÉS D'UTILITÉ PUBLIQUE DE LA SUISSE ROMANDE, par M. John Moschell, ingénieur civil, président de la Société genevoise d'utilité publique (Paris, Guillaumin. — Genève, F. Richard). — Dès 1870, M. John Moschell a présenté aux Sociétés d'utilité publique de la Suisse romande un tableau très complet et très étudié des différentes formes de rémunération qui peuvent améliorer le sort de l'ouvrier et resserrer les liens du capital et du travail. Il recommande la participation, non comme une panacée, mais comme un remède dont « on ne saurait nier l'efficacité dans un grand nombre de cas ».

Toutefois, en 1873, devant la Société d'utilité publique réunie à Genève, M. Moschell a exposé plusieurs considérations défavorables au régime de la participation. (Voir notre traduction de l'ouvrage de M. le Dr Böhmert, page 91.)

1870. — ON INDUSTRIAL PARTNERSHIPS, par W. Stanley Jevons (Londres, 1, Adam street, Adelphi, W. C.). — C'est une conférence faite, également en 1870, devant l'une des associations d'Angleterre vouées à l'étude des sciences sociales (*National association for the promotion of social science*). « Elle traite des maux qui affligent l'industrie; des bureaux d'arbitrage et de conciliation; d'un rapport sur les *Trades-Unions;* du mode de participation aux bénéfices organisé chez MM. Briggs et chez MM. Fox Head et C$^{ie}$; des idées émises par M. Babbage sur la participation aux bénéfices; des avantages et des difficultés de ce système; des véritables principes de la coopération; des circonstances qui peuvent en restreindre l'application, et enfin de ses effets probables sur les classes ouvrières ([1]). »

1871. — COÖPERATIE TUSSCHEN PATROON EN WERKMAN. EENE MEDE- DEELING AAN HET CONGRES VAN NIJVERHEID DEN 12$^{den}$ JULI TE HAARLEM (Coopération entre le patron et l'ouvrier. Communication faite au Congrès industriel, le 12 juillet 1871, à Haarlem), par M. A. Huet. (Amsterdam, G. L. Funke, 1871.) — M. A. Huet, professeur à l'École polytechnique de Delft, s'était voué, dès 1869, à l'étude de la participation aux bénéfices. Nous devons rappeler, notamment, les brochures suivantes, dont il est l'auteur :

*Was kunnen wij doen voor onze werklieden?* (Que pouvons- nous faire pour nos ouvriers?) (Amsterdam, J. H. et G. Van Heteren, 1869.) — *Productieve associatie van arbeid en kapitaal. Verspreide bijdragen* (Association productive entre le travail et le capital. Dissertations diverses). (Leeuwarden, H. Van Belkum Kz., 1879.)

M. A. Huet a publié divers mémoires, discours et observations sur la participation aux bénéfices dans les comptes rendus *(Han- delingen)* des assemblées générales de la Société néerlandaise pour favoriser l'industrie et des congrès industriels de cette Société. — (Voir aussi *Bulletin de la Participation*, tome VII, page 196.)

1872. — LA QUESTION OUVRIÈRE AU XIX$^e$ SIÈCLE, par M. Paul Leroy-Beaulieu, membre de l'Institut (Paris, Charpentier et C$^{ie}$). — Dans cet ouvrage, M. Paul Leroy-Beaulieu consacre un chapitre entier à la participation. Suivant lui, si ce régime devait se déve- lopper, on verrait grandir les prétentions des ouvriers : ils récla- meraient plus de droits, ils formuleraient d'énergiques revendications, ils chercheraient à s'immiscer dans la marche de l'affaire. Cependant, M. Paul Leroy-Beaulieu, qui est opposé au système de la partici- pation « conçu comme mode général d'organisation du travail », admet que cette forme de rémunération peut être utilement

---

(1) *Bulletin de la Participation* (tome II, p. 51).

employée dans certains cas, par exemple dans les entreprises où l'importance de la main-d'œuvre est prépondérante, où la prospérité dépend « moins de la capacité commerciale des directeurs, de leur entente des affaires, de l'habileté de leurs spéculations que de l'administration intérieure et du zèle du personnel ouvrier ».

1880. — ASSOCIATED HOMES : A LECTURE BY EDWARD VANSITTART-NEALE, WITH THREE ENGRAVINGS OF THE FAMILISTÈRE AT GUISE, AND A BIOGRAPHICAL NOTICE OF M. GODIN, ITS FOUNDER (London, Macmillan and C⁰). — C'est une intéressante notice consacrée par M. Vansittart Neale à Godin et à son œuvre.

1882-1885. — Deux brochures de Miss Mary H. Hart consacrées au Familistère de Guise et à la maison Leclaire :
THE ORGANIZATION OF LABOUR, A PAPER READ AT THE CHARITY ORGANIZATION SOCIETY (1885. — Decorative co-operators' Association, 405, Oxfort street, London W.). — A BRIEF SKETCH OF THE MAISON LECLAIRE AND ITS FOUNDER (1882. Issued by the co-operators' Association).

1884. — LA PARTICIPATION AUX BÉNÉFICES. COMMUNICATION AU CONGRÈS DE BLOIS DE L'ASSOCIATION FRANÇAISE POUR L'AVANCEMENT DES SCIENCES (SESSION DE 1884), par M. A. Chaix (Paris, au secrétariat de l'Association, 18, rue Serpente). — Dans un petit nombre de pages, M. Chaix donne, avec clarté et précision, un tableau très complet du mouvement de la participation aux bénéfices et signale les points caractéristiques des différentes applications. Son étude est accompagnée d'un tableau synoptique très étudié des principaux systèmes adoptés. Il termine par ces paroles si justes et si mesurées :
« Si l'admission des employés et des ouvriers au partage des bénéfices n'est pas une panacée universelle, si elle ne peut donner à tous la poule au pot du Béarnais, elle est cependant de nature à soulager bien des misères, à apaiser bien des ressentiments. A ce titre, un tel sujet d'étude est digne de vous être présenté. Notre œuvre n'aura pas été vaine si nous pouvons laisser à nos héritiers, sur ce terrain, moins de questions à débattre et plus d'éléments durables de concorde et de paix. »

1885-1889. — Deux brochures dues à la plume compétente de

16

M. A. Crouzel, docteur en droit, bibliothécaire à l'Université de Toulouse : NOTE SUR LA PARTICIPATION DES OUVRIERS AUX BÉNÉFICES, CONSIDÉRÉE AU POINT DE VUE DU DROIT (Paris, Ernest Thorin, 1885); — LA QUESTION DE LA COMMUNICATION ET DE LA REPRÉSENTATION DES LIVRES DU PATRON (Toulouse, imp. Durand, Fillous et Lagarde, 1889) ([1]).

1886. — LES FACTEURS DE LA PRODUCTION ET LA PARTICIPATION DE L'OUVRIER AUX BÉNÉFICES DE L'ENTREPRENEUR, par M. Maurice Block, membre de l'Institut (Paris, Guillaumin). — M. Maurice Block partage les appréhensions de M. Paul Leroy-Beaulieu. En outre, il paraît croire que la participation aux bénéfices est présentée par la plupart de ses partisans comme un droit, pour lequel ceux-ci désireraient une sanction légale, et il craint que dans cette voie « on ne veuille dépasser les limites du juste et de l'utile ».

M. Maurice Block fait aussi ressortir les inconvénients d'une immixtion quelconque des ouvriers dans les affaires de la maison. (Cette question délicate du contrôle des comptes est traitée d'une manière spéciale dans le présent *Guide*).

Mais M. Maurice Block en veut surtout à la dénomination de *participation aux bénéfices*. « A côté de ceux qui soutiennent la participation de l'ouvrier aux bénéfices de son patron, comme une chose juste, dit-il, il y a ceux qui en plaident l'utilité. C'est là un tout autre argument. On reconnaît les droits incontestables de l'entrepreneur, on lui conseille seulement d'employer une partie de son gain à encourager ses ouvriers. Le conseil est bon, mais on le gâte en donnant à l'encouragement le nom de *participation*. Ce mot renferme un danger sérieux ; il tend à provoquer des illusions, à éveiller des appétits, et à les éveiller sans les satisfaire.

Si l'on veut encourager sans s'exposer à des périls, il faut remplacer le mot *participation* par le mot *prime*, ou, si l'on veut, par *gratification*.

---

(1) A signaler, du même auteur : *Etude historique, économique et juridique sur les coalitions et les grèves dans l'industrie*. La participation aux bénéfices y est présentée comme « le principal remède propre à agir moralement sur l'ouvrier et à améliorer sa condition physique » (un volume in-8° de 548 pages, Paris, Arthur Rousseau, 1887). Voir pages 435 et suivantes.

Suivant M. Maurice Block, « les patrons se montrent réfractaires à la participation.parce que :

» 1° On leur demande un sacrifice certain en vue d'un avantage douteux [1];

» 2° Il est illogique de partager les bénéfices, quand on supporte seul les pertes ;

» 3° Ils ne veulent pas se faire imposer comme un devoir ou une dette ce qui n'est de leur part qu'une libéralité.

» C'est donc parce que le choix du mot *participation* est peu heureux, que tant de patrons refusent de s'en servir ; ils n'en font pas moins à leurs employés et à leurs ouvriers — quelquefois sans s'en vanter — tout le bien que la situation comporte, primes d'encouragement et d'émulation, caisses de retraite et de secours mutuels, institutions de toutes sortes, et cela au prix de sacrifices sensibles. Ces sacrifices sont nécessairement supportés par les bénéfices, mais leur mérite est-il diminué pour n'avoir pas été décoré d'un nom ambitieux? »

1886. — Deux mémoires allemands : DIE GEWINNBETHEILIGUNG, IHRE PRAKTISCHE ANWENDUNG UND THEORETISCHE BERECHTIGUNG AUF GRUND DER BISHER GEMACHTEN ERFAHRUNGEN (La participation aux bénéfices, son développement pratique, ses lois théoriques, d'après les expériences les plus récentes), par Heinrich Frommer (Leipzig, Dunker et Humblot); — DAS UNTERNEHMEN, DER UNTERNEHMERGEWINN UND DIE BETHEILIGUNG DER ARBEITER AM UNTERNEHMERGEWINN (L'entreprise, le bénéfice de l'entreprise et la participation des ouvriers à ce bénéfice), par A. Wirminghaus (Iéna, lib. Fischer).

1890. — LA PARTICIPATION AUX BÉNÉFICES, LES RETRAITES ET L'ASSURANCE. Conférence faite au Cercle ouvrier du groupe de l'Économie sociale de l'Exposition universelle de 1889, par M. Paul Guieysse, répétiteur à l'École polytechnique, actuaire de la Compagnie d'assurances *l'Union*, aujourd'hui député du Morbihan. — Nous avons rappelé page 152, d'autres travaux de M. Paul Guieysse,

---

[1] « 1° L'avantage d'obtenir en échange un meilleur travail de leurs ouvriers; 2° l'avantage de rendre leurs ouvriers heureux, satisfaits, reconnaissants. »

dont les études, sur les Caisses de retraites notamment, sont si hautement appréciées.

1891. — La participation et le malentendu social, par M. Ernest Brelay (Paris, Guillaumin). — Sur le ton d'une critique railleûse, M. Brelay parle de la participation en adversaire déterminé. A ses yeux, la participation est une forme dangereuse du socialisme. Ses promoteurs ouvrent inconsciemment la porte à la révolution. Leur bonne foi n'est pas contestée, mais on émet sur leur clairvoyance et leur sagacité les doutes les plus sérieux. Voici, d'ailleurs, sa conclusion :

« La participation, loin d'être un instrument de pacification, n'est propre qu'à susciter des conflits ; elle ne peut avoir, d'une façon durable, le pouvoir de prévenir les grèves ; elle fait douter de l'équité du salaire et contribue à accroître l'intensité du malentendu social. Fille putative de ce salaire, — contrat équitable qu'il faudrait rendre de plus en plus mutuel, — elle dénigre inconsciemment l'auteur de ses jours et empêche celui-ci de la reconnaître.

» Ses inventeurs savent ce qu'ils veulent ; mais le terrain manque sous leurs pieds et ils s'accrochent à des objets étrangers en croyant de bonne foi qu'ils leur appartiennent. Après eux, viennent des adeptes inférieurs qui les comprennent peu, les commentent à leur manière et sèment de la banalité à la volée. Il en résulte des végétations parasites, encombrantes, mais qui, sur le terrain populaire, commencent à entrer en plein rapport.

» Si je n'avais pas affaire à des hommes de bien, je pourrais me taire ; mais la considération dont jouissent les grands participationnistes est méritée ; ils se trompent, je les trouve inquiétants et je les avertis une fois de plus.

» La participation n'est qu'une branche du socialisme ; celui-ci, comme le protectionnisme, est un des plus grands périls qui menacent la patrie et la liberté. »

1891. — La participation aux bénéfices et ses résultats pratiques, par Léon Sahler (Paris, *Annales Économiques*, 4, rue Antoine-Dubois). — M. Sahler, manufacturier dans le Doubs, a étudié avec soin l'enquête de M. le Dr Victor Böhmert ; il a lu attentivement les discussions du Congrès de 1889; il s'est livré lui-même à une enquête concernant un certain nombre de maisons qui ont appliqué le régime de la participation. Il présente des considérations théoriques et dix exemples d'applications analysés avec compétence et impartialité. Il donne ses sympathies à la participation lorsqu'elle conserve essentiellement le caractère de la *libéralité*. Il a foi dans l'efficacité de l'institution au point de vue social. « Laissons, dit-il, le côté économique, plus ou moins discutable, et plaçons-nous sur ce terrain solide; nous verrons alors qu'elle n'est plus qu'une œuvre de paix, de concorde et de fraternité. Elle adoucit forcément l'antagonisme qui existe entre les divers éléments du travail. »

1892. — LA PARTICIPATION DES OUVRIERS AUX BÉNÉFICES ET LES DIFFICULTÉS PRÉSENTES, par M. A. Gibon, ingénieur des arts et manufactures, ancien directeur des forges de Commentry, président de la Société d'Économie sociale (Paris, Guillaumin). — M. Gibon, suivant une communication qu'il a bien voulu nous faire pour résumer et préciser le caractère de son travail, rend hommage aux hommes qui patronnent et mettent en pratique la participation aux bénéfices. Il déclare qu'entre leurs mains, et grâce aux conditions spéciales dans lesquelles ils se sont trouvés, la participation a été, véritablement à ses yeux, le couronnement des institutions patronales. Mais M. Gibon ne croit pas au succès de ce régime, s'il s'agit de l'appliquer à la réorganisation du travail envisagée d'une manière générale (1) et il passe longuement en revue, dans son livre, les motifs qui s'opposeraient à une pareille vulgarisation.

---

(1) Il est utile de rappeler que l'étude de M. Gibon est une réponse à un article de M. Georges Berger écrit dans le *Génie Civil* du 31 octobre 1891 sur la *Question sociale*, dans lequel l'auteur expose la nécessité d'une réorganisation des conditions du travail conforme aux méthodes techniques nouvelles.

M. Georges Berger indique la participation aux bénéfices comme un moyen de solution en dehors de toute intervention de l'État « du grand problème social ouvrier qui se pose devant le monde moderne ». Il convie la rédaction du *Génie Civil* à poursuivre l'étude de cette grave question. En quelques lignes, et avec une grande netteté, M. Georges Berger précise le programme de cette étude : « Il sera intéressant et utile, dit-il, de faire sentir comment cette répartition peut être établie dans la plupart des grandes industries, en laissant d'un côté au capital sa puissance utile et son pouvoir d'accroissement, et, de l'autre, au travail, c'est-à-dire à l'ouvrier, la possibilité d'augmenter son salaire fixe par des appoints variables,

1892. — Methodes of industrial remunerations, par David F. Schloss (Londres). (Méthodes de rémunérations dans l'industrie). — M. David F. Schloss, avocat à Londres, qui a pris une part importante aux travaux du Congrès de 1889, examine dans cet ouvrage, en déployant de hautes facultés d'analyse et de précision, tous les systèmes employés pour rémunérer le travail, toutes les formes du salaire pur et simple, à la journée ou à la tâche, toutes les variétés de salaire progressif et les diverses combinaisons qui constituent la participation aux bénéfices. Il s'occupe aussi, avec le même soin, de l'association coopérative de production.

M. David Schloss a publié, en outre, des articles fort remarqués sur ces questions (¹). Il envoie à notre Société de fréquentes communications concernant les faits nouveaux qui intéressent ses études. De concert avec M. Thomas Bushill, imprimeur à Coventry, — qui a appliqué chez lui la participation et fait une active propagande en faveur de ce système, — il tient une enquête constamment ouverte et publie, de temps en temps, la liste mise à jour des maisons anglaises qui pratiquent ce régime.

1892. — Gewinnbetheiligung der Arbeit. Jean-Baptiste-André Godin und seine Schöpfung das Familisterium von Guise (Participation du travail aux bénéfices. Jean-Baptiste-André Godin et sa fondation, le Familistère de Guise), par H. Häntschke. (Berlin, Walther et Apolant.)

1892. — Faut-il appliquer la participation? Conférence faite devant la *Société belge d'Économie sociale*, par M. Henri Delvaux, avocat à la Cour d'appel de Liège, secrétaire de l'*Union des patrons en faveur des ouvriers* (Liège, L. Grandmont-Donders, imp.-lib.). C'est une étude d'ensemble très complète. Sa remarquable conclu-

---

proportionnels à la fois aux bénéfices réalisés en commun et aux trois facteurs appréciables de sa collaboration : l'ancienneté, l'assiduité, la production. Il faudra ensuite faire pressentir comment il sera aisé à cette association effective du patron et de l'ouvrier, de faire œuvre d'initiative collective dans la fondation de caisses de retraite, de caisses d'assurances contre le chômage, les accidents et la mort. »

(1) Voir notamment : *The Labor problem*, dans le numéro d'octobre 1889 de *The Fortnightly Review* et *Profit Sharing* dans le numéro de janvier 1890 du recueil intitulé : *The charity organisation Review.*

sion est reproduite au tome XIV du *Bulletin de la Participation* (page 265).

1892. — L'ÉVOLUTION SOCIALE, par M. Bernard Lavergne, sénateur. (Alençon, Guy.)

Nous aurions à citer de nombreux articles et mémoires empruntés aux Congrès coopératifs anglais et à l'excellent journal *The Coope-rative News*, publié à Manchester par l'Union coopérative de Grande-Bretagne et d'Irlande, mais la place nous ferait défaut pour en donner ici le catalogue complet, et nous nous bornons à mentionner cette source très riche d'informations et de discussions de principes : articles, communications, mémoires, discours de plusieurs éminents promoteurs et vulgarisateurs de la participation tels que feu Vansittart Neale, le juge Hughes, MM. George-Jacob Holyoake, Edw. Owen Greening, J. C. Gray, secrétaire général de l'Union coopérative anglaise, Albert Grey, George Thomson, de Hud-dersfield, Maxwell, président du *Wholesale* écossais.

Le nombre est considérable des ouvrages qui, sans être consacrés spécialement à la participation, traitent la question avec plus ou moins de développement. Nous prions le lecteur de se reporter à ce sujet à une étude plus étendue que nous avons publiée dans le tome XII du *Bulletin de la Participation* (pages 89 et suivantes) et de laquelle nous avons extrait les principaux éléments du présent chapitre.

————

## VIII. — RAPPORTS ET COMPTES RENDUS

Cette revue ne serait pas complète si nous omettions de mentionner la partie essentiellement pratique de la littérature dont nous nous occupons. Nous voulons parler des comptes rendus publiés par les maisons qui ont adopté le régime de la participation, documents précieux, pleins de faits positifs et d'observations réelles, qui apportent à la science leurs constatations. Dans certaines maisons, comme celles des Leclaire, Laroche-Joubert, Tuleu, Chaix, Goffinon, Godin, Boucicaut, Piat, Moutier, Compagnie d'Assurances générales, Compagnie d'assurances *l'Union*, Steinheil, Schaeffer, Rossi, Van Marken, ces comptes rendus forment de véritables recueils où se trouve écrite l'histoire des actes qui ont cimenté l'harmonie entre le maître et l'ouvrier, entre le capital et le travail (1). Le lecteur pourra consulter utilement à ce sujet les documents du Musée-Bibliothèque de la Participation, 3, rue de Lutèce.

---

(1) Voir notamment : *Historique de l'Imprimerie et de la Librairie centrales des chemins de fer. Organisation industrielle et économique de cet établissement* (Paris, imp. Chaix). — *Deberny, appréciation de son œuvre,* par M. Charles Tuleu (Paris, Deberny et Cie). — *Le Familistère de Guise et son fondateur Jean-Baptiste Godin,* par F. Bernardot (Guise, imp. Baré). — *La question ouvrière à la Fabrique néerlandaise de levure et d'alcool. Essai de solution pratique,* par J.-C. Van Marken (Paris, imp. Chaix, 1881), — etc.

# ANNEXES

---

Les Annexes comprennent :

I. — Huit Notices sur des maisons où la participation aux bénéfices a un caractère exceptionnellement important.

II. — La reproduction *in extenso* de quatorze règlements de
participation. Bien que des extraits de règlement aient été donnés
déjà dans chacun des chapitres, il nous a paru utile de fournir un
certain nombre de modèles complets.

III. — Les résolutions du Congrès de la participation aux bénéfices, tenu en 1889.

IV. — La liste des établissements qui pratiquent la participation,
avec des indications sur les méthodes adoptées.

---

# NOTICES

Les éléments de ces Notices sont extraits du Rapport sur la section II du groupe de l'Économie sociale de l'Exposition universelle de 1889. L'auteur du Rapport, M. Charles Robert, a pu nous aider à les mettre à jour, en nous indiquant quelques chiffres actuels et quelques modifications récentes.

---

## ANNEXE N° 1

### ANCIENNE MAISON LECLAIRE, DEVENUE REDOULY ET Cⁱᵉ

ENTREPRISE DE PEINTURE, DORURE, TENTURE, VITRERIE ET MIROITERIE

**Rue Saint-Georges, 11, à Paris.**

Renseignements généraux sur l'entreprise. — Mode de formation du capital. — Constitution de la gérance. — Nombre et situation des associés. — Mode de répartition du bénéfice net. — Droits des auxiliaires. — Contrôle des comptes.

#### RENSEIGNEMENTS GÉNÉRAUX

L'ancienne maison Leclaire, devenue Redouly et Cⁱᵉ, est une société en commandite, association coopérative, avec trois gérants élus, associés en nom collectif, et un commanditaire unique, qui est la *Société de prévoyance et de secours mutuels des ouvriers et employés de la maison Leclaire.*

La durée de la journée est de dix heures de travail effectif, et le prix est conforme à celui du tarif des travaux de la ville de Paris.

Pendant la dernière année d'inventaire, qui a pris fin au 15 février 1892, le total des appointements et salaires, payés à huit cent trente-trois personnes, employés, ouvriers et apprentis, membres de la Société de secours mutuels, membres du Noyau ou simples auxiliaires, s'est élevé au chiffre de 958.228 francs.

La maison, désirant que toutes les capacités puissent se faire jour, recrute, autant que possible, ses employés parmi les ouvriers faisant partie du Noyau et ses gérants parmi les employés.

Il existe un Noyau de cent vingt membres, ouvriers connaissant à fond leur métier, et employés dont les gérants ont apprécié les services. Pour être admis au Noyau, il faut être âgé au minimum de vingt-cinq ans et au maximum de quarante ans et nommé par l'Assemblée générale de ce Noyau. Les membres du Noyau forment les cadres de l'armée industrielle; ils élisent les gérants de la maison.

C'est à l'aide de ces collaborateurs dévoués qu'il est possible d'entreprendre beaucoup de travaux et de faire mouvoir avec avantage un grand nombre d'auxiliaires.

Les membres du Noyau élisent chaque année huit membres d'un comité de conciliation composé de cinq ouvriers, de trois employés et d'un gérant, président de droit. Ce comité est chargé de juger les ouvriers du Noyau et employés classés qui, pendant leur travail, s'écarteraient de leurs devoirs. Il est chargé aussi d'examiner les demandes d'admission au Noyau et de proposer les candidats à l'Assemblée générale.

### MODE DE FORMATION DU CAPITAL

La maison est régie par quatre actes notariés en date des 6 janvier 1869, 6 septembre 1872, 24 décembre 1875 et 30 janvier 1891, relatifs à la constitution et aux modifications de la Société en commandite Leclaire, A. Defournaux et Cie, — devenue A. Defournaux et Cie, — et actuellement Redouly et Cie.

A partir du 16 février 1891, date du commencement d'une nouvelle période d'inventaire, le capital social a été porté à 800.000 francs et les apports respectifs sont fixés de la manière suivante, savoir :

| | | |
|---|---|---:|
| Apport | de M. Redouly, premier gérant . . . . . . Fr. | 200.000 |
| — | de M. Valmé, co-gérant . . . . . . . . . . . | 100.000 |
| — | de M. Beudin, co-gérant . . . . . . . . . . . | 100.000 |
| — | de la Société de prévoyance et de secours mutuels, commanditaire. . . . . . . . . . . . | 400.000 |
| | TOTAL ÉGAL . . . . Fr. | 800.000 |

La mise sociale de tout gérant nouveau, qui peut être élu sans posséder aucune fortune, est formée par des prélèvements successifs montant aux deux tiers de sa part des bénéfices annuels, à moins que ses ressources ne lui permettent de la compléter autrement. Le gérant sortant ne retire sa mise sociale qu'au fur et à mesure que le capital de son successeur se complète ainsi.

Les apports versés par les gérants et la Société commanditaire produisent des intérêts à 5 % par an.

En cas de dissolution de la maison industrielle, pour quelque cause que ce soit, la Société de secours mutuels qui représente la collectivité, avec personnalité civile, des ouvriers et employés coopérateurs, et qui est, au 1er octobre 1892, propriétaire d'un avoir de 2.758.783 francs, indivis et impartageable, reprendrait, à titre de propriétaire, dans les mêmes conditions et en sa même qualité d'être collectif, sans indemnité :

1° La clientèle ;

2° Le matériel, qui comprendrait même des immeubles s'il y avait lieu, quelle qu'en soit la valeur, et qui est composé aujourd'hui d'une machine à vapeur, d'échelles, d'outils, de matières premières, chevaux, voitures, etc., entièrement amorti actuellement et évalué à 75.000 francs;

3° Le fonds de réserve, porté de 100.000 à 200.000 francs par l'acte notarié du 30 janvier 1891 ;

4° Et, dans le cas seulement où le président de la Société le jugerait avantageux, après autorisation de l'Assemblée générale, les droits aux baux et locations et promesses de vente, s'il y en a, des lieux et magasins occupés par la maison.

La Société de secours mutuels pourra disposer du tout comme de chose lui appartenant en toute propriété et jouissance, le vendre au mieux de ses intérêts, ou reconstituer la maison.

## CONSTITUTION DE LA GÉRANCE

Les gérants sont élus pour une durée de temps illimitée ; ils ont tous les pouvoirs et toutes les responsabilités incombant à des associés en nom collectif. Le Noyau a déjà usé trois fois de son droit en élisant, en 1872, M. Redouly ; en 1875, M. Marquot, et en 1890, MM. Valmé et Beudin. Tous ont été librement choisis au scrutin secret, parmi les employés, dans l'état-major de la maison.

Par un article des statuts, il est alloué, à titre de traitement de gestion, à chacun des gérants en nom collectif, 6.000 francs par an sur frais généraux.

Chacun des gérants a le droit de se retirer quand bon lui semble.

En cas de désaccord ou pour tout autre motif, l'un des gérants pourra être tenu de donner sa démission, si elle est exigée par les autres gérants et par le président de la Société de secours mutuels, après avis des deux membres délégués par le Noyau pour le contrôle des comptes.

Quelle que soit la cause de la retraite d'un gérant à quelque époque de l'année qu'il se retire, il n'a aucun droit sur les fonds de réserve ni sur les bénéfices de l'année courante.

Son traitement de 6.000 francs lui sera complété, et il recevra une somme de 6.000 francs à titre de transaction en bloc, à forfait, à la charge d'acquitter tous les droits d'enregistrement et tous les frais que pourraient occasionner sa retraite et son remplacement.

Il en sera de même en cas de décès.

La mise sociale de l'associé sortant lui sera remboursée au fur et à mesure que le capital de son successeur se complétera par la retenue qui sera faite sur sa part de bénéfices.

En aucun cas, le gérant sortant, ou ses héritiers en cas de décès, ne pourront prétendre à des droits sur la clientèle, le matériel et le fonds de réserve, le tout devant appartenir à la Société de secours mutuels, à la dissolution de la maison industrielle.

## NOMBRE ET SITUATION DES ASSOCIÉS

En dehors des trois gérants, associés en nom, il n'y a qu'un seul associé commanditaire, mais il représente la collectivité des coopérateurs ; c'est la *Société de prévoyance et de secours mutuels des ouvriers et employés de la maison Leclaire*, fondée en 1838 et *approuvée* le 27 juillet 1863.

Pour être admis à la Société, il faut faire partie du Noyau, avoir cinq ans de présence révolus dans la maison, être d'une bonne conduite et d'une bonne moralité. Les sociétaires ne sont astreints à aucune cotisation annuelle. Il y avait, en 1890, 121 sociétaires actifs.

Le président de la Société doit être choisi en dehors des gérants et du personnel de la maison.

Les ressources de la Société comprennent :

1º L'intérêt à 5 % de sa commandite de 400.000 francs et des sommes qu'elle met en compte courant à la disposition de la maison industrielle ; — 2º Sa part de 25 % dans les bénéfices de la maison ; — 3º Un droit de 20 francs une fois payé par chaque sociétaire pour son admission ; — 4º Les gratifications que les clients accordent aux ouvriers sociétaires ; — 5º Les amendes pour infractions au règlement.

Les sociétaires ont droit, en cas de maladie, aux soins du médecin, aux médicaments et à une indemnité journalière de 3 fr. 50. Les femmes et les enfants des sociétaires, les rentiers et leurs femmes ont droit aux soins du médecin et aux médicaments. Des primes sont accordées à la naissance de chaque enfant.

Tout sociétaire ayant cinquante ans d'âge et vingt ans de présence dans la maison Leclaire a droit à une pension viagère annuelle de 1.500 francs. Les veuves des sociétaires et les orphelins jusqu'à leur majorité ont droit à la moitié de la pension. Les ouvriers non sociétaires, blessés au travail et incapables de travailler, ont droit à la pension de 1.500 francs. Les veuves d'ouvriers tués au travail et les orphelins ont droit à la demi-pension. Le droit à la pension vient d'être étendu aux auxiliaires et aux membres du Noyau non sociétaires, comme il est dit page suivante. Tous les ayants droit ci-dessus, en cas de décès, sont inhumés aux frais de la Société dans une concession temporaire de cinq années.

La Société, se considérant comme une Compagnie d'assurances qui promet des rentes viagères différées, fait calculer tous les trois ans par un actuaire le chiffre des réserves mathématiques qu'elle doit posséder. Ce travail a déjà été fait trois fois par M. Paul Guieysse, ancien actuaire de la Compagnie *l'Union*-Vie, aujourd'hui député du Morbihan.

Tous les membres de la Société de prévoyance, sociétaires et pensionnaires, sont assurés par elle collectivement en cas de décès, par application de la loi du 11 juillet 1868, à la *Caisse des assurances en cas de décès*, créée sous la garantie de l'Etat, pour 1.000 francs chacun. Il est stipulé toutefois, par un règlement intérieur, que l'assurance de 1.000 francs, toujours payée par l'État à la Société, n'est transmise par celle-ci qu'aux veuves, orphelins et ascendants des Sociétaires.

La dissolution de la maison industrielle n'entraînerait pas celle de la Société de secours mutuels commanditaire. Celle-ci continuerait d'exister, mais elle prendrait pour titre: *Caisse des retraites des invalides peintres en bâtiment du département de la Seine*, et serait administrée sous la surveillance de M. le Directeur de l'Assistance publique, qui en deviendrait président de droit.

Le quart des bénéfices attribués à la Société de prévoyance commanditaire de la maison est, chaque année, capitalisé. Les deux autres quarts sont dévolus en espèces à quiconque travaille dans la maison.

L'avoir de la Société de prévoyance et de secours mutuels des ouvriers et employés de la maison Leclaire au 1er octobre 1892 est de 2.758.783 fr. 50.

### MODE DE RÉPARTITION DU BÉNÉFICE NET

La répartition des bénéfices a lieu, en vertu des statuts notariés, de la manière suivante :

Avant tout partage, 10 % des bénéfices sont prélevés pour former ou compléter un fonds de réserve de 200.000 francs.

25 % du surplus sont attribués à la Société de secours mutuels commanditaire.

25 % sont attribués à la gérance, pour la moitié au premier gérant, et pour un quart à chacun des deux autres gérants.

Les 50 % restants sont partagés en espèces.

Il est fait masse des journées d'ouvriers, membres de la Société de secours mutuels, du Noyau, apprentis ou simples auxiliaires, et de tous les traitements d'employés de la maison. Le chiffre représentant les 50 %/0 à répartir est divisé par la somme des salaires et des traitements.

Le résultat de cette division est multiplié par le chiffre du salaire ou du traitement que chaque participant aux bénéfices a reçu dans l'année, et le produit de cette multiplication indique la part des bénéfices à laquelle il a droit.

### DROITS A PENSION DES AUXILIAIRES ET DES MEMBRES DU NOYAU NON SOCIÉTAIRES

L'ancien règlement de la *Société de Prévoyance et de Secours mutuels des ouvriers et employés de la Maison Leclaire* s'était borné à décider que les ouvriers non sociétaires blessés au travail et incapables de travailler, et leurs veuves et orphelins, auraient droit à la pension réglementaire des sociétaires. Par des modifications apportées à l'article 19 de ce règlement par l'assemblée générale de la Société, en avril 1892, et approuvées par le ministre de l'Intérieur, le droit à une pension d'ancienneté a été reconnu aux ouvriers et employés auxiliaires ou membres du Noyau non sociétaires.

1. *Auxiliaires*. — Tout ouvrier, hommè de peine ou employé auxiliaire entré avant trente ans révolus, qui justifiera être Français, avoir satisfait à la loi du recrutement à l'âge de 21 ans et être resté vingt années consécutives au service de la maison, pourra obtenir, à l'âge de cinquante ans, une allocation annuelle égale aux deux tiers de la pension (actuellement de 1.500 francs) attribuée aux sociétaires et réversible par moitié.

L'auxiliaire entré après trente ans et avant quarante ans révolus pourra obtenir, après vingt années consécutives de service à la maison, une allocation annuelle réversible par moitié. Le quantum de cette allocation sera déterminé par le nombre des années de présence à la maison avant l'âge de cinquante ans et à raison de un trentième par an de la pension attribuée aux Sociétaires.

Quelle que soit l'époque de la demande et quelles que soient les années de présence du demandeur, ces allocations ne seront jamais accordées pour des années de service faites au delà de cinquante ans d'âge.

Si un auxiliaire se trouvait ne plus pouvoir travailler avant d'avoir atteint l'âge qui lui aurait permis d'obtenir cette allocation, il pourrait néanmoins l'obtenir à raison d'un trentième par année de présence, mais seulement à partir de la dixième année de son entrée dans la maison.

Ces allocations sont votées en assemblée générale sur la proposition du Conseil de famille et après enquête dudit Conseil.

Entré à la maison après quarante ans révolus, l'auxiliaire, quel que soit le nombre de ses années de présence, ne pourra espérer aucune allocation; il en sera de même pour tout auxiliaire qui, de sa propre volonté, quitterait la maison ou s'en ferait renvoyer avant d'avoir atteint l'âge qui lui aurait permis d'obtenir cette allocation.

2. *Membres du Noyau non sociétaires*. — Tout membre du Noyau qui, pour une cause quelconque, n'aura pu faire partie de la Société, et qui

aura cinquante ans d'âge et vingt années consécutives de service dans la maison, pourra obtenir, sur la proposition du Conseil de famille, après enquête, une allocation annuelle égale à la pension annuelle attribuée aux sociétaires et réversible par moitié.

Tout membre du Noyau qui, de sa propre volonté, quitterait la maison ou qui s'en ferait renvoyer, ne pourra espérer aucune allocation.

### DROITS DES AUXILIAIRES A LA PARTICIPATION EN ESPÈCES

Au point de vue de la participation payée en espèces, les auxiliaires et les membres du Noyau non sociétaires sont complètement assimilés aux autres ouvriers. L'article 17 du règlement de la maison porte ce qui suit :

*Des auxiliaires et des avantages qui leur sont accordés par la maison.* — La maison, ayant le désir que tous les ouvriers laborieux et intelligents qui lui viennent en aide participent dans ses bénéfices, a pris, à l'égard de ceux qui n'y travaillent que momentanément et à titre d'auxiliaires, les dispositions suivantes : A partir du 16 février 1869, tous les ouvriers, quel que soit leur savoir-faire, ainsi que les employés et apprentis travaillant à la maison, seront associés aux bénéfices, conformément à ce qui est indiqué à l'article 15 des statuts. »

### CONTROLE DES COMPTES

Le contrôle des comptes a lieu, dans les conditions du droit commun, par la Société de secours mutuels commanditaire représentée par son président élu, mais une garantie particulière est accordée aux autres participants, c'est-à-dire aux auxiliaires et aux membres du Noyau, non sociétaires. Les membres du Noyau nomment, chaque année, en assemblée générale, deux délégués choisis parmi eux, chargés, avec le président de la Société de secours mutuels, de contrôler l'inventaire dont il leur est donné lecture, pour constater si la répartition des bénéfices a été faite entre les ayants droit conformément à l'acte social.

ÉTAT DU PERSONNEL DE LA MAISON ET DES MEMBRES DE LA SOCIÉTÉ
DE SECOURS MUTUELS AU 15 NOVEMBRE 1892

I. — *Société de Prévoyance et de Secours mutuels.*

| | | |
|---|---:|---:|
| Sociétaires . . . . . . . . . . . . . . . . | | 124 |
| Pensionnaires (sociétaires) : Hommes. . . | 59 | |
| — — Femmes. . . | 22 | |
| — (auxiliaires) : Hommes. . . | 5 | |
| — — Femmes. . . | 1 | |
| Total . . . . | 87 | 87 |
| Veuves secourues. . . . . . . . . . . . . . | | 9 |

II. — *Noyau.*

| | | |
|---|---:|---:|
| Membres du Noyau (sociétaires) . . . . . | 124 | |
| — (non sociétaires). . . | 14 | |
| Total. . . . . | 138 | 138 |

A reporter. . . . 358

Report. . . 358

III. — *Auxiliaires*.

359 auxiliaires dont :

Ouvriers.. . . . . . . . . . . . . . 269

Apprentis ou ouvriers ne gagnant pas la
journée entière . . . . . . . . . . 45

Employés . . . . . . . . . . . . . . 45

TOTAL ÉGAL. . . . . . 359    359

TOTAL GÉNÉRAL . . . . 717

*Personnel actif travaillant à la maison à la date du 15 novembre 1892 :*

Membres du Noyau (sociétaires ou non) . 138

Auxiliaires Apprentis . . . . . . 45 ⎞
—       Ouvriers. . . . . . 269 ⎬ 359
—       Employés . . . . . . 45 ⎠

NOMBRE TOTAL des travailleurs actifs. . . 497

---

ANNEXE N° 2

**DEQUENNE ET Cⁱᵉ**

A Guise (Aisne) et à Laeken (Belgique).

*Société du Familistère de Guise, ancienne maison Godin.*

USINES, FONDERIES ET MANUFACTURES D'APPAREILS DE CHAUFFAGE, DE CUISINE
ET D'AMEUBLEMENT

Renseignements généraux sur l'entreprise. — Mode de formation du capital. —
Constitution de la gérance. — Nombre et situation des associés. — Mode de
répartition du bénéfice net. — Droits des auxiliaires.

RENSEIGNEMENTS GÉNÉRAUX

La *Société du Familistère de Guise, Association intégrale du capital et du
travail*, qui existe aujourd'hui sous la raison sociale DEQUENNE et Cⁱᵉ, est
une association coopérative de production créée par voie de transformation d'une maison patronale. Elle a été fondée par J.-B.-A. Godin.

En avril 1859, Godin commença la construction du Familistère de
Guise. Après une expérience de vingt années, il formulait, par-devant
notaire, en articles d'association légale l'association de fait qui existait
depuis 1876. La signature de cet acte important eut lieu le 13 août 1880.
Godin est mort le 15 janvier 1888. Il a légué la part disponible de sa
fortune à l'*Association du Familistère*.

Grâce à ce legs, les travailleurs de l'Association, déjà riches d'une
forte partie du capital social, sont entrés en pleine possession collective
de leurs instruments de travail, des palais d'habitation et des usines de
Guise et de Laeken-lez-Bruxelles.

L'article 3 des statuts porte que l'association entre travailleurs et capitalistes, fondée au *Familistère de Guise*, par l'initiative de M. Godin, prend
la dénomination de : *Société du Familistère de Guise, Association coopérative du capital et du travail*, sous la raison sociale : *Godin et Cⁱᵉ*.

La Société est en commandite simple.

17

Le titre Ier des statuts de la Société est rempli par une déclaration de principes dont l'idée fondamentale est le respect de la créature humaine et l'avènement de la justice.

L'article 4 dit que l'Association a pour but d'organiser la solidarité entre ses membres au moyen de la participation du capital et du travail dans les bénéfices.

De 1876 à 1879, Godin avait déjà attribué, à titre de participation, une somme de 172.266 francs à 864 personnes, ouvriers et employés. Cette somme constitua les premiers titres provisoires de copropriété qui, au moment de la fondation, furent transformés en titres d'épargnes.

Dès 1846, Godin préparait son personnel à la conception de la solidarité par l'établissement de caisses de secours pour les malades.

En 1880, pour créer l'Association, un premier noyau de 32 associés fut formé des 6 directeurs des services et de 26 ouvriers et employés, et constitua la première Assemblée générale.

En 1889, l'Assemblée générale était composée de 102 membres.

A partir de la mort de Godin, le patronat s'est transformé en gérance élective à vie. Diverses prérogatives personnelles, réservées à Godin, se sont éteintes avec lui.

Le personnel industriel des usines (ouvriers et employés) comprend :

|  |  |  |  |
|---|---|---|---|
| A Guise . . . . . . . . . 1.137 | Hommes . . . . . . . . . | 987 |
|  | Femmes . . . . . . . . . | 54 |
|  | Jeunes gens de 14 à 17 ans. | 96 |
| A Laeken. . . . . . . . 214 | Hommes . . . . . . . . . | 209 |
|  | Femmes . . . . . . . . . | 5 |
| TOTAL . . . 1.351 | TOTAL ÉGAL. . . . 1.351 |  |

A ce personnel industriel de l'Association, il y a lieu d'ajouter celui des services du Familistère (habitation des travailleurs) comprenant 100 personnes, ce qui donnait, au 1er juillet 1888, un total de 1.451, composé de 1.227 hommes, 128 femmes et 96 jeunes gens.

### MODE DE FORMATION DU CAPITAL

Au 13 août 1880, date de la signature de l'acte social, le capital de fondation était évalué à 4.600.000 francs. Il est évalué au 30 juin 1888, à 8.628.355 francs.

La portion du capital constituée par les certificats d'épargnes et qui s'élevait à cette date à 3.162.779 francs, provient des seuls bénéfices donnés aux travailleurs par l'Association. Les travailleurs, pour constituer leur part de copropriété (c'est ici un des points principaux du mécanisme financier de l'Association), n'ont jamais eu et n'auront jamais à prélever la moindre somme sur leurs salaires considérés comme une première rétribution irréductible de la valeur de leurs efforts.

En vertu du testament de Godin, la Société est devenue propriétaire de 1.032.721 francs de titres d'apports sociaux dont les intérêts et dividendes permettront d'activer encore la transformation de tous les titres d'apport social en certificats d'épargnes ouvrières.

On peut espérer que le capital de fondation sera complètement remboursé dans une période de six années, soit en 1894.

Le capital serait alors tout entier entre les mains des travailleurs.

CONSTITUTION DE LA GÉRANCE

*1° Nomination, pouvoirs, révocation de l'administrateur gérant.*

L'administrateur gérant est nommé par l'Assemblée générale aux termes de l'article 75 des statuts sans limitation de durée. Ses appointements annuels sont fixés par l'article 24 à la somme de 15.000 francs; de plus, il lui est alloué une part de 4 $\%$ dans les bénéfices, en dehors de sa part comme membre de l'Association (art. 128). Ses attributions sont réglées par les articles 72 et 73 des statuts.

L'article 72 porte que « l'Association est administrée par un gérant assisté d'un Conseil de gérance ». Seul il représente la Société envers les tiers. Il nomme et révoque tous les employés et fonctionnaires dans les conditions des articles 112 à 116.

Ses pouvoirs sont limités par l'article 74, aux termes duquel il doit consulter l'Assemblée générale dans les cas spécifiés (art. 59 à 61), le Conseil de gérance dans les cas spécifiés (art. 99 à 104), et les Conseils du Familistère et de l'industrie dans les cas spécifiés (art. 106 et 107).

L'administrateur gérant, aux termes de l'article 78 des statuts, peut être révoqué par l'Assemblée générale des associés, sur la proposition du Conseil de surveillance, dans divers cas énumérés par les statuts.

Après le décès de Godin (15 janvier 1888), la gérance a été dévolue à Mme Ve Godin; le 12 février de la même année, la nomination de M. Dequenne (François) au titre de *Gérant désigné* a été ratifiée par l'Assemblée générale des associés (art. 76 des statuts); en conséquence, le 1er juillet 1888, M. Dequenne a succédé de plein droit, comme gérant, à Mme Godin, démissionnaire. Il occupait antérieurement la fonction de directeur de la fabrication et était membre du Conseil de gérance depuis la fondation de la Société.

*2° Conseil de gérance.*

L'article 98 des statuts résume les attributions du Conseil de gérance en disant que ce Conseil embrasse tous les intérêts de l'Association et qu'il peut évoquer toute affaire à la demande de son président ou d'au moins trois de ses membres.

D'après l'article 82, ce Conseil se compose :

1° De l'administrateur gérant, président ;

2° De trois associés, élus pour trois ans au scrutin secret par tous les associés et rééligibles;

3° De directeurs ou chefs de service dont la fonction est déterminée dans l'article, et dont le nombre peut aller jusqu'à treize, après un stage d'un an dans la fonction, et décision favorable de l'Assemblée générale des associés, votant sur la proposition de l'administrateur gérant (art. 59).

Sont membres inamovibles l'administrateur gérant et les directeurs ou chefs de service titulaires des fonctions énoncées à l'article 82.

En dehors de leur part comme membres de l'Association, les conseillers de gérance touchent sur les bénéfices une rétribution supplémentaire de 1 $\%$ (art. 128 des statuts).

D'après l'article 77 des statuts primitifs, un membre du Conseil de gérance était nommé chaque année par ce Conseil *Gérant désigné*, pour prendre la succession du gérant en cas de décès, démission, révocation ou retraite. Cette désignation qui était ratifiée par l'Assemblée générale est désormais supprimée. En cas de vacance, l'Assemblée est convoquée d'urgence pour nommer le nouvel administrateur-gérant.

NOMBRE ET SITUATION DES ASSOCIÉS

Les membres de l'Association forment quatre catégories : 1° les Associés ; 2° les Sociétaires ; 3° les Participants ; 4° les Intéressés.

Tous les membres actifs de l'Association doivent remplir les conditions de moralité et de conduite irréprochable exigées par l'article 10 des statuts.

1. *Associés.* — Les Associés sont, aux termes de l'article 14 des statuts, les membres de l'Association qui remplissent les conditions particulières suivantes :

1° Être âgé d'au moins vingt-cinq ans ; 2° Résider depuis cinq ans au moins dans les locaux du Familistère ; 3° Participer au moins depuis le même temps aux travaux et opérations qui font l'objet de l'Association ; 4° Savoir lire et écrire ; 5° Être possesseur d'une part du fonds social s'élevant au moins à 500 francs ; 6° Être admis par l'Assemblée générale des Associés.

Les Associés ont la priorité sur tous les membres de l'Association pour être occupés en cas de pénurie des travaux (article 22).

Les Associés seuls composent l'Assemblée générale (article 57 des statuts). Tout membre de l'Assemblée générale n'a droit qu'à une voix. Les Assemblées générales sont présidées par l'administrateur gérant, les membres associés du conseil de gérance forment le bureau.

2. *Sociétaires.* — Les Sociétaires doivent, d'après l'article 17 des statuts, réunir les conditions suivantes :

1° Être âgé d'au moins vingt et un ans et libéré du service militaire dans l'armée active ; 2° Travailler au service de l'Association depuis trois ans au moins ; 3° Habiter le Familistère ; 4° Être admis par le conseil de gérance et l'administrateur gérant.

Les Sociétaires peuvent, mais sans que cette condition soit obligatoire, posséder une part du fonds social.

3. *Participants.* — L'article 18 des statuts indique, en ce qui concerne les Participants, les conditions ci-après :

1° Être âgé d'au moins vingt et un ans et libéré du service militaire dans l'armée active ; 2° Travailler au service de l'Association depuis un an au moins ; 3° Être admis par le conseil de gérance et l'administrateur gérant.

Les Participants peuvent ou non habiter le Familistère et posséder une part du fonds social.

Les articles 26 et 27 des statuts s'occupent, d'une manière générale, pour les Associés, les Sociétaires et les Participants, des cas d'exclusion.

Tous peuvent perdre leur qualité et les droits qui s'y rattachent pour l'une des causes ci-après :

1° Ivrognerie ; 2° Malpropreté de la famille et du logis gênante pour le Familistère ; 3° Actes d'improbité ; 4° Inassiduité au travail ; 5° Indiscipline, désordre ou actes de violence ; 6° Infraction à l'obligation de donner l'instruction aux enfants dont il a la responsabilité à un titre quelconque (Règlement, III° partie, art. 99).

L'exclusion d'un Associé ne peut être prononcée que sur la proposition du conseil de gérance prise à la majorité des deux tiers des membres du conseil. Elle ne devient définitive qu'après décision conforme de l'Assemblée générale, statuant à la majorité d'au moins les deux tiers des membres présents.

L'exclusion d'un sociétaire ou d'un Participant est prononcée par le conseil de gérance à la majorité des voix.

4. *Intéressés.* — Les intéressés sont les membres de l'Association, étrangers à ses services d'exploitation, qui possèdent par héritage, achat ou toute autre voie des parts du fonds social. Ils touchent les parts d'intérêts et de dividendes dues au capital et n'ont aucun droit d'immixtion dans l'administration (articles 29 et 31).

Il est expressément stipulé par l'article 32 que l'Association est représentée par ses seuls membres *Associés* et que les parts du fonds social, constatées par les certificats d'inscription d'apport ou d'épargne, ne confèrent à leur possesseur aucun droit personnel d'immixtion dans les conseils et les affaires du Familistère, des usines ni de l'Association.

L'Association, par l'article 33, se réserve expressément le droit de désintéresser intégralement ou partiellement tout possesseur d'apport ou d'épargne en lui remboursant au pair tout ou partie des titres dont il est possesseur.

L'article 52 porte que, la Société du Familistère étant surtout fondée en vue de consacrer les droits du travail et d'améliorer la condition du travailleur, les parts d'intérêt constatées pas les certificats d'apport ou d'épargne ne sont pas cessibles par voie de transfert à des tiers étrangers à la Société.

Néanmoins et sans avoir à intervenir dans les arrangements particuliers entre les tiers et le titulaire d'un certificat d'apport ou d'épargne, la Société peut admettre celui-ci à se substituer en tout ou en partie un autre titulaire avec l'agrément du conseil de gérance.

D'après l'article 44, afin d'assurer la transmission successive du fonds social aux mains des coopérateurs et de perpétuer les forces de l'œuvre commune au service de ceux qui la soutiennent et la font vivre, le remboursement des parts ou titres d'apport se fait en commençant par ceux dont le fondateur ou ses héritiers sont possesseurs; il se continue par ceux des possesseurs substitués à ceux-ci, dans l'ordre d'inscription des sommes acquises suivant les dates portées au livre de la comptabilité sociale.

Le remboursement des certificats d'inscriptions d'épargne a lieu ensuite par ordre d'ancienneté des titres originaires.

L'article 138 des statuts, relatif à leurs modifications possibles, limite comme suit le droit qui appartient à cet égard à l'Assemblée générale:

« L'association intégrale du capital et du travail, telle qu'elle est établie aux présents statuts, devra être conservée, et aucune modification ne pourra être introduite dans les relations du capital et du travail, soit pour la représentation aux Assemblées générales, soit pour la répartition des bénéfices;

» Les prescriptions de l'article 44 des présents statuts, relatives à la transmission des parts du fonds social aux futurs coopérateurs, devront être religieusement maintenues pendant toute la durée de l'Association :

» La Société s'engage, en outre, de la façon la plus absolue, à ne pas amoindrir la part des faibles, c'est-à-dire les subventions aux assurances mutuelles et les dépenses des institutions d'éducation et d'instruction de l'enfance, telles qu'elles sont prévues ;

» A maintenir les clauses d'admission au titre d'Associé, de Sociétaire et de Participant ;

« Et à ne rien changer à la composition de l'Assemblée générale ni aux conditions d'éligibilité dans le Conseil de gérance. »

Le nombre des Associés, des Sociétaires, des Participants en activité, des Intéressés et des auxiliaires était, au 30 juin 1892, tant à Guise qu'à Laeken (Belgique), de 2.033, savoir :

Associés. . . . . . . . . . . . . . 216 ⎫
Sociétaires . . . . . . . . . . . . 228 ⎬ 988
Participants. . . . . . . . . . . . 544 ⎭

Intéressés, propriétaires de parts d'épargne ne
    prenant plus part aux travaux de l'Association   327

Auxiliaires prenant ou ayant pris part aux
    travaux de l'Association. . . . . . . . .   718

TOTAL ÉGAL. . . 2.033

## MODE DE RÉPARTITION DU BÉNÉFICE NET

L'un des principes fondamentaux adoptés par l'Association du Familistère de Guise étant que toute organisation industrielle ou sociale doit garantir l'existence des faibles, on a établi la règle suivante :

En dehors des amortissements statutaires (art. 127 des statuts), et pour garantir des ressources à l'*Assurance des pensions et du nécessaire à la subsistance*, il est prélevé chaque année, avant tout partage de bénéfices, une subvention égale à 2 % des salaires et appointements payés par l'Association ; cette somme est portée aux frais généraux (Assurances mutuelles, art. 3).

L'emploi des bénéfices est réglé par les articles 127 et suivants des statuts.

Sur les bénéfices industriels et commerciaux constatés par les inventaires annuels, il est opéré les défalcations suivantes à titre de charges sociales :

1° Prélèvement de 5 % de la valeur des immeubles, de 10 % de la valeur du matériel et de 15 % de la valeur du matériel modèle. Quand les immeubles locatifs seront ramenés à la valeur de 1.200.000 francs, l'amortissement de 5 % sur ces immeubles sera suspendu. Aucun amortissement n'est prélevé sur les immeubles non bâtis. Ces diverses sommes sont portées au crédit de leurs comptes respectifs.

2° Subventions aux diverses assurances mutuelles.

3° Frais d'éducation et d'instruction.

4° Intérêts aux possesseurs des apports et des épargnes. Ces intérêts sont payables en espèces.

Ce qui reste constitue le bénéfice net.

Le bénéfice net est réparti, d'après l'article 128, de la manière suivante :
1º Il est appliqué d'abord 25 % au fonds de réserve, puis, quand ce fonds est complété, à la répartition, ci . . . . . . .  25 %
2º Au capital et au travail 50 %, ci . . . . . . . . . . . . .  50 %
Dans cette attribution, la part du travail est représentée par le total des appointements et salaires touchés pendant l'exercice, y compris ceux des auxiliaires, et la part du capital par le total des intérêts des apports et des épargnes.
Les 50 % sont répartis au marc le franc entre ces deux éléments producteurs.
Les dividendes du capital sont payables en espèces et ceux du travail en titres d'épargne, sauf ce qui revient aux institutions de l'enfance dont l'attribution est faite soit en titres d'épargne, soit en espèces, selon décision du Conseil.
3º Aux capacités, 25 %, ci . . . . . . . . . . . . . . .  25 %

TOTAL. . . . . 100 %

Les 25 % du bénéfice net attribués aux capacités se partagent comme il suit, sous forme de titres-certificats d'épargne :
1º A l'administrateur gérant, 4 %, ci . . . . . . . . . . .  4 %
2º Au Conseil de gérance, autant de fois 1 % qu'il y a de conseillers (ils sont au nombre de seize). La répartition est faite entre eux, de telle sorte que le conseiller Participant ait une part, le conseiller Sociétaire une part et demie, et le conseiller Associé deux parts ; soit 16 %, ci . . . . . . . . . . . . . . .  16 %
3º Au Conseil de surveillance, 2 %, ci . . . . . . . . . .  2 %
Ces trois attributions sont indépendantes de ce qui peut revenir aux parties prenantes dans les 50 % attribués au capital et au travail par l'alinéa 2º de ce même article 128 des statuts.
4º A la disposition du Conseil de gérance, pour être réparti dans l'année aux employés et ouvriers qui se seront distingués par des services exceptionnels, 2 %, ci . . . . . . . . . . .  2 %
5º En titres d'épargne ou en espèces, suivant décision du Conseil de gérance, à la préparation pour être admis dans les écoles de l'État et à l'entretien dans ces écoles d'un ou plusieurs élèves sortant des écoles de la Société du Familistère, 1 %, ci . . . . . . .  1 %

TOTAL PARTIEL. . . . . 25 %

Le mode de répartition entre les travailleurs associés, sociétaires ou participants, est déterminé par l'article 129, ainsi conçu :
« Afin de faire la part du dévouement à l'Association et du mérite intellectuel et moral des membres sur lesquels elle peut le plus compter pour l'avenir de l'œuvre, il est stipulé que, dans la répartition proportionnelle de la part afférente au travail (art. 128, 2º), l'Associé intervient à raison de deux fois la valeur, le Sociétaire à raison d'une fois et demie la valeur, et le Participant à raison de la somme exacte de leurs salaires ou appointements respectifs.
» Néanmoins, les Sociétaires et les Participants, habitant le Familistère, ayant vingt années de service dans l'Association, auront droit aux mêmes parts que les Associés, et les Participants n'habitant pas le

Familistère, mais ayant vingt années de service, auront droit aux mêmes parts que les Sociétaires. »

Voici un exemple. pratique de répartition :

Le fonds de réserve étant complété par les prélèvements antérieurs, les 25 % qui. auraient été attribués à ce fonds restent dans les bénéfices à répartir. Supposons qu'il y ait un bénéfice net de 300.000 francs à répartir, ci . . . . . . . . . . . . . . . . . . . . . . . Fr. 300.000

En vertu de l'article 128, il y a lieu de défalquer de cette somme 25 % pour la part revenant aux capacités, soit. . .    75.000

Il reste donc à répartir entre le capital et les travailleurs, au marc le franc de la valeur de chacun d'eux, 75 %, soit. . .    225.000

1° Le salaire du capital représenté par ses intérêts à 5 % est fixe et s'élève à la somme de. . . . . . . . . . . . .    230.000

2° Le salaire touché par les Associés, d'après l'article 129, devra être multiplié par 2; supposons une somme de 240.000 francs qui, multipliée par 2, égale . . . . . . . . .    480.000

3° Le salaire touché par les Sociétaires (article 129) devra être multiplié par 1,5; supposons une somme de 430.000 francs qui, multipliée par 1,5, égale. . . . . . . . . . . .    645.000

4° Le salaire touché par les Participants (art. 129) entrera pour sa valeur réelle ; soit une somme de 675.000 francs, ci    675.000

5° Le salaire des auxiliaires entre également pour sa valeur réelle, mais cette part de bénéfice est reportée aux assurances (art. 129), soit une somme de 470.000 francs, ci.    470.000

Les concours du capital et du travail sont donc représentés par la somme totale de. . . . . . . . . . . . Fr. 2.500.000

C'est sur cette base d'un total de salaires de travailleurs en partie majorés et d'intérêts considérés comme salaires du capital que va être faite la répartition.

Le *pourcentage* est donné par la formule :

$$\frac{225.000 \text{ (bénéfice à répartir)} \times 100}{2.500.000 \text{ (valeur des concours)}} = 9\ \%.$$

En **conséquence**, les dividendes et bénéfices seront fixés comme suit:

1° Capital (représenté par ses intérêts à 5 0/0). . . . 230.000 à 9 0/0 = 20.700
2° Associés (salaires majorés), 240.000 × 2 à 9 0/0 ou 240.000 à 18 0/0 = 43.200
3° Sociétaires (*idem*). . . 430.000 × 1,5 à 9 0/0 ou 430.000 à 13,5 0/0 = 58.050
4° Participants (salaires simples). . . . . . . . . . . 675.000 à 9 0/0 = 60.750
5° Auxiliaires (*idem*) pour être versé aux assurances . 470.000 à 9 0/0 = 42.300

TOTAL ÉGAL. . . . . . Fr. 225.000

D'après cet exemple, le capital touchera donc, sur le bénéfice net supposé être de 225.000 francs, 9 % de ses intérêts, soit un dividende de $\frac{20.700 \times 100}{4.600.000} = 0,45\ \%$ du bénéfice net + 5 % d'intérêt = 5,45 % comme rémunération totale.

Chaque Associé touchera 18 % de ses salaires ou appointements de l'année; chaque Sociétaire touchera 13,5 % de ses salaires ou appointements de l'année; chaque Participant recevra 9 % de la somme qu'il aura reçue en salaires ou appointements; enfin la Caisse des assurances prélèvera pour sa part 9 % des salaires payés aux auxiliaires.

### DROITS DES AUXILIAIRES

La part de bénéfice établie sur les salaires des auxiliaires rentre, en effet, dans la Caisse des assurances ; mais, comme compensation, les auxiliaires, dès leur entrée dans les usines, participent aux avantages de la mutualité.

Les *Assurances mutuelles* ont pour principal objet d'empêcher les membres de l'Association (Associés, Sociétaires, Participants) et les auxiliaires de tomber dans la privation du nécessaire. Elles subviennent, en conséquence, aux besoins des malades, des blessés et des invalides du travail. Elles pourvoient, en outre, aux besoins des familles nécessiteuses des Associés, Sociétaires et autres habitants du Familistère.

Ces assurances ont donné lieu pour l'année 1891-92 à une dépense totale de 145.735 francs. L'assurance dite « des pensions et du nécessaire », possède au 30 juin 1892, un capital de 1.118.882 francs. A cette date, 60 ouvriers jouissent de la retraite dans l'Association.

Le 2 octobre 1892 l'Assemblée générale a voté l'unification des retraites : *Associés*, hommes, 75 francs par mois; femmes, 45 francs. *Sociétaires*, 60 francs et 35 francs. *Participants et auxiliaires*, après 15 ans, 1 franc ou 0 fr. 75 c. par jour; après 30 ans, 2 fr. 50 c. ou 1 fr. 50 c.

---

## ANNEXE N° 3

### PAPETERIE COOPÉRATIVE D'ANGOULÊME
#### Maison Laroche-Joubert et Cⁱᵉ.

Nature de l'industrie et renseignements généraux. — Mode de formation du capital. — Nombre et situation des associés. — Mode de répartition du bénéfice net. — Conseil coopératif. — Contrôle des comptes. — Droits des auxiliaires.

#### NATURE DE L'INDUSTRIE EXERCÉE ET RENSEIGNEMENTS GÉNÉRAUX

M. Jean-Edmond Laroche-Joubert, député de la Charente, né en 1820, fondait en 1840, sous la raison sociale Laroche-Joubert et Dumergue, la maison où il a établi la participation aux bénéfices. Il a été à Angoulême, dans sa fabrique, comme au Corps législatif et à la Chambre des députés, le champion résolu de ce système. Il est mort le 23 juillet 1884. On a de lui un portrait au bas duquel, en fac-similé, suivie de sa signature, est écrite la phrase suivante : « *L'amélioration morale et matérielle du sort du plus grand nombre a toujours été le but de mes persévérants efforts.* » Son fils, M. Edgard Laroche-Joubert, député, lui a succédé comme gérant en chef.

Cette maison a pour objet la fabrication et le commerce général de tous les papiers et de tout ce qui se rattache à cette industrie.

La Société est en nom collectif quant aux gérants et en commandite quant aux bailleurs de fonds. Le nombre des ouvriers et ouvrières est d'environ 950.

C'est en 1843 qu'elle a commencé l'application des idées coopératives.

A cette date, les principaux collaborateurs sont intéressés aux bénéfices et deviennent commanditaires.

A partir de cette époque le cercle de la participation s'élargit de période en période; les principaux employés et ouvriers deviennent successivement intéressés et commanditaires ; le personnel tout entier reçoit une prime sur la production ; il est admis à déposer à la maison ses économies et à participer aux bénéfices généraux.

En 1868, la Société prend le titre de *Papeterie coopérative d'Angoulême*. L'association du capital, du travail et de l'intelligence arrive à sa forme définitive.

Tous ou presque tous les salaires sont fixés à la tâche et, dans certains cas, ils sont proportionnels à la valeur vénale des produits fabriqués. En ce qui concerne notamment les ouvriers des usines où le papier se fabrique et de leurs annexes, le salaire est divisé en deux parties : l'une fixe et invariable, quelle que soit la production de l'usine ; l'autre, calculée sur la valeur des papiers produits dans le mois par l'exploitation.

Depuis 1878, la papeterie coopérative d'Angoulême comprend dix exploitations séparées ayant chacune un compte de participation distinct. Ce système a eu pour résultat d'accroître la production et les bénéfices, chaque coopérateur étant directement intéressé au succès de l'entreprise à laquelle il appartient.

Voici la nomenclature de ces exploitations d'après un tableau dressé par la maison et intitulé : *Constitution coopérative*.

1° *Services commerciaux*, chargés de la vente, de la correspondance, de la comptabilité, de la caisse, des expéditions.

2° Groupe de l'*exploitation de Lescalier* : fabrique des papiers de luxe de la maison et centre d'approvisionnement des matières premières.

3° Groupe de l'*exploitation de Nersac* : fabrique de tous les papiers courants et de couleurs.

4° *Entreprise des magasins*. Entrepôt de la maison : achète tous les papiers des fabriques, les revend aux services commerciaux après leur avoir fait subir les préparations dans les entreprises de façonnages divers.

5° *Entreprise des glaçages* : fait les apprêts, calandrages, réglures, façonnages à lettres, cartons.

6° *Entreprise des enveloppes, deuil et cartonnages*.

7° *Entreprise des registres* : fabrique les registres, copies de lettres, cahiers à cigarettes.

8° *Entreprise des emballages* : fabrique les caisses d'emballage, fait le camionnage.

9° *Dépôt de Paris* : spécialement chargé des ventes de la capitale.

#### MODE DE FORMATION DU CAPITAL

Par divers actes de 1868, 1879 et 1884, le capital social a été fixé à 3 millions, 4.500.000 francs et 5 millions. Ce dernier chiffre comprenait 385.000 francs de parts libres réservées aux économies des coopérateurs.

Par acte notarié du 17 décembre 1889, le capital social, qui pourra être augmenté ou diminué, est fixé actuellement à la somme de 4.320.000 francs. Cet apport social est fourni par les deux gérants et par 159 commanditaires, parmi lesquels 113 employés et ouvriers en activité forment une catégorie spéciale d'associés appelée dans l'acte « Participants au capital » mais intéressés dans les pertes, s'il y avait lieu, comme dans les bénéfices.

Voici le détail de ces apports sociaux :

Les deux gérants, associés en nom collectif . . . . . . . . Fr. 1.350.000
Les Commanditaires :
1° Parents ou amis des gérants (au nombre de 30). 1.187.000
2° Anciens employés et ouvriers (au nombre de 16). 406.000
3° Participants au capital (employés et ouvriers en activité, au nombre de 113) . . . . . . . . . 1.377.000

TOTAUX . . . . . . . . Fr. 2.970.000 2.970.000

TOTAL GÉNÉRAL DES APPORTS . . . . Fr. 4.320.000

On voit par ces chiffres que l'apport du personnel ancien ou actuel représente 1.783.000 francs, c'est-à-dire 41 $\%$ du capital social. Ce progrès remarquable de la copropriété des ouvriers et employés est dû d'abord à la participation aux bénéfices organisée au profit de tous, comme on le verra plus loin, puis à la manière dont la Papeterie coopérative d'Angoulême s'est constituée en Caisse d'épargne pour recueillir les produits de la participation, et y ajouter, en outre de l'intérêt à 5 $\%$, un quantum supplémentaire de participation pris sur les bénéfices généraux de la maison.

### CONSTITUTION DE LA GÉRANCE

*Nomination, pouvoirs, rémunération des gérants.*

L'acte social porte que la papeterie coopérative d'Angoulême a pour gérants les deux associés en nom collectif, MM. Edgard Laroche-Joubert, gérant en chef, et Ludovic Laroche, gérant chargé de la fabrication.

Le même acte porte qu'en cas de décès de M. Edgard Laroche-Joubert, M. Ludovic Laroche lui succédera comme gérant en chef, et que M. Charles Laroche succédera à son père, M. Ludovic Laroche, comme gérant de la fabrication.

En cas de décès, dans le cours de la Société, des deux gérants actuels, le Conseil de gérance, en vertu de l'article 44 des statuts, procéderait à une ou deux élections. Il choisirait, soit parmi les membres de la Société, soit en dehors d'eux; il fixerait le traitement et la part de bénéfices des nouveaux élus.

Les gérants sont nommés sans limitation de durée. Chaque gérant peut se retirer en prévenant son collègue et le Conseil de gérance un an d'avance.

Le traitement du gérant en chef actuel est fixé, par les statuts, à 18.000 francs dont 12.000 comme gérant et 6.000 comme président du Conseil de gérance. Il a droit, en outre, en cette double qualité, à 6 $\%$ du bénéfice net.

Le gérant chargé de la fabrication reçoit un traitement fixe de 12.000 francs et 5 $\%$ du bénéfice net.

Les traitements fixes, ainsi déterminés, comprennent, à forfait, tous les frais et obligations qui sont la conséquence des fonctions de gérant.

Les deux gérants ont, en outre, la jouissance gratuite d'un logement dans les usines et quelques avantages accessoires.

Aucune décision importante ne pourra être prise sans que les deux gérants en aient délibéré en Conseil de gérance (art. 12 des statuts).

Le gérant en chef, chargé de la haute direction, a des pouvoirs plus étendus que son collègue. Leurs attributions sont déterminées, avec précision, par les statuts (art. 13 et suivants). Le gérant en chef est le président, de droit, du Conseil de gérance et du Conseil des chefs d'entreprise.

Les gérants nomment les employés et chefs de service, et fixent leurs appointements. Leur droit est absolu vis-à-vis de tous les membres du personnel de la maison ; mais, en ce qui concerne les pouvoirs délégués aux chefs de service et contremaîtres, le règlement de coopé-ration donne d'importantes garanties aux coopérateurs qui, âgés de plus de vingt-cinq ans, comptent cinq ans de services. Quelle que soit la faute commise par eux, leurs chefs immédiats ne peuvent prononcer que l'ex-clusion temporaire. S'il y a lieu à renvoi, le Conseil de gérance statue.

### Conseil de gérance.

Il y a un Conseil de gérance composé des deux gérants et de trois directeurs, chefs de service, qui doivent être commanditaires (partici-pants au capital) pour au moins 20.000 francs chacun.

Ce Conseil ne donne que des avis, mais dans le cas où les trois chefs de service seraient unanimement opposés à un projet présenté par les gérants, ceux-ci ne pourraient passer outre avant d'avoir provoqué un nouvel examen en Conseil de gérance à huit jours, au moins, d'in-tervalle.

6 % du bénéfice net sont partagés, par égale portion, entre les trois chefs de service membres du Conseil de gérance.

### Conseil des chefs d'entreprise.

Aux termes de l'article 25 des statuts, les directeurs des exploitations, entreprises et dépôts, ainsi que les chefs de division des comptoirs, forment un conseil qui se réunit, au moins une fois par mois, au siège social. On doit lui soumettre les affaires courantes de la maison et les questions relatives à l'application du règlement de coopération. Ce Conseil est présidé par l'un des membres du Conseil de gérance. Il est purement consultatif, mais peut, néanmoins, formuler des vœux et des doléances qui sont examinés, s'il y a lieu, en Conseil de gérance. Il a pour but « de rendre plus intimes et plus fréquents les rapports des directeurs entre eux, de leur permettre de juger ensemble des nécessités des affaires de la maison et des mesures à prendre, et de les habituer, en un mot, au maniement des affaires, en les préparant à une direction plus effective, le cas échéant ».

#### NOMBRE ET SITUATION DES ASSOCIÉS

On a vu plus haut, dans le chapitre relatif à la formation du capital, les diverses catégories d'apports sociaux et le nombre des comman-ditaires.

Le nombre des associés, y compris les gérants, était de 45, en mai

1843; de 64, en 1873; de 119, en 1879 ; il est de 161, en 1890 (159 commanditaires et 2 gérants).

Les deux gérants ont la responsabilité illimitée qui incombe à des associés en nom collectif.

Les commanditaires, au nombre de 159, sont tous placés dans les conditions du droit commun, passibles des pertes jusqu'à concurrence de leur mise, bien que 113 d'entre eux, ouvriers et employés en activité, soient appelés « Participants au capital ». Il ne s'agit pas ici de participation dans le sens habituel du mot.

L'article 29 des statuts porte que lorsque le capital d'épargne d'un ouvrier ou employé déposant a atteint la somme de 1.000 francs, il peut être admis à devenir *Participant au capital*, au même titre que les commanditaires ordinaires et à jouir des mêmes avantages que ceux-ci, c'est-à-dire être un véritable associé de la maison, copropriétaire de l'avoir de la Société. Il partage alors les chances, bonnes ou mauvaises, de l'exploitation industrielle, comme tous les autres associés commanditaires jusqu'à concurrence de la somme pour laquelle il a été admis à cette participation au capital.

Les admissions à la participation au capital ne peuvent être consenties par les gérants qu'en Conseil de gérance et de manière à ne pas dépasser le chiffre statutaire du capital social. On fait rentrer ainsi, dans ce capital, des sommes égales à celles qui peuvent être remboursées à des associés sortants.

Parmi les 113 commandites d'ouvriers et d'employés dits « Participants au capital », on trouve, aujourd'hui, dans l'acte social du 17 décembre 1889, à côté de parts de 70.000, 50.000, 25.000 francs, etc., appartenant à des employés supérieurs, 7 parts de 6.000 francs, 9 parts de 5.000 francs, 8 parts de 4.000 francs, 8 parts de 3.000 francs, 16 parts de 2.000 francs et 19 parts de 1.000 francs.

Acquérir ainsi le titre de commanditaire est un honneur auquel aspirent tous les ouvriers laborieux et honnêtes. Les actes constitutifs de la Société et le livre de caisse des dépôts peuvent être considérés, à cet égard, comme des livres d'or du travail.

Les commanditaires de cette catégorie, appelés *Participants au capital*, pour la perte comme pour le gain, ont, de plus, droit, comme tous les autres ouvriers et employés de la maison, à la participation aux bénéfices ordinaires, sans participation aux pertes.

MODE DE RÉPARTITION DU BÉNÉFICE NET. — PARTICIPATION ORDINAIRE DANS LES BÉNÉFICES, SANS PARTICIPATION AUX PERTES.

L'inventaire est fait, chaque année, par les gérants, en Conseil de gérance, sans adjonction d'experts, ni d'étrangers, ni d'arbitres ; mais cet inventaire est communiqué au *Conseil coopératif* dont il va être parlé ci-après et qui comprend huit membres élus par le personnel.

Sont portés au passif :

1° La somme nécessaire pour payer l'intérêt à 5 % du capital social; 2° 5 % de la valeur des immeubles et du matériel, au crédit d'un Fonds général d'amortissement des immeubles et du matériel; 3° une somme de 15.000 francs, au maximum, portée à un compte dit *Réserve spéciale*, principalement destiné à couvrir les augmentations de traitement fixé et les gratifications exceptionnelles que les gérants, statuant en Conseil de gérance, ont le droit d'accorder au personnel à la suite de l'inventaire.

Voici le texte de l'art. 28 des statuts relatif à la répartition des bénéfices :

« Si l'actif dépasse le passif, la différence, qui constitue le bénéfice, sera distribuée comme suit entre les trois éléments qui concourent à sa production :

1° 25 % au capital, dont :

5 % seront portés au crédit du *Fonds de réserve ordinaire ou statutaire* (art. 32).

20 % seront attribués au *Capital social* et au *Capital des déposants coopérateurs*, pour être répartis en entier entre les ayants droit au marc le franc pour le *Capital social*, et au demi-marc le franc pour le *Capital des déposants coopérateurs*.

2° 75 % au *Travail et à l'Intelligence*, dont :

6 % seront portés au crédit du compte de M. *Edgard Laroche-Joubert*, dont 1 % *comme président du Conseil de gérance*.

5 % seront portés au crédit du compte de M. *Ludovic Laroche*.

6 % seront partagés entre les *trois autres membres du Conseil de gérance* et par égale portion entre eux.

58 % seront attribués aux *Coopérateurs* des différentes exploitations et entreprises de la maison, dans la proportion indiquée par l'inventaire particulier de chacune d'elles, ainsi qu'il est dit aux articles 23 et 24 des statuts, et distribués entre lesdits coopérateurs dans les conditions fixées par le règlement de coopération.

Sur ces 58 %, sera également prélevé le crédit des *Clients coopérateurs*, tant que le Conseil de gérance croira devoir continuer à faire jouir la clientèle de cette faveur; sinon la totalité de ces 58 % sera attribuée aux coopérateurs de production. »

Un *Règlement de coopération et de participation*, délibéré et arrêté en Conseil de gérance, dans le cours de l'année 1890, détermine avec détail les règles à suivre pour la distribution de la part de bénéfices accordée à titre de participation. Ce règlement est imprimé en tête du livret ouvert à chaque ayant droit.

*Participation du travail dans les bénéfices sans participation aux pertes et sans distinction entre associés ou non associés.* — Cette participation se présente à la papeterie coopérative d'Angoulême sous trois formes distinctes pouvant profiter à la même personne :

1° *Participation des déposants coopérateurs.* — Une part de bénéfices est attribuée par l'article 28, sur les 25 % du capital aux ouvriers et employés qui sont *déposants coopérateurs*. C'est une véritable participation aux bénéfices, car, d'après l'article 22 du règlement de coopération « cette participation aux bénéfices généraux ne peut, en aucun cas, exposer les déposants à être assujettis aux pertes s'il en survenait; l'intégralité de leur capital et de son intérêt de 5 % leur est au contraire assurée quoi qu'il advienne ».

Le gérant en chef peut recevoir (jusqu'à concurrence de 5.000 francs par chaque travailleur et en sus de l'apport social de cet ouvrier, s'il en possède un), ces dépôts d'économies provenant de parts de bénéfices antérieurs.

En octobre 1888, les dépôts ainsi faits à titre d'épargne et qui constituent le réservoir d'où sortent une à une les parts de copropriété de l'établissement, atteignaient le chiffre de 242.647 francs.

Des précautions minutieuses ont été soigneusement combinées pour encourager et faciliter cette constitution, si importante, de la *première épargne*.

2° *Participation du travail sur une part de l'ensemble des bénéfices de la maison.* — Une part des 58 % des bénéfices généraux mentionnés ci-dessus est attribuée au prorata des salaires à tout le personnel de la maison. C'est ce que le règlement appelle *Coopération des salaires*.

3° *Participation du travail proportionnel aux résultats spéciaux de chaque atelier.* — Une autre part des mêmes 58 % est attribuée à chaque travailleur d'après les résultats spéciaux de l'atelier où il travaille. C'est ce que le règlement appelle *Coopération des services et exploitations.*

Ici, quelques explications sont nécessaires :

Il faut indiquer d'abord que la participation, sous les deux formes indiquées aux paragraphes 2° et 3° ci-dessus, est soumise à des règles générales dont voici le résumé :

Le gérant en chef peut faire participer aux bénéfices tout travailleur, homme ou femme, âgé de quinze ans et ayant un an au moins de service au moment de l'inventaire.

Les sommes allouées au participant lui sont définitivement acquises six mois après l'inventaire, s'il est encore au service de la Société et s'il a continué à travailler d'une manière satisfaisante.

Toutefois, les gérants, en Conseil de gérance ont le droit d'exclure de la répartition, soit personnellement, soit par catégories, soit en totalité, soit pour partie, ceux des coopérateurs qui ne leur en paraîtraient pas dignes. Ils ne sont nullement tenus de donner les motifs de ces exclusions ou réductions (art. 24 des statuts). En cas d'exclusion, la part des exclus appartient à la masse des participants; elle ne peut, en aucun cas, revenir à la caisse de la maison industrielle.

Pour fixer la part de chacun dans la répartition du bénéfice d'ensemble (paragraphe 2° ci-dessus) ou du bénéfice spécial d'atelier (paragraphe 3°); le salaire, en ce qui concerne ceux qui ont quinze ans d'âge et moins de cinq ans de service, est compté pour une fois dans la répartition ; à vingt-cinq ans d'âge et cinq ans de service, pour une fois et un quart; à trente ans d'âge et dix ans de service, pour une fois et demie; à trente-cinq ans d'âge et quinze ans de service, pour une fois et trois quarts; à partir de quarante ans d'âge et de vingt ans de service, le salaire est compté double.

Ceci établi, il faut dire que, d'après l'article 2 du règlement de coopération de 1890, les 58 % de bénéfices généraux attribués au travail (déduction faite de la part des clients coopérateurs de consommation), sont répartis de la manière suivante :

25 % ou un quart, à l'ensemble des salaires, sans distinction de services ou d'ateliers, ce qui établit une solidarité générale entre tous les travailleurs *(Coopération des salaires)*.

75 % ou trois quarts aux mêmes travailleurs, mais, cette fois, d'après les résultats obtenus dans les diverses spécialités de travail, savoir :

35 % aux Services commerciaux et 40 % aux Services de fabrication (*Coopération des services et exploitations*).

Au sujet de cette dernière participation accordée par spécialité de services, l'article 23 des statuts porte que les inventaires particuliers des différentes exploitations et entreprises détermineront, non plus, comme par le passé, le montant d'un bénéfice particulier spécial réalisé par chacune d'elles, considérée isolément, l'une ayant pu gagner et toutes les autres perdre, mais la proportion suivant laquelle devra être distribuée entre toutes la portion des bénéfices nets généraux qui leur sera réservée par le gérant.

On vient de voir que cette portion réservée aux spécialités est fixée à 75 %, aux trois quarts, de la participation totale accordée au personnel.

L'emploi de ces 75 % est minitieusement réglé.

Ainsi, sur les 35 % alloués aux *Services commerciaux*, vente et expédition, il y a 10 % pour l'ensemble des salaires de ce groupe au marc le franc; 12 % aux employés des expéditions et des magasins d'Angoulême et de Paris; 15 % aux employés des bureaux; 23 % aux chefs de service, et 40 % aux voyageurs et agents.

Quant aux trois *Services de fabrication* ou exploitations qui fabriquent le papier, chacune d'elles fait, au 30 septembre, son inventaire indépendant et distinct. Chacune y est débitée de tout ce que la maison dépense pour elle et elle est créditée de tout ce qu'elle livre *à raison des prix du cours d'Angoulême*, déduction faite des divers escomptes déterminés par le règlement.

Le résultat de ces inventaires détermine la part qui revient à chacune des trois exploitations dont il s'agit dans les 40 % des bénéfices généraux affectés aux *Services de fabrication*.

Ainsi, dans l'ancien système, une exploitation aurait pu toucher un bénéfice, alors que l'inventaire général de la maison se serait soldé par une perte. Dans le système nouveau la solidarité est plus grande, et l'on se rapproche davantage de la réalité sans cesser cependant d'intéresser chaque groupe au succès de son œuvre propre.

Chacune des trois exploitations ou fabriques distribue sa part de bénéfice de la manière suivante : 40 % aux salaires de fabrique, 35 % à ses directeurs et chefs de service, et 25 % aux chefs ouvriers.

Des inventaires analogues sont dressés pour chacune des quatre entreprises qui façonnent le papier (Enveloppes, deuil et cartonnages; — Registres et cigarettes; — Glaçage, façonnage et réglures; — Emballages).

### CONSEIL COOPÉRATIF — CONTROLE DES COMPTES

L'article 144 du règlement de coopération porte que pour seconder le gérant en chef et le Conseil de gérance dans l'application du présent règlement, il est créé un *Conseil coopératif*.

Ce Conseil est purement consultatif.

Il est composé des gérants, des membres du Conseil de gérance, des membres du Conseil des directeurs et de *9 membres élus* par les coopérateurs majeurs, de tout rang et de tout grade, hommes et femmes, à raison de 1 par les coopérateurs de chaque exploitation ou entreprise, de 1 par les employés des expéditions et magasins d'Angoulême et de 1 par ceux des bureaux d'Angoulême.

Sont éligibles tous les coopérateurs, hommes ou femmes sachant bien lire et écrire, ayant au moins dix années de service et trente ans d'âge.

L'élection a lieu au suffrage universel direct, au scrutin secret, le deuxième dimanche de janvier.

Le *Conseil coopératif* donne son avis sur toutes les questions qui lui sont soumises, tant au sujet de l'application du règlement de coopération que sur les modifications qui pourraient y être proposées soit par ses membres, soit par les gérants. Il reçoit des gérants communication de l'inventaire de la Société, afin d'en contrôler l'exactitude en ce qui concerne les parties intéressant les coopérateurs, et d'en affirmer au besoin aux coopérateurs la sincérité et l'exactitude.

### DROITS DES AUXILIAIRES

On a vu, par ce qui précède, que la Papeterie d'Angoulême est une des rares Sociétés coopératives qui accordent à tout leur personnel auxiliaire sans distinction, depuis le plus humble des ouvriers jusqu'au plus élevé, une part des bénéfices proportionnelle au salaire et aux aptitudes de chacun.

La proportion ainsi accordée sur bénéfices généraux pendant les neuf années de durée de l'ancienne Société, est de 25 $^0/_0$ au capital, 11 $^0/_0$ à la gérance, et 64 $^0/_0$ aux coopérateurs.

Le produit en chiffres de la part attribuée dans la maison à la coopération n'est jamais descendue au-dessous de 10 $^0/_0$ des salaires. Pendant certaines années, en 1882 notamment, il a dépassé 20 $^0/_0$, ayant été jusqu'à 147.000 francs de participation pour 700.000 francs de salaires.

---

### ANNEXE N° 4

#### AU BON MARCHÉ

PLASSARD, MORIN, FILLOT ET Cⁱᵉ (MAISON ARISTIDE BOUCICAUT)

**Magasins de nouveautés, rue du Bac, à Paris.**

Renseignements généraux sur l'entreprise. — Formation et droits du capital. — Constitution de la gérance. — Nombre et situation des associés. — Mode de répartition du bénéfice net. — Droits des auxiliaires. — Institutions diverses ne se rattachant pas directement au mode d'emploi des bénéfices.

#### RENSEIGNEMENTS GÉNÉRAUX

L'établissement commercial appelé « *Au Bon Marché, nouveautés, maison Aristide Boucicaut* » présente aujourd'hui plusieurs des caractères essentiels d'une association coopérative.

Les statuts originaires de janvier 1880 portent que « Mᵐᵉ Boucicaut, désirant rendre hommage à la mémoire de son mari, fondateur du *Bon Marché*, a résolu d'associer à ses affaires ses commis intéressés et les divers employés de sa maison ci-dessus nommés qui ont accepté avec reconnaissance cette proposition ».

A la fin de l'année 1889, il y avait au *Bon Marché* :

A titre d'associés, 373 actionnaires dont 79 ne possédaient qu'un huitième d'action.

A titre d'auxiliaires, 3.185 employés et garçons de magasin, savoir :

| | | |
|---|---|---|
| Employés intéressés sur l'ensemble des affaires de la maison. . . . . . . . . . . . . . . . . . . . . . . . . . | 81 | |
| Employés intéressés sur les affaires de leur comptoir ou rayon. . . . . . . . . . . . . . . . . . . . . . . | 158 | 2.430 |
| Employés intéressés sur les affaires qu'ils font personnellement. . . . . . . . . . . . . . . . . . . . . | 2.191 | |
| Employés non intéressés. . . . . . . . . . . . . . . . . . | | 300 |
| Garçons de magasin. . . . . . . . . . . . . . . . . . | | 455 |

TOTAL ÉGAL. . . . . . . . 3.185

A l'exception des associés et des employés intéressés sur l'ensemble des affaires de la maison ou sur l'ensemble des affaires de leur comptoir ou rayon, le personnel du *Bon Marché* profite, en sus du traitement fixe et de l'intérêt individuel sur les affaires faites personnellement, des avantages résultant de la participation aux bénéfices dont il sera parlé ci-après.

En outre, les employés et les garçons de magasin sont nourris.

Le *Bon Marché* fait travailler à façon, dans toute la France, notamment dans les Vosges, pour broderies, plus de 15.000 ouvriers et ouvrières.

*Chiffre d'affaires.* — En 1853 le chiffre d'affaires de la maison n'était que de 700.000 francs ; en 1877, année de la mort de M. Boucicaut, il dépassait 82 millions, somme qui, depuis cette époque, s'est notablement accrue.

### FORMATION ET DROITS DU CAPITAL

La maison patronale est actuellement transformée en association coopérative sous la raison sociale *Plassard, Morin, Fillot et C*ie.

C'est une Société en commandite par actions au capital de 20 millions entièrement versés. Les réserves réalisées au 31 juillet 1888 s'élevaient à 21.831.764 fr. 35 c., ce qui forme un total de 41.831.764 fr. 35 c.

Par la constitution de la Société « Ve Boucicaut et Cie » fondée en 1880, le capital social tout entier, divisé en 400 actions de 8 coupures de 6.250 francs chacune, soit 3.200 parts, a été réparti successivement entre un grand nombre d'employés de la maison. L'action de 50.000 francs, plus que doublée par les réserves, vaut aujourd'hui 101.000 francs.

*Intérêt attribué au capital.* — Le capital jouit d'un intérêt de 6 %, prélevé avant tout partage de bénéfices. (Art. 6 des statuts originaires de 1880.)

Les parts sont nominatives et transmissibles par un transfert. « Toutefois les transmissions à des personnes étrangères à la Société ne sont valables qu'autant qu'elles ont été agréées en Assemblée générale. » (Art. 18 des statuts.)

C'est donc très exceptionnellement qu'on accepte comme associés des personnes ne travaillant pas dans la maison.

L'Association a été constituée par Mme Boucicaut pour y faire entrer les membres du personnel. Elle est donc réellement coopérative. La nécessité du transfert empêche toute dérogation abusive à cette règle à laquelle on ne fait exception qu'en faveur des enfants des sociétaires.

## CONSTITUTION DE LA GÉRANCE

Aux termes de ses testaments des 11 et 13 décembre 1887, M^me Boucicaut, usant des droits que lui avait conférés l'article 14 des statuts,
a nommé à la Société trois gérants qui sont, dans l'ordre suivant,
MM. Plassard, Morin et Fillot. La durée de leurs fonctions n'était pas
limitée par ces testaments, mais, de leur propre mouvement, ils ont
fixé eux-mêmes cette durée, à cinq ans pour le premier gérant, à six
ans pour le second et à sept ans pour le troisième.

L'apport social des gérants, d'après le même article, doit être de
200,000 francs au moins; il est inaliénable et affecté à la garantie de
leurs fonctions.

L'Assemblée générale (réunissant au moins les trois quarts des actionnaires ayant droit d'y assister) statue sur les démissions, présentations
ou nominations des gérants et sur les conditions de leur situation.
(Art. 18 des statuts.)

Les successeurs éventuels des gérants actuels seraient généralement
indiqués d'avance, par leurs bons services, aux suffrages de l'Assemblée
générale appelée à les choisir.

### NOMBRE ET SITUATION DES ASSOCIÉS

L'acquisition des parts de commandite est réservée en principe au personnel de la maison.

Lors de la constitution de la Société (janvier 1880), le nombre des
commanditaires était de 96; il s'est successivement élevé :

En janvier 1886, au nombre de . . . . . . . . . . .   124
En juillet 1890, au nombre de. . . . . . . . . . . .   408

M^me Boucicaut choisissait les nouveaux sociétaires parmi les employés
les plus méritants; l'Assemblée générale actuelle de la Société suit toujours cette tradition.

Nous avons dit plus haut que, depuis le décès de M^me Boucicaut, les
cessions de parts à des personnes étrangères à la Société doivent, pour
être valables, obtenir l'agrément de l'Assemblée générale de la Société.
(Art. 18 des statuts.)

Actuellement, cette Assemblée n'est composée que d'employés en activité ou d'anciens employés de la maison.

### MODE DE RÉPARTITION DU BÉNÉFICE NET

L'acte notarié de juillet 1882 porte ce qui suit : Sur le bénéfice de la
maison, il sera prélevé :

Les frais généraux; le prélèvement de la gérance; la part qui aura pu,
suivant les usages antérieurs de la maison, en être attribuée à certains
employés; l'intérêt à 6 % du capital social; et l'intérêt aussi à 6 % de
la réserve statutaire; lesdits intérêts à répartir aux associés selon leurs
droits.

Le solde desdits bénéfices constituera les bénéfices nets. Ce solde sera
attribué :

10 % à la réserve-incendie; 40 % à la réserve statutaire portée à
20 millions de francs; 50 % aux associés proportionnellement à leurs
mises.

Lorsque la réserve statutaire sera complète, les associés répartiront entre eux les 40 $\%$ des bénéfices nets ci-dessus affectés à la constitution de cette réserve.

Cette réserve, fixée à 20 millions de francs, a été portée à 30 millions par délibération de l'Assemblée générale des 14-15 janvier 1888.

### DROITS DES AUXILIAIRES

Les employés du *Bon Marché* non associés ni intéressés individuellement dans les affaires de la maison ou du comptoir jouissent d'une participation sans quantum déterminé, qui a servi à fonder une institution appelée *Prévoyance Boucicaut*, créée le 1er juillet 1876.

En instituant cette caisse de prévoyance, on a voulu, dit le préambule du livret des participants, assurer à chaque employé ayant cinq années de présence « un petit capital qu'il puisse retrouver au jour de la vieillesse ou qui, en cas de décès, puisse profiter aux siens, et leur montrer, d'une manière effective, l'étroite solidarité qui doit unir les employés à la maison. Ils sauront mieux, y étant plus directement intéressés, que le succès dépend de leurs soins, de leur bonne tenue et de l'attention qu'ils apporteront à satisfaire la clientèle ».

Le versement fait à l'inventaire de juillet 1888 a été de 145.000 francs. Le versement de juillet 1889 s'est élevé à 150.000 francs, et celui de juillet 1890 à 160.000 francs.

Au 31 juillet 1876, il y avait dans cette caisse un capital de 62.020 fr. 40 pour 128 employés participants.

Au 31 juillet 1889, son capital atteint le chiffre de 1.348.369 fr. 65, et le nombre des participants est de 1,491.

En sus de ce capital, une somme de 396.723 fr. 10 a été distribuée aux ayants droit.

Au 31 juillet 1890, le capital de la *Prévoyance Boucicaut* est de 1 million 455.488 fr. 60, et le nombre des participants s'élève à 1.538.

La *Prévoyance Boucicaut* est l'œuvre de M. Fillot, qui en a rédigé les statuts avec M. Boucicaut.

Voici le texte des principales dispositions du règlement de cette caisse :

Sont admis à participer aux bénéfices qui alimentent la caisse tous les employés ayant cinq années de présence dans la maison. Les employés qui ont un intérêt direct soit sur les bénéfices comme associés, soit sur les affaires de la maison, soit sur la vente générale de leur rayon, sont exceptés de la participation.

La caisse est dotée au moyen d'une somme prélevée sur les bénéfices de la maison et dont le chiffre est fixé, au 31 juillet de chaque année, par la gérance.

Il est ouvert au nom de chaque employé participant un compte individuel, et chaque participant reçoit un livret.

La répartition se fait proportionnellement au chiffre total des appointements reçus par chaque employé durant l'année commerciale, en calculant la quote-part minimum sur un chiffre d'appointements de 3.000 francs, même pour les employés ayant gagné moins, et la quote-part maximum sur un chiffre de 4.500 francs, même pour les employés ayant gagné plus.

Il est bonifié à tous les comptes individuels un intérêt de 4 $\%$.

Le droit aux avantages produits par la caisse est acquis :

1° Pour un tiers aux employés, dames ou hommes, comptant dix années de présence dans la maison ; 2° pour deux tiers aux employés hommes comptant quinze années ; 3° pour la totalité aux employées dames comptant quinze années ; 4° pour la totalité aux employés hommes comptant vingt années ; 5° pour la totalité également aux employées dames ayant quarante-cinq ans, et aux employés hommes ayant cinquante ans révolus.

Lorsque l'une ou l'autre de ces conditions est remplie, le compte peut être liquidé, soit sur la demande du titulaire, soit d'office, et la somme lui revenant peut lui être remise, à moins que les gérants ne préfèrent, dans l'intérêt de leur employé, se charger eux-mêmes du placement à son profit.

L'employé ayant atteint la limite d'âge ou de service prévue peut rester attaché à la maison ; dans ce cas, son compte continue de s'accroître des intérêts et de la participation aux bénéfices de la caisse. Il n'a pas la disposition du capital, mais il peut, s'il le désire, en toucher l'intérêt annuel.

L'employé quittant la maison, soit volontairement, soit par suite de renvoi pour n'importe quelle cause, avant d'avoir atteint la limite d'âge ou le nombre d'années de présence prévues, est déchu de tous ses droits de participation,

La somme disponible inscrite à son compte est répartie entre tous les comptes participants.

La même répartition a lieu en cas de décès d'un employé qui ne laisse ni conjoint, veuf ou veuve, ni descendants, ni ascendants.

Les gérants se réservent la faculté d'apprécier la gravité des torts encourus par les employés qu'ils seraient amenés à congédier, ou la valeur des motifs allégués par les employés qui partiraient volontairement, afin de décider s'il peut y avoir lieu de remettre au titulaire tout ou partie de la somme inscrite à son compte, et à laquelle il n'a pas droit, sans être tenus de s'expliquer sur les motifs de leur décision.

### INSTITUTIONS DIVERSES NE SE RATTACHANT PAS DIRECTEMENT AU MODE D'EMPLOI DES BÉNÉFICES

Ces institutions comprennent une caisse de retraites, le service médical, le logement, des comptes courants avec intérêt de 6 %, des cours de langues étrangères, de musique, etc.

La caisse de retraites appelée *Fondation Boucicaut*, créée en 1886 par M^me Boucicaut pour les employés du *Bon Marché*, fonctionne sans aucune retenue sur les appointements des employés.

Le capital constitué par les libéralités de M^me Boucicaut s'élevait, au 31 décembre 1890, à la somme de 5.502.489 francs.

En janvier 1891, le nombre des anciens employés du *Bon Marché* qui sont retraités était de 84 ; ils reçoivent des pensions formant un total de 74.200 francs.

## ANNEXE N° 5

### WILLIAM THOMSON AND SONS

#### FABRIQUE DE DRAPS CHEVIOT

#### A Woodhouse Mills, Huddersfield (Angleterre).

Renseignements généraux sur l'entreprise. — Formation du capital.
Constitution et pouvoirs de la gérance. — Répartition du bénéfice net.

#### RENSEIGNEMENTS GÉNÉRAUX

La maison William Thomson and Sons, fondée en 1842, a été
reconstituée avec la participation aux bénéfices en 1886. Son chef,
M. Georges Thomson, a provoqué la transformation de la maison en
Association coopérative de production, se déclarant disposé à en devenir
le premier gérant. L'établissement a été vendu par lui à la nouvelle
Société moyennant un prix fixé par experts.

Le capital social s'élevait en 1889 au chiffre de 378.575 francs. Le
nombre d'ouvriers était de 140.

La Société est régie par des statuts généraux enregistrés le 14 octobre 1886 et intitulés : *General rules for an industrial and provident productive Society to be registered under the Industrial and Provident Act 1876*,
et par des statuts particuliers (1).

#### FORMATION DU CAPITAL

Le capital social est divisé en actions d'une livre sterling chacune. Elles
donnent droit à un intérêt de 5 % par an. Les actions peuvent être
souscrites, soit par un individu, soit par une société, mais, alors que
chaque individu actionnaire a une voix dans l'Assemblée, toute société
actionnaire n'a qu'une voix pour cent actions possédées par elle.

#### CONSTITUTION ET POUVOIRS DE LA GÉRANCE

Le gérant est nommé à vie; il ne peut être destitué que par un vote
comprenant les cinq sixièmes du nombre total des membres de l'Association; il dirige et surveille toutes les affaires; il nomme, change de
fonctions et révoque les employés, ouvriers et agents.

Le gérant fondateur peut désigner son successeur par testament, sous
réserve de la ratification de ce choix par une Assemblée générale extraordinaire.

L'élection de tout autre gérant sera faite au scrutin à la majorité
absolue des membres de la Société.

La rémunération du gérant est fixée par un accord intervenu entre
lui et le Conseil d'administration.

#### RÉPARTITION DU BÉNÉFICE NET

Après prélèvement de 5 % attribués au capital-actions, et de 10 %
affectés à un fonds de réserve, le bénéfice est réparti comme suit :
*Cinq neuvièmes* aux ouvriers, en actions de l'entreprise ;

---

(1) Voir ces statuts au *Bulletin de la Participation*, 1888, p. 68 et suivantes.

*Quatre neuvièmes* aux clients, sociétés coopératives de consommation et à divers collaborateurs, pour la rémunération de services rendus.

Dans une assemblée générale extraordinaire de l'Association tenue le 6 août 1892, il a été décidé que les statuts seraient modifiés de la manière suivante : le Conseil d'administration est autorisé à prélever une portion des bénéfices pour la consacrer à un *fonds d'Assurance et de Pensions* pour la maladie, les accidents et les infirmités, et, dans ce cas, on procédera conformément aux règles ci-après : 1° Si les bénéfices réalisés dans le courant d'une année sont égaux à 5 % des salaires, on prélèvera sur les dits bénéfices, pour le fonds de prévoyance, une part égale à 1 % des salaires ; — 2° pour chaque quantité de bénéfices égale à 2 1/2 % réalisée en outre des 5 % précités, on prélèvera encore, pour le fonds de prévoyance, une part égale à 1 % des salaires, mais sans que le total de ces prélèvements, puisse jamais dépasser 5 % des salaires ; — 3° les sommes affectées à ce fonds de prévoyance seront placées et capitalisées pour être employées à des secours pour maladies ou à des pensions pour accidents, infirmités ou vieillesse dans des conditions à déterminer par voie de règlement. Ces résolutions ont été adoptées à la majorité réglementaire des 516 membres présents [1].

Une feuille imprimée, distribuée aux visiteurs à l'Exposition de 1889, résumait de la manière suivante les statuts de la Société :

### Organisation du travail.

« Union permanente entre le capital et le travail.

» Conciliation du vote populaire avec la stabilité administrative. Transformation en association coopérative de production enregistrée selon l'acte du Parlement pour la formation des Sociétés industrielles, d'une maison établie depuis quarante-sept années à Woodhouse Mills, Huddersfield, Angleterre, pour l'industrie des lainages. La Société se propose de réunir les facteurs indispensables de toute industrie, les capitaux et le travail dans une alliance durable basée sur les systèmes de feu M. Leclaire, de Paris, et de feu M. Godin, de Guise. En voici les principes :

» 1. Après prélèvement de l'intérêt des capitaux, la Société distribue les bénéfices disponibles aux ouvriers en proportion de leurs salaires.

» 2. Elle fait cette distribution en offrant aux ouvriers des actions de 25 francs chacune. Ainsi l'ouvrier qui participe aux bénéfices, participera aussi aux pertes, et l'industrie, en grandissant elle-même, élèvera aussi les ouvriers par les résultats de leur propre travail.

» 3. Les statuts confèrent à l'ouvrier, en sa qualité d'actionnaire, une voix dans l'administration des affaires, mais sans lui donner le droit de changer la direction, excepté dans des cas prévus et pour des motifs bien fondés. On trouvera ces statuts parmi les documents de la présente exposition. Nous les signalons à tous ceux qui désirent voir s'établir entre deux classes de la société, armées aujourd'hui l'une contre l'autre, les pauvres et les riches, une paix qui sera solide parce qu'elle aura pour base l'équité. »

---

[1] *The Cooperative News* du 13 août 1892, p. 892.

ANNEXE N° 6

## M. N. O. NELSON, MFG C°

(MANUFACTURING COMPANY) FABRIQUE D'APPAREILS,

TUYAUX ET OBJETS DIVERS EN CUIVRE

A Saint-Louis du Missouri (Etats-Unis d'Amérique).

Renseignements généraux sur l'entreprise. — Proportion et bases de la participation. — Contrôle des comptes. — Accession obligatoire à la copropriété de l'établissement.

### RENSEIGNEMENTS GÉNÉRAUX

M. N. O. Nelson est l'un des promoteurs de la participation en Amérique. Après avoir étudié sur place l'organisation de l'ancienne maison Godin à Guise, il a établi la participation dans sa maison en 1886.

En janvier 1890, on constatait un mouvement d'affaires annuel de plus de 7 millions de francs, et environ 530.000 francs de salaires donnant droit à la participation. Le personnel, non compris les chefs de service, possédait 77.500 francs en actions de l'entreprise et 12.500 francs en dépôts.

La durée de la journée ne dépasse pas neuf heures.

### PROPORTION ET BASES DE LA PARTICIPATION — CONTROLE DES COMPTES

Après prélèvement de l'intérêt 6 % attribué au capital, le surplus des bénéfices, sauf 1/10 pour une réserve, 1/10 pour la prévoyance, et 1/50 pour l'instruction et l'éducation, est divisé également entre le total des salaires payés et le montant du capital employé.

La part de chacun est proportionnelle à son salaire.

Pour participer aux bénéfices de l'année, il faut avoir six mois de service dans ladite année.

D'après le règlement adopté au début de l'institution, les participants, qui pouvaient laisser librement leur dividende en dépôt dans la maison, recevaient à la fin de l'année sur ce dépôt le même intérêt et le même dividende que les actionnaires de la Compagnie sur leur capital-actions.

Un contrôleur (Custodian) choisi par les ouvriers, est autorisé à examiner l'inventaire (the Closing of the books) à la fin de l'année.

La caisse de prévoyance et celle de la bibliothèque sont gérées par un comité élu par les ouvriers.

Le pouvoir administratif du patron reste intact (undisturbed).

En janvier 1887, un premier dividende de 74.140 francs a été distribué au personnel pour l'année 1886, ce qui a donné à chacun environ 5 % de son salaire. Plus de 90 % des ayants droit ont laissé leur dividende en dépôt.

M. N. O. Nelson écrivait à la section II, en janvier 1889, que le troisième inventaire de participation venait de donner un dividende égal à 8 % des salaires.

Le dividende du cinquième exercice, 1890, représente une proportion de 10 %.

« La véritable *Trade Union*, a dit très sagement M. Nelson, est celle par laquelle le patron s'unit à ses ouvriers. »

### ACCESSION OBLIGATOIRE A LA COPROPRIÉTÉ DE L'ÉTABLISSEMENT

Le Conseil d'administration a décidé, en décembre 1890, que le produit de la participation de ladite année sera employé obligatoirement et d'office en actions de la Société et que cette résolution sera également applicable aux années futures. Ayant à fonder une succursale de sa fabrique, M. N. O. Nelson a créé, dans l'État d'Illinois, limitrophe du Missouri, un village modèle auquel il a donné le nom de Leclaire et dont l'inauguration a eu lieu en juillet 1890. A l'occasion de cette cérémonie, il a prononcé un discours dont voici les principaux passages :

« Notre maison a adopté un système d'organisation du travail d'après lequel quiconque prend part à ses travaux participe aussi à ses gains. Il a toujours été reconnu que le travail libre est plus efficace que le travail servile. Par la même raison, les ouvriers qui ont un intérêt éventuel dans les bénéfices produisent mieux et plus que ceux dont on se borne à payer les heures ou la journée. D'ailleurs, il nous semble juste que celui qui travaille ait une part des fruits de son travail, et, même dans les affaires industrielles et commerciales, la justice n'est pas hors de sa place. Donc, avons-nous dit, nous mènerons notre affaire dans la forme habituelle, en payant les salaires et appointements aux taux ordinaires, en attribuant au capital son intérêt normal, soit aujourd'hui 6 %, et en divisant par moitié le bénéfice net entre le montant des salaires et le capital. Ainsi, l'homme qui aura gagné 1.000 dollars (5.000 francs) recevra une participation égale au dividende du capitaliste, propriétaire, en actions, d'un capital de 1.000 dollars.

» Notre capital tout entier, à l'exception d'un petit nombre d'actions, étant aujourd'hui possédé par notre personnel, nous sommes tous ensemble portés solidairement à faire de notre mieux dans l'intérêt commun. Tout état social étant, en définitive, fondé sur le principe d'association, il est évident pour nous qu'en introduisant et en appliquant de plus en plus ce principe dans les affaires, et tout spécialement dans les affaires de la production industrielle, de meilleurs résultats seront obtenus qu'en suivant la vieille méthode barbare du *chacun pour soi*.

» Au début, les dividendes étaient payés aux participants en espèces, avec faculté d'acheter des actions de la Société. Nous comptons 70 actionnaires dont les actions ont été ainsi soldées. Aujourd'hui, la maison se réserve le droit de faire employer obligatoirement le dividende en actions. »

## FABRIQUE NÉERLANDAISE DE LEVURE ET D'ALCOOL

A Delft (Hollande), dirigée par **M. J.-C. van Marken** junior.

Renseignements généraux sur l'entreprise. — Proportion et base de la participation. — Accession à la copropriété de l'entreprise.

### RENSEIGNEMENTS GÉNÉRAUX

La Fabrique Néerlandaise de levure et d'alcool à Delft appartient à une Société anonyme fondée en 1869 ; elle est dirigée par M. J.-C. van Marken, avec le concours de M. F.-G. Waller ; elle emploie environ 300 ouvriers ; elle a distillé, en 1889, 17 millions de kilogrammes de grains et payé 225.000 florins (450.000 francs) de salaires..

Un règlement très détaillé, intitulé *Statuts du travail*, arrêté par les directeurs et le Conseil d'administration le 3 janvier 1890, « après délibération avec le personnel dans les assemblées du Noyau des 20 décembre 1889 et 3 janvier 1890 », contient de fort intéressantes dispositions relatives, notamment, à la rémunération du travail par salaires, sursalaires et primes.

#### Constitution d'un Noyau divisé en trois Chambres.

Le Noyau est un corps délibérant, institué par la direction dans le but d'échanger ses opinions avec les représentants du personnel sur tout ce qui peut être profitable au bien-être de ce personnel d'accord avec les intérêts de la maison.

Le Noyau est composé de trois Chambres, savoir :

Le *Conseil des employés supérieurs*, qui comprend douze membres, ingénieurs, chefs de service, etc.

La *Chambre des employés et contremaîtres*, formée de huit membres élus par leurs collègues.

La *Chambre du travail*, composée de douze ouvriers élus par leurs camarades.

Chaque Chambre nomme son bureau et délibère séparément. Les procès-verbaux des séances sont communiqués à la direction. Deux fois par an, les trois Chambres se réunissent en Assemblée plénière du Noyau sous la présidence de l'un des directeurs. Cette Assemblée a un pouvoir de *décision*, un droit de délibérer et de statuer sur toutes les questions qui ne touchent pas à d'autres intérêts que les intérêts propres du personnel. S'il s'élevait des difficultés, à ce point de vue, entre la direction et l'Asssemblée générale du Noyau, au sujet de la compétence de cette Assemblée, le débat serait soumis à un arbitrage, conformément à une clause des *Statuts du travail* portant que les différends entre la direction et le personnel seront soumis au jugement d'arbitres.

#### Salaires et sursalaires.

Le taux des salaires normaux est indiqué par les *Statuts du travail*. Il n'est pas déterminé d'après le taux habituel des salaires de la région, mais d'après les besoins modestes, normaux, d'une famille ouvrière ordinaire.

Les membres du personnel sont divisés en classes d'après leur degré de dévouement. A ces classes correspondent des augmentations de salaire s'élevant de 2 à 20 % de ce salaire. Voici un exemple de cette manière de procéder. Un ouvrier de la dernière catégorie, travaillant à Delft, recevra, par semaine, pour soixante heures de travail de jour, un salaire de 10 florins augmenté de 20 % ou 2 florins par un complet dévouement qui dépend absolument de la volonté de l'ouvrier lui-même, soit un total de 12 florins.

Tandis qu'un excellent ouvrier du bâtiment, charpentier, maçon ou menuisier, gagne en tout, à Delft, 18 cts par heure ou 10 florins 80 c. pour soixante heures, un ouvrier de la fabrique van Marken, à l'aide des suppléments variés qui s'ajoutent au salaire, peut arriver à 35 cts l'heure, soit 21 florins par semaine de soixante heures. Si l'on objecte à M. van Marken que les frais généraux seront peut-être trop chargés par de tels salaires, il répond avec le texte de ses *Statuts du travail* : « Quand le bilan de la Société se soldera par une perte de 10 % du capital social, les salaires seront diminués au marc le franc ».

De plus, l'habileté spéciale et technique de chaque ouvrier peut être récompensée par des sursalaires pouvant aller de 2 % jusqu'à 20 % du salaire normal.

La coopération à la prospérité de la maison par des services rendus à ses intérêts généraux donne lieu à des primes de 5 à 10 %.

La direction garde le secret sur la division en classes des membres du personnel et sur les primes de coopération.

Aux salaires peuvent encore être jointes des primes pour épargne de temps, de matières premières, de combustible et de vieux oings.

### PROPORTION ET BASE DE LA PARTICIPATION

La participation aux bénéfices a été établie dans la maison par M. van Marken en 1879.

D'après l'article 26 des statuts sociaux, 10 % des bénéfices nets de chaque année, après prélèvement d'un intérêt de 5 % du capital social au profit des actionnaires, sont mis à la disposition des directeurs et du Conseil d'administration, pour en employer le montant, comme bon leur semblera, dans l'intérêt des employés et ouvriers.

De 1879 à 1889 inclusivement, le total de cette participation a été de 102.200 francs. Jusqu'en 1886, les bénéfices étant destinés en premier lieu à payer des primes d'assurances de rentes différées pour retraites, une somme de 52.400 francs a été employée dans ce but. Depuis 1887, les primes de ces assurances sont supportées par les frais généraux.

La part des bénéfices de l'exercice 1887 s'est élevée à 27.000 francs. La répartition de cette somme, au prorata des salaires, d'après le mode de partage alors en vigueur, a donné à chaque employé et ouvrier droit à un dividende équivalent à 9 % du salaire de l'année. Ces dividendes ont été payés aux pères de famille en argent comptant. Les célibataires ont reçu la moitié seulement en argent comptant; l'autre moitié a été portée à leur compte individuel d'épargne.

L'article 35 des *Statuts du travail* du 3 janvier 1890 porte ce qui suit : « Sur la part des bénéfices de la Société mise à la disposition des directeurs et du Conseil d'administration, en vertu de l'article 26 des statuts de la Société, pour la faire servir aux intérêts du personnel, il peut être prélevé, après délibération avec le Noyau, un quart au plus, destiné à des objets d'utilité générale du personnel.

» Le reste du montant est partagé entre tous les membres du personnel en proportion des salaires touchés pendant l'année dans laquelle ont été acquis les bénéfices destinés au partage. »

Voici comment s'opère ce partage. La part des membres qui, au moment du partage, sont de la classe inférieure, est calculée au marc le franc, à raison de la moitié seulement de leur salaire. Cette part, pour les quatre autres classes, supérieures à celle-ci, est calculée en prenant pour base : les trois quarts du salaire; le salaire pur et simple; une fois et demie le salaire, et enfin, pour la classe la plus élevée, deux fois le salaire.

D'après ce nouveau système de partage, la part de bénéfices montant à 21.000 francs, attribuée au personnel par l'inventaire de l'exercice de 1889, lui a donné des dividendes de 2, 3, 4, 6 et 8 % des salaires de l'année.

### ACCESSION A LA COPROPRIÉTÉ DE L'ENTREPRISE

En 1881, à l'occasion d'une augmentation du capital social, M. van Marken mit à la disposition du personnel dix de ses propres actions de 1.000 florins au cours de la nouvelle émission (120 %). En conséquence, la valeur, montant à 12.000 florins, de ces dix actions a été divisée en mille certificats nominatifs de parts d'action émis au prix de 12 florins (24 francs) chacun. Seuls les membres du personnel de l'entreprise peuvent être porteurs de ces certificats (le maximum pour chaque membre est de dix). Les porteurs de certificats qui quittent le service ou les héritiers de porteurs décédés sont obligés de transférer leurs certificats soit à M. van Marken, soit à d'autres membres du personnel. Vis-à-vis de tous ceux qui, pour quelque raison que ce soit, veulent se défaire de leurs certificats, M. van Marken s'engage à les racheter en tout temps au prix d'émission. Cette disposition n'exclut point le droit de transmission à d'autres membres du personnel à un prix à convenir librement entre vendeur et acheteur.

Cette institution fut fondée à un moment de prospérité exceptionnelle de la maison. Le succès alternatif des années suivantes ne permettait pas de pousser les ouvriers à exposer une partie de leurs épargnes aux risques de l'industrie. Au 1er janvier 1889, le chiffre des certificats placés s'élevait à 459; le nombre des copropriétaires était de 64.

## ANNEXE N° 8

### IMPRIMERIE VAN MARKEN
#### A Delft (Hollande).

Dans la dernière réunion de la *Société pour l'étude de la participation aux bénéfices*, M. van Marken a exposé dans les termes suivants un système de participation aux bénéfices avec copropriété dans l'entreprise qu'il a appliqué dans une imprimerie fondée par lui à Delft, sous la forme d'une petite Société anonyme dont il est provisoirement le seul actionnaire :

« La Société est une association du capital et du travail, qui s'occupe de l'exécution de tous travaux se rattachant à l'industrie de l'imprimerie, dans le but :

» 1° De payer en premier lieu à tous les associés-travailleurs un salaire, fixé pour l'ouvrier adulte à un minimum tel que, d'après le jugement des associés, il paraîtra nécessaire pour suffire aux besoins modestes mais raisonnables, selon les circonstances locales et temporaires, d'une famille ouvrière normale ;

» De réserver, en outre aux travailleurs-associés tous les bénéfices de la Société, après que les services du capital seront rémunérés comme suit ;

» 2° D'assurer au capital de la Société un intérêt modeste et en même temps une rémunération équitable, tant pour les risques auxquels le capital des fondateurs est exposé par le fait de la fondation d'une nouvelle entreprise, que pour les risques auxquels le capital reste exposé par la nature de l'entreprise ;

» 3° De transmettre successivement la propriété du capital de la Société à tous ceux qui participeront régulièrement au travail, au moyen de l'épargne des bénéfices alloués aux travailleurs-associés.

» L'affaire est dirigée par deux employés très capables de mon usine de levure, qui y consacrent leurs loisirs, et par un troisième, un jeune homme du métier qui n'a pas d'autres occupations que la direction des travaux de l'imprimerie.

» La direction est sous le contrôle d'un ou de plusieurs commissaires et provisoirement sous la mienne propre.

» Sont considérés comme travailleurs-associés, autant les directeurs que les ouvriers et employés, nommés comme tels par l'assemblée générale des associés, ou bien par le seul fait qu'il ont participé régulièrement pendant un an au travail.

» Les travailleurs-associés, comme les actionnaires, ont le droit d'assister aux Assemblées générales, de prendre part aux délibérations et de voter. Au début l'ouvrier a une voix, le directeur deux voix ; chaque fois après un prolongement de service de deux ans, ouvriers et directeurs ont une voix supplémentaire, jusqu'à concurrence de six voix. Les actionnaires ont une voix par cinq actions avec le même maximum de six voix.

» La répartition des bénéfices est réglée comme suit :

» Après les prélèvements nécessaires à l'amortissement des bâtiments et du matériel, 6 $^0/_0$ du capital versé est payé aux actionnaires comme intérêt et comme prime de risque. Si les bénéfices sont insuffisants pendant une ou plusieurs années, pour payer intégralement ce dividende, les autres participants n'auront pendant les années suivantes aucun droit aux bénéfices, jusqu'à ce que tous les arriérés du capital à raison de 6 $^0/_0$ l'an, aient été payés aux actionnaires.

» On pourra discuter sur ce chiffre de 6 $^0/_0$. On peut l'élever à 7, 8, 10 $^0/_0$ et au delà, selon la nature de l'entreprise et l'appréciation de ses risques, sans nuire au principe: la *limitation* des droits du capital.

» Le reste des bénéfices est réparti ainsi :

» 25 $^0/_0$ aux Directeurs pour leur gestion ;

» 50 $^0/_0$ aux Associés-travailleurs (directeurs, employés, ouvriers) au prorata de leurs salaires ;

» 3 $^0/_0$ aux Commissaires pour leur contrôle ;

» 12 $^0/_0$ aux Fondateurs pour les services rendus.

» La moitié de cette part de 12 $^0/_0$ est destinée à ceux qui ont contribué à la fondation par leur intelligence; l'autre moitié aux actionnaires primitifs, qui ont exposé leur capital au risque aigu de la fondation d'une nouvelle entreprise. Les droits à cette part des bénéfices sont personnels; après la mort d'un ayant droit, sa part revient aux Associés-travailleurs.

» Les derniers 10 $^0/_0$ sont à la disposition de l'Assemblée générale, et seront utilisés au profit d'intérêts ouvriers en général, ou des intérêts des ouvriers associés en particulier.

» La part des bénéfices réservée aux actionnaires, aux fondateurs et les derniers 10 $^0/_0$ à la disposition de l'Assemblée générale sont payés en argent comptant. Mais la part, revenant aux associés-travailleurs, à chacun des directeurs et ouvriers, est déposée à la *Caisse d'épargne des bénéfices*, et chaque fois que ce dépôt d'un ayant droit a atteint le montant de 100 florins, le propriétaire du numéro d'action, tiré au sort, est remboursé de cette somme de 100 florins contre remise à l'ayant droit de cette action.

» Admettant qu'il y ait chaque année en moyenne une somme égale à 5 $^0/_0$ du capital à répartir entre les travailleurs-associés, le capital sera après vingt ans remboursé intégralement aux actionnaires primitifs, qui auront joui régulièrement d'un dividende de 6 $^0/_0$ aussi longtemps que leur capital aura été exposé aux risques de la Société, qui auront cédé l'un après l'autre le rôle d'actionnaires aux directeurs, employés et ouvriers-associés.

» Alors la devise de notre Société « Par le travail au travail » sera réalisée; les travailleurs, à force de leur travail, auront exproprié les propriétaires, sans que ceux-ci aient eu à se plaindre !

» Les rôles ont changé : ce n'est plus le travail au service du capital aussi longtemps que celui-ci en a besoin; au contraire, c'est le capital au service du travail autant que le premier est nécessaire au dernier. Avec cette différence seulement que le travail, après avoir payé régulièrement le salaire, rembourse intégralement le capital, tandis que généralement le capital ayant payé le salaire se croit quitte envers l'ouvrier, et s'arroge le droit de le renvoyer, quand bon lui semble, sans s'inquiéter du remboursement du capital de force et de santé usé dans son service.

» J'ose vous demander maintenant : « Feront-ils la grève ces ouvriers-actionnaires? » Je crois avoir le droit d'en douter sérieusement et de répéter à plus forte raison encore que M. Bord : « Comment feraient-ils grève, à moins que ce ne soit contre eux-mêmes? »

» Mais pendant ces vingt ans, il y aura eu des changements dans le personnel : l'un des directeurs, M. Jean, en possession de 3.000 florins d'actions de 100 florins, est mort prématurément, et chacun de ses trois enfants a hérité d'un tiers, c'est-à-dire de 10 actions; le contremaître, M. Paul, porteur de 5 actions, a cru trouver une place plus avantageuse ailleurs; l'ouvrier, M. Pierre, avec ses 3 actions, a eu des démêlés avec l'un de ses camarades et a été forcé de se retirer de l'Association.

» MM. Paul et Pierre et les enfants de M. Jean ne sont plus vis-à-vis de la Société que de simples capitalistes et il se peut qu'un jour il n'y ait plus d'associés-travailleurs. Qu'aura-t-on gagné en définitive par le système?

» Rien, certes, si l'on s'arrêtait à la simple transmission des actions. Mais aussitôt la dernière action passée des mains des actionnaires primitifs aux mains du travail, on ira recommencer l'œuvre de la transmission dans le même ordre des numéros d'actions qu'à la première transmission. Et après cette deuxième transmission viendra le troisième tour, et ainsi de suite. De sorte que toujours les derniers bénéfices seront employés à exproprier, au profit des ouvriers en activité, les actionnaires dont le capital aura le plus grand nombre d'années de service, dont les actions portent la date la plus ancienne de la dernière transmission.

» Les articles des statuts concernant la répartition des bénéfices et la transmission du capital, ne peuvent être modifiés, pendant toute la durée, qu'à la majorité des quatre cinquièmes des voix de tous les intéressés. »

# RÈGLEMENTS

### COMPAGNIE D'ASSURANCES GÉNÉRALES

#### 87, rue de Richelieu.

Participation avec quantum déterminé, fondée en 1850. — Répartition au prorata des traitements. — La totalité des parts est réservée pour l'avenir et capitalisée sur livrets individuels. — Les fonds restent en compte courant dans la Compagnie. — Le participant a droit à la liquidation de son compte à l'âge de soixante-cinq ans ou après vingt-cinq ans de service. — La déchéance s'exerce au profit de la masse.

ARTICLE PREMIER. — La *Caisse de Prévoyance*, fondée à titre de pure libéralité, en faveur des employés et garçons de service des trois Compagnies d'Assurances générales :

Maritimes,

contre l'Incendie,

et sur la Vie des Hommes,

est régie, sous l'autorité du Conseil d'administration, conformément aux dispositions ci-après :

ART. 2. — Le Conseil détermine quelles sont les catégories des employés admis au bénéfice de l'institution.

Les agents de la Compagnie au dehors, les courtiers, les experts, même ceux qui recevraient un traitement fixe, les concierges des hôtels, autres que celui du siège de la Compagnie, ne sont pas admis à y participer.

Les employés qui entrent au service de la Compagnie dans le courant de l'année ne participent pas aux bénéfices de l'année courante. Ils ne commencent à participer que pour la première année qu'ils ont passée tout entière au service de la Compagnie, du 1er janvier au 31 décembre. Toutefois, pour calculer ultérieurement le temps de service d'un employé, on a égard à la date exacte de son entrée.

ART. 3. — Conformément aux décisions des assemblées générales des actionnaires, il est versé chaque année, à la Caisse de Prévoyance, une somme égale à un vingtième ou 5 % des bénéfices nets répartis aux actionnaires, soit en dividendes, soit en accroissement du capital des actions.

Ce versement a lieu valeur du 1er janvier qui a précédé la répartition.

L'Assemblée générale des actionnaires pourra toujours réduire, pour l'avenir, cette allocation de 5 % sur la proposition du Conseil d'administration, s'il la juge excessive.

ART. 4. — Il est ouvert, au nom de chaque employé participant, un compte individuel.

Les sommes versées à la Caisse de Prévoyance, en vertu de l'article 3, sont distribuées entre les comptes individuels au prorata des traitements respectifs reçus par chaque employé pendant l'année se terminant au 31 décembre qui a précédé la répartition.

ART. 5. — Il est bonifié, à tous les comptes individuels, un intérêt de 4 % qui est calculé au 31 décembre de chaque année sur le montant de la somme inscrite à chaque compte et s'y ajoute, sauf plus prompt règlement des intérêts pour les comptes qu'il y a lieu de solder dans le courant de l'année.

ART. 6. — La Caisse de Prévoyance est commune entre les trois Sociétés, par rapport aux employés, dont elle tend à faire une seule famille et à favoriser les relations de réciproque assistance.

En conséquence, il y a roulement entre les employés des trois Sociétés indistinctement pour la répartition des sommes provenant de la participation aux bénéfices et des sommes provenant des déchéances, quelles que soient les Sociétés qui produisent les bénéfices ou auxquelles appartiennent les employés déchus de leurs droits.

ART. 7. — Lorsqu'un employé a complété sa vingt-cinquième année de service ou à défaut sa soixante-cinquième année d'âge, et seulement si l'une ou l'autre de ces deux conditions est accomplie, son droit à la Caisse de Prévoyance est acquis.

Son compte individuel peut être liquidé, soit sur sa demande, soit d'office, par décision du Conseil d'administration, qui peut prononcer sa mise à la retraite, et l'emploi à faire de la somme provenant de la liquidation de son compte individuel est déterminé conformément à l'article 15 du présent règlement.

ART. 8. — En cas de décès d'un employé en activité de service, laissant après lui une veuve, des enfants légitimes, adoptifs ou légitimés par mariage subséquent, des petits-enfants ou enfin des ascendants, les sommes portées à son compte au 31 décembre qui a précédé son décès sont remises, quels que soient son âge et la durée de ses services, en un ou plusieurs paiements, soit à sa veuve, soit à ses enfants ou petits-enfants, soit enfin à ses ascendants, de la manière, aux époques et dans les proportions qui sont déterminées par le Conseil d'administration.

ART. 9. — Si un employé se trouve atteint d'infirmités constatées entraînant incapacité de travail, le Conseil peut disposer à son profit de tout ou partie de la somme inscrite à son compte.

ART. 10. — Si un employé de la Compagnie en devient le directeur, son compte est liquidé au jour de sa nomination.

Le montant de la somme qui y figure est mis à sa disposition en argent comptant et pour solde.

ART. 11. — Si un employé de la Compagnie quitte un emploi participant pour continuer de la servir habituellement en une fonction extérieure, comme agent, courtier, expert, ou de toute autre manière, avec l'agrément du Conseil, le Conseil peut disposer à son profit de tout ou partie de la somme inscrite à son compte.

Le Conseil peut ajourner cette attribution à une époque ultérieure et la soumettre à telles conditions qu'il jugera bon de déterminer.

ART. 12. — Dans tous les cas de dissolution et liquidation de la Compagnie, non accompagnées de reconstitution, et dans ceux où des employés sont congédiés sans aucun motif de mécontentement, par

19

mesure de réduction de personnel ou de suppression d'emploi, déli-
bérée en Conseil, le compte des employés congédiés est liquidé au jour
de la cessation de leurs services et le montant de la somme inscrite à
leur compte individuel est mis à leur disposition, en argent comptant
et pour solde, quel que soit le nombre de leurs années de service.

Art. 13. — Hors les cas ci-dessus, l'employé démissionnaire, congédié
ou destitué est déchu de tous droits, même éventuels, dans la Caisse de
Prévoyance.

La somme inscrite à son compte individuel est répartie au 31 décembre
qui suit sa sortie entre tous les autres comptes participants au prorata
des sommes qui y sont déjà respectivement inscrites.

La même répartition a lieu en cas de décès d'un employé qui ne
laisse ni veuve, ni descendants, ni ascendants.

Toutefois, si l'employé démissionnaire, destitué, congédié ou décédé se
trouve débiteur de la Compagnie, la somme inscrite à son compte est
d'abord employée, jusqu'à due concurrence, à. combler le déficit ou à
réparer les préjudices par lui causés à la Compagnie.

Le Conseil se réserve aussi la faculté d'apprécier la gravité des torts
d'un employé qu'il est amené à congédier, et, s'il y a lieu d'user d'in-
dulgence, de lui remettre en le congédiant une partie de la somme
inscrite à son compte individuel, sans que le Conseil soit tenu de donner
aucun motif de ses décisions.

Art. 14. — L'employé ayant complété sa vingt-cinquième année de
service ou sa soixante-cinquième année d'âge peut faire régler son
compte individuel tout en demeurant au service de la Compagnie, s'il
obtient à cet égard l'assentiment du Conseil.

Dans ce cas, son compte cesse de prendre part aux déchéances, mais
continue de s'accroître des intérêts et de la participation aux bénéfices,
sans qu'il en soit rien remis à l'employé jusqu'à ce qu'il quitte le
service de la Compagnie.

Art. 15. — Lorsqu'il y a lieu de liquider le compte individuel d'un
employé ayant complété sa vingt-cinquième année de service ou sa
soixante-cinquième année d'âge, l'employé peut, à son choix, demander
que la somme disponible soit consacrée, soit à lui constituer une rente
viagère sur la *Compagnie d'assurances générales sur la vie*, avec ou sans
réversibilité au profit de sa femme ou de toute autre personne agréée par
le Conseil, le tout selon les tarifs en vigueur au moment de la constitution, soit à lui acquérir des rentes françaises sur l'État ou des obligations de chemins de fer français, avec certificats nominatifs, les titres
demeurant déposés dans la caisse de la Compagnie jusqu'au décès du
titulaire pour être alors remis à ses ayants droit.

Le Conseil est seul juge des circonstances exceptionnelles dans lesquelles
il peut consentir à faire un autre emploi de la somme disponible, et
notamment à la remettre en argent comptant; il n'est tenu de donner
aucun motif de ses décisions.

Art. 16. — Tout employé dont le compte est liquidé, hors les cas de
l'article 12, souscrit l'engagement d'honneur de ne pas porter ses services
à une autre Compagnie d'assurances, quelle qu'elle soit, sans l'autorisation expresse et écrite de la Compagnie.

S'il manque à cet engagement, toutes sommes et tous arrérages qu'il a reçus, provenant de la liquidation de son compte, peuvent être répétés au profit de la Caisse de Prévoyance.

Toutes sommes demeurées en dépôt en son nom, toutes valeurs, tous titres de rentes viagères ou autres peuvent aussi, si le Conseil l'ordonne, faire retour à la Caisse de Prévoyance.

ART. 17. — La répartition entre les divers comptes individuels des déchéances survenues par décès, démission ou destitution n'a lieu qu'une fois par an, au 31 décembre.

L'attribution de la participation de cinq pour cent dans les bénéfices est de même toujours réputée faite au 31 décembre, bien que le versement effectif ne puisse être fait qu'ultérieurement après l'approbation des comptes par l'Assemblée générale.

En conséquence, les comptes individuels qu'il y a lieu de liquider dans le courant de l'année sont toujours arrêtés au 31 décembre précédent, sauf règlement des intérêts jusqu'au jour de la liquidation, et ne participent en rien, soit aux bénéfices éventuels de l'année courante, soit au mouvement des employés pendant ladite année.

ART. 18. — Les employés de la Compagnie ne peuvent prétendre à aucun droit quelconque sur les sommes portées à leurs comptes individuels, à moins d'avoir accompli les conditions déterminées par le présent règlement.

Le Conseil peut modifier le présent règlement, sans que les modifications adoptées produisent aucun effet rétroactif.

Le Conseil se réserve expressément la plénitude de son action et de son autorité sur les employés de la Compagnie, conformément aux statuts, notamment en ce qui concerne les destitutions dont il demeure arbitre souverain, sans être tenu en aucune circonstance de déduire les motifs de ses décisions.

ART. 19. — Dans tous les cas, les sommes à payer, les intérêts ou rentes viagères à servir par suite des présentes dispositions, soit aux employés de la Compagnie, soit à leurs femmes, héritiers ou toutes autres personnes désignées, sont d'avance déclarées expressément accordées à titre de libéralité et pour aliments, et comme tels incessibles et insaisissables.

Cette déclaration sera reproduite sur tous registres, écritures et actes que besoin sera.

ART. 20. — Il est statué en dernier ressort sur les réclamations et demandes quelconques ayant trait aux dispositions du présent règlement par le Conseil d'administration qui en demeure juge unique et souverain. sans appel ni recours.

## ANNEXE N° 10

### COMPAGNIE D'ASSURANCES « L'UNION »

#### 15, rue de la Banque, à Paris.

Participation avec quantum déterminé, fondée en 1854. — Répartition proportionnelle aux traitements majorés pour les emplois supérieurs. — La part des employés nommés avant le 1ᵉʳ juillet 1886 est payée en espèces (ceux-ci peuvent, en outre, obtenir une pension de retraite); celle des employés nommés depuis le 30 juin 1886 est capitalisée sur livrets individuels. — Il est déduit de chaque part, pour l'une et l'autre des deux catégories, la moitié d'une prime d'assurance mixte de 5.000 francs, dont la Compagnie prend à sa charge la deuxième moitié. — Les fonds restent en compte courant dans la Compagnie. — Pas de clause de déchéance.

*Délibération du Conseil d'administration de la Compagnie l'Union, en date du 4 mars 1891.*

#### DISPOSITIONS GÉNÉRALES

ARTICLE PREMIER. — Les institutions de prévoyance fondées en faveur du personnel de *l'Union* comprennent :

1° Le fonds de secours et de retraite constitué par les délibérations des 22 et 29 mars 1854;

2° Les assurances à demi-prime dont il est parlé aux articles 5 à 11 ci-après;

3° Les livrets individuels de prévoyance;

4° La participation dans les bénéfices.

Les dispositions du présent règlement sont applicables aux employés de la Compagnie.

Sont compris dans cette dénomination générale les chefs, sous-chefs, employés, garçons de recettes et garçons de bureau de l'administration centrale, ainsi que les inspecteurs et les inspecteurs-adjoints.

ART. 2. — Sauf le principal des retenues sur traitement, toutes les sommes inscrites aux livrets individuels, ou payables dans une forme quelconque à la suite de la liquidation du livret, la participation versée en espèces, les capitaux assurés à demi-prime, ainsi que les pensions et allocations attribuées sur le fonds de retraite comme secours ou récompenses, sont incessibles et insaisissables, étant expressément accordées et capitalisées à titre de libéralité et pour aliment.

#### FONDS DE RETRAITE

ART. 3. — Le fonds de retraite constitué par les délibérations des 22 et 29 mars 1854 est maintenu dans les conditions où il a été créé et doté, afin d'accorder, aussi longtemps que cette mesure transitoire sera nécessaire, mais sans que la Compagnie y soit aucunement obligée, des allocations diverses ou des pensions à titre de secours ou de récompense pour de bons et anciens services.

ART. 4. — Aucune pension ne pourra être accordée sur le fonds de retraite aux employés nommés postérieurement au 30 juin 1886, pour lesquels le livret individuel est déclaré obligatoire par l'article 13 du présent règlement.

### ASSURANCES MIXTES RÉGLEMENTAIRES

ART. 5. — Les employés de la Compagnie sont tenus de contracter à *l'Union-Vie* une assurance mixte sans participation, à échéance de leur âge de 55 ans, d'un capital de 5.000 francs, conformément au tableau ci-après.

| ASSURANCE MIXTE SANS PARTICIPATION Payable à l'assuré s'il est vivant à 55 ans, ou immédiatement en cas de décès. | | | | | |
|---|---|---|---|---|---|
| AGES | DURÉES | Prime annuelle totale pour un capital de 5.000 francs. | AGES | DURÉES | Prime annuelle totale pour un capital de 5.000 francs. |
| 25 | 30 | 144 » | 33 | 22 | 200 70 |
| 26 | 29 | 148 95 | 34 | 21 | 211 05 |
| 27 | 28 | 155 70 | 35 | 20 | 222 75 |
| 28 | 27 | 161 55 | 36 | 19 | 234 90 |
| 29 | 26 | 167 85 | 37 | 18 | 248 85 |
| 30 | 25 | 175 50 | 38 | 17 | 265 05 |
| 31 | 24 | 183 15 | 39 | 16 | 282 60 |
| 32 | 23 | 191 70 | 40 | 15 | 302 40 |

La prime de l'assurance réglementaire prescrite par le présent article sera payée moitié par l'employé sur le montant de sa participation, moitié par la Compagnie sur frais généraux. Si le montant de la participation de l'employé est inférieur à la demi-prime à sa charge, le complément sera soldé par la Compagnie.

Si l'état de santé de l'employé, constaté par le médecin de la Compagnie, ne lui permet pas de contracter cette assurance, la Compagnie portera à son livret (voir articles 12 et suivants) le montant intégral de sa participation et, en outre, une somme prise sur frais d'administration, égale à la demi-prime que l'employé aurait payée s'il avait contracté l'assurance.

L'obligation imposée par le présent article n'est pas applicable aux employés qui auront atteint l'âge de quarante ans révolus avant la date de la répartition de bénéfices à laquelle ils prendront part pour la première fois.

ART. 6. — Toute augmentation de traitement accordée à un employé qui n'a pas atteint, au moment de l'augmentation, l'âge de quarante ans révolus, donnera lieu pour lui à la souscription d'une assurance mixte à demi-prime sans participation d'un capital de 500 francs, et ce, tant que ne seront pas atteints les maxima fixés par l'article 11 ci-après.

Pour tout employé nommé postérieurement au 30 juin 1886, la souscription de l'assurance mixte de 500 francs dont il est parlé ci-dessus aura lieu dans les dix derniers jours du second mois de l'augmentation, et la demi-prime à la charge de l'employé sera retenue sur le traitement de ce second mois.

Pour tout employé nommé antérieurement au 30 juin 1886, la souscription de la même assurance de 500 francs aura lieu dans les dix derniers jours du premier mois de l'augmentation, et la demi-prime à la charge de l'employé sera retenue sur le traitement de ce premier mois.

Si l'état de santé de l'employé, constaté par le médecin de la Compagnie, ne lui permet pas de contracter cette assurance, la Compagnie portera sur son livret les sommes qui auraient été consacrées à la prime de l'assurance.

Art. 7. — Sauf décision contraire du Conseil, le capital des assurances mixtes contractées en vertu des articles 5 et 6 ci-dessus est versé, lors de son échéance, au livret de l'employé.

Lorsqu'il y aura lieu d'appliquer cette disposition pour un employé n'ayant pas de livret individuel, il sera ouvert d'office à cet employé un livret sur lequel sera porté le capital de l'assurance.

Art. 8. — L'obligation de contracter les assurances réglementaires est différée jusqu'au jour où les employés sont libérés du service militaire actif.

Quant aux employés dispensés de ce service, ils contractent lesdites assurances, quand bien même ils pourraient, par suite d'un changement dans leur situation de famille, être ultérieurement appelés sous les drapeaux.

Art. 9. — Les demi-primes payées par la Compagnie sont mises à la charge des frais généraux.

Art. 10. — Sont et demeurent maintenues sans modifications les assurances à demi-prime de toute nature contractées avant le 15 juin 1887; mais, depuis cette époque, aucune demi-prime n'est allouée par la Compagnie en dehors de celles qui sont applicables aux assurances mixtes réglementaires mentionnées aux articles précédents.

Art. 11. — La somme maxima que la Compagnie pourra débourser annuellement à titre de demi-prime pour chaque employé est fixée, savoir : pour les chefs de bureau et chefs-adjoints, ainsi que pour les inspecteurs et les inspecteurs-adjoints, à 400 francs; pour les sous-chefs, à 300 francs, et pour les autres employés, à 200 francs.

### LIVRETS INDIVIDUELS

Art. 12. — Il est créé à l'Union-Incendie une Caisse de prévoyance formée par l'ensemble des livrets individuels; cette caisse est gérée par le Directeur sous l'autorité du Conseil.

Les livrets individuels délivrés aux employés sont établis conformément aux règles suivantes :

*Dispositions applicables aux employés nommés postérieurement au 30 juin 1886.*

Art. 13. — Un livret individuel sera ouvert d'office à tout employé nommé postérieurement au 30 juin 1886.

A ce livret seront portés, à titre obligatoire :

1° Une retenue mensuelle de cinq pour cent sur le traitement fixe ainsi qu'une retenue du douzième de ce traitement annuel lors de la première nomination, et du douzième de toute augmentation ultérieure;

2° Le montant total du produit de la participation aux bénéfices, sauf déduction toutefois de la demi-prime des assurances réglementaires mentionnées aux articles 5 et suivants.

Seront considérés comme nommés postérieurement au 30 juin 1886, les anciens employés admis de nouveau au service de la Compagnie après leur libération du service militaire actif.

*Dispositions applicables aux employés nommés antérieurement*
*au 1er juillet 1886.*

Art. 14. — Un livret individuel pourra être attribué, sur leur demande, aux employés nommés antérieurement au 1er juillet 1886.

A ce livret, s'il est demandé, seront portés à titre facultatif :

1° Une retenue mensuelle sur le traitement fixe, dans une proportion de trois à cinq pour cent, fixée par l'employé, mais pour cinq années consécutives au moins;

2° Le montant total ou une part déterminée du produit de la participation, sauf déduction, toutefois, de la demi-prime des assurances réglementaires ou facultatives en vigueur.

*Dispositions applicables à tous les titulaires de livrets.*

Art. 15. — Les livrets individuels sont crédités des retenues supportées par les employés, soit à titre obligatoire, soit en vertu d'une adhésion volontaire, conformément aux règles établies par les articles 13 et 14 du présent règlement.

Art. 16. — Un intérêt de 4 %, capitalisé tous les ans au 31 décembre, est bonifié aux livrets individuels au fur et à mesure des inscriptions qui y sont faites.

Art. 17. — L'époque réglementaire de la liquidation du livret est fixée en principe au moment où le titulaire compte 55 ans d'âge, quelle que soit la durée de ses services.

Toutefois, si l'employé qui atteint cet âge est néanmoins maintenu dans ses fonctions, son livret n'est liquidé qu'au moment où il sort de la Compagnie.

Art. 18. — Lorsqu'il y a lieu à la liquidation des droits d'un employé par application de l'article précédent, le montant de son livret est employé (sauf décision contraire du Conseil) en achat de rentes françaises sur l'État nominatives, ou d'obligations nominatives de chemins de fer français, qui sont conservées jusqu'à son décès dans la caisse de la Compagnie, ou en constitution d'une rente viagère servie par *l'Union-Vie.*

Si, étant marié, il opte pour une rente viagère, cette rente est calculée de manière à être réversible au moins pour moitié sur la tête de la veuve.

Art. 19. — Il y a lieu à liquidation du livret, avant l'âge réglementaire de 55 ans indiqué ci-dessus, en cas de décès de l'employé en activité de service, en cas de maladie ou d'infirmités mettant l'employé dans l'impossibilité de continuer ses fonctions, comme aussi en cas de suppression d'emploi, révocation ou démission.

Art. 20. — L'employé démissionnaire ne peut obtenir le paiement des sommes qui lui sont dues (sauf, toutefois, décision contraire du Conseil) qu'après un délai d'une année à partir du jour où sa démission a été acceptée.

Les intérêts au profit de l'employé continueront à être calculés pendant ladite année.

ART. 21. — Lorsqu'un employé quitte le service de l'*Union-Incendie* pour passer à *l'Union-Vie*, et réciproquement, toutes les sommes inscrites à son livret sont transférées à un nouveau livret que lui ouvre la Compagnie dans laquelle il entre.

S'il passe d'une Compagnie à l'autre avec le même traitement, il n'aura pas à subir la retenue du premier douzième ; si par suite de sa mutation son traitement est augmenté, c'est seulement sur l'augmentation que cette retenue sera faite.

### PARTICIPATION DANS LES BÉNÉFICES

ART. 22. — La participation accordée au personnel de *l'Union* (non compris le chef des bureaux, le chef du bureau de Paris et le caissier de la Compagnie) sur les résultats de l'inventaire clos le 31 décembre, est répartie, conformément aux règles suivantes, après l'Assemblée générale qui arrête le compte de profits et pertes.

ART. 23. — La répartition s'opère entre les chefs de service, les sous-chefs, les employés, les garçons de recettes et les garçons de bureau, ainsi que pour les inspecteurs et les inspecteurs-adjoints, au prorata de leurs appointements fixes ou des nombres destinés, en ce qui concerne les chefs de service et les sous-chefs, à servir de base au calcul. Cette répartition est calculée de la manière suivante, savoir :

1° Pour les chefs de bureau, titulaires ou adjoints, proportionnellement au double du traitement ;

2° Pour les sous-chefs, proportionnellement au traitement majoré de 50 % ;

3° Pour les autres employés, ainsi que pour les inspecteurs et les inspecteurs-adjoints, proportionnellement au traitement.

ART. 24. — Pour avoir droit à cette participation, il faut compter au moins six mois de services au 31 décembre.

Pour les employés comptant à la dite date du 31 décembre de six mois à un an de services, la participation sera calculée d'après le nombre de leurs mois entiers de services.

ART. 25. — Les employés appelés sous les drapeaux pour leur service militaire actif, ceux qui ont contracté un engagement volontaire ; et les employés dont les fonctions ont cessé, soit par application des articles 17 et 21 du présent règlement, soit dans les cas de maladie, d'infirmité ou de suppression d'emploi prévus par l'article 19, conservent leur droit à la participation, mais seulement pour le nombre de leurs mois entiers de services.

Il en est de même en faveur des ayants-droit de l'employé décédé en activité de service.

ART. 26. — L'employé qui sort de la Compagnie par suite de démission ou de révocation, perd tout droit à la participation de l'année courante.

### APPLICATION DU PRÉSENT RÈGLEMENT ET ABROGATION
### DES DISPOSITIONS CONTRAIRES

ART. 27. — Le présent règlement est applicable à partir de ce jour à tous les employés de la Compagnie.

ART. 28. — Tous règlements ou décisions antérieurs sont abrogés dans ce qu'ils ont de contraire au présent règlement.

*Délibération du Conseil en date du 16 novembre 1887, prévoyant le cas où les employés assurés à demi-prime voudraient être assurés contre le risque de guerre.*

ARTICLE PREMIER. — Lorsqu'un employé en fonctions, qui aura contracté une assurance mixte de 5.000 francs, à demi-prime, voudra être assuré contre le risque de guerre, la Compagnie prendra à sa charge sur frais généraux, pour ledit capital de 5.000 francs, la somme de 125 francs, 75 francs ou 50 francs, moitié de la cotisation applicable, suivant le cas, au risque de guerre pour toute la durée des hostilités en vertu des articles 4 et 6 des conditions générales du contrat spécial relatif à l'assurance de guerre, annexées à la circulaire du 1er août 1887 ; l'autre moitié de ladite cotisation reste à la charge de l'employé assuré.

ART. 2. —Tout employé en fonctions, souscripteur d'une police à demi-prime, en cas de décès, vie entière, mixte ou à terme fixe (article 2 des conditions générales mentionnées à l'article précédent), contractée antérieurement au 15 juin 1887, ne pourra demander à la Compagnie, s'il désire être assuré contre le risque de guerre, soit aux anciennes conditions de surprimes fixes, soit aux nouvelles conditions prévues par les circulaires sus-visées, que les sommes de 125 francs, 75 francs ou 50 francs mentionnées à l'article précédent.

ART. 3. — Les intérêts de retard prévus par la nouvelle rédaction de l'article 10 des conditions générales annexées à la circulaire susvisée, du 1er août 1887, sont supportés, par moitié, par la Compagnie et par l'employé.

---

## ANNEXE, N° 11

### IMPRIMERIE CHAIX

#### 20, rue Bergère, à Paris.

Participation avec quantum déterminé, fondée en 1872. — Répartition au prorata des salaires. — Un tiers est payé comptant, deux tiers sont capitalisés sur livrets individuels. — Les fonds réservés sont employés en titres de tout repos. — Le participant a droit à la liquidation de son compte à l'âge de soixante ans ou après vingt ans de service. — La déchéance s'exerce au profit de la masse. — Comité consultatif.

#### INTÉRÊT DE PARTICIPATION

ARTICLE PREMIER. — A partir du 1er janvier 1872, un intérêt de participation sur les bénéfices nets de l'année sera attribué, à titre gratuit, à tous les employés ou ouvriers des deux sexes qui auront été désignés comme participants à ces bénéfices.

Cet intérêt de participation est fixé, pour l'année 1872, à 10 %.

ART. 2. — Pour être admis participants, les ouvriers, ouvrières et employés doivent avoir trois ans de présence consécutive dans la Maison, avoir fait preuve de zèle et d'aptitude dans leurs fonctions et adresser à M. Chaix une demande, accompagnée d'un extrait de leur acte de naissance.

Pour former le premier noyau de la participation, sont admis dès à présent, indistinctement, tous ceux qui, au 1er janvier 1872, ont trois ans au moins de présence dans la Maison.

ART. 3. — En dehors des participants, des *aspirants-participants* pourront, d'après leurs services, être appelés à jouir d'une partie des avantages de la participation.

Une décision du Comité consultatif déterminera, chaque année, la mesure et l'importance de ces avantages.

ART. 4. — Les apprentis de la Maison seront admis comme participants à partir du 1er janvier qui précédera la fin de leur apprentissage (1).

ART. 5. — La répartition de l'intérêt de participation sera faite entre les participants, *au prorata* des sommes qu'ils auront touchées dans l'année, soit comme appointements, soit comme salaires, et suivant les dispositions fixées à l'article 6 ci-après.

Pour déterminer la part de chacun dans l'intérêt de participation, il ne sera pas tenu compte des gratifications ni des autres allocations variables.

ART. 6. — De la somme attribuée à chaque participant il sera fait deux parts égales :

L'une lui sera remise, chaque année, après l'approbation des comptes de l'exercice et à des époques déterminées ;

L'autre sera portée à son compte de Prévoyance et de Retraite, dont il sera parlé ci-après.

ART. 7. — Tout participant qui sortira de la Maison avant la fin de l'année et de sa propre volonté perdra tout droit dans l'intérêt de participation de l'année courante.

ART. 8. — Tout participant qui sera remercié, pour quelque motif que ce soit, ne perdra pas ses droits dans la participation ; mais son intérêt prendra fin avec le mois qui aura précédé celui de sa sortie de la Maison.

ART. 9. — Dans les deux cas prévus aux articles 7 et 8, le participant ne pourra réclamer la première part de la somme qui lui est attribuée en conformité de l'article 6, avant l'époque de la répartition générale, et il la touchera dans les mêmes conditions que les autres participants.

La seconde part sera liquidée conformément aux articles 20 et 24.

ART. 10. — En cas de baisse dans les travaux, ou de sortie non définitive de la Maison pour un motif quelconque, le participant qui voudra conserver ses droits, devra *préalablement* demander par lettre à M. Chaix et obtenir une autorisation écrite d'absence.

ART. 11. — Les participants sortis de la Maison, dans les conditions prévues à l'article précédent, devront se tenir prêts à se rendre à l'appel qui leur sera adressé. A défaut par eux de s'y conformer, il leur sera envoyé une mise en demeure par lettre chargée, à laquelle ils seront tenus de répondre au plus tard dans les quarante-huit heures, en s'engageant à rentrer dans un délai de huit jours; faute de quoi, ils seront réputés démissionnaires à dater du jour de leur sortie.

ART. 12. — Les participants obligés de quitter la Maison pour répondre à l'appel du service militaire, et qui voudront conserver leurs droits, devront en prévenir M. Chaix. Ils seront tenus, en outre, dans le mois qui suivra leur libération, de lui demander à rentrer dans leur emploi.

---

(1) Les vingt années de présence requises pour avoir droit à la totalité des avantages que procure la Caisse de Prévoyance et de Retraite ne commencent à courir, pour les apprentis, qu'à dater de leur majorité. (*Avis du Comité consultatif; séance du 15 juillet 1877.*)

Art. 13. — La Caisse de Prévoyance et de Retraite est établie au profit des ouvriers, ouvrières et employés de la Maison qui sont participants.

Art. 14. — Cette Caisse est formée au moyen de versements faits au compte individuel de chaque intéressé, conformément au troisième paragraphe de l'article 6.

Art. 15. — De plus, un prélèvement sur les bénéfices de la Maison, fixé chaque année par M. Chaix, sera versé au compte de chaque participant, au *prorata* des sommes qu'il aura touchées dans l'année et comme il est dit à l'article 5.

Ce prélèvement sera de 5 °/₀ pour l'année 1872.

Mais les sommes en résultant ne profiteront aux participants que s'ils remplissent les conditions d'âge ou de service énoncées dans l'article 16.

Art. 16. — Pour avoir droit à la totalité des avantages que procure la Caisse de Prévoyance et de Retraite, il faut avoir vingt années au moins de présence consécutive dans la Maison, — ou avoir atteint sa soixantième année d'âge.

Pour calculer le temps de présence, il sera tenu compte des années de présence non interrompue, antérieures au 1er janvier 1872.

Le temps d'absence prévu par les articles 10 et 12 devra être remplacé par un temps de présence équivalent.

Art. 17. — En aucun cas, la part totale attribuée annuellement à chaque participant, en vertu des articles 6 et 15, ne pourra excéder le quart de ses salaires ou appointements.

Le surplus, s'il y en a, sera réparti, sans distinction de service, entre les participants ayant dix ans de présence révolus, au prorata de leurs années de service.

Mais cette part supplémentaire ne profitera à ces participants que s'ils remplissent les conditions d'âge ou d'ancienneté énoncées dans l'article 16.

Art. 18. — Lorsqu'un participant, ayant complété sa vingtième année de service, ou à défaut sa soixantième année d'âge, quitte la Maison, soit volontairement, soit par suite de renvoi, son compte de Prévoyance et de Retraite est liquidé, sur sa demande, conformément à l'article 24.

Art. 19. — Le participant ayant complété sa vingtième année de service ou sa soixantième année d'âge peut également, tout en restant dans son emploi, demander la liquidation de son compte de Prévoyance et de Retraite, conformément à l'article 24.

Si le montant des deuxième et troisième parts, portées au livret de ce participant dépasse ensemble 5.000 francs, la liquidation est opérée d'office.

Dans l'un et l'autre cas, un nouveau compte est ouvert à ce participant, qui profite des avantages institués par les articles 14 et 15. Ce nouveau compte cesse de prendre part aux déchéances, et la liquidation ne peut en avoir lieu avant que le participant soit sorti de la Maison.

Tout participant, quels que soient son âge et son temps de présence, dont la deuxième et la troisième part réunies dépassent 5.000 francs, cesse de même de prendre part aux déchéances.

Art. 20. — Tout participant qui, avant d'avoir atteint sa vingtième année de présence ou sa soixantième année d'âge, quitte la Maison, soit volontairement, soit par suite de renvoi, peut demander la liquidation de son compte de Prévoyance et de Retraite. Mais cette liquidation doit, à *peine de déchéance*, être demandée par écrit à M. Chaix dans le délai d'un an et un jour, à dater du départ du participant (¹); — elle ne comprend que les sommes versées en conformité de l'article 6, et n'a lieu qu'un an après sa sortie de la Maison et dans les conditions prévues par l'article 24.

Quant aux sommes versées à son compte en conformité de l'article 15, elles sont portées aux comptes des participants restants, au *prorata* des sommes qui y sont déjà respectivement inscrites.

ART. 21. — Lorsqu'un participant décède en activité de service, les sommes portées à son compte, en conformité des articles 6 et 15, sont remises à ses ayants droit en un ou plusieurs paiements, de la manière, aux époques et dans les proportions déterminées par le Comité.

ART. 22. — Si un participant se trouve atteint d'infirmités constatées entraînant incapacité de travail, la remise de tout ou partie de la somme inscrite à son compte peut, le Comité consulté, lui être faite immédiatement (²).

ART. 23. — Si le participant, parti, congédié ou décédé, se trouve débiteur de la Maison, la somme inscrite à son compte est d'abord employée, jusqu'à due concurrence, à combler le déficit ou à réparer les préjudices par lui causés à la Maison.

Si ce déficit ou préjudice provenait de détournements dont le participant se serait rendu coupable, celui-ci encourrait la déchéance de ses droits, et la somme inscrite à son compte ferait retour à la Maison.

ART. 24. — Lorsqu'il y a lieu de liquider le compte individuel d'un participant vivant, celui-ci peut, à son choix, demander que la somme disponible soit consacrée : à lui constituer une rente viagère sur la Caisse des Retraites de l'État, ou une Compagnie d'assurances sur la vie, avec ou sans réversibilité au profit de ses ayants droit, — ou à lui acquérir des rentes françaises sur l'État ou des Obligations de chemins de fer français, — ou, enfin, des usufruits de rentes françaises ou Obligations de chemins de fer français (³). — Les titres de rente sur l'État ou d'Obligations de chemins de fer, dont le participant touchera le revenu, et dont la nue propriété est réservée à ses ayants droit, seront immatriculés à son nom; ils mentionneront que, durant la vie du titulaire, les rentes, les usufruits, ainsi que le capital, seront incessibles et insaisissables.

ART. 25. — La répartition des déchéances entre les divers comptes

---

(1) Le participant qui, après avoir quitté la Maison, y rentre dans le courant de la même année, doit également, *à peine de déchéance*, demander la liquidation de sa deuxième part dans le délai d'un an et un jour, à dater de son départ. *(Avis du Comité consultatif; séance du 21 mars 1878.)*

(2) Le prélèvement autorisé par l'article 22 peut être opéré sur la troisième part du participant qui a vingt années de présence ou soixante ans d'âge. *(Avis du Comité consultatif; séance du 20 juin 1875.)*

(3) Le placement en valeurs non dénommées dans l'article 24 peut être autorisé, à la condition qu'il s'agisse de valeurs de premier ordre. Dans le cas du remboursement d'un ou plusieurs de ces titres soit avec lot, soit simplement avec prime, le montant du remboursement est transformé en nouvelles valeurs, dont le participant n'a que l'usufruit, le capital étant réservé à ses héritiers. *(Avis du Comité consultatif; séance du 19 décembre 1875.)*

individuels n'a lieu qu'une fois par an, au 31 décembre, et seulement au profit des membres présents dans la Maison à cette époque.

L'attribution de la participation dans les bénéfices est faite également une fois par an, par exercice, et après l'approbation des comptes par l'assemblée générale des actionnaires de la Maison.

En conséquence, les comptes individuels qu'il y a lieu de liquider dans le courant de l'année sont toujours arrêtés au 31 décembre précédent.

ART. 26. — Le compte de chaque participant sera bonifié, chaque année, d'un intérêt de 4 %, produit par les sommes qui y sont portées, tant que la Maison en conservera la gestion financière.

Cette gestion pourra être confiée ultérieurement, d'accord avec le Comité consultatif, soit à une Compagnie d'assurances, soit à une Société de crédit, soit encore à une Caisse publique.

La Maison pourra également convertir les fonds de participation en titres de rente sur l'État ou en Obligations de chemins de fer garanties par l'Etat. La différence qui pourra résulter de la réalisation de ces titres sera au profit ou à la charge des intéressés.

L'intérêt, quel qu'il soit, provenant de ces placements, sera réparti au prorata des sommes inscrites au livret de chaque participant.

### COMITÉ CONSULTATIF ET DE SURVEILLANCE

ART. 27. — Un Comité consultatif et de surveillance est institué pour seconder M. Chaix dans l'exécution des prescriptions relatives à la participation, ainsi qu'à la Caisse de Prévoyance et de Retraite.

ART. 28. — Ce Comité se compose de dix-neuf membres, savoir : M. Chaix, — les neuf membres du Bureau de la Société de Secours mutuels, renouvelés chaque année par tiers en Assemblée générale, — les trois plus anciens chefs de service et contremaîtres — et les six plus anciens ouvriers, ouvrières ou employés de la Maison.

ART. 29. — Les réunions ordinaires du Comité ont lieu le troisième dimanche de chaque trimestre. Les réunions extraordinaires font l'objet d'une convocation spéciale.

### DISPOSITIONS GÉNÉRALES

ART. 30. — Il sera délivré à chaque participant un livret sur lequel seront indiquées toutes les sommes portées à son compte.

ART. 31. — Le titre de participant impliquant des conditions particulières de stabilité et d'attachement à l'Etablissement, aucun participant ne pourra être renvoyé définitivement sans une décision de M. Chaix.

ART. 32. — Les sommes à payer, les usufruits, les intérêts ou rentes viagères à servir, par suite des présentes dispositions, soit aux participants, soit à leurs ayants droit, sont d'avance déclarés expressément de libéralité et pour alimentation, et comme tels, incessibles et insaisissables.

ART. 33. — Il est déclaré que M. Chaix est seul juge de toutes les réclamations qui pourraient se produire relativement au présent règlement. Il prendra toutefois l'avis du Comité consultatif.

ART. 34. — La répartition annuelle a lieu d'après les comptes approuvés par les actionnaires de la Maison, sans que les participants aient le droit de s'immiscer en rien dans les écritures.

ART. 35. — Les employés, ouvriers et ouvrières sortant d'un établissement où existeraient des institutions analogues et dans lequel ils seraient déjà membres participants, seront admis de droit, sur leur demande, *aspirants-participants*, et la durée de leur stage pour devenir participants sera fixée par le Comité dans les trois mois qui suivront leur entrée dans la Maison, sans toutefois que ce stage puisse excéder une année.

ART. 36. — Les présentes dispositions s'appliquent aux employés de la librairie, en ce qui concerne les bénéfices réalisés dans ce service.

ART. 37. — Les modifications que l'expérience pourrait faire apporter au présent règlement ne produiront aucun effet rétroactif.

ART. 38. — M. Chaix se réserve expressément la faculté de faire cesser les effets du présent règlement, s'il n'avait pas lieu d'être satisfait de ses résultats. Dans ce cas, la Caisse de Prévoyance serait liquidée au 31 décembre qui suivrait la résolution prise, et les sommes ou les titres inscrits seraient remis à chacun pour solde, après l'approbation par les actionnaires de la Maison, des résultats de l'exercice.

ART. 39. — En cas de décès de M. Chaix, si ses successeurs n'entendaient pas continuer la participation, la Caisse de Prévoyance et de Retraite serait liquidée comme il est dit à l'article précédent.

## ANNEXE N° 12

### MAISON BARBAS, TASSART ET BALAS
(Ancienne Maison Goffinon).

COUVERTURE, PLOMBERIE, EAU ET GAZ, CHAUFFAGE, HYGIÈNE, VENTILATION

#### 86, boulevard de Strasbourg, à Paris.

Participation avec quantum déterminé, fondée en 1872. — Répartition au prorata des salaires. — La moitié est payée comptant, l'autre moitié est capitalisée sur livrets individuels. — Les fonds restent en compte courant dans la Maison. — Le participant a droit à la liquidation de son compte à l'âge de cinquante ans ou après vingt ans de service. — La déchéance s'exerce au profit de la masse. — Comité consultatif. — Contrôle des comptes par arbitre-expert.

#### PARTICIPATION

ARTICLE PREMIER. — A partir du 1er janvier 1872, un intérêt de participation, sur les bénéfices nets de l'année, sera attribué, à titre gratuit, à tous les employés et ouvriers qui, à raison de leurs fonctions ou de leurs travaux, auront été désignés comme participant à ces bénéfices (1).

ART. 2. — Pour être admis comme *Participant*, il faut être Français, avoir trois années de présence consécutives dans la Maison, avoir fait preuve de zèle et d'aptitude dans son emploi.

Par décision de l'assemblée générale du 6 novembre 1881, les conditions d'admission ci-dessus ont été modifiées comme suit :

(1) Cet intérêt est fixé à 5 % des bénéfices nets.

Faire une demande écrite adressée aux chefs de la Maison, joindre à cette demande une copie de son casier judiciaire et un certificat du médecin de la Société de secours mutuels.

A l'unanimité il a été également décidé qu'à partir de la date de cette décision, pour être définitivement admis, indépendamment des trois années de présence, le candidat devra passer un examen devant le Comité consultatif qui, suivant son avis, pourra faire ajourner l'admission du postulant s'il n'a pas été reconnu suffisamment capable comme savoir professionnel.

Art. 3. — En dehors des *participants*, des *aspirants-participants* pourront être appelés à jouir d'une partie des avantages de la participation.

Pour cela ils devront :

1º Adresser à MM. Barbas, Tassart et Balas une demande par écrit; elle indiquera les motifs et le temps de service du postulant;

2º Prendre l'engagement d'observer les règlements et de remplir fidèlement toutes les obligations des *participants*.

Une décision du Comité consultatif déterminera chaque année la mesure et l'importance des avantages y attachés.

Enfin, après une année de stage, les mêmes *aspirants* pourront, le Comité entendu, devenir *participants* réels.

Art. 4. — Les apprentis de la Maison seront admis comme *participants* à partir du 1er janvier qui précédera la fin de leur apprentissage.

Art. 5. — La répartition de l'intérêt de participation sera faite, entre les *participants*, au prorata des sommes qu'ils auront touchées dans l'année, soit comme appointements fixes, soit comme salaires, et suivant les dispositions fixées à l'article ci-après.

Pour déterminer la part de chacun dans l'intérêt de participation, il ne sera pas tenu compte des gratifications ni des autres allocations variables.

Art. 6. — De la somme attribuée à chaque *participant*, il sera fait deux parts égales :

L'une lui sera remise chaque année, après l'approbation des comptes de l'exercice et à des époques déterminées;

L'autre sera portée à son compte de Prévoyance et de Retraite dont il sera parlé ci-après.

Art. 7. — Tout *participant* qui sort de la Maison de sa propre volonté, avant d'avoir satisfait aux conditions de présence fixées par l'article 11, est considéré comme démissionnaire et déchu de tous droits, même éventuels à la Caisse de prévoyance.

La somme inscrite à son compte individuel est répartie, au 31 décembre qui suit sa sortie, entre tous les autres comptes participants, au prorata des sommes qui y sont déjà respectivement inscrites, sous la réserve du deuxième paragraphe de l'article 5.

Toute personne renvoyée pour des motifs graves sera dans le même cas.

Par décision de l'assemblée générale du 29 novembre 1880, il pourra être fait exception pour les apprentis de la Maison qui, du jour de la fin de leur apprentissage et de la délivrance de leur diplôme de capacité, pourront être autorisés à s'absenter de la Maison pendant un délai maximum d'une année, et cela sans perdre leur droit aux avantages de l'Association.

Art. 8. — Tout *participant*, mis au repos pendant un délai ne dépassant pas un mois, devra se tenir à la disposition de la Maison pour y entrer au premier appel qui pourra lui être fait, au besoin par lettre chargée, lui accordant huit jours pour rentrer dans les ateliers. Passé les délais ci-dessus, le compte du *participant* pourra être liquidé, c'est-à-dire que si la Maison le laisse plus d'un mois au repos, il pourra demander la liquidation de son compte, conformément à l'article 13, et s'il ne se rend pas à l'appel qui lui sera fait de reprendre son travail interrompu par manque de travaux, il sera considéré comme démissionnaire, et, le Comité entendu, son compte sera liquidé suivant l'article 7.

Art. 9. — *Service militaire obligatoire*. — Désirant encourager au devoir tous les jeunes participants, il est adopté :

1° Que le volontaire d'un an aura sa place conservée et sera admis à la répartition, en prenant pour base l'année avant sa sortie pour le service militaire, s'il justifie à sa sortie d'un certificat de bonne conduite et d'un grade.

S'il n'a obtenu que le certificat, il n'aura droit qu'à la moitié de la répartition : celle placée à la retraite.

S'il a obtenu certificat et grade, il aura droit aux deux parts.

S'il n'a obtenu ni l'un ni l'autre, il ne lui sera rien accordé, et sa place même ne lui sera réservée que si le Comité rendait un avis favorable et si MM. A. Barbas, Tassart et Balas en décidaient ainsi.

2° Que le soldat pour cinq ans jouira des mêmes avantages. Sa cinquième et dernière année de service lui comptera pour sa part dans les bénéfices de la Maison pendant ladite année, et son emploi lui sera réservé s'il justifie d'un certificat de bonne conduite et du grade de sous-officier. Pour les autres conditions, comme le volontaire d'un an.

Le soldat pour cinq ans qui, pendant le cours de son service, obtiendrait un congé dépassant quinze jours, aurait droit au travail de la Maison pendant son congé. Le temps d'absence, prévu par le présent article, pour le service militaire, doit être remplacé par un temps de présence équivalent, pour avoir droit à la retraite [1].

Art. 10. — Un Comité consultatif et de surveillance est institué pour seconder MM. Barbas, Tassart et Balas dans l'exécution des prescriptions relatives à la participation.

Ce Comité se compose : 1° Des patrons comme président et vice-présidents ; 2° des deux plus anciens employés ; 3° des cinq plus anciens ouvriers.

Art. 11. — Les réunions ordinaires du Comité ont lieu le premier dimanche de chaque trimestre. Les réunions extraordinaires feront l'objet d'une convocation spéciale.

Une assemblée générale du personnel et des ouvriers participants aura lieu chaque année, après la clôture de l'exercice, pour entendre le compte rendu des opérations de l'année, connaître le chiffre de la

[1] Naturellement, les mêmes avantages sont accordés aux participants sous les drapeaux en vertu de la loi militaire actuelle.

répartition et approuver, s'il y a lieu, les modifications apportées aux statuts, etc.

ART. 12. — Un arbitre-expert accrédité près les tribunaux du département de la Seine est nommé chaque année en assemblée générale pour procéder au contrôle des comptes (1).

ART. 13. — Le compte de chaque *participant* sera bonifié chaque année d'un intérêt de 5 %, produit par les sommes qui y sont portées, tant que la Maison en conservera la gestion financière.

Chaque année, à l'assemblée générale de fin d'exercice, ou extraordinairement, s'il y avait lieu, sur l'initiative du Comité consultatif, par un vote secret, il sera décidé si les *participants* continueront à laisser leurs capitaux en compte courant ou si cette gestion sera confiée, d'accord avec le *Comité consultatif*, soit à une *Compagnie d'assurances*, soit à une *Société de crédit*, soit encore à une *Caisse publique*.

### Dispositions générales.

ART. 14. — Il sera délivré à chaque *participant* un livret sur lequel seront indiquées toutes les sommes portées à son compte.

ART. 15. — Le titre de *participant* impliquant des conditions particulières de stabilité et d'attachement à l'établissement, aucun *participant* ne pourra être renvoyé définitivement sans une décision de MM. Barbas, Tassart et Balas.

ART. 16. — Les sommes à payer, les usufruits, les intérêts ou rentes viagères à servir, par suite des présentes dispositions, soit aux *participants*, soit aux *membres de leurs familles*, désignés dans les *articles 18 et 19*, sont d'avance déclarés expressément attribués à titre de libéralité et pour alimentation, et, comme tels, incessibles et insaisissables.

ART. 17. — Il est déclaré que MM. Barbas, Tassart et Balas sont seuls juges de toutes les réclamations qui pourraient se produire relativement au présent règlement.

Ils prendront toutefois l'avis du *Comité consultatif*.

ART. 18. — La répartition annuelle a lieu d'après les comptes de la Maison arrêtés à la clôture de l'exercice, sans que les participants aient le droit de s'immiscer en rien dans les écritures qui, du reste, sont tenues par des participants et contrôlées conformément à l'article 12.

ART. 19. — Les employés et ouvriers sortant d'un établissement où existeraient des institutions analogues et dans lequel ils seraient déjà *membres participants*, seront admis de droit, sur leur demande, *aspirants-participants* et la durée de leur stage, pour devenir *participants*, sera fixée dans les trois mois qui suivront leur entrée dans la *Maison*, sans toutefois que ce stage puisse excéder une année, à moins que, suivant l'article 2, le Comité, d'accord avec les chefs de la Maison, ne les ait pas reconnus capables dans l'examen qu'ils devront passer en conformité dudit article 2.

---

(1) Formule de la déclaration de l'arbitre-expert :

« J'ai constaté que l'inventaire est bien établi comme les précédents, que les éléments de cet inventaire sont en tout conformes à l'acte de Société et que la part de bénéfices prévue pour les participants par l'article 12 des statuts a été bien appliquée. »

Art. 20. — Pour profiter de la *Caisse de participation et de retraite*, dont il est question aux présents statuts, chaque *participant* devra faire partie de la *Société de secours mutuels* que la *Maison* a instituée.

Art. 21. — Les modifications que l'expérience pourrait faire apporter aux présents statuts ne produiront aucun effet rétroactif.

Art. 22. — MM. Barbas, Tassart et Balas se réservent expressément la faculté de faire cesser les effets des présents statuts et règlements fin de chaque exercice, s'ils n'avaient pas lieu d'être satisfaits de leurs résultats.

Dans ce cas, la *Caisse de prévoyance et de retraite* serait liquidée au *31 décembre* qui suivrait la résolution prise, et les sommes ou les titres inscrits seraient remis à chacun pour solde des résultats de l'exercice.

Ladite Caisse serait également liquidée si, par suite du décès de l'un des chefs de la maison, les survivants ne désiraient pas continuer.

OBSERVATION. — La participation aux bénéfices étant solidairement liée à la Caisse de prévoyance et de retraite, ainsi qu'à la Caisse de secours mutuels, les statuts de ces diverses institutions se complètent mutuellement.

### CAISSE DE PRÉVOYANCE ET DE RETRAITE

ARTICLE PREMIER. — La Caisse de prévoyance et de retraite est établie au profit des ouvriers et employés de la Maison qui sont *participants*.

Art. 2. — Pour avoir droit à la totalité des avantages que cette Caisse procure, il faut avoir *vingt années au moins de présence consécutive dans la Maison, ou avoir atteint l'âge de cinquante ans*.

Art. 3. — La Caisse de prévoyance et de retraite est formée au moyen de versements faits au compte individuel de chaque intéressé, conformément au troisième paragraphe de l'article 6 de la participation.

Art. 4. — Lorsqu'un participant, ayant complété sa vingtième année de service, ou, à défaut, sa cinquantième année d'âge, quitte la Maison, soit volontairement, soit par suite de renvoi, son compte de prévoyance et de retraite est liquidé sur sa demande conformément à l'article 9 ci-après.

Art. 5. — Le participant, ayant complété sa vingtième année de service ou sa cinquantième année d'âge, peut également, tout en restant dans son emploi, demander la liquidation de son compte de prévoyance et de retraite, conformément à l'article 9.

Dans ce cas, son compte cesse de prendre part aux avantages résultant des déchéances, mais il continue de s'accroître de l'intérêt de participation et des versements opérés par MM. Barbas, Tassart et Balas sans que la liquidation de ce nouveau compte puisse avoir lieu avant sa sortie de la Maison.

Art. 6. — Lorsqu'un participant décède, en activité de service, les sommes portées à son compte, en conformité des articles 6, 7 et 8 de la participation, sont remises aux membres de sa famille désignés dans les articles 9 et 10 ci-dessous, en un ou plusieurs paiements, de la manière, aux époques et dans les proportions déterminées par le Comité.

Art. 7. — Si un participant se trouve atteint d'infirmités constatées, entraînant incapacité de travail, la remise de tout ou partie de la somme inscrite à son compte peut, le comité consulté, lui être faite immédiatement.

ART. 8. — Si le participant, parti, congédié ou décédé, se trouve débiteur de la Maison, la somme inscrite à son compte est d'abord employée, jusqu'à due concurrence, à combler le déficit ou à réparer les préjudices par lui causés à la Maison.

ART. 9. — Lorsqu'il y a lieu de liquider le compte individuel d'un participant, c'est-à-dire lorsqu'il a accompli sa vingtième année de service ou sa cinquantième année d'âge, celui-ci peut à son choix demander que la somme disponible soit consacrée, s'il n'a pas d'enfant légitime, à lui constituer une *rente viagère* de la *Caisse des retraites de l'État* ou d'une *Compagnie d'assurances sur la vie* avec réversibilité sur la tête de sa femme. S'il a des enfants légitimes ou légitimés par le mariage, il pourra demander des rentes françaises sur l'État ou des obligations de chemins de fer français, ou enfin, des usufruits de rentes françaises ou d'obligations de chemins de fer.

Les titres, demeurant déposés dans la caisse de la Maison ou dans une des caisses de dépôt désignées, jusqu'au décès du titulaire, pourront être alors remis aux membres de sa famille désignés dans l'article ci-après.

ART. 10. — Sont appelés, après le décès du participant, à recueillir les sommes portées à son compte :

1° Son conjoint non divorcé ni séparé de corps ni de biens ;

2° Ses enfants légitimes ou légitimés par un mariage subséquent, ses enfants adoptifs et ses petits-enfants ;

3° Ses ascendants.

Le Comité consultatif pourra, sur la demande des intéressés, modifier ledit ordre.

A défaut des appelés sus-désignés, les sommes ou titres provenant de la liquidation du compte du participant décédé sont portés à ceux des autres participants restants, au prorata des sommes qui y sont déjà respectivement inscrites.

ART. 11. — La répartition des déchéances entre les divers comptes individuels n'a lieu qu'une fois par an, au 31 décembre, et seulement au profit des membres présents dans la Maison à cette époque.

L'attribution de la participation dans les bénéfices est faite également une fois par an, par exercice, après l'approbation des comptes par les patrons, et leur contrôle par l'arbitre-expert.

OBSERVATIONS. — Pour les Comités consultatifs et de surveillance de la Caisse de prévoyance et de retraite, — pour les assemblées générales, le contrôle des comptes, etc., se reporter aux articles 10, 11, 12 et suivants de la participation.
Les règlements et statuts des deux institutions se complètent d'ailleurs mutuellement.

## ANNEXE N° 13

**LIBRAIRIE G. MASSON**

**120, boulevard Saint-Germain, à Paris.**

Participation non aux bénéfices mais au montant net des ventes, dans une proportion déterminée, fondée en 1874. — Répartition au prorata des appointements. — Un tiers est payé comptant ; deux tiers sont capitalisés sur livrets individuels. — Les fonds restent en compte courant dans la Maison. — Le participant a droit à la liquidation de son compte à l'âge de soixante-cinq ans ou après vingt ans de service. — La déchéance s'exerce au profit de la masse. — Comité consultatif dit *Conseil de famille.*

ARTICLE PREMIER. — Il est formé par les présentes, à partir du 1er juillet 1874, une Caisse de participation et de prévoyance pour les employés de la librairie G. Masson. Cette Caisse est régie par M. G. Masson conformément aux dispositions ci-après.

ART. 2. — La Caisse est fondée au moyen du versement que M. G. Masson fera annuellement, dans la quinzaine de la clôture de l'inventaire, d'une somme calculée sur le montant *net* des ventes effectuées par la Maison, au cours de l'exercice expiré, à raison de 3 francs par mille, jusqu'à concurrence d'un million, et de 5 francs par mille pour toutes les sommes dépassant un million.

M. G. Masson a seul qualité pour reconnaître et déclarer le chiffre net des ventes sur lequel est établie la participation.

ART. 3. — Le tiers de la somme que représente ce versement est immédiatement distribué, en espèces, entre les employés ayant au moins un an de service dans la Maison, et ce, au prorata de leurs appointements.

Les deux autres tiers sont réservés pour constituer un capital au profit des intéressés, dans les conditions qui sont stipulées ci-après.

ART. 4. — A cet effet, quiconque fait partie au moins depuis un an du personnel de la Maison est titulaire d'un *carnet de participation*.

Le chiffre total attribué aux *carnets* est réparti entre les titulaires au prorata des appointements de chacun.

Il est bonifié à chaque carnet un intérêt de cinq pour cent qui est calculé, au 30 juin de chaque année, sur le montant de la somme antérieurement inscrite à chaque carnet et s'y ajoute en augmentation du capital.

ART. 5. — Le but de l'institution étant d'assurer un capital à ceux qui, par de longs services, auront contribué au développement et à la prospérité de la Maison, il est expressément entendu que les sommes inscrites aux carnets individuels ne deviennent la propriété du titulaire qu'après que celui-ci aura été employé dans la Maison pendant vingt années consécutives.

ART. 6. — Lorsqu'un employé a complété sa vingtième année de service, ou, à défaut, sa soixante-cinquième année d'âge, son droit aux sommes inscrites au carnet est définitivement acquis, et il peut s'en faire délivrer le montant à telle époque qu'il lui convient, tout en continuant, aussi longtemps qu'il reste attaché à la Maison, à jouir intégralement du bénéfice de l'article 3.

M. G. Masson se réserve un délai de trois mois, à partir du jour où la demande lui en est faite, pour le remboursement des sommes résultant de la liquidation d'un carnet.

ART. 7. — En cas de décès d'un employé en activité de service, laissant après lui une veuve, des enfants légitimes, des petits-enfants ou des ascendants, les sommes portées à son compte au 30 juin qui a précédé son décès sont remises, quelle que soit la durée de ses services, en un ou plusieurs paiements, soit à sa veuve, soit à ses enfants ou petits-enfants, soit enfin aux ascendants, de la manière, aux époques et dans les proportions qui sont déterminées par M. G. Masson.

ART. 8. — Dans le cas de liquidation de la Maison ou dans le cas où le successeur de M. G. Masson n'entendrait pas continuer l'institution de la Caisse de participation et de prévoyance, dans le cas enfin où des employés seraient congédiés sans aucun motif de mécontentement, par mesure de réduction de personnel ou de suppression d'emploi, les comptes seront immédiatement liquidés et le montant de la somme inscrite à chaque compte individuel sera mis à la disposition des intéressés en argent comptant et pour solde, quel que soit le nombre de leurs années de présence.

ART. 9. — Hors le cas ci-dessus, l'employé démissionnaire ou congédié est déchu de tous droits aux sommes inscrites à son carnet.

Le montant en est réparti, au 30 juin qui suit sa sortie, entre tous les comptes participants, au prorata des sommes qui y sont déjà respectivement inscrites.

La même répartition a lieu en cas de décès d'un employé qui ne laisse ni veuve, ni descendants, ni ascendants.

Toutefois, si l'employé démissionnaire, congédié ou décédé, se trouve débiteur de la Maison, la somme figurant à son compte est d'abord employée jusqu'à due concurrence à combler le déficit ou à réparer les préjudices par lui causés.

M. G. Masson se réserve, en outre, la faculté d'apprécier la gravité des torts d'un employé et de lui remettre, en le congédiant, tout ou partie de la somme inscrite à son carnet, sans qu'il soit tenu de donner aucun motif de ses décisions (1).

ART. 10. — Tout employé dont le compte a été liquidé, sauf les cas prévus dans l'article 9, et qui porterait ses services dans une autre maison de librairie de Paris, ou qui fonderait à Paris un établissement de librairie, seul ou avec un associé, le tout sans autorisation de M. G. Masson, prend l'engagement d'honneur de rembourser, dans le délai d'un mois, toutes sommes et tous arrérages, lui ayant été comptés par suite de la liquidation de son carnet. Les sommes ainsi remboursées seraient versées dans la *Caisse de participation*, conformément aux termes du paragraphe 2 de l'article 9 ci-dessus.

---

(1) En 1878, le paragraphe suivant a été ajouté à cet article :

« Enfin, lorsqu'un employé quitte la Maison par suite d'un cas absolu de force majeure, et non pour s'établir ou rechercher une autre situation rétribuée, M. Masson se réserve également de lui remettre tout ou partie de la valeur de son carnet, après avoir pris l'avis d'un Conseil de famille spécialement institué à cet effet, et composé des sept membres les plus anciens de la participation. Les votes de ce Conseil ont lieu au scrutin secret. »

Art. 11. — La répartition entre les divers comptes individuels n'a lieu qu'une fois par an, après l'inventaire annuel du 30 juin.

L'attribution est de même, au point de vue du calcul des intérêts, toujours réputée faite au 30 juin, quoique le versement effectif n'ait lieu qu'après l'arrêté des comptes.

En conséquence, les comptes individuels qu'il y a lieu de liquider dans le courant de l'année sont toujours arrêtés au 30 juin précédent, sauf règlement des intérêts jusqu'au jour de la liquidation, et ne participent en rien soit aux résultats éventuels de l'année courante, soit au mouvement des employés pendant ladite année.

Art. 12. — Les employés de M. G. Masson ne peuvent prétendre à aucun droit quelconque en dehors des conditions déterminées par le présent règlement, qu'ils déclarent accepter et connaître par le seul fait de la remise du carnet portant leur nom et du récépissé qu'ils en donnent.

Dans tous les cas, les sommes à payer en exécution des présentes dispositions sont, d'avance, déclarées expressément accordées à titre de libéralité et pour aliments, et, comme telles, incessibles et insaisissables.

Art. 13. — M. G. Masson se réserve expressément et réserve à ses successeurs le droit absolu de modifier constamment le présent règlement, sans toutefois que ces modifications puissent avoir d'effet rétroactif.

Il se réserve, dans les mêmes termes, de liquider à toute époque la Caisse de participation, en versant à chacun immédiatement et en espèces le montant de son carnet tel qu'il existerait alors.

Art. 14. — Les dispositions du présent règlement, en ce qui concerne les attributions de la participation, sont applicables dans toute leur teneur à l'exercice 1873-1874.

---

## ANNEXE N° 14

### BANQUE DU CRÉDIT FONCIER DE PRUSSE

#### A Berlin.

Participation fondée en 1875. — Il est alloué aux traitements un tant pour cent égal au taux du dividende revenant aux actionnaires. — Les parts sont capitalisées sur comptes individuels. — Le participant a droit de disposer : du quart de son compte après cinq ans, de la moitié après dix ans, des trois quarts après quinze ans, de la totalité après vingt ans. — Les fonds sont employés en titres hypothécaires. — La déchéance s'exerce au profit de la masse. — Comité d'administration.

[Ce règlement est celui reproduit dans notre traduction de l'ouvrage de M. Victor Böhmert. Le 30 octobre 1886, la direction de la Banque du Crédit foncier de Prusse nous a informé que l'institution a toujours exactement rempli son but et qu'elle n'a pas subi de modifications.]

I. — En vertu des présents statuts, il est organisé à la banque du Crédit foncier de Prusse une caisse d'épargne et de secours pour tous les fonctionnaires et employés de cette banque, à l'exception des membres de la direction, des délégués du Conseil d'administration et du syndic.

II. — La caisse d'épargne et de secours a pour but de développer, dans la mesure du possible, le bien-être des fonctionnaires et employés qui se sont rendus dignes de la sollicitude de la banque par leur fidélité et leur zèle. Ce but sera rempli par les seuls moyens de la banque et non avec la participation financière du personnel. L'institution doit particulièrement offrir aux fonctionnaires et employés les moyens d'assurer eux-mêmes leur bien-être et celui de leur famille, par la constitution et l'accroissement progressif d'un capital, plutôt que de fournir des pensions viagères aux vieillards, aux veuves et aux orphelins. La banque, désirant d'ailleurs ne pas s'engager à fournir ses subventions pendant un temps indéfini, se désintéresse donc entièrement de la création des pensions, estimant qu'il faut laisser aux fonctionnaires et employés le soin de les organiser sous leur propre responsabilité, auprès des compagnies établies à cet effet.

III. — Il est mis immédiatement à la disposition de la caisse d'épargne et de secours, — au moyen de la somme de 81.000 marks consacrée à sa création, — les ressources nécessaires pour l'exécution des dispositions de l'article IV. Le surplus du capital de fondation formera un fonds de secours pour des cas extraordinaires, et l'administration en appartiendra au comité de la caisse d'épargne et de secours (art. XIX).

IV. — La part du capital de fondation qui, suivant l'article III, est attribuée à la caisse d'épargne et de secours, sera consacrée de la manière suivante aux buts de ladite caisse :

Le 1er janvier 1875, on ouvrira à chaque fonctionnaire ou employé qui, à cette date, se trouvera au service de la banque, un compte individuel. A ce compte seront immédiatement inscrites certaines sommes proportionnées au degré d'ancienneté du titulaire et au chiffre de son traitement (déduction faite des émoluments en nature).

L'échelle qui doit servir de base à la répartition du capital de fondation est ainsi établie :

| Époque de l'entrée en fonctions de l'employé. | Tant pour cent attribué aux traitements. |
|---|---|
| 1869 1er semestre | 60 |
| — 2e — | 55 |
| 1870 1er — | 50 |
| — 2e — | 45 |
| 1871 1er — | 40 |
| — 2e — | 35 |
| 1872 1er — | 30 |
| — 2e — | 25 |
| 1873 1er — | 20 |
| — 2e — | 15 |
| 1874 1er — | 10 |
| — 2e — | 5 |

V. — Les fonctionnaires et employés qui entreront au service de la banque postérieurement au 1er janvier 1875 n'auront leur compte ouvert à la caisse d'épargne et de secours qu'après six mois de service. C'est la direction qui ordonnera l'ouverture de ces comptes, et ceux-ci ne bénéficieront pas, comme les précédents, de l'inscription immédiate d'une certaine somme provenant du capital de fondation.

VI. — Les recettes de la caisse d'épargne et de secours sont ordinaires et extraordinaires; leur emploi est réglé par les articles xi et xvii.

VII. — A titre de recettes ordinaires, il est alloué annuellement à la caisse d'épargne et de secours un tant pour cent des traitements payés pendant l'exercice écoulé (déduction faite des émoluments en nature) égal au taux du dividende revenant aux actionnaires.

Toutefois le taux à attribuer aux traitements ne pourra dépasser 10. Lorsqu'un exercice ne rapportera pas de dividende il ne sera fait aucune attribution à la caisse d'épargne et de secours, à titre de revenu ordinaire.

VIII. — Les recettes ordinaires sont réparties comme suit entre les comptes ouverts à ladite caisse.

Aussitôt que le dividende pour l'exercice écoulé est déterminé, on inscrit à chaque compte un tant pour cent des traitements égal aux taux du dividende revenant aux actionnaires. Ces inscriptions sont datées du 1er janvier du nouvel exercice.

IX. — Les recettes extraordinaires de la caisse d'épargne et de secours dépendent de circonstances imprévues, comme il est indiqué aux articles xii, xiii, xvi et xviii.

X. — Les sommes inscrites aux comptes d'épargne sont placées en titres hypothécaires de la banque et rapporteront 5 $^0/_0$ d'intérêt. A l'expiration de chaque exercice, les comptes sont crédités de cet intérêt.

XI. — Les titulaires des comptes n'entrent que sous certaines conditions dans la jouissance partielle ou totale des sommes inscrites à leur crédit.

Ainsi, celui qui a servi la banque sans interruption et d'une manière irréprochable pendant cinq années a acquis le droit de disposer du quart de son avoir tel que le compte le fait ressortir au 1er janvier de la sixième année; celui qui a servi la banque dans les mêmes conditions pendant dix années consécutives, peut demander, au 1er janvier de la onzième année, la jouissance de la moitié des sommes inscrites à son compte. Après quinze ans de service, on obtient les trois quarts de l'avoir; la totalité est acquise au bout de la vingtième année.

Les participants peuvent aussi, s'ils le préfèrent, laisser à la caisse d'épargne et de secours les sommes dont ils ont le droit de disposer; dans ce cas celles-ci continuent à rapporter intérêt à 5 $^0/_0$ sous la forme de titres hypothécaires. Le droit d'en disposer n'en reste pas moins acquis (sauf dans les cas prévus à l'article xviii) et peut être revendiqué en tout temps.

Ce droit, toutefois, ne s'appliquera qu'à la situation du compte tel qu'il existait au 1er janvier de la sixième, de la onzième, de la seizième ou de la vingt et unième année, et non aux situations intermédiaires.

XII. — Lorsque le titulaire d'un compte meurt en laissant soit une femme et des enfants, soit seulement une femme, ou des enfants, ou des petits-enfants, tout son avoir est attribué immédiatement à sa veuve ou à ses descendants. Les parents à d'autres degrés n'ont droit au patrimoine du décédé que s'ils peuvent prouver que les appointements de celui-ci constituaient leurs seules ressources. La décision dans ce cas appartient au président de la caisse d'épargne et de secours (art. xix) et, en cas de réclamation, au conseil d'administration de la banque (art. xx). Lorsqu'un participant meurt sans laisser d'héritiers remplissant les conditions indiquées ci-dessus, son patrimoine est versé à la caisse sous forme de recette extraordinaire.

XIII. — Lorsque le titulaire devient impropre au travail pour des causes qu'on ne peut lui imputer, et qu'il est obligé de quitter le service de la banque, son compte est liquidé en sa faveur. Toutefois, l'incapacité absolue de travail doit être certifiée par un médecin et reconnue par le président de la caisse. Faute d'une pareille constatation, l'employé ne touche que la moitié du montant de son compte, l'autre moitié est versée, comme recette extraordinaire, à la caisse d'épargne et de secours.

XIV. — Lorsque le titulaire d'un compte est congédié pour des motifs dont il ne peut être rendu responsable, la totalité des sommes inscrites à son compte lui est payée au moment de son départ.

XV. — Lorsque le titulaire d'un compte est congédié pour des fautes lui incombant, la somme inscrite à son compte revient à la caisse d'épargne et de secours. Si, cependant, il avait acquis antérieurement le droit de disposer d'une partie de son avoir, cette partie ne peut lui être retenue.

XVI. — Lorsque le titulaire d'un compte quitte la banque de son propre gré, il renonce, par le fait de sa démission, au montant de son compte d'épargne et de secours, s'il n'a déjà acquis le droit d'en disposer.

XVII. — Toutes les sommes qui reviennent à la caisse d'épargne et de secours en vertu des dispositions des articles XII, XIII, XV et XVI constituent les recettes extraordinaires de cette caisse et sont réparties, à la clôture de chaque exercice, entre les comptes existants, au prorata des appointements des titulaires.

XVIII. — Les sommes inscrites aux comptes des participants étant une libéralité de la banque du Crédit foncier de Prusse, ne peuvent être ni saisies judiciairement, ni engagées ou aliénées par les titulaires. Toute infraction à cette disposition entraîne la déchéance immédiate au profit de la caisse d'épargne et de secours, qu'il existe ou non un droit acquis sur tout ou partie du capital (à l'exception, toutefois, des cas prévus dans ce règlement).

XIX. — La caisse d'épargne et de secours est administrée par un Comité comprenant : un membre du Conseil d'administration, les membres de la direction et deux participants. Le membre du Conseil d'administration est désigné par ce conseil; les deux titulaires de comptes sont élus par l'assemblée des participants et choisis parmi les fonctionnaires chargés de la procuration et les chefs de bureaux. La présidence du Comité appartient au membre du Conseil. Le Comité administre la caisse d'épargne et de secours conformément aux stipulations des statuts. Il est responsable de son administration vis-à-vis du Conseil de la banque et doit rendre compte de sa gestion au moins une fois par an.

XX. — Le Conseil de la banque constitue la plus haute instance pour toutes les affaires intéressant la caisse d'épargne et de secours. Aucun recours n'existe plus après que sa décision est prononcée.

XXI. — Le Conseil de la banque a le droit, en tout temps, de modifier les présents statuts ou d'en faire cesser l'effet, sans que, toutefois, les droits acquis puissent être mis en question. Il se réserve notamment la faculté de se concerter avec d'autres établissements de crédit, pour que les employés puissent passer d'une banque à l'autre sans s'exposer à la déchéance prévue à l'article XVI. Dans ce cas, en effet, les comptes de la caisse d'épargne et de secours de l'une des administrations sont entièrement reportés à celle de l'autre.

XXII. — La dissolution de la banque entraîne la dissolution de la caisse d'épargne et de secours. Dans ce cas les sommes inscrites aux comptes des participants sont remises aux titulaires dans la mesure indiquée par le présent règlement, et dès lors s'éteignent toutes les obligations de la caisse.

<hr />

## ANNEXE N° 15

### COMPAGNIE D'ASSURANCES « L'ABEILLE »

#### 57, rue Taitbout, à Paris.

Participation sans quantum déterminé, fondée en 1876. — Répartition au prorata des appointements. — Les parts sont tout entières capitalisées sur livrets individuels. — Les fonds sont employés en rentes sur l'Etat. — Le participant a le droit de disposer : du quart de son compte après cinq ans de services; de la moitié après dix ans; des trois quarts après quinze ans; de la totalité après vingt ans. — La déchéance s'exerce au profit de la masse.

ARTICLE PREMIER. — Les Caisses de prévoyance sont distinctes pour les quatre branches et administrées par le Conseil d'administration de chaque Compagnie.

ART. 2. — Elles sont alimentées :

1° Par les prélèvements fixés par les assemblées générales des actionnaires;

2° Par les revenus du placement des fonds de chacune de ces Caisses;

3° Par les prescriptions qui peuvent leur être acquises.

Toutes les sommes attribuées à l'une des Caisses de prévoyance lui appartiennent définitivement.

ART. 3. — Il sera ouvert sur le grand-livre de chacune des quatre Compagnies un compte courant à la Caisse de prévoyance qui la concerne.

ART. 4. — L'actif en sera réparti, à la fin de chaque exercice, entre tous les employés et inspecteurs de chaque Compagnie, et au marc le franc de leurs traitements fixes pendant l'année. Toutefois, les inspecteurs de la Compagnie sur la Vie ne prendront pas part à cette répartition.

Les capitaux appartenant à ces Caisses de prévoyance seront employés en rentes sur l'Etat, au porteur. Les titres en seront conservés, comme les autres valeurs desdites Compagnies, et seront soumis à la vérification annuelle des censeurs.

ART. 5. — Le Conseil d'administration est investi du pouvoir d'aliéner, par les soins du directeur de chaque Compagnie, tout ou partie des dits titres, pour le service de chacune de ces Caisses.

ART. 6. — Dans chaque Compagnie, sur un livre spécial, il sera ouvert à chaque employé un compte dans lequel il sera crédité annuellement de sa quote-part éventuelle dans le compte commun ; mais cette quote-part ne lui sera définitivement acquise que dans les conditions et proportions suivantes.

Art. 7. — Chaque employé aura droit de disposer des sommes portées à son compte, dans les limites ci-après, savoir :

D'un quart, après cinq ans de services ;

De moitié, après dix ans ;

Des trois quarts, après quinze ans ;

De la totalité, après vingt ans ;

étant entendu que les années de service pour tout employé commencent à courir du jour de son entrée dans l'une des Compagnies.

Remise de tout ou partie devra lui en être faite sur sa simple demande, pourvu qu'il ne s'agisse pas d'une somme inférieure au quart de celles dont il pourrait disposer. Dans ce dernier cas, une autorisation de l'administrateur serait nécessaire.

Art. 8. — Par dérogation à ce qui précède, tout employé qui quittera l'une des Compagnies pour cause d'incapacité de service dûment constatée et reconnnue par le Conseil d'administration, aura droit immédiatement à la totalité de la somme portée à son compte, son temps de service fût-il inférieur à cinq années.

Le même droit est acquis à la veuve et aux enfants de tout employé décédé dans l'exercice de ses fonctions.

Art. 9. — Si un employé vient à passer d'une des Compagnies *l'Abeille* dans l'une des trois autres, il conservera son compte à la première et continuera, pour la somme dont il y sera créditeur, à prendre part à la répartition du produit du placement des fonds, mais à celle-là seulement. Un autre compte lui sera ouvert à la caisse de la Compagnie où il entrera, comme pour tout employé venant du dehors. Le droit de disposer des sommes portées à son compte de prévoyance dans l'une et l'autre des Compagnies sera réglé conformément à l'article 7.

Art. 10. — Tout employé révoqué ou démissionnaire avant l'expiration de cinq années de service n'aura droit à rien. Après cinq ans, il aura droit à un prélèvement conforme aux stipulations de l'article 7. Le surplus ou la totalité, suivant le cas, des attributions provisoires portées au compte de ces employés fera retour à la masse pour être réparti entre tous, à la fin de chaque exercice, dans les conditions ci-dessus indiquées.

Art. 11. — Le Conseil d'administration de chaque Compagnie sera seul juge de toutes les questions et difficultés auxquelles l'application du présent règlement pourrait donner lieu.

Art. 12. — Lors de la liquidation de l'une des Compagnies, chaque employé touchera la somme entière inscrite à son compte, quel que soit le nombre de ses années de service.

## ANNEXE N° 16

### MAISON BESSELIÈVRE

#### Fabrique d'indiennes, à Maromme (Seine-Inférieure).

Participation aux bénéfices sans quantum déterminé, fondée en 1877. — Répartition au prorata des salaires. — La moitié est payée comptant, l'autre moitié est capitalisée sur livrets individuels. — Les fonds de prévoyance sont conservés en compte courant dans la maison. — Le participant a droit à la liquidation de son compte à l'âge de soixante ans ou après vingt ans de service. — Pas de clause de déchéance. — Comité consultatif.

ARTICLE PREMIER. — Afin de donner à ses collaborateurs une preuve d'affection, M. Besselièvre fils a décidé de leur abandonner, chaque année, une part du bénéfice net de son inventaire.

ART. 2. — M. Besselièvre se réserve de fixer chaque année, après la clôture de son inventaire, au 31 mai, la somme à distribuer aux participants; cette somme devant être répartie entre eux au prorata de leurs salaires de l'année écoulée.

ART. 3. — Sont mis au rang des participants tous les collaborateurs, hommes et femmes, qui sont âgés d'au moins vingt-cinq ans et qui auront travaillé depuis au moins cinq ans consécutifs dans les établissements actuellement exploités par M. Besselièvre.

ART. 4. — La somme revenant chaque année aux intéressés sera divisée en deux parts égales. La première moitié sera distribuée en espèces. La seconde moitié sera portée au livret de prévoyance distribué à chaque ayant droit. Les sommes portées au livret de prévoyance seront productives d'intérêt au taux de 4 $^0/_0$ l'an.

ART. 5. — Les sommes portées au livret de prévoyance ne seront remboursées aux ayants droit, avec leurs intérêts, que lors de la liquidation de chaque compte.

ART. 6. — La liquidation n'aura lieu que dans les cas suivants : Lors de la mort du titulaire ; — en cas de maladie incurable dûment constatée, le rendant incapable de tout travail ; — après vingt ans de travail consécutif dans la maison et quarante-cinq ans d'âge ; — si le titulaire a atteint l'âge de soixante ans. — Dans tous les cas, la liquidation n'a lieu qu'à l'expiration de l'année courante, c'est-à-dire après le 31 mai de chaque année.

ART. 7. — Après cette liquidation, si les titulaires travaillent encore dans la maison, les sommes totales leur revenant pour les années suivantes leur seront versées en espèces.

ART. 8. — Les sommes inscrites sur les livrets appartiendront, en toutes circonstances, aux titulaires, même à ceux qui quitteraient la maison avant la liquidation de leurs livrets.

ART. 9. — Les participants nommeront au suffrage six délégués choisis parmi eux, et qui, réunis aux six collaborateurs déjà intéressés dans les affaires de la maison, constitueront un Comité consultatif, sous la présidence de M. Besselièvre ou de son délégué.

ART. 10. — Le Comité consultatif aura principalement pour mission : 1° de présider chaque année à la distribution de la somme attribuée aux participants ; 2° de prononcer le renvoi des participants qui, pour une cause quelconque, devraient cesser d'appartenir à la maison ; 3° de dɔnner son avis sur tous les détails d'organisation que M. Besselièvre jugera bon de lui soumettre.

ART. 11. — M. Besselièvre se réserve de modifier et de reviser le présent règlement lorsqu'il en reconnaîtra la nécessité.

ART. 12. — En toute circonstance, M. Besselièvre pourra user du droit qui lui appartient de renoncer au système de la participation, notamment pour le cas où il cesserait d'exercer son industrie ou la transmettrait à un successeur. La question de la liquidation des livrets serait alors réglée par M. Besselièvre ou ses représentants.

---

## ANNEXE N° 17

### MAISON PIAT, FONDERIE ET ATELIERS DE CONSTRUCTION

#### 85, 87 et 94, rue Saint-Maur, à Paris.
#### Usine de la Magdeleine, à Soissons (Aisne).

Participation sans quantum déterminé, fondée en 1881. — Répartition au prorata des salaires. — La moitié est payée comptant ; l'autre moitié est versée à la Caisse nationale des retraites pour la vieillesse, à capital réservé ou aliéné. — Le participant entre en jouissance de la pension de retraite à l'âge de cinquante-cinq ans.

ARTICLE PREMIER. — A partir du 1er avril 1881, une part sur les bénéfices nets de l'année sera attribuée, à titre gratuit, à tout employé ou ouvrier qui aura cinq années de présence effective et consécutive à la maison et qui fait partie de la Société de secours mutuels.

Pour les débuts, pourront être admis à la participation les employés ou ouvriers qui ont plus de dix années (consécutives ou non) de présence à la maison.

La condition de faire partie actuellement de la Société de secours ne sera pas exigée des anciens employés ou ouvriers de la maison, que des raisons majeures ont empêchés, dans le temps, de faire partie de ladite Société.

Les employés ou ouvriers qui ont fait leur apprentissage dans la maison et y sont demeurés jusqu'au moment de leur appel sous les drapeaux, pourront être admis comme participants deux ans après la fin de leur service militaire, s'ils sont rentrés immédiatement dans la maison.

ART. 2. — En dehors des participants, remplissant les conditions ci-dessus énoncées, des gratifications pourront être accordées à tous ceux, en général, qui auraient rendu des services exceptionnels à la maison.

ART. 3. — Le taux de la participation aux bénéfices sera déterminé chaque année par M. Piat, après la clôture des écritures de l'inventaire, qui se fait tous les ans le 31 mars.

ART. 4. — Le montant de la part revenant à chaque participant sera obtenu en multipliant le chiffre des appointements ou du salaire par le taux ci-dessus désigné.

Pour les ouvriers, le salaire annuel sera le produit du prix de l'heure multiplié par 10 heures et par 300 jours de travail, soit que l'ouvrier travaille aux pièces ou à la journée.

*Exemple :* En admettant le taux fixé à 8 fr. 50 % du salaire pour un ouvrier gagnant 0 fr. 60 c. de l'heure, on trouverait :

$$0,60 \times 10 \times 300 = 1.800 \text{ francs} \times 8,50\,\%_0 = 153 \text{ francs.}$$

Art. 5. —. De la somme attribuée ainsi à chaque participant, il sera fait deux parts égales :

L'une lui sera remise, chaque année, en espèces, à une époque déterminée ;

L'autre sera versée d'office à la Caisse des retraites pour la vieillesse, et, comme le bénéficiaire le désirera, soit à *capital réservé*, c'est-à-dire le capital revenant à sa mort à sa femme ou à ses enfants ; soit à *capital perdu*, c'est-à-dire le capital faisant, à sa mort, retour à l'Etat.

*Nota.* — Dans ce dernier cas, la rente que l'on touche est beaucoup plus considérable, comme de juste.

Il reste entendu que tout participant pourra demander le versement à la Caisse des retraites de tout ou partie de la part à recevoir en espèces, afin de se créer une pension de retraite plus forte.

Art. 6. — L'entrée en jouissance de la pension de retraite est fixée à l'âge de cinquante-cinq ans.

Art. 7. — Il sera délivré à chaque participant un livret sur lequel seront indiquées toutes les sommes portées à son compte. Quant au livret remis par la Caisse des retraites, il restera entre les mains de M. Piat jusqu'à la liquidation de la pension.

Art. 8. — Tout ouvrier ou employé quittant la maison aura droit aux espèces qui lui seront dues au moment de son départ, ainsi qu'à son livret de Caisse des retraites, si ce départ a lieu dans des conditions normales et dont M. Piat reste seul juge ; dans le cas contraire, ses bénéfices de participant seront versés dans la caisse de la Société de secours. Son compte ne sera liquidé qu'après le 31 mars suivant.

Art. 9. — En cas de baisse dans les travaux, ou d'absence prolongée hors de la maison pour un motif valable, le participant qui voudra conserver ses droits à la participation devra demander à M. Piat une autorisation écrite d'absence.

A la reprise des travaux, il sera mis en demeure de rentrer par une lettre chargée ; s'il n'est pas rentré dans le délai d'un mois il sera réputé démissionnaire à dater du jour de sa sortie.

Art. 10. — Le titre de participant indiquant des conditions particulières de stabilité et d'attachement à l'établissement, aucun participant ne pourra être renvoyé définitivement sans une décision de M. Piat.

### DISPOSITIONS GÉNÉRALES

Art. 11. — Les sommes à payer en espèces et les sommes versées à la Caisse des retraites sont déclarées d'avance expressément de libéralité et pour alimentation et, comme telles, incessibles et insaisissables.

Art. 12. — Les modifications que l'expérience pourrait faire apporter au présent règlement ne produiront aucun effet rétroactif.

Art. 13. — Il est déclaré que M. Piat est seul juge de toutes les réclamations qui pourraient se produire relativement au présent règlement.

Art. 14. — M. Piat se réserve expressément la faculté de faire cesser les effets du présent règlement s'il n'avait pas lieu d'être satisfait de ses résultats. Dans ce cas, les bénéfices de la participation cesseraient à partir du jour où le règlement aurait été dénoncé par M. Piat, et les livrets de Caisse des retraites seraient remis à chacun pour solde.

Art. 15. — Il en serait de même, en cas de décès de M. Piat, si ses successeurs n'entendaient pas continuer la participation.

Art. 16. — Tout employé ou ouvrier admis à la participation en vertu du règlement qui précède, en accepte, *ipso facto*, toutes les clauses, ainsi que le règlement de la Caisse des retraites pour la vieillesse, tel que l'aura accepté M. Piat.

---

## ANNEXE N° 18

### MAISON MOUTIER, ENTREPRISE DE SERRURERIE

#### A Saint-Germain-en-Laye et au Vésinet.

Participation avec quantum déterminé, fondée en 1882. — Répartition au prorata des salaires. — Au-dessous de 100 francs, la part est versée à la Caisse nationale des retraites; au-dessus de 100 francs, la somme en excédent est payée en espèces; au-dessus de 200 francs, la moitié revient au livret de retraite, l'autre moitié est remise au participant. — L'inventaire est communiqué au participant qui en fait la demande écrite.

Article premier. — A partir du 1er avril 1882, le patron abandonne volontairement le quart de ses bénéfices de l'année en faveur des employés et ouvriers de sa maison admis à la Caisse des retraites.

Art. 2. — Un prélèvement de 10 % sera retiré avant la répartition pour constituer et alimenter une caisse de réserve.

Art. 3. — La répartition est faite proportionnellement aux appointements.

Art. 4. — La somme à répartir est le résultat de l'inventaire annuel dressé par les comptables. Cet inventaire sera communiqué à tous ceux qui en adresseront la demande écrite au patron.

Art. 5. — Toute répartition inférieure à 100 francs est versée intégralement sur le livret nominal de la Caisse de retraites pour la vieillesse.

Jusqu'à 200, la différence est remise à l'intéressé.

Toute répartition supérieure à 200 francs est divisée en deux parts, dont l'une reste à la disposition du participant et dont l'autre est portée sur son livret.

Art. 6. — La participation aux bénéfices est l'un des avantages offerts par le patron aux employés et ouvriers de sa maison. L'organisation, conçue et adoptée par le patron, est communiquée aux intéressés avant leur admission dans les ateliers. Aussi, le patron ne reconnaît à personne le droit de critiquer sa gestion; ceux qui ne l'approuveront pas étant libres de se retirer ou de ne pas entrer chez lui.

Art. 7. — La Caisse de réserve dont il est parlé à l'article 2 a pour but d'atténuer, dans les mauvaises années, une répartition nulle ou peu importante.

Art. 8. — Les fonds constituant cette Caisse seront, jusqu'à nouvel ordre, déposés à la Caisse d'épargne.

Art. 9. — La Caisse de réserve peut faire quelques petites avances aux employés et ouvriers pour les aider dans un moment difficile. Ces avances ne porteront pas intérêt et seront retenues par acomptes aux payes suivantes.

ART. 10. — Les dispositions ci-dessus sont valables, même en cas de décès du patron.

Afin de laisser à tout le monde son entière liberté, les modifications reconnues utiles ne pourront être introduites qu'après avoir été communiquées à la réunion générale.

---

## ANNEXE N° 19

### MAISON MOZET ET DELALONDE
#### Entreprise de Maçonnerie, 65, rue d'Erlanger, à Paris.

Participation avec quantum déterminé, fondée en 1885. — Répartition au prorata des salaires. — La moitié est payée comptant, l'autre moitié est versée à la Caisse nationale des retraites. — Le participant entre en jouissance de sa pension de retraite à l'âge de soixante ans. — Contrôle facultatif des comptes par un arbitre expert. — Comité consultatif. — Pas de clause de déchéance.

ARTICLE PREMIER. — A partir du 1er mars 1885, MM. Mozet et Delalonde abandonnent volontairement un intérêt de participation sur les bénéfices nets de l'année, lequel sera attribué à tous les employés et ouvriers qui, à raison de leurs fonctions ou de leurs travaux, auront été désignés comme participant à ces bénéfices.

Cet intérêt de participation est fixé pour l'année 1885 à 10 % des bénéfices nets.

### Admission à la participation.

ART. 2. — Seront admis, dès à présent, comme participants, les employés et ouvriers dont les noms figurent sur la liste arrêtée par MM. Mozet et Delalonde, et dont une copie sera remise à chacun des participants admis.

ART. 3. — Pour être admis à l'avenir comme participant, il faut avoir au moins deux années entières de présence dans la maison, faire une demande écrite aux patrons, joindre à cette demande une copie de son casier judiciaire, et être agréé par MM. Mozet et Delalonde après avis du comité consultatif, composé comme il est dit article 9.

Toutefois MM. Mozet et Delalonde se réservent le droit d'admettre comme participant, sans l'accomplissement de ces formalités, tout ouvrier ou employé qui leur paraîtrait mériter cette faveur.

### Répartition.

ART. 4. — La répartition de l'intérêt de participation sera faite entre les participants au prorata des sommes qu'ils auront touchées dans l'année, soit comme appointements fixes, soit comme salaires, et suivant les dispositions fixées à l'article 5.

Pour déterminer la part de chacun dans l'intérêt de participation, il ne sera pas tenu compte des gratifications ni des autres allocations variables.

### Remise des parts.

ART. 5. — De la somme attribuée à chaque participant il sera fait deux parts égales :

L'une lui sera remise chaque année après l'approbation des comptes de l'exercice, et à des époques déterminées par MM. Mozet et Delalonde; l'autre sera versée à son compte à la Caisse des retraites pour la vieillesse, à moins, pour les participants âgés de soixante ans et plus, de conventions particulières avec les patrons.

*Comptabilité.*

Les écritures et les inventaires seront la continuation de la comptabilité de M. Mozet.

Les fonds versés par lui et par M. Delalonde porteront intérêt à 5 % en compte courant par jour, lesquels seront portés au compte de Frais Généraux, ainsi que les allocations mensuelles des patrons, locations de bureaux et chantiers, dépréciation et usure du matériel, impositions, etc., etc.

*Contrôle des Comptes.*

ART. 7. — Pour garantir les droits des ouvriers et employés intéressés, et bien que la comptabilité soit tenue et établie de manière à fixer régulièrement les parts, il pourra être procédé, sur la demande des participants, et par eux au scrutin secret et à la majorité des voix, à la nomination d'un arbitre-expert, accrédité près le Tribunal de commerce, qui sera chargé du contrôle des comptes avec le comptable et les patrons.

Le rapport dressé par l'arbitre aura pour objet de constater si les écritures ont été régulièrement tenues et si la participation de 10 % dans les bénéfices nets de l'inventaire a bien été appliquée au personnel participant suivant le présent règlement.

Les honoraires à allouer à cet arbitre seront prélevés sur la participation avant la répartition aux ayants droit.

*Comité consultatif.*

ART. 8. — Un Comité consultatif et de surveillance est institué pour seconder MM. Mozet et Delalonde dans l'exécution des prescriptions relatives à la participation et à l'admission des nouveaux participants qui en feront la demande comme il est dit article 3.

*Composition du Comité.*

ART. 9. — Ce Comité se compose de 7 membres, savoir :

MM. Mozet, président;
    Delalonde, vice-président;

Deux chefs de chantier et trois ouvriers choisis parmi les plus anciens. Sont désignés pour faire partie de ce Comité :

MM. Lapin, appareilleur, à Reims.
    Amédée Scelles, appareilleur, à Pierrefonds.
    Deberle, tailleur de pierre,   à Paris.
    Simon,    —      —    à Laon.
    Lecot,    —      —    à Pierrefonds.

En cas de départ d'un ou plusieurs des membres de ce Comité, ils seront remplacés par des chefs de chantier ou ouvriers désignés par MM. Mozet et Delalonde et choisis également parmi les plus anciens, de manière que le Comité compte toujours deux chefs de chantier et trois ouvriers.

21

En raison de la difficulté de réunir les membres du Comité par suite de l'éloignement des divers chantiers, les avis et décisions du Comité consultatif pourront être pris par correspondance.

### Stabilité des participants.

ART. 10. — Le titre de participant impliquant des conditions particulières de stabilité et d'attachement à la maison, aucun participant ne pourra être renvoyé définitivement sans une décision prise, soit par M. Mozet, soit par M. Delalonde.

Tout employé ou ouvrier qui quittera la maison ou en sera renvoyé perdra pour l'avenir ses droits à la participation.

### Gestion des patrons.

ART. 11. — La participation aux bénéfices est une libéralité volontairement offerte par les patrons aux employés et ouvriers de leur maison. Aussi, MM. Mozet et Delalonde ne reconnaissent à personne le droit de critiquer leur gestion ; ceux qui ne l'approuveront pas étant libres de se retirer ou de ne pas travailler pour eux.

ART. 12. — La répartition annuelle a lieu d'après les comptes de la maison arrêtés à la clôture de l'exercice (fin février) sans que les participants aient le droit de s'immiscer en rien dans les écritures qui, du reste, peuvent être contrôlées conformément à l'article 7.

### Répartitions insaisissables.

ART. 13. — Les sommes revenant aux participants par suite du présent règlement sont d'avance déclarées *expressément attribuées à titre de libéralité et pour alimentation*, et comme telles *incessibles* et *insaisissables*.

### Modifications au règlement.

ART. 14. — Les modifications que l'expérience pourrait faire apporter au présent règlement ne produiront aucun effet rétroactif.

### Cessation du règlement.

ART. 15. — MM. Mozet et Delalonde se réservent expressément le droit de faire cesser les effets du présent règlement, fin de chaque exercice.

### Réclamations.

ART. 16. — MM. Mozet et Delalonde sont seuls juges de toutes les réclamations qui pourraient se produire relativement au présent règlement.

Ils pourront toutefois consulter le Comité consultatif.

ANNEXE N° 20

### IMPRIMERIE THOMAS BUSHILL ET FILS

#### A Coventry (Angleterre).

Participation avec quantum tenu secret, fondée en 1888.— Répartition au prorata des salaires. — La moitié est payée comptant, l'autre moitié est capitalisée sur livrets individuels. — Les fonds restent en compte courant dans la
maison, mais avec hypothèque certifiée chaque année par un comptable-juré.
— Le participant a droit à la liquidation de son compte à l'âge de soixante-
cinq ans ou après vingt-cinq ans de service. — Pas de clause de déchéance. —
Comité consultatif.

ARTICLE PREMIER. — *Méthode adoptée.*—A partir du 1er septembre 1888,
l'excédent restant libre après prélèvement de la somme fixée par la
Société pour la constitution à son profit d'un premier bénéfice (conformément à l'article 2 ci-après, relatif à la portion réservée *(Reserved
Limit)*, sera divisé en deux parties égales : l'une reviendra (de plein
droit, mais à titre gracieux) comme *bonis* aux employés; l'autre sera
retenue par la Société.

ART. 2. — *Portion réservée.* — Le chiffre de la portion réservée *(Reserved Limit)* a été communiqué confidentiellement à M. Charles J.
Angus, 43, Finsbury circus, à Londres E C, comptable juré (ou arbitre-
expert) ; il ne sera pas modifié pendant les trois premières années de
l'application du projet. Cette « portion réservée » pourra ensuite être
augmentée ou diminuée par la Société, mais le changement n'aura
d'effet sur la distribution des bénéfices de l'année financière en cours
que s'il a été opéré en septembre. Tout changement sera annoncé au
personnel avec des indications suffisantes pour lui permettre de se rendre
compte jusqu'à quel point une pareille modification aurait affecté la dernière répartition, si elle avait été alors en vigueur.

ART. 3. — *Certificat du comptable-juré ou arbitre-expert.* — L'excédent
(s'il y en a), qui formera la somme à distribuer, sera certifié chaque
année par un comptable-juré *(Chartered Accountant)* et son chiffre sera
communiqué au personnel.

ART. 4. — *Conditions requises pour être admis à participer.* — Ne sont
appelés à participer dans les bénéfices d'une année financière que les
employés qui, au commencement de cette même année, c'est-à-dire au
1er septembre, étaient membres du *Sick Club* (Société de secours mutuels
pour les malades) et qui ont fourni à cet égard au caissier de la maison les
justifications suffisantes. Tout ouvrier ou employé doit justifier de son
âge exact avant d'être admis à participer.

ART. 5. — *Durée de l'institution.* — Le régime restera en vigueur jusqu'à ce que la Société ait informé les employés qu'elle y met un terme.
Toutefois, si l'avis n'est pas donné dès le mois de septembre, la cessation ne prendrait son effet qu'à la fin de l'année financière en cours.

ART. 6. — *Mode de distribution.* — La part de bénéfices attribuée au
personnel sur les résultats de chaque année financière doit être distribuée aux participants proportionnellement à leurs traitements ou salaires
existant au commencement de cette même année comptés par semaines

entières, et en excluant les primes, heures supplémentaires et autres
rétributions variables. Pour l'employé travaillant aux pièces, on arrivera à déterminer ce salaire pour une semaine (sous les restrictions sus-
indiquées) en prenant la moyenne des salaires gagnés par lui pendant le
dernier mois du précédent exercice. Au moment de la répartition, la
Société aura la faculté de porter en bloc au crédit de la participation de
l'année suivante toute somme qui rapporterait aux participants des
parts individuelles inférieures au montant du salaire d'une semaine
calculé comme il est dit ci-dessus.

Art. 7. — *Répartition du bonus.* — La part de chaque employé, appelée désormais *bonus*, sera divisée en deux parties égales : l'une lui sera
versée par la caisse, à la dernière paye précédant Noël; l'autre sera
portée à son crédit, sur les livres de la Société, pour constituer un *fonds
de prévoyance* à son profit. Il lui sera délivré un livret contenant le
compte de son fonds de prévoyance.

Art. 8. — *Répartition des balances du Sick Fund.* — A la fin de 1889
et de chacune des années suivantes, aussi longtemps que ce régime sera
en vigueur, chaque participant ajoutera à son fonds de prévoyance la part
lui revenant de l'excédent (s'il y en a) du « *Sick Fund* » (caisse des
malades). Toutefois, dans les années où le *bonus* ne produirait pas une
somme égale à l'excédent du *Sick Fund*, chaque participant pourra, sur
sa demande, recevoir cet excédent en espèces.

Art. 9. — *Départ des employés.* — L'employé qui cesse ses fonctions,
pour quelque motif que ce soit, perd tout droit au « bonus » pour l'année
financière en cours au moment de son départ. Les sommes ainsi per-
dues ne font pas retour à la Société, mais vont en entier augmenter la
part des autres employés.

Art. 10. — *Clause conditionnelle en cas de préjudice ou de détournement.*
— L'employé révoqué pour des faits ayant causé une perte ou un dom-
mage à la Société, ou celui qui, au moment de son départ, est débiteur
envers elle, ne touche son fonds de prévoyance qu'après déduction du
montant de la perte qu'il a causée ou de la somme dont il est rede-
vable. S'il est coupable de détournement ou d'infidélité, son fonds de
prévoyance est entièrement et absolument retenu au profit de la Société.

Art. 11. — *Liquidation du fonds de prévoyance.* — Sauf les réserves
faites ci-après, aucun employé n'aura le droit de retirer une partie de
son fonds de prévoyance aussi longtemps qu'il sera au service de la
Société.

Art. 12. — *Retrait en cas de départ.* — L'employé dont le service aura
cessé recevra, sous la réserve faite à l'article 10, le montant de son carnet de prévoyance. Toutefois, le paiement n'aura lieu que le 31 décembre suivant, excepté dans les cas prévus par les articles 14, 15 et 16.

Art. 13. — *Retrait à soixante-cinq ans d'âge ou après vingt-cinq années de
service.* — Lorsqu'il aura atteint soixante-cinq ans d'âge ou accompli vingt-
cinq années de services consécutifs, l'employé peut, le 31 décembre suivant, encaisser le montant de son fonds de prévoyance. Dans le décompte
des vingt-cinq ans, on ne doit comprendre que les années passées au service de la Société ou de ses prédécesseurs (quelle que soit l'époque de
l'entrée en fonctions) depuis le 1er janvier 1880, à l'exclusion des années
de services accomplies avant l'âge de vingt et un ans. L'employé dont le

fonds de prévoyance aura été ainsi liquidé et qui continuera néanmoins ses services dans la Société participera aux « bonus » à venir et restera soumis aux présents statuts.

ART. 14. — *Retrait en cas de mariage.* — La femme qui quitte le service de la Société pour se marier peut réclamer le paiement immédiat de son fonds de prévoyance.

ART. 15. — *Retrait en cas de décès.* — En cas de décès de l'employé, ses héritiers ou ayants droit peuvent se faire payer immédiatement le montant de son fonds de prévoyance.

ART. 16. — *Retrait en cas d'infirmité.* — Un employé reconnu par la Société et le Comité consultatif (formé conformément à l'article 21) définitivement incapable de travailler pourra se faire rembourser immédiatement son carnet.

ART. 17. — *Réclamations par écrit.* — Dans tous les cas de paiements demandés par un employé ou par toute autre personne, la demande devra être faite par écrit et remise au caissier de la Société.

ART. 18. — *Cessation du Régime.* — Si la Société mettait fin à l'institution, les fonds de prévoyance de tous les employés leur seraient remboursés le 31 décembre qui suivrait la date de la cessation.

ART. 19. — *Intérêts sur le Fonds de Prévoyance.* — Aussi longtemps qu'il restera entre les mains de la Société, le fonds de prévoyance de chaque employé sera crédité d'un intérêt de 4 % par an ; mais aucun intérêt ne sera alloué pour une fraction d'année. La Société peut, si elle le juge opportun, déposer le fonds de prévoyance d'un employé ou partie de ce fonds dans une Caisse d'épargne; la somme déposée sera alors créditée des intérêts, tels qu'ils sont servis par ladite Caisse.

ART. 20. — *Garanties pour les Fonds de Prévoyance.* — La Société donnera hypothèque sur une propriété de bonne valeur pour toutes les sommes appartenant au fonds de prévoyance des employés, ou pour celles qui pourraient rester entre ses mains. La suffisance de cette hypothèque sera certifiée chaque année par un comptable-juré.

ART. 21. — *Comité consultatif.* — Le Comité du *Sick Club* formera un Comité consultatif chargé d'examiner avec la Société toutes les questions qui intéresseront l'employé ou qui concerneront l'application des statuts ; mais la décision définitive de toute question appartient à la Société.

ART. 22. — *Ces statuts ne confèrent pas les droits attachés à une Société.* — Les employés n'auront, ni individuellement ni collectivement, les droits ni les responsabilités des associés ; ils ne pourront en aucune façon s'immiscer dans la direction des affaires ou dans la tenue des livres ou des comptes de la Société.

ART. 23. — *Communications au personnel.* — Les avis ou communications qu'il y aura lieu de faire au personnel sont considérés comme donnés ou faits effectivement, s'ils sont transmis par écrit au Comité du *Sick Club.*

ART. 24. — *Modifications aux statuts.* — Les changements ou modifications aux présents statuts, que l'expérience suggérera, pourront être apportés par la Société; mais, à moins qu'ils n'aient lieu en septembre, ils n'entreront en vigueur qu'à la fin de l'année financière en cours. Ils ne pourront, au moment où ils seront faits, exercer d'effet rétroactif sur le fonds de prévoyance de l'employé. Avis de tout changement de cette nature sera donné conformément à l'article 23.

ART. 25. — *Définitions.* — Dans ces statuts, à moins d'indication contraire dans l'objet ou le texte :

Les mots désignant le *Personnel hommes* s'appliquent aussi aux femmes;

Le mot *Firme* (Société) comprend les membres actuels qui dirigent la manufacture et aussi le ou les personnes qui pourront leur succéder aux affaires, soit que cette personne ou ces personnes fassent actuellement partie de la Société, ou qu'une ou plusieurs d'entre elles s'adjoignent une ou plusieurs autres personnes, ou enfin que la *Firme* passe en d'autres mains;

Le mot *Affaires* désigne les affaires de la Société, quels que soient les changements qui pourront survenir dans la nature ou les branches de l'industrie et les lieux où elle est exploitée;

Le *Sick Club* (Société de secours) est le « Cow Lane Steam Works Sick Club » et le Comité du « Sick Club » est le Comité formé pour la durée dudit « Club »;

Les mots *Année Financière* désignent l'année allant du 1er septembre au 1er septembre;

Le mot *Projet* ou *Régime (Scheme)* comprend tous les rapports établis ou à établir entre la Société et les employés, conformément aux présents statuts;

Les mots *Services consécutifs*, comme aussi toute autre expression analogue, signifient (nonobstant les absences temporaires) toute la période durant laquelle les relations du patron et de l'employé subsistent virtuellement, et pendant laquelle il n'y a pas de renvoi.

Les mots *Fonds de Prévoyance* comprennent aussi les augmentations qui y sont apportées par les intérêts et les balances du « Sick Fund ».

---

CONTROLE DES COMPTES. — DÉCLARATION DU *CHARTERED ACCOUNTANT.*

Extrait du rapport de M. Charles ROBERT sur la section II du Groupe de l'Économie sociale de l'Exposition universelle de 1889.)

Dans l'Assemblée générale des participants réunis le 20 septembre 1890, le comptable public, chargé de vérifier les comptes, a fait la déclaration suivante :

43, Finsbury Circus, Londres, 18 septembre 1890.

« J'ai examiné la balance des écritures et le compte des profits et pertes de MM. T. Bushill et fils, de Coventry, pour l'année prenant fin le 31 août 1890 et aussi la feuille des salaires d'août 1889, et je certifie qu'en exécution du règlement de la participation et du fonds de prévoyance *(Bonus and Provident fund scheme)*, le produit de la participation (y compris l'excédent non distribué de l'an dernier) permet d'attribuer à chaque participant une somme égale à *six semaines de son salaire*, dont le tiers sera payable en octobre et les deux autres tiers portés à son crédit au fonds de prévoyance. Le surplus, non distribué, égal à environ cinq jours de salaires, est porté au compte de réserve des ouvriers, conformément à l'article 7 des statuts.

» Signé : J. ANGUS, *Chartered accountant.* »

Cette communication a été saluée par de vifs applaudissements.

ANNEXE N° 21

## SOCIÉTÉ ANONYME DE TISSUS DE LAINE DES VOSGES

### Au Thillot et à Trougemont.

Participation avec quantum déterminé, fondée en 1870. — Jusqu'en 1889, elle alimente un fonds collectif de gratifications et d'institutions de prévoyance ; depuis, une partie indéterminée du prélèvement annuel est répartie d'après un classement annuel basé sur la production, l'ancienneté et l'assiduité, les institutions de prévoyance étant néanmoins maintenues. — La moitié des parts est payée comptant, l'autre moitié capitalisée sur livrets individuels. — Les fonds restent en compte courant dans la maison. — Le participant a droit à la liquidation de son compte à l'âge de soixante ans ou après vingt ans de service. — La déchéance s'exerce au profit de la caisse des retraites de l'établissement. — Comité consultatif.

RÈGLEMENT DE LA PARTICIPATION INDIVIDUELLE FONDÉE EN 1889

ARTICLE PREMIER. — Cet intérêt de participation sera fixé chaque année par le Conseil d'administration de la Société et il sera déjà appliqué pour l'exercice 1888-89, clôturé au 30 juin dernier.

ART. 2. — Pour être admis participant, il faut avoir au moins trois années consécutives de séjour dans la maison et, en dehors des participants, des aspirants participants pourront, d'après leurs services, être appelés à profiter d'une partie des avantages de la participation.

ART. 3. — La répartition sera faite entre les participants d'après un classement annuel établi en tenant compte de la production, du nombre d'années de présence, du zèle et de l'assiduité au travail. La part annuelle sera déterminée par le Conseil d'administration de la Société, ainsi qu'il est dit plus haut.

ART. 4. — De la somme attribuée à chaque participant il sera fait deux parts égales : l'une lui sera remise en espèces chaque année à des époques déterminées après l'approbation des comptes par l'Assemblée générale des actionnaires; l'autre part sera portée à son compte de prévoyance sur un carnet spécial et personnel, où les intérêts seront ajoutés annuellement à raison de 5 %.

ART. 5. — Le montant de ce compte de prévoyance ne pourra être versé aux titulaires qu'après vingt années au moins de présence consécutive dans la maison ou après qu'ils auront atteint la soixantième année d'âge.

ART. 6. — Le participant ayant complété sa vingtième année de service ou, à défaut, sa soixantième année d'âge, peut également, tout en restant dans la maison, demander la liquidation de son compte. Dès ce moment un nouveau compte lui sera ouvert. La liquidation de ce nouveau compte ne pourra avoir lieu avant que le participant soit sorti de la maison.

ART. 7. — Pour déterminer le temps de présence, il sera tenu compte des années de présence non interrompue depuis la fondation des usines, c'est-à-dire : au Thillot, depuis fin octobre 1869; à Trougemont, depuis fin juin 1871.

ART. 8. — Le service militaire de trois années d'un participant lui sera compté comme temps de présence.

ART. 9. — Si le participant venait à quitter la maison soit volontairement, soit qu'il ait été congédié pour avoir enfreint les règlements des usines, il serait déchu de son compte dont le montant sera versé à la caisse de retraite.

ART. 10. — Si le participant vient à décéder en activité de service, la liquidation de son compte sera remise à ses ayants droit, en un ou plusieurs paiements, de la manière, aux époques et dans les proportions déterminées par le Comité de surveillance.

ART. 11. — Au participant atteint d'infirmités constatées entraînant une incapacité de travail, la remise de tout ou partie de la somme inscrite à son compte lui serait faite, sur l'avis du Comité de surveillance, au fur et à mesure de ses besoins.

ART. 12. — En cas de réduction dans la production, ou de sortie non définitive de la maison, ou d'absence plausible, le participant conservera ses droits, mais sous condition formelle qu'il devra se rendre au premier appel qui lui sera fait de revenir.

ART. 13. — Le compte de prévoyance ne peut être cédé et est insaisissable.

ART. 14. — Le Comité se compose des membres du bureau de la Caisse de secours et d'autant de membres choisis par le chef de l'affaire qui déterminera le nombre et l'époque des réunions.

ART. 15. — De même que pour la Caisse de secours, aucune disposition ne peut être prise sans la ratification du chef de l'affaire ou de son fondé de pouvoirs.

ART. 16. — Un carnet spécial, sur lequel seront portées toutes les sommes de participation, ainsi que les intérêts à 5 %, sera remis à chaque participant.

ART. 17. — La répartition annuelle a lieu d'après les comptes approuvés par les actionnaires de la maison, sans que les participants aient le droit de s'immiscer en rien dans les écritures.

ART. 18. — Le personnel sortant d'un établissement où existerait une institution analogue, et dans lequel il serait membre participant, sera admis de droit aspirant participant et pourra devenir très rapidement participant.

ART. 19. — Le chef de l'affaire ou son fondé de pouvoirs est seul juge de toutes les réclamations qui pourraient se produire, tant pour le présent règlement, que pour tout ce qui concerne les répartitions et les liquidations.

ART. 20. — Les modifications que l'expérience pourrait faire apporter au présent règlement ne produiront aucun effet rétroactif.

ART. 21. — Le chef de l'affaire se réserve la faculté de faire cesser les effets du présent règlement s'il n'avait pas lieu d'être satisfait de ses résultats.

ART. 22. — L'acceptation par le participant du premier versement qui sera effectué par la Société sera considéré comme un acte d'adhésion sans réserve à toutes les clauses du présent règlement, et comme une renonciation formelle et indéfinie à toute réclamation ou demande de contrôle des comptes et d'ingérence quelconque dans les écritures (conformément à l'article 54 de la loi du 7 juin 1889).

## ANNEXE N° 22

### MAISON ÉDOUARD LECLERC

FABRIQUE DE LITS ET MEUBLES EN FER

**Usine de La Noue à Saint-Dizier (Haute-Marne) .**
**Maison à Paris, 86, rue Saint-Maur.**

Participation fondée en 1892. — Le partage des bénéfices entre le capital et le travail a lieu proportionnellement au chiffre du capital d'exploitation et au total des salaires. — La part du travail est distribuée au prorata des salaires et du nombre d'années de services combiné avec l'importance des fonctions. — La moitié de chaque part individuelle est payée comptant, l'autre moitié est versée à la Caisse nationale des retraites, à capital réservé ou aliéné. — Les participants ont accès au capital de l'entreprise au moyen d'actions d'épargne de 100 francs mises à leur disposition. — Une commission ouvrière est appelée à entendre et à discuter le bilan et constitue un comité consultatif.

#### RÈGLEMENT DE LA PARTICIPATION

I. — CONDITIONS REQUISES. — A partir du 1er juillet 1892, une part sur les bénéfices *nets* (A)[1] de l'année sera attribuée, à titre gratuit, à tout travailleur, employé ou ouvrier, qui comptera au moins dix-huit ans d'âge et trois années de présence effective et consécutive à l'usine (B).

II. — Tout participant est d'office inscrit à l'Assurance contre les accidents, avec laquelle l'usine a contracté, et à la Société de secours mutuels de Saint-Dizier. Son livret reste déposé aux bureaux de l'usine.

Le montant des primes et cotisations déboursées pour lui est retenu, en fin d'exercice, sur la part de bénéfices lui revenant.

III. — TAUX DE LA PARTICIPATION. — Le taux de la part de bénéfices accordée au travail sera déterminé chaque année par M. Leclerc, après la clôture des écritures de l'inventaire au 30 juin, d'après la proportion du montant des appointements et salaires de l'exercice au montant du capital d'exploitation (C).

IV. — RÉPARTITION. — De la part de bénéfices accordée chaque année au travail, il sera distrait avant tout autre prélèvement :

1° Cinq pour cent (5 %) à la disposition de M. Leclerc, pour être distribués par lui en primes, gratifications, secours extraordinaires, etc.;

2° Cinq pour cent (5 %) pour alimenter une Caisse de secours destinée à venir en aide au personnel, en cas de maladie (D);

3° Dix pour cent (10 %) pour créer, à concurrence de 20.000 francs, une Caisse spéciale de réserves contre les pertes, qui restera toujours la propriété des participants.

L'excédent, c'est-à-dire 80 %, sera réparti entre les participants de la façon indiquée dans les *Dispositions complémentaires* (E).

V. — EMPLOI ET MODE DE PAIEMENT DES BÉNÉFICES ATTRIBUÉS AU TRAVAIL. — De la somme de bénéfices attribuée à chaque participant, il sera fait deux parts égales :

(1) Pour les renvois, se reporter aux *Dispositions complémentaires et explicatives*, page 331.

L'une lui sera remise chaque année en espèces, à une époque déterminée ;

L'autre sera versée d'office à la Caisse des retraites pour la vieillesse, et comme le bénéficiaire le désirera, soit à capital *réservé*, soit à capital *perdu* (F).

Les sommes à payer ainsi en espèces, comme celles versées à la Caisse des retraites, sont déclarées d'avance expressément de libéralité et pour alimentation et, comme telles, *incessibles et insaisissables.*

VI. — ACCESSION DU TRAVAIL AU CAPITAL. — En vue d'encourager l'épargne et de stimuler le zèle des travailleurs, et pour préparer graduellement l'association coopérative dans son usine, M. Leclerc prend les dispositions suivantes :

Le capital d'exploitation étant fictivement divisé en parts de 100 francs, 1.500 de ces parts, sous le nom d'*Actions d'épargne*, sont mises à la disposition des participants qui désireront y consacrer leur part de bénéfices payable en espèces, sans qu'un même ouvrier puisse en posséder plus de 50 et un employé plus de 100.

Les participants auront la faculté de prélever sur leur salaire les sommes destinées à la Caisse de retraites et de disposer de leur part entière de bénéfices pour l'achat d'*Actions d'épargne.*

VII. — DES « ACTIONS D'ÉPARGNE ». — Elles participent, chacune pour sa valeur proportionnelle, à tous les intérêts et bénéfices réservés au capital, comme aussi à tous ses risques et pertes. Mais, de stipulation expresse, elles ne peuvent conférer à leur possesseur aucun droit d'immixtion dans la marche ou dans les affaires de l'usine, ni impliquer une association effective entre le patron et son personnel.

Elles sont expressément *inaliénables.*

VIII. — ADMINISTRATION. — L'administration de l'usine et de tous ses services reste tout entière aux mains et sous la direction de M. Leclerc, de ses délégués ou ayants droit.

IX. — COMMISSION OUVRIÈRE. — Toutefois, les ouvriers nommeront, chaque année, une commission de cinq membres choisis parmi les participants, à raison de deux pour la première catégorie et de un par chacune des trois dernières (1).

Cette « commission ouvrière » sera appelée, lors de la clôture de l'inventaire, à entendre et discuter le bilan et approuver la répartition des bénéfices. Elle se fera assister, si bon lui semble, d'un comptable-expert choisi par elle et agréé par le patron.

Elle pourra, en outre, être réunie et consultée par le patron, toutes les fois qu'il le jugera nécessaire, soit pour modifications au règlement ou au tarif des salaires, soit pour prix de façons à débattre (G); etc., etc.

X. — RÈGLEMENT. — Pour que l'affaire puisse produire tous ses résultats, il est indispensable que chacun y apporte tout son concours, tous ses moyens, et qu'une bonne discipline règne dans les ateliers.

A cet effet, il sera dressé par M. Leclerc, avec l'aide de la commission ouvrière, un règlement intérieur qui sera soumis à l'acceptation des ouvriers et à l'autorisation préfectorale et qui, dès lors, obligera tous les travailleurs de l'usine (H).

(1) Pour les catégories d'ouvriers, voir *Note E*, page 332.

Ce règlement sera imprimé et affiché dans les bureaux et ateliers.

XI. — Décès. — Au décès d'un participant, ses droits continuent jusqu'à la fin de l'exercice en cours, au profit de sa veuve — non divorcée ni séparée de corps et de biens, — de ses enfants ou petits-enfants, ou de ses ascendants.

S'il est propriétaire d'actions d'épargne, celles-ci seront remboursées par la maison à ses héritiers susindiqués, dans le délai d'un an, avec intérêts à 5 %.

Si le participant décédé ne laisse ni veuve — non divorcée ni séparée de corps et biens, — ni enfants ou petits-enfants, ni ascendants, tous ses droits et le capital de ses actions d'épargne font retour à la masse et sont portés au compte de réserves.

XII. — Déchéance. — Le participant démissionnaire, destitué ou rayé du personnel de l'usine (1) pour autres causes que celles de suppression d'emploi, manque de travail, infirmités, est déchu de tous droits sur l'exercice en cours, sur la Caisse de secours et sur celle de réserves. Seul, son livret de retraites lui est remis à sa sortie de l'usine.

S'il est possesseur d'Actions d'épargne, le montant de celles-ci lui sera remboursé en cinq annuités, avec intérêt à 3 %, mais elles cessent de porter droit, même pour l'exercice en cours, à partir du jour de la sortie du participant.

XIII. — Il est entendu que M. Leclerc reste seul juge de toutes les réclamations qui pourraient se produire relativement aux statuts, dispositions et règlement de la participation, après avoir entendu les réclamants et la commission ouvrière.

XIV. — M. Leclerc se réserve expressément la faculté de faire cesser les effets de la présente organisation s'il n'avait pas lieu d'être satisfait de ses résultats.

Dans ce cas, les effets de la participation cesseraient simultanément à sa dénonciation. Les livrets de la Caisse des retraites seraient remis à leurs bénéficiaires respectifs ainsi que ceux de la Société de secours mutuels, les « Actions d'épargne » remboursées aux porteurs avec les droits et intérêts y attachés, et enfin l'encaisse de la Caisse de secours et de celle des réserves distribué aux participants au prorata de leurs droits.

XV. — Il en serait de même en cas de retraite ou de décès de M. Leclerc, si ses successeurs n'entendaient pas continuer la participation.

XVI. — Tout employé admis à la participation en accepte, *ipso facto*, toutes les clauses.

Fait à Saint-Dizier, le 31 mars 1892.

DISPOSITIONS COMPLÉMENTAIRES ET EXPLICATIVES

**Note A.** — Les bénéfices *nets* comprennent les bénéfices *bruts*, déduction faite des frais généraux de toute nature, notamment :

Intérêt du capital à 6 % ;

Loyers de l'usine, des magasins et du gros matériel ;

Entretien des locaux et du matériel gros et petit ;

Agios et intérêts divers ;

Impôts de tous genres;

Assurances contre les incendies et contre les accidents ;

Frais de voyages, de publicité, de bureaux, d'administration et d'exploitation ;

Frais de gérance et émoluments attribués au gérant, M. Leclerc, en représentation de son travail personnel.

**Note B.** — Ne sont point considérés comme interruption de service :

La mise à pied temporaire pour infractions au règlement ;

Les absences autorisées par le patron, ni celles ayant pour cause la maladie ou des blessures;

Les absences imposées par les devoirs militaires, non plus que le licenciement temporaire pour cause de manque de travail, à la condition que le travailleur soit venu se mettre à la disposition du patron : dans le premier cas, aussitôt ses devoirs remplis; dans le second, dès qu'il aurait reçu du patron l'invitation de venir reprendre son service à l'usine.

**Note C.** — Si, d'après les inventaires, le montant du capital d'exploitation s'est élevé, dans l'exercice, par exemple, à 240.000 francs, et celui des appointements et salaires à 80.000 francs, c'est-à-dire dans la proportion de 3 à 1, le taux de la participation du personnel aux bénéfices sera de *un quart* des bénéfices nets. Si la proportion n'est que de 2 à 1, le taux de la participation sera élevé *au tiers* des bénéfices, etc.

*A supposer un bénéfice net de 26.250 francs et la proportion du capital aux salaires 2 à 1, le bénéfice net total de l'année sera ainsi réparti :*

Deux tiers au capital . . . . . Fr.  17.500

Un tiers au travail . . . . . . . .  8.750

ENSEMBLE. . . . . . Fr.  26.250

**Note D.** — La « Caisse de secours » créée par l'article 4 des statuts est indépendante de la Société de secours mutuels de Saint-Dizier, de laquelle tout participant doit faire partie, et qui, en dehors des soins du médecin et des médicaments, ne peut donner aux malades que des secours insuffisants.

**Note E.** — La répartition des bénéfices revenant au travail devant avoir équitablement pour base, non seulement l'ancienneté des services, mais aussi leur importance,

| | | |
|---|---|---|
| Le gérant ou patron | aura droit à 6 parts. | |
| Le directeur | — | 4 — |
| Le principal comptable | — | 2 — 1/2 |
| Le voyageur en titre | — | 2 — 1/2 |
| Les employés de bureaux | — | 2 — |
| Les contremaîtres | — | 2 — |

OUVRIERS :

| | | | |
|---|---|---|---|
| 1re catégorie : 20 ans de services ininterrompus | | | 2 parts. |
| 2e — 15 | — | — | 1 part 1/2 |
| 3e — 10 | — | — | 1 — 1/4 |
| 4e — 3 à 10 | — | — | 1 — |

Le montant total du nombre des parts attribuées à chaque catégorie d'ouvriers sera distribué entre ceux-ci au prorata de leurs salaires.

**Note F.** — Le livret de retraite de tout participant restera entre les mains de M. Leclerc jusqu'à la liquidation de la pension du bénéficiaire ou jusqu'à sortie de l'usine. Il en sera délivré un double sur carnet libre au bénéficiaire.

Il est bien entendu que, si une loi vient à établir un impôt sur le patron au profit des travailleurs en vue de leur constituer une retraite, la totalité de cet impôt sera prise sur la part de bénéfices accordée à ceux-ci.

**Note G.** — Les appointements des employés, contremaîtres, hommes au mois ou à la journée sont fixés par le patron.

Les salaires du « travail aux pièces » sont fixés par le tarif de main-d'œuvre en cours.

**Note H.** — Le règlement comportera :

1º Des « amendes » pour les divers cas d'infractions, de manquements et de fautes contre l'ordre et la discipline.

Le produit de ces amendes sera attribué à la Caisse de secours.

2u Des « retenues sur salaires » pour pertes ou bris d'outils ou de matières premières, malfaçons, dégradations et autres fautes de nature à porter un préjudice matériel à la communauté.

Le produit de ces retenues sera versé à la Caisse de réserves contre les pertes.

**Note I.** — Le titre de participant indiquant des conditions particulières de stabilité et d'attachement à l'établissement, aucun participant ne pourra être renvoyé définitivement sans une décision de M. Leclerc.

# RÉSOLUTIONS

votees

VOTÉES

## PAR LE CONGRÈS INTERNATIONAL DE LA PARTICIPATION

**Tenu en juillet 1889 au Cercle populaire de l'Esplanade des Invalides.**

Le Congrès international est d'avis :

I. Que la convention librement consentie, par laquelle l'ouvrier ou l'employé reçoit une part déterminée d'avance des bénéfices est conforme à l'équité et aux principes essentiels du droit positif.

II. Qu'en établissant la participation aux bénéfices, il importe d'assurer d'une manière quelconque, au besoin sur frais généraux, l'affectation des ressources nécessaires à des subventions relatives aux cas de maladie ou d'accident.

III. Que, dans les établissements qui occupent un nombreux personnel, et où diverses fabrications peuvent être considérées comme formant des entreprises distinctes et séparées, il peut être avantageux d'intéresser l'ouvrier non seulement à l'ensemble des bénéfices, mais encore aux profits particuliers de la branche où il travaille.

IV. Qu'en règle générale la participation aux bénéfices est hautement préférable à toute autre combinaison d'attribution de gain supplémentaire; mais que, si le système des primes ou sursalaires n'a pas, au point de vue des rapports du capital et du travail, la même influence morale que la participation, il peut constituer un premier acheminement vers ce système.

V. Que le contrôle des comptes par un arbitre-expert nommé chaque année en Assemblée générale par les participants pour l'année suivante donne toute sécurité aux participants comme au chef de la maison.

VI. Que la participation ne peut être organisée que là où il y a une comptabilité complète régulièrement tenue.

VII. Que l'organisation du travail avec la participation aux bénéfices constitue un élément d'instruction professionnelle et d'éducation économique pour tout le personnel qui est ainsi préparé à devenir successeur du patron soit sous la forme de commandite simple, soit comme association coopérative de production.

VIII. Que si le participant est admis à avoir une part au capital, il devient, par ce fait, un véritable associé, participant aux pertes comme aux bénéfices, ce qui prépare d'autant mieux l'avènement de la coopération proprement dite, dans laquelle tout propriétaire d'actions est en même temps ouvrier ou employé.

IX. Que, dans la mesure du possible, et sous les réserves commandées dans certains cas, il conviendra pour augmenter les garanties offertes aux bénéficiaires de la participation contractuelle d'adopter des règles déterminées pour la confection de l'inventaire.

X. Qu'il peut être juste et utile, dans la répartition des bénéfices, de créer des catégories soit d'après l'importance des fonctions des principaux employés, chefs de service ou contremaîtres, soit d'après l'ancienneté des services.

XI. Que tous les modes d'emploi du produit de la participation, soit en espèces, soit autrement, sont légitimes, comme résultant d'une libre convention; mais qu'il est sage, surtout au début, de consacrer à l'épargne une partie aussi forte que possible du surcroît de rémunération que la participation des bénéfices rapporte au personnel.

XII. Que la capitalisation sur livrets individuels, formant un patrimoine transmissible à la famille, est préférable aux rentes viagères.

XIII. Que la déchéance ne soit plus inscrite dans les conventions relatives à la participation. Le Congrès reconnaît toutefois que l'organisation d'une caisse de prévoyance ou de retraite peut comporter, dans l'intérêt même du personnel, l'application de cette déchéance, à la condition que son montant reste à la masse et que, pour éviter tout arbitraire, les cas de déchéance soient déterminés par le règlement.

XIV. Que la création d'une Caisse générale de dépôts indépendante des entreprises pour recevoir les épargnes collectives, lorsque les produits de la participation n'auront pas reçu une autre destination, est de nature à donner sécurité et confiance aux intéressés, et qu'elle est à la fois désirable pour le patron et pour les ouvriers.

XV. — Que les établissements où la répartition entre tous ne donnerait à chacun qu'une très faible somme, et où le personnel est stable, la participation collective affectée à des services de mutualité, de secours, d'instruction ou à des avances pour maisons ouvrières, est préférable, en principe, à la participation individuelle.

XVI. Que, sans pouvoir conseiller en termes absolus de préférer aux placements de tout repos la commandite de la maison industrielle où les ouvriers travaillent, ce dernier parti, malgré les risques qu'il fait courir, est le moyen le meilleur et le plus pratique de réaliser, comme l'ont fait Leclaire et Godin, l'avènement des associations coopératives de production.

XVII. Que si le produit de la participation doit être consacré à une assurance sur la vie, l'assurance mixte est préférable à toute autre.

XVIII. Que les retraites et rentes viagères constituées doivent toutes se rapporter à des tarifs établis d'après des tables de mortalité.

XIX. Que le produit de la participation peut être très utilement employé à stipuler l'épargne individuelle, ou à faire des avances aux ouvriers pour leur faciliter l'acquisition, par annuités, d'une maison.

XX. Que la participation, en augmentant la stabilité des ouvriers pères de famille, facilite l'apprentissage et le bon recrutement du personnel.

XXI. Qu'en principe, rien ne s'oppose à l'établissement de la participation aux bénéfices dans les exploitations agricoles qui emploient un nombre suffisant de travailleurs salariés, et où existe une comptabilité bien tenue.

XXII. En ce qui concerne la pêche maritime, qu'il y a intérêt à conserver le système de la navigation *à la part*, qui maintient le niveau moral et professionnel dans les familles de pêcheurs; en outre, que là où s'est introduite la navigation *au mois*, il importe de combiner le salaire fixe avec l'attribution d'une part prélevée sur le produit de la pêche.

XXIII. Que la participation aux bénéfices ne peut pas être imposée par l'État; qu'elle doit résulter uniquement, suivant les circonstances, de l'initiative du patron ou d'un vœu des ouvriers librement accepté par lui, au même titre que toute autre convention relative à la rémunération du travail.

XXIV. Que le sentiment de la dignité personnelle ainsi que l'élévation intellectuelle et morale de l'ouvrier étant le meilleur auxiliaire pour établir l'harmonie entre le capital et le travail, il y a lieu d'engager les chefs d'industrie à consacrer une partie de leurs bénéfices à des œuvres d'instruction et d'éducation.

# ÉTABLISSEMENTS INDUSTRIELS, COMMERCIAUX
## FINANCIERS ET AGRICOLES
### QUI PRATIQUENT LA PARTICIPATION DU PERSONNEL DANS LES BÉNÉFICES

Ce tableau est la reproduction de celui publié par M. Charles Robert à la suite de son Rapport sur la Section II du Groupe de l'Économie sociale de l'Exposition universelle de 1889. Nous l'avons complété avec les dernières informations de notre Société, aussi bien comme suppressions que comme additions, sans pouvoir en garantir cependant la complète exactitude à ce double point de vue.

NOTA. — Le signe ★ représente les caractères de la participation aux bénéfices.

| DATE DE FONDATION DE LA PARTICIPATION | DÉSIGNATION DES ÉTABLISSEMENTS | QUANTUM DÉTERMINÉ | COPROPRIÉTÉ PAR ACTIONS OU PARTS | MODE D'EMPLOI | |
|---|---|---|---|---|---|
| | | | | EN ESPÈCES | EN INSTITUTIONS DE PRÉVOYANCE |
| | **FRANCE** | | | | |
| 1842 | LECLAIRE (MAISON), entreprise de peinture, à Paris, devenue Société coopérative. . . . . . . . . . . | ★ | ★ | ★ | ★ |
| 1843 | LAROCHE-JOUBERT et Cᵉ, papeterie coopérative d'Angoulême, devenue Société coopérative . . . . . . | ★ | ★ | ★ | ★ |
| 1876 | PLASSARD, MORIN, FILLOD et Cᵉ. ancienne MAISON BOUCICAUT (Magasins du Bon Marché), à Paris, devenue Société coopérative. . . . . . . . . . . | » | ★ | » | ★ |
| 1877 | DEQUENNE et Cᵉ, ancienne MAISON GODIN, à Guise (Aisne), devenue Société coopérative. . . . . . . | ★ | ★ | » | ★ |
| AN XI | COMÉDIE FRANÇAISE, à Paris. . . . . . . . . . . | ★ | » | ★ | ★ |
| 1811 | IMPRIMERIE NATIONALE, à Paris (fondée en l'an III). . | » | » | » | ★ |
| 1839 | SEYDOUX, SIEBER et Cᵉ, filature et tissage de laine, au Cateau . . . . . . . . . . . . . . . . . . . . | ★ | » | ★ | » |
| 1844 | CHEMIN DE FER D'ORLÉANS (Compagnie du) . . . . . | ★ | » | » | ★ |
| 1846 | COMPTOIR DE L'INDUSTRIE LINIÈRE, à Paris. . . . . . | ★ | » | ★ | » |
| 1848 | DEBERNY et Cᵉ, fondeurs de caractères, à Paris . . | ★ | » | » | ★ |
| 1848 | DUPONT (Paul), imprimeur, à Paris. . . . . . . . | ★ | » | » | ★ |
| 1848 | GAIDAN, banquier, à Nîmes . . . . . . . . . . . . | ★ | » | ★ | » |
| 1850 | ASSURANCES GÉNÉRALES (Compagnie d'), à Paris. . . | ★ | » | » | ★ |

22

| DATE DE FONDATION DE LA PARTICIPATION | DÉSIGNATION DES ÉTABLISSEMENTS | QUANTUM DÉTERMINÉ | COPROPRIÉTÉ PAR ACTIONS OU PARTS | MODE D'EMPLOI | |
|---|---|---|---|---|---|
| | | | | EN ESPÈCES | EN INSTITUTIONS DE PRÉVOYANCE |
| 1853 | LE PHÉNIX (Compagnie d'assurances), à Paris . . . | ★ | » | ★ | ★ |
| 1854 | CHAGOT et Cie (Mines de Blanzy) . . . . . . . . | » | » | » | ★ |
| 1854 | L'UNION (Compagnie d'assurances contre l'incendie et sur la vie), à Paris . . . . . . . . . . . . | ★ | » | ★ | ★ |
| 1855 | LA NATIONALE (Compagnie d'assurances), à Paris. . | ★ | » | ★ | ★ |
| 1858 | LA FRANCE (Compagnie d'assurances), à Paris. . . . | ★ | » | » | ★ |
| 1865 | CANAL DE SUEZ (Compagnie du), à Paris. . . . . . | ★ | » | ★ | ★ |
| 1868 | RENARD, VILLET et BUNAND, teinturiers, à Lyon. . . | » | » | ★ | » |
| 1870 | SOCIÉTÉ ANONYME DE TISSUS DE LAINE DES VOSGES, au Thillot et à Trougemont . . . . . . . . . . . . | ★ | » | ★ | ★ |
| 1871 | ABADIE et Cie, fabricants de papier, au Theil (Orne). | » | » | ★ | » |
| 1871 | PERNOD, distillateur, à Pontarlier (Doubs) . . . . . | » | » | » | ★ |
| 1871 | ROLAND-GOSSELIN, agent de change, à Paris . . . . | » | » | » | ★ |
| 1871 | VERNES et Cie, banquiers, à Paris . . . . . . . . . | » | » | » | ★ |
| 1872 | AUBERT, imprimeur, à Versailles . . . . . . . . . | ★ | » | ★ | » |
| 1872 | BARBAS, TASSART et BALAS, couverture et plomberie, à Paris (ancienne maison Goffinon). . . . . . . | ★ | » | ★ | ★ |
| 1872 | CHAIX, imprimeur-éditeur, à Paris . . . . . . . . | ★ | » | ★ | ★ |
| 1872 | GAGET, PÉRIGNON et Cie, plomberie et cuivrerie d'art, à Paris. . . . . . . . . . . . . . . . . . . . | ★ | » | ★ | » |
| 1872 | GODCHAUX et Cie, imprimeurs-éditeurs, à Paris. . . | ★ | » | ★ | ★ |
| 1872 | HANAPPIER, négociant en vins, à Bordeaux. . . . . | » | » | » | ★ |
| 1872 | L'AIGLE (Compagnie d'assurances), à Paris . . . . . | ★ | » | » | ★ |
| 1872 | LE SOLEIL (Compagnie d'assurances), à Paris . . . . | ★ | » | » | ★ |
| 1872 | SOCIÉTÉ ANONYME DES MATIÈRES COLORANTES ET PRODUITS CHIMIQUES DE SAINT-DENIS . . . . . . . . . | ★ | » | » | ★ |
| 1874 | MAME et fils, imprimeurs-éditeurs, à Tours. . . . . | ★ | » | ★ | ★ |
| 1874 | MASSON, éditeur, à Paris . . . . . . . . . . . . . | ★ | » | ★ | ★ |
| 1875 | COMPTOIR D'ESCOMPTE DE ROUEN . . . . . . . . . . | ★ | » | ★ | » |
| 1875 | FILATURE D'OISSEL (Seine-Inférieure). . . . . . . . | » | » | ★ | ★ |
| 1875 | L'URBAINE (Compagnie d'assurances), à Paris. . . . | ★ | » | » | ★ |
| 1876 | L'ABEILLE (Compagnie d'assurances), à Paris. . . . | » | » | » | ★ |
| 1877 | BESSELIÈVRE, fabricant d'indiennes, à Maromme (Seine-Inférieure) . . . . . . . . . . . . . . | » | » | ★ | ★ |
| 1877 | SAUTTER, LEMONNIER et Cie, électriciens, à Paris . . | » | » | ★ | ★ |
| 1879 | BUTTNER-THIERRY, imprimeur-lithographe, à Paris. | » | » | ★ | ★ |
| 1880 | BLANCHISSERIE ET TEINTURERIE DE THAON (Vosges). . | ★ | » | » | ★ |
| 1880 | CAILLARD frères, constructeurs-mécaniciens, au Havre. | » | » | » | ★ |
| 1880 | DOMAINE DE CHATEAU-MONTROSE (Médoc). . . . . . | ★ | » | » | ★ |
| 1880 | SOCIÉTÉ LINIÈRE DU FINISTÈRE, à Landerneau. . . . | ★ | » | ★ | ★ |

| DATE DE FONDATION DE LA PARTICIPATION | DÉSIGNATION DES ÉTABLISSEMENTS | QUANTUM DÉTERMINÉ | COPROPRIÉTÉ PAR ACTIONS OU PARTS | MODE D'EMPLOI | |
|---|---|---|---|---|---|
| | | | | EN ESPÈCES | EN INSTITUTIONS DE PRÉVOYANCE |
| 1881 | CAILLETTE, entrepreneur de maçonnerie, à Paris. . | ★ | » | ★ | » |
| 1881 | LEFRANC et Cⁱᵉ, fabricants d'encre d'imprimerie, à Paris . . . . . . . . . . . . . . . . . | » | » | » | ★ |
| 1881 | PIAT, fondeur-mécanicien, à Paris . . . . . . . . | » | » | ★ | ★ |
| 1882 | DOGNIN et Cⁱᵉ, fabricants de tulles et dentelles, à Lyon. | » | » | ★ | » |
| 1882 | MOULLOT, imprimeur, à Marseille . . . . . . . . | » | » | ★ | » |
| 1882 | MOUTIER, entrepreneur de serrurerie, à Saint-Germain-en-Laye. . . . . . . . . . . . . | ★ | » | ★ | ★ |
| 1882 | POMMERY (veuve), fils et Cⁱᵉ, fabrique de vins de Champagne, à Reims . . . . . . . . . . . . | » | » | ★ | ★ |
| 1883 | COMPAGNIE DE FIVES-LILLE (Nord). . . . . . . . | ★ | » | » | ★ |
| 1883 | GILON, entrepreneur de serrurerie, à Paris . . . . | ★ | » | ★ | ★ |
| 1883 | SOCIÉTÉ ANONYME DES USINES DE MAZIÈRES (Cher) . . | » | » | » | ★ |
| 1884 | GOUNOUILHOU, imprimeur, à Bordeaux. . . . . . | ★ | » | ★ | ★ |
| 1885 | BAILLE-LEMAIRE, fabricant de jumelles, à Paris. . . | ★ | » | ★ | ★ |
| 1885 | LECOEUR et Cⁱᵉ, entrepreneurs de menuiserie, à Paris. | ★ | » | ★ | ★ |
| 1885 | LOMBART, fabricant de chocolat, à Paris. . . . . . | » | » | ★ | ★ |
| 1885 | MOZET et DELALONDE, entrepreneurs de maçonnerie, à Paris. . . . . . . . . . . . . . | ★ | » | ★ | ★ |
| 1885 | ROUX et Cⁱᵉ, machines à vapeur Tangye, à Paris . . | ★ | » | ★ | ★ |
| 1885 | SAUNIER, entrepreneur de peinture, à Paris . . . . | ★ | » | » | ★ |
| 1886 | BRIÈRE et fils, imprimeurs, à Rouen. . . . . . . . | ★ | » | ★ | » |
| 1886 | FÉLIX (MAISON), couturier, à Paris . . . . . . . . | » | » | » | » |
| 1886 | LARIBOISIÈRE (Comte DE), exploitation agricole à Monthorin (Ille-et-Vilaine) . . . . . . . . . . | ★ | » | ★ | ★ |
| 1886 | MONDUIT, entrepreneur de couverture, à Paris . . . | ★ | » | ★ | ★ |
| 1887 | NAYROLLES, ateliers de broderies, à Paris. . . . . | ★ | ★ | ★ | » |
| 1887 | THUILLIER frères, entrepreneurs de couverture et de plomberie, à Paris. . . . . . . . . . . . | ★ | » | ★ | ★ |
| 1888 | BONNIOT-POUGET, fabrique de tiges pour chaussures, à Vallon (Ardèche) . . . . . . . . . . | » | » | ★ | » |
| 1889 | LA FONCIÈRE (Compagnie d'assurances), à Paris. . . | » | » | » | ★ |
| 1890 | BOIVIN, fabr. de ganses pour passementeries, à Paris. | ★ | » | » | ★ |
| 1890 | BROQUART, fabricant de miroiterie, à Bordeaux . . . | ★ | » | ★ | ★ |
| 1890 | LA PROVIDENCE (Compagnie d'assurances), à Paris. . | ★ | » | » | ★ |
| 1890 | MINES DE HOUILLE D'AUBIGNY-LA-RONCE (Côte-d'Or). . | ★ | » | » | » |
| 1890 | SACHS, engrais chimiques, à Aubervilliers (Seine). . | » | » | ★ | ★ |
| 1891 | SOCIÉTÉ COOPÉRATIVE DE CONSOMMATION DES OUVRIERS ET EMPLOYÉS DE MM. SOLVAY et Cⁱᵉ, à Dombasle (Meurthe-et-Moselle). . . . . . . . . . . . . | ★ | » | ★ | » |

| DATE DE FONDATION DE LA PARTICIPATION | DÉSIGNATION DES ÉTABLISSEMENTS | QUANTUM DÉTERMINÉ | COPROPRIÉTÉ PAR ACTIONS OU PARTS | MODE D'EMPLOI | |
|---|---|---|---|---|---|
| | | | | EN ESPÈCES | EN INSTITUTIONS DE PRÉVOYANCE |
| 1892 | BRÉGUET, fabrique d'appareils de précision, à Paris | ★ | » | ★ | » |
| 1892 | COMPAGNIE NATIONALE DE VOITURES L'ABEILLE, à Paris | ★ | » | » | » |
| 1892 | DEBERC, fabrique de bouchons, à Reims | ★ | ★ | ★ | » |
| 1892 | LECLERC, fabricant de lits en fer, à Saint-Dizier (Haute-Marne) | ★ | ★ | ★ | ★ |
| 1892 | MULLER et ROGER, fonderie de bronze et robinetterie, à Paris | » | » | » | ★ |
| 1892 | THOMAS frères, imprimeurs, à Pontarlier | » | » | » | ★ |
| .... | BANQUE DE DÉPOTS ET DE COMPTES COURANTS, à Paris | ★ | » | ★ | » |
| .... | BANQUE PARISIENNE, à Paris | ★ | » | » | ★ |
| .... | BANQUE RUSSE ET FRANÇAISE, à Paris | ★ | » | ★ | » |
| .... | BOULONNERIES DE BOGNY-BRAUX (Ardennes) | » | » | » | » |
| .... | COMPAGNIE D'ÉCLAIRAGE PAR LE GAZ des villes du Mans, de Vendôme et de Vannes | ★ | » | ★ | x |
| .... | COMPAGNIE FONCIÈRE DE FRANCE, à Paris | ★ | » | ★ | ★ |
| .... | COMPAGNIE FRANÇAISE DU TÉLÉGRAPHE DE PARIS A NEW-YORK, à Paris | ★ | » | ★ | » |
| .... | COMPAGNIE GÉNÉRALE TRANSATLANTIQUE, à Paris | » | » | ★ | » |
| .... | COMPAGNIE HOUILLÈRE ET MÉTALLURGIQUE DE BELMEZ, à Paris | ★ | » | ★ | » |
| .... | CUSENIER, distillateur, à Paris | » | ★ | » | » |
| .... | DUCHER, ancienne MAISON GERBEAUD, tailleur d'habits et uniformes, à Paris | » | » | » | ★ |
| .... | FAUQUET (Octave), filateur, aux Câbles (Eure) | » | » | ★ | ★ |
| .... | GAUDINEAU, à la Flèche | » | » | » | » |
| .... | GILLET et fils, teinturiers en soie, à Lyon | » | » | ★ | » |
| .... | JANVIER père et fils, au Mans | » | » | » | » |
| .... | MAGASINS DU PRINTEMPS (JULES JALUZOT et Cie), à Paris | ★ | » | » | ★ |
| .... | PEUGEOT frères, fabricants de quincaillerie, à Valentigney (Doubs) | » | » | » | ★ |
| .... | PIGUET et Cie, ateliers de constructions mécaniques, à Lyon | ★ | » | ★ | » |
| .... | RATTIER, épicier en gros, à Saint-Étienne (Loire) | » | » | » | » |
| .... | RIVOIRE et CARRET, fabricants de pâtes alimentaires, à Lyon | » | » | ★ | » |
| .... | SOCIÉTÉ ANONYME « LE NICKEL », à Paris | ★ | » | ★ | » |
| .... | SOCIÉTÉ DES GRANDS MOULINS DE CORBEIL | ★ | » | ★ | » |
| .... | SOCIÉTÉ GÉNÉRALE DES TÉLÉPHONES, à Paris | ★ | » | ★ | » |

| DATE DE FONDATION DE LA PARTICIPATION | DÉSIGNATION DES ÉTABLISSEMENTS | QUANTUM DÉTERMINÉ | COPROPRIÉTÉ PAR ACTIONS OU PARTS | MODE D'EMPLOI | |
|---|---|---|---|---|---|
| | | | | EN ESPÈCES | EN INSTITUTIONS DE PRÉVOYANCE |
| | **ALLEMAGNE** | | | | |
| | ALSACE | | | | |
| 1847 | Steinheil, Dieterlen et Cⁱᵉ, filature de coton, à Rothau. | ★ | » | » | ★ |
| 1872 | Fabrique de produits chimiques de Thann | ★ | » | ★ | ★ |
| 1874 | Schæffer et Cⁱᵉ, blanchiment, teinturerie, à Pfastatt. | ★ | » | ★ | ★ |
| 1885 | Rhin et Moselle (Compagnie d'assurances), à Strasbourg | ★ | » | » | ★ |
| .... | Dollfus-Mieg et Cⁱᵉ, manufacturiers, à Mulhouse. | » | » | » | ★ |
| .... | Scheurer-Kott et Cⁱᵉ, à Thann | ★ | » | » | ★ |
| | BAVIÈRE | | | | |
| 1866 | Morgenstern, fabricant de feuilles d'étain, à Forchheim | ★ | » | ★ | ★ |
| 1873 | Usine de Kaiserslautern | ★ | ★ | » | ★ |
| | HESSE | | | | |
| 1866 | Chemin de fer Louis de Hesse (Société du), à Mayence | ★ | » | ★ | » |
| | MECKLEMBOURG | | | | |
| 1847 | De Thunen, propriétaire foncier, à Tellow. | ★ | » | » | ★ |
| | PRUSSE | | | | |
| 1854 | Neumann, propriétaire de terres nobles, à Posegnick. | ★ | » | ★ | ★ |
| 1860 | Fonderie d'Ilsede, à Gross-Ilsede | ★ | » | » | ★ |
| 1870 | Chemin de fer de Berlin-Anhalt, à Berlin | » | » | ★ | » |
| 1875 | Banque du Crédit Foncier de Prusse, à Berlin | ★ | » | » | ★ |
| 1876 | Bohm, propriétaire foncier, à Brunne | ★ | » | ★ | » |
| 1876 | Braun et Bloem, capsules et cartouches, à Dusseldorf | ★ | » | ★ | » |
| .... | Limburger, propriétaire foncier, à Pfalzhill. | ★ | » | ★ | » |
| .... | Sewais, propriétaire foncier, à Altenhof | ★ | » | ★ | » |
| | SAXE | | | | |
| 1869 | Adler, fabricant de cartonnages, à Buchholz | » | » | » | ★ |
| .... | Fabrique de papier de Trode, à Hainsberg | ★ | » | ★ | » |

| DATE DE FONDATION DE LA PARTICIPATION | DÉSIGNATION DES ÉTABLISSEMENTS | QUANTUM DÉTERMINÉ | COPROPRIÉTÉ PAR ACTIONS OU PARTS | MODE D'EMPLOI | |
|---|---|---|---|---|---|
| | | | | EN ESPÈCES | EN INSTITUTIONS DE PRÉVOYANCE |
| | **ANGLETERRE** | | | | |
| 1850 | FERME COOPÉRATIVE D'ASSINGTON-SUFFOLK. . . . . . | » | ★ | » | » |
| 1864 | CROSSLEY AND SONS, fabrique de tapis, à Halifax . . | » | ★ | » | » |
| 1869 | FLETCHER et fils, imprimeurs-éditeurs, à Norwich . | ★ | » | » | » |
| 1870 | CARLTON IRON COMPANY (LIMITED), CARLTON-IRONWORK. | ★ | » | ★ | » |
| 1874 | ASSOCIATION AGRICOLE ET HORTICOLE, semences et engrais, à Londres. . . . . . . . . . . . . | ★ | » | ★ | ★ |
| 1875 | WOMEN'S PRINTING SOC., imprimerie, à Westminster. | ★ | » | ★ | » |
| 1876 | GOODALL et SUDDICK, imprimeurs-libraires, à Leeds. | ★ | » | ★ | » |
| 1877 | LADYMAN (J.-H.) et Cⁱᵉ, épiciers en gros, à King's Lynn. . . . . . . . . . . . . . . . . . . . . | ★ | » | » | » |
| 1878 | CASSELL et Cⁱᵉ, imprimeurs-éditeurs, à Londres . . | ★ | ★ | » | ★ |
| 1882 | BROOKE, BOND et Cⁱᵉ, thés en gros, à Londres . . . | ★ | » | ★ | » |
| 1882 | WATERLOW et fils, imprimeurs, à Londres. . . . . | » | » | » | » |
| 1883 | ASSOCIATION AGRICOLE DE RADBOURNE-MANOR (Warwick). . . . . . . . . . . . . . . . . . . . . | ★ | ★ | ★ | » |
| 1883 | D'OYLY AND Cᵒ LIMITED, entreprise de peinture, à Londres. . . . . . . . . . . . . . . . . | ★ | » | ★ | ★ |
| 1883 | TANGYE et Cⁱᵉ, fab. de machines, à Birmingham . | ★ | » | ★ | » |
| 1884 | BLUNDELL, SPENCE et Cⁱᵉ, manufacture de couleurs et vernis, à Hull et à Londres . . . . . . . . | ★ | » | ★ | » |
| 1884 | DE SAINT-DALMAS, produits chimiques, à Leicester. | ★ | » | ★ | » |
| 1884 | FIDLER (C.), semences, à Reading. . . . . . . . | » | » | » | » |
| 1884 | PERROTT et PERROTT, fabricants de toiles, à Londres. | ★ | » | ★ | ★ |
| 1885 | ASSOCIATION AGRICOLE D'UFTON-HILL (Warwick) . . | ★ | ★ | ★ | » |
| 1886 | ARROWSMITH, imprimeur-éditeur, à Bristol . . . . | ★ | » | ★ | » |
| 1886 | BURROUGHS, WELLCOME et Cⁱᵉ, chimistes, à Londres. | ★ | » | ★ | » |
| 1886 | DAVIES, Wᴹ. et Cᵒ, emballeurs, à Toronto (Canada) | ★ | » | » | ★ |
| 1886 | GREY (Albert), agriculteur, à Howick (Northumberland). . . . . . . . . . . . . . . . . . . . | ★ | » | ★ | » |
| 1886 | HAZELL, WALTON et VINEY, imprimeurs, à Londres. | ★ | » | ★ | ★ |
| 1886 | IMPRIMERIE COOPÉRATIVE D'ÉDIMBOURG . . . . . . | ★ | » | » | » |
| 1886 | SPENCER, (Earl), exploitation agricole, Althorp House près Northampton . . . . . . . . . . . . | ★ | » | » | ★ |
| 1886 | THOMSON (W.) et fils, manufacture de laine, à Huddersfield . . . . . . . . . . . . . . . . . | ★ | ★ | ★ | » |
| 1887 | ASSOCIATION COOPÉRATIVE D'OUVRIÈRES EN AIGUILLES, à Londres . . . . . . . . . . . . . . . . | ★ | ★ | ★ | » |
| 1887 | KINNEAR, J. BOYD, fermier, Kinloch House, Collessie, N. B. . . . . . . . . . . . . . . . . . | ★ | » | » | » |
| 1887 | YOUNG (H.-D.) et fils, cuirs, à Édimbourg . . . . | ★ | » | ★ | » |

| DATE DE FONDATION DE LA PARTICIPATION | DÉSIGNATION DES ÉTABLISSEMENTS | QUANTUM DÉTERMINÉ | COPROPRIÉTÉ PAR ACTIONS OU PARTS | MODE D'EMPLOI | |
|---|---|---|---|---|---|
| | | | | EN ESPÈCES | EN INSTITUTIONS DE PRÉVOYANCE |
| 1888 | BINNS et Cie, blés et semences, à Derby | ★ | » | ★ | ★ |
| 1888 | BUSHILL (Thomas) et fils, imprimeurs-libraires, à Coventry | ★ | » | ★ | ★ |
| 1888 | COOPERATIVE BUILDERS, entreprise de construction de bâtiments, à Londres | ★ | ★ | » | » |
| 1888 | HARTLEY (W. P.), fab. de confitures, à Liverpool | » | » | » | » |
| 1888 | LOW SAMPSON, MARSTON et Cie, éditeurs, à Londres | ★ | » | ★ | » |
| 1888 | WALKER (J.) et Cie, COLOMBO IRON WORKS, à Londres et à Colombo (Ceylan) | ★ | » | » | ★ |
| 1889 | CLARKE NICHOLLS AND COOMBS (LIMITED), fabricant de pâtisseries, à Hackney Wick (Londres) | ★ | » | ★ | ★ |
| 1889 | COVENTRY GAS FITTINGS Co, appareils pour l'éclairage au gaz, à Coventry | ★ | » | ★ | ★ |
| 1889 | HEPBURN et Cie, fabrique de papiers, à Collompton | ★ | » | ★ | ★ |
| 1889 | NEW WELSH SLATES Co, carrière d'ardoises, à Festiniog | ★ | » | » | » |
| 1889 | PETO frères, entrepr. de constructions, à Londres | ★ | » | ★ | » |
| 1889 | ROBINSON frères, distillateurs de goudron, à West Bromwich et Knottingley | ★ | » | ★ | ★ |
| 1889 | SOUTH METROPOLITAN GAS Co, à Londres | ★ | » | ★ | ★ |
| 1889 | TAYLOR (Alfred H.), épicier en gros et en détail, à Malton | ★ | » | ★ | » |
| 1889 | THOMAS (Christophe) et frères, fab. de savon, à Bristol | » | » | » | » |
| 1889 | WILLS (W. D. et H. O.), manufacture de tabacs, à Bristol et à Bedminster | ★ | » | ★ | » |
| 1890 | COMPAGNIE DE TRAMWAYS DE SOUTHWARK ET DEPTFORD, à Londres | ★ | » | ★ | » |
| 1890 | COOPERATIVE NEEDLEWOMEN'S SOCIETY, couture, à Londres | ★ | » | ★ | » |
| 1890 | DRAKE AND GORHAM, électriciens, à Londres | ★ | » | ★ | » |
| 1890 | EAST ANGLIAN FRUIT PRES'Y'G Co, confiseurs, à King's Lynn | ★ | » | ★ | » |
| 1890 | EDMESTON, A. AND SONS, mécaniciens, à Salford | ★ | » | ★ | » |
| 1890 | N. Z. FARMERS COOPERATIVE ASSOCIATION (limited), exploitation agricole, à Canterbury (Nouvelle-Zélande) | » | » | » | » |
| 1890 | HAILING (Thomas), imprimeur, à Cheltenham | ★ | » | ★ | » |
| 1890 | HEADLEY frères, imprimeurs, à Ashford (Kent) | ★ | » | ★ | » |
| 1890 | HOLLOWAY (George), M. P., domaine agricole, Farm hill, Stroud | ★ | » | » | ★ |
| 1890 | HUBBARD (G.) et Cie, constructeurs de bâtiments, à Londres | ★ | » | ★ | » |

| DATE DE FONDATION DE LA PARTICIPATION | DÉSIGNATION DES ÉTABLISSEMENTS | QUANTUM DÉTERMINÉ | COPROPRIÉTÉ PAR ACTIONS OU PARTS | MODE D'EMPLOI | |
|---|---|---|---|---|---|
| | | | | EN ESPÈCES | EN INSTITUTIONS DE PRÉVOYANCE |
| 1890 | Joyner (Ch.) et Cie, fabrique de chandeliers, à Birmingham | ★ | » | ★ | ★ |
| 1890 | Kench (Philippe), meunier, à Bristall, près Leeds | ★ | » | ★ | » |
| 1890 | Kensington Cooperative Stores, magasins, à Londres | ★ | » | » | » |
| 1890 | Lee et Hunt, fabricants d'outils, à Nottingham | ★ | » | ·★ | » |
| 1890 | Mackay (W. et J.) et Co, imprimeurs-éditeurs, à Chatham | ★ | » | ★ | » |
| 1890 | Martin (R.), imprimeur, à Hartlepool | ★ | » | ★ | » |
| 1890 | Mushet et Cie, fondeurs, à Leith | ★ | » | ★ | » |
| 1890 | Newman and sons, imprimeurs, à Londres | ★ | » | ★ | » |
| 1890 | Rowntree (W.) et fils, marchands de draps, à Wesborough, Scarboro | ★ | » | ★ | ★ |
| 1890 | Scotch Tweed Mftg Society, fabricants de tissus, à Selkirk | ★ | ★ | » | » |
| 1890 | Tucker (James), moulins à farine, huile, etc., à Cardiff | ★ | » | » | » |
| 1890 | Vitie et Price, fabricants de biscuits, à Édimbourg | ★ | » | ★ | » |
| 1890 | Vitie (Robert), pâtissier-confiseur, à Édimbourg | ★ | » | ★ | » |
| 1890 | Welsh Liberal Newspaper Co Ltd, imprimeurs à Swansea | ★ | » | ★ | » |
| 1891 | Brakell, imprimeur, à Liverpool | ★ | » | ★ | » |
| 1891 | Bromhead, (J.), blanchisseur, à Westbury | ★ | » | ★ | » |
| 1891 | Collard (Joseph), imprimeur, à Londres | ★ | » | ·★ | » |
| 1891 | Hickmann (Alfred), fondeur, à Spring Vales Furnaces, près Wolverhampton | ★ | » | ★ | » |
| 1891 | Idris et Cie, fabricants d'eaux minérales, à Londres | ★ | » | ★ | ★ |
| 1891 | Lawrence (Wm), ébéniste, à Nottingham | ★ | » | ★ | » |
| 1891 | Raithby, Lawrence et Cie, imprimeurs-éditeurs, à Leicester | ★ | » | ★ | » |
| 1891 | Rogers (R. H. et S.), fabricants de chemises, à Londres | ★ | » | ★ | » |
| 1891 | Tuke (Edward) et Cie, négociants, à Bradford | ★ | » | ★ | » |
| 1892 | Johnston (J.), marchand de bois, à Stirling | ★ | » | ★ | » |
| 1892 | Petty (J. W.) et fils, imprimeurs, à Leeds | ★ | » | ★ | » |
| 1892 | Philipps et Cie, épiciers en gros, à Wrexham | ★ | » | ★ | » |
| 1892 | Simms et Cie, fabricants de brosses, à Saint-John (Canada) | ★ | » | ★ | » |
| 1892 | Williams (J.) and sons, Ltd, épiciers, à Didsbury | ★ | » | ★ | » |
| .... | Woods, blanchisserie, Acklam Road, Nord Kensington | » | » | » | » |

| DATE DE FONDATION DE LA PARTICIPATION | DÉSIGNATION DES ÉTABLISSEMENTS | QUANTUM DÉTERMINÉ | COPROPRIÉTÉ PAR ACTIONS OU PARTS | MODE D'EMPLOI | |
|---|---|---|---|---|---|
| | | | | EN ESPÈCES | EN INSTITUTIONS DE PRÉVOYANCE |
| | **AUTRICHE-HONGRIE** | | | | |
| 1881 | Franco-Hongroise (Comp^ie d'assurances), à Budapest. | ★ | » | ★ | » |
| 1889 | Unio catholica (Société mutuelle d'assurances contre l'incendie), à Vienne. | ★ | » | » | ★ |
| .... | Fabrique de papiers de Schlœglmuhl. | » | » | ★ | » |
| | **BELGIQUE** | | | | |
| 1872 | Lloyd belge (Compagnie d'assurances maritimes et incendie), à Anvers | ★ | » | » | ★ |
| 1888 | Boel (Gustave), à la Louvière | ★ | » | ★ | » |
| .... | De Naeyer et C^ie, fabrique de papiers et chaudières, à Willebroeck. | » | » | » | » |
| .... | Merlo-Charlier, zingueur, à Etterbeek. | » | » | » | » |
| .... | Vimenet, fabrique de feutres et chapeaux. | ★ | » | » | » |
| | **DANEMARK, SUÈDE ET NORVÈGE** | | | | |
| 1870 | Forge Aadals Brug (Norvège) | ★ | » | ★ | » |
| 1873 | Domaine de Dragsholm, Seeland (Danemark) | ★ | » | ★ | ★ |
| 1889 | Fabrique de pate de bois d'Alsfos (Norvège). | » | » | ★ | » |
| .... | Stroeman et Larson, scierie mécanique, à Gothenbourg (Suède). | ★ | ★ | ★ | » |
| | **ESPAGNE** | | | | |
| 1791 | Real fabrica de Tapices, fabrique royale de tapisseries, à Madrid, fondée par Vandergotten | » | » | ★ | » |
| .... | Compagnie générale des Tabacs des Philippines, à Barcelone. | ★ | » | ★ | » |
| | **ÉTATS-UNIS D'AMÉRIQUE** | | | | |
| 1872 | Houghton et C^ie, imprimeurs, à Cambridge, Mass. | » | » | ★ | » |
| 1878 | Peace Dale, tissage de laine, Société industrielle. | ★ | » | ★ | » |
| 1879 | Rand, Mac Nelly et C^ie, imprimeurs-édit., à Chicago. | » | ★ | » | » |
| 1880 | Statts Zeitung, à New-York. | ★ | » | ★ | » |
| 1881 | The Century C°. éditeurs, à New-York. | ★ | » | ★ | » |
| 1882 | Minoteries de Pillsbury, à Minneapolis | ★ | » | ★ | » |
| 1885 | Keene Bros, fabricant de chaussures, à Lynn. | » | » | » | » |
| 1885 | Kingman, fabricant de chaussures, à Brockton. | » | ★ | ★ | » |
| 1886 | Ara, Cushmann et C^ie, fabr. de chaussures, à Auburn. | ★ | » | ★ | ★ |
| 1886 | Dolge (A.), fabrique de feutres et de bois pour pianos, à Dolgeville. | » | » | ★ | ★ |

| DATE DE FONDATION DE LA PARTICIPATION | DÉSIGNATION DES ÉTABLISSEMENTS | QUANTUM DÉTERMINÉ | COPROPRIÉTÉ PAR ACTIONS OU PARTS | MODE D'EMPLOI | |
|---|---|---|---|---|---|
| | | | | EN ESPÈCES | EN INSTITUTIONS DE PRÉVOYANCE |
| 1886 | FETTE (W.-E.), agent d'usines à gaz, à Boston. . . | ★ | » | ★ | » |
| 1886 | FONDERIES DE BUCYRUS. . . . . . . . . . . . . | » | » | ★ | » |
| 1886 | GLOBE TOBACCO et Cⁱᵉ, à Détroit . . . . . . . . | ★ | » | ★ | » |
| 1886 | HOFFMANN et BILLINGS Cᵉ, ustensiles de cuivre, à Milwaukee . . . . . . . . . . . . . . . . . . | ★ | » | ★ | ★ |
| 1886 | HULL (E.-R.) et Cⁱᵉ, drapiers, à Cleveland. . . . . | ★ | » | ★ | » |
| 1886 | N. O. NELSON, Société industrielle, ustensiles de cuivre, à Saint-Louis (Missouri) . . . . . . . . | ★ | ★ | ★ | » |
| 1886 | PUBLIC LEDGER, à Philadelphie . . . . . . . . . . | » | » | ★ | » |
| 1886 | ROGERS, PEET et Cⁱᵉ, draps, à New-York . . . . . | ★ | » | ★ | » |
| 1886 | USINES DE PRODUITS CHIMIQUES DE RUMFORD, à Providence. . . . . . . . . . . . . . . . . . . . . | » | » | ★ | » |
| 1886 | WARDWELL, NEELE et Cⁱᵉ, à Lake-Village (N.-H). . | ★ | » | ★ | » |
| 1887 | COMPAGNIE DE SAINT-LOUIS SHOVEL (Missouri). . . . | ★ | » | ★ | » |
| 1887 | COMPAGNIE DES FONDERIES DE SPRINGFIELD (Massachusetts) . . . . . . . . . . . . . . . . . . | ★ | » | ★ | » |
| 1887 | CRUMP LABEL Cⁱᵉ, à Montclair . . . . . . . . . . | ★ | » | ★ | » |
| 1887 | HAINDS, JONES et CADBURY, ustensiles de cuivre, à Philadelphie. . . . . . . . . . . . . . . . . | ★ | » | ★ | » |
| 1887 | NORRITON, tissage de laine, à Norristown. . . . . | ★ | » | ★ | » |
| 1887 | PAGE BELTING et Cⁱᵉ, à Concord . . . . . . . . . | ★ | » | ★ | » |
| 1887 | PROCTER et GAMBLE, savons et bougies, à Ivorydale. | ★ | » | ★ | » |
| 1887 | RICE et GRIFFIN, Société industrielle de moulages, à Worcester. . . . . . . . . . . . . . . . . . | ★ | » | ★ | » |
| 1887 | TUFTS (J. W.), fabrique de soda-water, à Boston. . | » | » | » | ★ |
| 1887 | WANAMAKER (John), mercerie et nouveautés, à Philadelphie . . . . . . . . . . . . . . . . . . | ★ | » | ★ | » |
| 1887 | YALE et TOWNE, constructeurs-mécan., à Stamford. | ★ | » | ★ | » |
| 1887 | ZINN (W.-H.), mercerie et nouveautés, à Boston . . | » | » | ★ | » |
| 1888 | MEYERS BROS, pharmaciens en gros, à Saint-Louis. | ★ | » | ★ | » |
| 1888 | SCOTT et HOLSTEIN, bois de construction, à Duluth. | ★ | » | » | » |
| 1889 | BOURNE MILLS, filature de coton, à Tiverton, Fall River. | ★ | » | » | » |

### HOLLANDE

| DATE DE FONDATION DE LA PARTICIPATION | DÉSIGNATION DES ÉTABLISSEMENTS | QUANTUM DÉTERMINÉ | COPROPRIÉTÉ PAR ACTIONS OU PARTS | EN ESPÈCES | EN INSTITUTIONS DE PRÉVOYANCE |
|---|---|---|---|---|---|
| 1880 | VAN MARKEN, fabrique néerlandaise d'alcool et de levure, à Delft . . . . . . . . . . . . . . . | ★ | ★ | » | ★ |
| 1883 | SOCIÉTÉ ANONYME DE LA STÉARINERIE DE GOUDA . . . | ★ | » | » | ★ |
| 1887 | FABRIQUE NÉERLANDAISE D'HUILE, à Delft. . . . . . | ★ | ★ | » | ★ |
| 1887 | FABRIQUE DE COLLE ET DE GÉLATINE, à Delft . . . . | ★ | ★ | » | ★ |
| 1892 | IMPRIMERIE VAN MARKEN, à Delft. . . . . . . . . | ★ | ★ | » | » |
| .... | STORK frères, fabrique de machines, à Hengelo. . | » | » | » | ★ |

| DATE DE FONDATION DE LA PARTICIPATION | DÉSIGNATION DES ÉTABLISSEMENTS | QUANTUM DÉTERMINÉ | COPROPRIÉTÉ PAR ACTIONS OU PARTS | MODE D'EMPLOI | |
|---|---|---|---|---|---|
| | | | | EN ESPÈCES | EN INSTITUTIONS DE PRÉVOYANCE |
| | **ITALIE** | | | | |
| 1873 | MANUFACTURE DE LAINE ROSSI, à Schio | ★ | » | » | ★ |
| 1876 | BANQUE COOPÉRATIVE POPULAIRE DE PADOUE | ★ | » | » | ★ |
| 1885 | GÉNEVOIS (Félix) et fils, fabricants de savons et de parfumerie, Poggio-Reale, à Naples | ★ | ★ | » | » |
| 1887 | BANQUE COOPÉRATIVE POPULAIRE DE MILAN | ★ | » | » | ★ |
| | **PORTUGAL** | | | | |
| 1888 | RÉGIE DE LA FABRIQUE DES TABACS (Loi du 22 mai 1888) | ★ | » | » | » |
| | **RUSSIE** | | | | |
| 1862 | PROTOPOPOW, fabrique de bougies près Moscou | » | » | ★ | » |
| | **SUISSE** | | | | |
| 1867 | SCHŒLLER et fils, filateurs, à Schaffhouse | ★ | » | » | ★ |
| 1868 | BAUR et NABHOLTZ, entrepreneurs de constructions, à Seefeld | ★ | » | » | ★ |
| 1868 | CHESSEX et HŒSSLY, filateurs, à Schaffhouse | » | » | » | ★ |
| 1869 | MANUFACTURES DE POTERIES DE NYON | ★ | ★ | ★ | » |
| 1870 | AUBERT-SCHUCHARDT, imprimeur, à Genève | » | » | » | ★ |
| 1870 | BILLON et ISAAC, fabricants de boîtes à musique, à Saint-Jean, près Genève | ★ | ★ | ★ | » |
| 1871 | STEINFELS, fabricant de savons, à Zurich | » | » | ★ | » |
| 1872 | REISHAUER et BLUNTSCHLI, fabricants d'outils, à Zurich | » | » | » | ★ |
| 1872 | REYMOND, fabricant de cuirs, à Morges | » | » | ★ | » |
| 1873 | COMPAGNIE GÉNÉRALE DE NAVIGATION SUR LE LAC LÉMAN, à Lausanne | ★ | » | ★ | » |
| 1876 | TRAMWAYS SUISSES (Compagnie générale des), à Genève | ★ | » | ★ | » |
| 1878 | SCHÆTTI et Cie, fabricants d'allumettes, à Fehrarltorf | ★ | » | ★ | » |
| 1888 | MERMOD frères, fabricants d'horlogerie et de boîtes à musique, à Sainte-Croix | ★ | » | » | ★ |
| 1892 | COMPAGNIE DE L'INDUSTRIE ÉLECTRIQUE, à Genève | ★ | » | » | » |
| .... | FABRIQUE D'APPAREILS ÉLECTRIQUES, à Neuchâtel | » | » | ★ | » |
| .... | SOCIÉTÉ COOPÉRATIVE SUISSE DE CONSOMMATION, à Genève | ★ | » | ★ | ★ |
| .... | SOCIÉTÉ COOPÉRATIVE DE CONSOMMATION DU DISTRICT DE NYON | ★ | » | ★ | » |

# TABLE DES MATIÈRES

---

### INTRODUCTION

---

### CHAPITRE PREMIER

#### BASES DE LA PARTICIPATION

. Taux de la participation. — *La participation avec quantum déterminé.* —
Différentes bases adoptées pour la fixation de la part du travail : 1° cette
part est le plus souvent un tant pour cent des bénéfices nets (Leclaire,
Laroche-Joubert, Compagnie d'Assurances Générales, etc.); — 2° elle
consiste, dans certains cas, en un tant pour cent des ventes, du produit
brut ou du chiffre des affaires (Mame, Masson, etc.); — 3° système
Godin : le bénéfice est partagé entre le capital et le travail proportionnellement à la somme des intérêts et au total des salaires ; — 4° système

## CHAPITRE II

### MODES DE RÉPARTITION

## CHAPITRE III

### AFFECTATIONS DIVERSES DES PRODUITS DE LA PARTICIPATION

# CHAPITRE IV

## GESTION DES FONDS

# CHAPITRE V

## LIQUIDATION DES COMPTES — DÉCHÉANCES

## CHAPITRE VI

### AUTORITÉ PATRONALE — COMITÉS CONSULTATIFS

## CHAPITRE VII

### CONTROLE DES COMPTES

## CHAPITRE VIII

### BIBLIOGRAPHIE DE LA PARTICIPATION

# ANNEXES

## I. — Notices

## II. — Règlements

*Annexe n° 23.*

### III. — Résolutions

*Annexe n° 24.*

### IV. — Liste des établissements

IMPRIMERIE CHAIX, RUE BERGÈRE, 20, PARIS. — 23223-11-92. — (Encre Lorilleux).

www.ingramcontent.com/pod-product-compliance
Lightning Source LLC
Chambersburg PA
CBHW071628270326
41928CB00010B/1829